Uwe Kliewer, Frank Ulrich Quehl

Automobilkaufleute
Band 2:
Finanzdienstleistungen und Controlling

4. Auflage

Bestellnummer 4274

Bildungsverlag EINS

Haben Sie Anregungen oder Kritikpunkte zu diesem Produkt?
Dann senden Sie eine E-Mail an 4274_004@bv-1.de
Autoren und Verlag freuen sich auf Ihre Rückmeldung.

www.bildungsverlag1.de

Bildungsverlag EINS GmbH
Sieglarer Straße 2, 53842 Troisdorf

ISBN 978-3-8242-**4274**-0

© Copyright 2010: Bildungsverlag EINS GmbH, Troisdorf
Das Werk und seine Teile sind urheberrechtlich geschützt. Jede Nutzung in anderen als den gesetzlich zugelassenen Fällen bedarf der vorherigen schriftlichen Einwilligung des Verlages.
Hinweis zu § 52a UrhG: Weder das Werk noch seine Teile dürfen ohne eine solche Einwilligung eingescannt und in ein Netzwerk eingestellt werden. Dies gilt auch für Intranets von Schulen und sonstigen Bildungseinrichtungen.

*Liebe Schülerinnen und Schüler,
liebe Kolleginnen und Kollegen,*

die fachlichen Inhalte des Rahmenlehrplanes des Ausbildungsberufes Automobilkaufmann bzw. Automobilkauffrau sind in 12 Lernfeldern zusammengefasst, die in den meisten Fällen inhaltlich abgegrenzte Einheiten bilden.
Die Gliederung des Buches lehnt sich eng an den Rahmenlehrplan an und berücksichtigt einerseits den bestehenden Fachunterricht und andererseits auch die vorgegebenen Lernfelder. Durch die Praktiker im Autorenteam konnten die Vorgaben des Rahmenlehrplanes im Hinblick auf die Qualifikationsanforderungen der Praxis konkretisiert werden und Schwerpunkte gesetzt werden.
In drei Bänden werden ausführlich alle Lerninhalte behandelt:
Der vorliegende zweite Band beschäftigt sich mit Finanzdienstleistungen und Controlling. Der erste Band behandelt die Vertriebs- und Serviceleistungen (Bestell-Nr.: 4273) und im dritten Band, „Allgemeine Wirtschaftslehre" (Bestell-Nr.: 4275), werden schließlich die Inhalte der allgemeinen Wirtschaftslehre behandelt.
Die einzelnen Kapitel sind weitestgehend einheitlich gegliedert.

- Wo es sinnvoll erscheint, führt ein **Einstiegsfall** zum Thema hin und motiviert die Schüler, sich mit der Thematik auseinanderzusetzen.
- Daran anknüpfende **Leitfragen** laden zur Diskussion ein und umreißen den Stoffhorizont.
- Im **Informationsteil** werden anhand von zahlreichen **Beispielen** aus der Kfz-Praxis die Inhalte anschaulich beschrieben. Die Beispiele sind breit gestreut, um ein möglichst ausgeglichenes und objektives Spektrum der vielseitigen Branche widerzuspiegeln.
- **Formeln** und **Buchungssätze** werden deutlich herausgehoben.
- Am Ende eines Kapitels werden alle wesentlichen Lerninhalte in einer **Übersicht** zusammengefasst.
- Zur Wiederholung der gelernten Inhalte schließt ein Block von **Aufgaben** an.
- Komplexe, praxisbezogene Aufgaben, wie sie auch in der Abschlussprüfung gestellt werden, finden sich am Ende größerer Lerneinheiten. Das können **Aktionen, Fallstudien oder komplexe Aufgaben** sein. Diese Aufgaben erfordern praxisbezogenes Handeln der Schüler und den Einsatz unterschiedlicher Methoden.

In den Randspalten finden sich Hinweise auf gesetzliche Grundlagen, kurze Definitionen oder Fakten, die die eigentlichen Lerninhalte abrunden.
Am Schluss folgt ein für die Praxis hilfreicher Anhang.
Das umfangreiche Stichwortverzeichnis am Ende des Buches dient dem schnellen gezielten Auffinden der wesentlichen Lerninhalte.

Autoren und Verlagsredaktion wünschen Ihnen viel Erfolg und Spaß bei der Arbeit mit diesen Büchern.

Prüfungsgebiete:

- Vertriebs- und Serviceleistungen
  ≙ Band I,
  LF 1.3, 4, 7, 3, 8, 11

- **Finanzdienstleistungen**
  ≙ **Band II,**
  LF 2, 6, 10, 12

- Wirtschafts- und Sozialkunde
  ≙ Band III,
  LF 1.1, 1.2, 5, 9

Das Autorenteam

Uwe Kliewer
geb. 1949
Dipl.-Hdl.

Vor dem Studium zum Diplom-Handelslehrer absolvierte er eine Ausbildung zum Kaufmann im Groß- und Außenhandel in der Mineralölwirtschaft.
Nach der Lehrtätigkeit bei verschiedenen privaten Bildungsträgern, Referendarausbildung und 2. Staatsexamen ist Herr Kliewer seit 1977 Berufsschullehrer an der Handelsschule Holzdamm in Hamburg und unterrichtet seit einigen Jahren die Wirtschaftsfächer in Automobilkaufmannklassen.

Frank Ulrich Quehl
geb. 1961
Dipl.-Kfm.
Oberstudienrat

Nach einer Ausbildung zum Industriekaufmann studierte er Betriebswirtschaftslehre mit den Schwerpunkten Marketing, Handel und Organisation/Leitung an der Universität Göttingen. Danach war er mehrere Jahre in der Industrie im Bereich Marketing und Vertrieb tätig. Seit 1993 unterrichtet er in Einzel- und Großhandelsklassen. Er ist an den Berufsbildenden Schulen in Goslar tätig und unterrichtet an der BBS1 Automobilkaufleute und Fachoberschüler.
Weiterhin ist er Vorsitzender in Prüfungsausschüssen der Industrie- und Handelskammer und für den VLWN als Anbieter von Fortbildungen für Lehrkräfte im Automobilbereich tätig.

Auf der beiliegenden CD-ROM finden Sie:
- den zum Schulbuch passenden Praxistrainer
- alle im Buch verwendeten Tabellenkalkulationsblätter für die Kostenrechnung
- ausgewählte Zeitungsartikel zum Thema Finanzdienstleistungen und betriebsspezifische Leistungen

Inhaltsverzeichnis

Vorwort 3

Das Autorenteam 4

Inhaltsverzeichnis 5

Bestände und Wertströme erfassen und dokumentieren .... 9 — Lernfeld 2

1	**Grundlagen des Rechnungswesens**	9
1.1	Aufgabenbereiche des Rechnungswesens	9
1.2	Vermögen und Kapital – Inventur, Inventar, Bilanz	11
1.2.1	Zeitpunkt und Arten der Inventur	11
1.2.2	Das Inventar	11
1.2.3	Vom Inventar zur Bilanz	13
1.2.4	Belegbuchung – Grundbuch/Hauptbuch	17
1.3	Veränderungsmöglichkeiten in der Bilanz	19
1.4	Buchungen in den Bestandskonten eines Autohauses	23
1.4.1	Buchungen in den aktiven Bestandskonten	24
1.4.2	Buchungen in den passiven Bestandskonten	25
2	**Erfolgswirksame Vorgänge bearbeiten**	26
2.1	Buchungen in den Erfolgskonten eines Autohauses	27
2.2	Abschluss der Erfolgskonten	28
3	**Kontenrahmen und Kontenpläne im Kfz-Gewerbe**	30
3.1	Vorteile einer einheitlichen Kontensystematik	30
3.2	Der Aufbau des ZDK-Kontenrahmens	30
4	**Die Umsatzsteuer**	32
4.1	Kennzeichnung, Buchung und System der Umsatzsteuer	32
4.2	Abschluss der Umsatzsteuerkonten sowie Anmeldung und Abführung der Umsatzsteuer	37
4.2.1	Abschluss der Umsatzsteuerkonten	37
4.2.2	Umsatzsteuervoranmeldungsverfahren	38
4.2.3	Besonderheiten bei der Umsatzsteuer bei Lieferungen in das Ausland	43
5	**Buchungen der Geschäftsfelder eines Autohauses**	46
5.1	Teile und Zubehör	46
5.1.1	Einkauf von Originalersatzeilen beim Hersteller	46
5.1.2	Einkauf von Zubehörteilen	47
5.1.3	Verkauf von Teilen und Zubehör	48
5.1.4	Einkauf und Verkauf von Austauschteilen	50
5.1.5	Die Konten „Verrechnete Anschaffungskosten"	53
5.2	Kundenaufträge bearbeiten – Werkstattgeschäfte	56
5.2.1	Kundenaufträge berechnen und buchen	56
5.2.2	Garantiearbeiten berechnen und buchen	58
5.2.3	Interne Werkstattaufträge berechnen und buchen	59

Am Jahresabschluss und an der Kosten- und Leistungsrechnung mitwirken .... 61 — Lernfeld 6

1	**Vorbereitende Abschlussbuchungen**	61
1.1	Abschreibungen auf Teile des Anlagevermögens	61
1.1.1	Lineare Abschreibung	61

1.1.2	Degressive Abschreibung	63
1.1.3	Abschreibungspools – Sammelposten	65
1.2	Bewertung der Warenvorräte nach dem Niederstwertprinzip	71
1.2.1	Neuwagen	71
1.2.2	Gebrauchtwagen	72
1.2.3	Teile und Zubehör	72
1.3	Bewertung und Abschreibungen auf Forderungen	73
1.4	Korrektur der Warenvorräte bei Inventurdifferenzen	75
1.5	Aktive und passive Rechnungsabgrenzung	75
1.5.1	Aktive Rechnungsabgrenzung	75
1.5.2	Passive Rechnungsabgrenzung	76
1.6	Sonstige Verbindlichkeiten und sonstige Forderungen	77
1.6.1	Sonstige Verbindlichkeiten	77
1.6.2	Sonstige Forderungen	77
1.7	Rückstellungen	78
2	**Der Jahresabschluss**	**79**
2.1	Bestandteile des Jahresabschlusses (Übersicht)	79
2.2	Inhalt und Gliederung der Bilanz	80
2.3	Gliederung der Gewinn- und Verlustrechung	81
2.4	Aufstellung und Feststellung des Jahresabschlusses	83
2.5	Prüfungspflicht	83
2.6	Anhang	83
2.7	Lagebericht	84
3	**Geschäftsbuchführung und Kosten- und Leistungsrechnung**	**85**
3.1	Aufgaben der Buchführung und der Kosten- und Leistungsrechnung	85
3.2	Kalkulatorische Kosten	89
3.2.1	Funktion der kalkulatorischen Kosten	89
3.2.2	Arten der kalkulatorischen Kosten	90
4	**Abgrenzungsrechnung und Ermittlung des Betriebsergebnisses**	**94**
5	**Kostenarten und Kostenstellenrechnung**	**99**
6	**Die Handelskalkulation für Zubehörartikel**	**109**
6.1	Das Kalkulationsschema für Zubehörartikel	109
6.1.1	Die Einkaufs-, Selbstkosten- und Verkaufskalkulation	109
6.1.2	Die Vorwärts-, Rückwärts- und Differenzkalkulation	112
6.1.3	Projekt: Kalkulation von Zubehörartikeln mithilfe der Tabellenkalkulation	113
6.2	Verkürzte Kalkulation	119
6.2.1	Kalkulationszuschlag	119
6.2.2	Kalkulationsfaktor	120
6.2.3	Handelsspanne	121
7	**Der Stundenverrechnungssatz**	**124**
7.1	Berechnung des Soll-Stundenverrechnungs-satzes	125
7.2	Werkstattindex – Kennzahl für die Werkstatt	126
7.3	Planung eines neuen Stundenverrechnungssatzes	128
8	**Die Deckungsbeitragsrechnung**	**132**
8.1	Das Prinzip der Kostenrelevanz	133
8.2	Der Deckungsbeitrag	135
8.3	Kalkulation von Zusatzaufträgen für die Werkstatt	136
8.3.1	Entscheidung nach der Vollkostenrechnung	136
8.3.2	Entscheidung nach der Deckungsbeitragsrechnung	137
8.3.3	Preisuntergrenze bei zusätzlichen Aufträgen	138
8.4	Deckungspunkt-Analyse	139
9	**Die kurzfristige Erfolgsrechnung (KER)**	**144**

Erfolgskontrollen durchführen und Kennzahlen für betriebliche Entscheidungen aufbereiten 151

Lernfeld 10

1	**Controlling – Steuern durch Kennzahlen**.....................	151
1.1	Ziele der Unternehmenssteuerung..........................	151
1.2	Voraussetzungen für erfolgreiches Controlling	152
2	**Kennzahlen im Autohaus**	154
2.1	Steuerungsgrößen im Fahrzeugverkauf.......................	154
2.1.1	Neuwagenverkauf...................................	154
2.1.2	Steuerungsgrößen im Gebrauchtwagenverkauf	157
2.2	Betriebswirtschaftliche Kennzahlen.........................	160
2.2.1	Eigenkapitalrentabilität	161
2.2.2	Gesamtkapitalrentabilität	161
2.2.3	Working Capital....................................	162
2.2.4	Liquiditätskennzahlen.................................	162
2.2.5	Umsatzrentabilität...................................	164
2.2.6	Cash-Flow.......................................	165
2.2.7	Cash-Flow-Umsatzrendite	165
2.2.8	Eigenkapitalquote...................................	166
2.2.9	Forderungsumschlag.................................	166
2.2.10	Umsatzentwicklung..................................	167

Finanzdienstleistungen und betriebsspezifische Leistungen 169

Lernfeld 12

1	**Finanzierung / Darlehensverträge**	169
1.1	Darlehen	176
1.1.1	Annuitätendarlehen..................................	176
1.1.2	Darlehen mit Ballonrate (Schlussrate)........................	179
1.1.3	Kombination mit Autoansparplänen	181
1.2	Aufgaben als Kreditbearbeiter............................	184
1.3	Finanzierung über die Herstellerkreditbank....................	185
2	**Leasing**	190
2.1	Geschichte und Wesen des Leasing	192
2.2	Leasingarten	196
2.2.1	Konsumgüter- und Investitionsgüter-Leasing....................	196
2.2.2	Direktes Leasing und indirektes Leasing	198
2.2.3	Operate- und Finance-Leasingverträge.......................	199
2.2.4	Voll- und Teilamortisationsverträge	200
2.2.5	Steuerrechtliche Behandlung des Leasings.....................	204
2.2.6	Gehaltsumwandlung Firmenwagen: Was bringt die Gehaltsumwandlung? .	205
2.3	Leasingberechnung..................................	212
2.4	Leasinginstitutionen/Anbieter	219
2.5	Notwendige Argumentation für das Leasinggeschäft	225
3	**Kreditfähigkeits- und Kreditwürdigkeitsprüfung**	230
4	**Kreditsicherung**...................................	233
5	**Konditionen und Zins- und Zinseszinsrechnung**................	236
6	**Vergleich Leasing und Kreditfinanzierung**	246
7	**Versicherungen**...................................	257
7.1	Versicherungen für den Autofahrer	262
7.1.1	Kfz-Haftpflichtversicherung..............................	264

7.1.2	Fahrzeugversicherung	270
7.2	Aufgaben beim Versicherungsgeschäft	270
7.3	Notwendige Versicherungen für ein Autohaus	271
8	**Erwerbbare Garantieleistungen**	**279**
8.1	Garantiebereiche	280
8.2	Aufgaben im Rahmen der Garantiesachbearbeitung	281
9	**Investition und Finanzierung im Autohaus selbst**	**283**
9.1	Investitionsanlässe im Autohaus	283
9.2	Finanzierungsmöglichkeiten für das Autohaus	284

Anhang **294**

Lernkarten
– Kennzahlen aus dem deutschen Kraftfahrzeuggewerbe 294
– Buchführung, kurzfristige Erfolgsrechnung und Jahresabschluss 295
– Kraftfahrzeugleasing 296
– Finanzierung eines Kundenfahrzeugs 297

Formelsammlung: Alle Kennzahlen im Überblick 298

Adressen: Hersteller/Leasing/Management 300

Stichwortverzeichnis 303

Bildquellenverzeichnis 307

Kontenrahmen als Faltblatt

Bestände und Wertströme erfassen und dokumentieren

Lernfeld 2

1 Grundlagen des Rechnungswesens

Wenn der Inhaber eines Autohauses sich eines Tages wundert, warum kaum noch Geld in der Kasse ist, und die Hausbank sich weigert, Überweisungsaufträge durchzuführen, kann es daran liegen, dass er keinen Überblick über seine Einnahmen und Ausgaben hat.

➤ Welche Instrumente gibt es, um ständig über die finanzielle Situation des Betriebes informiert zu sein?

Leitfragen

1.1 Aufgabenbereiche des Rechnungswesens

Das Rechnungswesen im Autohaus und in anderen Unternehmen umfasst in der Regel folgende Bereiche:
- die Geschäfts- oder Finanzbuchführung,
- die Kosten- und Leistungsrechnung,
- die Statistik sowie
- die Planungsrechnung.

Bereiche des ReWe

	Aufgaben
Die Geschäfts- oder Finanzbuchführung	- Sie erfasst den Wertestrom (Einnahmen und Ausgaben hervorgerufen durch Einkäufe und Verkäufe) zwischen dem Autohaus und der Außenwelt (Kunden, Hersteller, andere Lieferer, Kreditinstitute, Versicherungen, staatliche Stellen usw.) und registriert die Veränderungen auf der Vermögens- und der Schuldenseite eines Unternehmens. - Sie ermittelt den Gewinn oder Verlust eines Unternehmens im Vergleich von Aufwendungen und Erträgen. - Sie dokumentiert alle betrieblichen Entscheidungen, die zum Erfolg (Gewinn oder Verlust) eines Unternehmens beigetragen haben.
Die Kosten- und Leistungsrechnung	- Erfassen sämtlicher Kosten nach Kostenarten, - Abgrenzung der Kosten und Leistungen von den nicht betriebsbedingten Aufwendungen und Erträgen, - Verteilen der Kosten auf Kostenstellen sowie - Zurechnung der Kosten auf Kostenträger.
Die Statistik	- Sammlung betrieblichen und außerbetrieblichen Zahlenmaterials, - Aufbereitung des Zahlenmaterials in Tabellen, - Ermittlung von betrieblichen Kennzahlen sowie - grafische Umsetzung des Zahlenmaterials zur besseren Veranschaulichung.
Die Planungsrechnung	- Mithilfe der Zahlen aus den ersten drei Bereichen wird die zukünftige betriebliche Entwicklung geplant.

vgl. Lernfeld 6

1.2 Vermögen und Kapital – Inventur, Inventar, Bilanz

1.2.1 Zeitpunkt und Arten der Inventur

Dabei unterscheidet man:
Stichtagsinventur,
a) klassische Inventur, genau am Stichtag 31. Dezember
b) ausgeweitete Stichtagsinventur: +/− 10 Tage Abweichung vom genauen Stichtag
Zeitlich versetzte Inventur,
drei Monate vor und zwei Monate nach dem Bilanzstichtag. Alle Zu- und Abgänge bis zum Bilanzstichtag müssen erfasst werden.
Permanente Inventur,
wichtig für das Vorratsvermögen (Waren). Bestandsaufnahme verteilt sich auf das ganze Jahr. Veränderungen werden fortlaufend erfasst. Hilfsmittel: Lagerbücher, Lagerkarteien oder -dateien (Warenwirtschaftssystem).

1.2.2 Das Inventar

Das Inventar gliedert sich in drei Teile:
Das **Vermögen** des Betriebes, wobei in **Anlage- und Umlaufvermögen** eingeteilt wird. Zum Anlagevermögen zählen die Wertgegenstände, die für längere Zeit im Betrieb vorhanden sind, z. B. das Geschäftsgebäude. Zum Umlaufvermögen gehören die Vermögensposten, die nur für kurze Zeit gegeben sind und sich ständig verändern. So nehmen die vorhandenen Waren- oder Kassenbestände täglich zu und ab. Hierbei teilt man das Umlaufvermögen nach dem **Flüssigkeits-** oder **Liquiditätsgrad** ein. Waren müssen erst noch verkauft werden, Forderungen lassen sich schneller in Geld umwandeln, das Bankguthaben kann jederzeit ausgezahlt werden und der Kassenbestand stellt bares Geld dar. *(Teil I)*

Die **Schulden** des Betriebes, wobei in **langfristige** und **kurzfristige Schulden** (Fremdkapital) unterteilt wird. Hypothekenschulden werden z. B. auf Jahre hinaus zurückgezahlt; Warenschulden (Verbindlichkeiten an Lieferer) werden oft innerhalb von vier Wochen beglichen. *(Teil II)*

Das Eigenkapital oder Reinvermögen *(Teil III)*
  Summe des Vermögens
− Summe der Schulden
  Eigenkapital oder Reinvermögen

- Die Aufnahme aller Vermögensteile und Schulden durch Zählen, Messen, Wiegen und Schätzen nennt man Inventur.
- Die geordnete Darstellung der Vermögensteile und Schulden nennt man Inventar.
- Das Inventar gliedert sich in Vermögen, Schulden und Eigenkapital.
- Das Eigenkapital (Reinvermögen) wird folgendermaßen ermittelt: Vermögen − Schulden = Eigenkapital

Beispiel

Beispiel für ein Inventar nach Formvorschrift (GoB):
Inventar zum 31. Dezember 20.. des Autohauses Ludwig Jahn e. K., Neumünster

		EUR	EUR
A.	**Vermögen**		
	I. Anlagevermögen		
	1. Betriebs- und Geschäftsausstattung		
	lt. Aufstellung Anl. 1		65.310,00
	2. Vorführwagen		18.500,00
	II. Umlaufvermögen		
	1. Waren		
	a) Teile und Zubehör lt. Aufstellung Anl. 2	424.826,00	
	b) Neuwagen	580.650,00	
	c) Gebrauchtwagen	540.000,00	1.545.476,00
	2. Forderungen gegenüber Kunden lt. Aufstellung Anl. 3		49.990,00
	3. Guthaben bei Kreditinstituten		
	a) Postbank, lt. Auszug vom 31.12.20...	37.430,00	
	b) Volksbank Neumünster lt. Auszug vom 31.12.20...	15.650,00	53.080,00
	4. Kassenbestand lt. Kassensturz		6.257,00
	Gesamtvermögen		1.738.613,00
B.	**Schulden**		
	I. Langfristige Schulden		
	Darlehen Volksbank Neumünster		800.000,00
	II. Kurzfristige Schulden		
	Verbindlichkeiten aus Lief. und Leistungen lt. Anl. 4		140.000,00
	Summe der Schulden		940.000,00
C.	**Ermittlung des Reinvermögens**		
	Summe des Vermögens		1.738.613,00
	– Summe der Schulden		940.000,00
	Reinvermögen		798.613,00

Aufgaben

1 Erstellen Sie das Inventar des Autohauses Klaus Lage OHG, Schwerin, zum 31.12. des Vorjahres, Beträge in EUR.

Vermögen:

Grundstücke und Bauten	600.000,00
Fuhrpark	80.200,00
Geschäftsausstattung	127.000,00
Bankguthaben	29.100,00
Kassenbestand	4.300,00
Forderungen an Kunden lt. Aufstellung	38.200,00

Warenvorräte
Neuwagen 294.000,00
Gebrauchtwagen 189.000,00
Teile und Zubehör 201.000,00
Schulden
Darlehen Deutsche Bank, Schwerin 650.000,00
Verbindlichkeiten lt. Aufstellung 25.400,00

1.2.3 Vom Inventar zur Bilanz

Bilanzgleichgewicht – Bei der Bilanz muss die Summe des Vermögens (Aktiva) immer gleich der Summe des Eigen- und Fremdkapitals (Passiva) sein.
Für die Vermögensposten kann es nur zwei Kapitalgeber geben:
- den Geschäftsinhaber (Eigenkapital)
- Fremde (Fremdkapital)

Steckt ein Geschäftsinhaber aus seinem Privatbereich 1.000,00 EUR in die Betriebskasse, so nimmt die linke Seite (Vermögensposten Kasse) um 1.000,00 EUR zu; außerdem hat sich aber auch die rechte Seite (Eigenkapital) um 1.000,00 EUR erhöht.

Gleichgewicht von Aktiva und Passiva

Bekommt ein Kaufmann vom Lieferer Waren im Wert von 2.000,00 EUR und zahlt diese nicht gleich, so nehmen auf der linken Seite die Waren und auf der rechten Seite die Schulden (Fremdkapital) in gleicher Höhe zu.

Aus dem Gesagten ergibt sich demnach folgende Gleichung:

Vermögen = Eigenkapital + Fremdkapital

Bilanzgliederung – Bevor wir die Grundform einer Bilanz darstellen, sei noch auf einige Begriffe eingegangen: Die linke Seite der Bilanz nennt man **Aktivseite;** sie gibt an, wie das Kapital im Betrieb angelegt ist. Die rechte Seite heißt **Passivseite;** sie zeigt auf, woher das Vermögen stammt. Die Darstellungsform (Form der Gegenüberstellung) nennt man **Kontenform.** Das Wort „Konto" stammt aus dem italienischen und bedeutet soviel wie „Rechnung". Schematisch ergibt sich folgendes Bilanzbild:

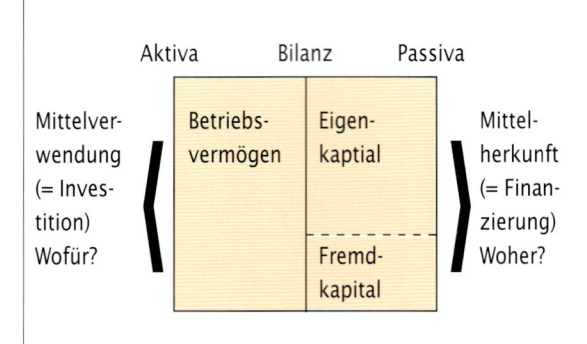

	Aktiva	Bilanz	Passiva	
Mittelverwendung (= Investition) Wofür?	Betriebsvermögen	Eigenkaptial		Mittelherkunft (= Finanzierung) Woher?
		Fremdkapital		

Vom Inventar unterscheidet sich die Bilanz weiterhin dadurch, dass hier einzelne Posten zu größeren Einheiten zusammengefasst werden. Man erfasst also nicht die Forderungen gegenüber den einzelnen Kunden, sondern spricht nur noch von dem Sammelposten „Forderungen".

Wenn wir nun das Inventar des Autohauses Ludwig Jahn, e. K. zugrunde legen, lässt sich folgende Bilanz erstellen:

Aktiva		Bilanz zum 31. Dezember 20 ..		Passiva
I	Anlagevermögen		I Eigenkapital	798.613,00
	I. Sachanlagen		II Fremdkapital	
	1. Betr.- und Geschäftsausstattung	65.310,00	1. Darlehen	800.000,00
	2. Vorführwagen	18.500,00	2. Verbindlichkeiten	140.000,00
II	Umlaufvermögen			
	1. Waren	1.545.476,00		
	2. Forderungen	49.990,00		
	3. Banken	53.080,00		
	4. Kasse	6.257,00		
		1.738.613,00		1.738.613,00

Umlaufvermögen

Die dargestellte Bilanz ist in den §§ 242, 247 HGB vorgeschrieben. Nicht nur die Aktiengesellschaften, sondern auch andere kaufmännische Unternehmensformen haben sich danach zu richten.

Zum Umlaufvermögen gehören, wie an anderer Stelle bereits erwähnt, die Vermögensposten, die nur für kurze Zeit gegeben sind und sich danach verändern. So nehmen die Waren- oder Kassenbestände täglich zu und ab. Das Umlaufvermögen teilt man nach dem **Flüssigkeits-** oder **Liquiditätsgrad** ein. Waren müssen erst noch verkauft werden, Forderungen lassen sich schneller in Geld umwandeln, das Bankguthaben kann jederzeit ausgezahlt werden und der Kassenbestand stellt bares Geld dar.

Das Bilanz-Beispiel zeigt weiterhin, dass der leere Raum auf der Passivseite durch einen Schrägstrich ausgefüllt ist. Diesen Schrägstrich nennt man in der Fachsprache **„Riegel"** oder **„Buchhalternase"**.

Die Bilanz muss mit Ort und Datum der Erstellung versehen sein und ist vom Geschäftsinhaber oder dem Geschäftsführer eigenhändig zu unterschreiben.

- In der Bilanz werden die Vermögensposten auf der Aktivseite dem Eigen- und Fremkapital auf der Passivseite gegenübergestellt.
- Die Vermögensseite wird in Anlage- und Umlaufvermögen untergliedert.
- Das Umlaufvermögen ist nach der Liquidität der einzelnen Posten eingeteilt.
- Die Passivseite unterteilt sich in Eigen- und Fremdkapital. Das Fremdkapital ist in langfristiges und kurzfristiges Fremdkapital untergliedert.

Aufgaben

1 Erstellen Sie die Bilanz für den Kfz-Teilehändler Klaus Lage, e. K. zum 31.12.20..

Aktiva	Geschäftsausstattung	258.000,00
	Waren (Zubehör- und Teile)	121.226,00
	Forderungen	115.238,00
	Postbank	25.818,00
	Kasse	8.624,00
Passiva	Eigenkapital	**bitte ermitteln**
	Darlehen	40.000,00
	Verbindlichkeiten	52.238,00

Bilanzstichtag

Eröffnungs- und Schlussbilanz – Die Bilanz gibt also zu einem bestimmten Augenblick (Bilanzstichtag) – am Ende des Geschäftsjahres – die Vermögenslage sowie die Höhe des Eigenkapitals und des Fremdkapitals wieder. Da die Bilanz am Schluss des Geschäftsjahres aufgestellt wird, bezeichnet man sie als **Schlussbilanz.**

Natürlich geht das alte Geschäftsjahr in das neue über; die aufgestellte Schlussbilanz kann gleichzeitig als Zusammenfassung der zu Beginn des neuen Geschäftsjahres vorhandenen Vermögens- sowie Eigen- und Fremdkapitalteile angesehen werden. Man muss also die Schlussbilanz des alten Jahres an den Anfang des neuen Geschäftsjahres stellen. In diesem Fall spricht man von einer **Eröffnungsbilanz.**

Die Wertansätze der Eröffnungsbilanz müssen gleich den Wertansätzen der Schlussbilanz des vorhergehenden Geschäftsjahres (Grundsatz der Bilanzidentität) sein.

Oder wie in § 252 (1) HGB zu lesen ist:

> (1) Bei der Bewertung der im Jahresabschluss ausgewiesenen Vermögensgegenstände und Schulden gilt insbesondere Folgendes:
> 1. Die Wertansätze in der Eröffnungsbilanz des Geschäftsjahres müssen mit denen der Schlussbilanz des vorhergehenden Geschäftsjahrs übereinstimmen.
> 2. Bei der Bewertung ist von der Fortführung der Unternehmenstätigkeit auszugehen, sofern dem nicht tatsächliche oder rechtliche Gegebenheiten entgegenstehen.

Grundlegende gesetzliche Bestimmungen stehen in den §§ 238 und 239 des **Handelsgesetzbuchs.** Neben den bereits erwähnten Bestimmungen heißt es dort u. a.

> In seinen Büchern darf der Kaufmann nicht radieren und darf Eintragungen durch Streichungen nicht unleserlich machen. Außerdem ist es verboten, zwischen den einzelnen Eintragungen Zwischenräume zu lassen (§ 239).
> Jeder Kaufmann ist verpflichtet, Handelsbücher, Inventare, Eröffnungsbilanzen und Jahresabschlüsse, empfangene Handelsbriefe, Wiedergaben der abgesandten Handelsbriefe sowie **Buchungsbelege** 10 Jahre, aufzubewahren (§ 257 HGB).
> Mit Ausnahme der Eröffnungsbilanzen und Jahresabschlüsse können Unterlagen auch auf Bild- oder anderen Datenträgern aufbewahrt werden (§ 257 HGB).

Buchungsbelege sind alle Nachweise, die die einzelnen Geschäftsvorfälle widerspiegeln.

1.2.4 Belegbuchung – Grundbuch/Hauptbuch

Belegbuchung – Alle Buchungen in einem Unternehmen müssen durch Belege nachgewiesen werden.

§§ 238 II, 257 HGB

Die wichtigsten Buchungsbelege in einem Handelsunternehmen – also auch in einem Autohaus – sind:

Belege	Nachweis für betriebliche Aufwendungen oder Erträge/Auszahlungen oder Einzahlungen	Beispiel
Eingangsrechnung	zum Nachweis eines Wareneinkaufs oder zur Inanspruchnahme einer Dienstleistung	Rechnung eines Großhändlers trifft ein. Rechnung eines Reinigungsunternehmens trifft ein.
Ausgangsrechnung	zum Nachweis einer geleisteten Dienstleistung oder eines Verkaufs	Rechnung für eine geleistete Reparatur. Rechnung für den Verkauf eines Ersatzteiles.
Quittung/quittierte Eingangsrechnung	zum Nachweis einer Bargeldzahlung aus der Kasse	Das eigene Unternehmen hat die Dachrinnenreinigung bar bezahlt.
Quittungskopie/quittierte Ausgangsrechnung	zum Nachweis einer Bargeldzahlung in die Kasse	Eine Kundin hat eine Reparaturrechnung bar bezahlt.
Kontoauszug	zum Nachweis von Zahlungsabgängen	Der Hersteller hat 24.500,00 EUR wg. einer Lieferung von Originalersatzteilen abgebucht.
Kontoauszug	zum Nachweis von empfangenen Zahlungen	Ein Kunde überweist seine Rate von 600,00 EUR aufgrund eines Kreditverkaufs per Dauerauftrag.
Kassenbericht	zum Nachweis der Barverkäufe eines Tages	Die Barverkäufe eines Tages betragen 23.560,00 EUR.
Steuerbescheid	zum Nachweis einer zu leistenden Steuernachzahlung	Die korrigierte Zahllast für das Vorjahr beträgt 2.680,00 EUR (Nachzahlung).
Eigenbeleg	zum Nachweis einer internen Tätigkeit	Ein Geselle hat während der Arbeitszeit eine Hebebühne repariert (12 Arbeitswerte).

Folgende Eigenschaften machen aus einer Eingangsrechnung einen Buchungsbeleg:
- Sie trägt einen Eingangsvermerk.
- Sie ist sachlich und rechnerisch richtig.
- Sie lässt sich einem Geschäftsfall zuordnen.
- Sie weist den richtigen Umsatzsteuerbetrag aus.
- Sie enthält einen Buchungsvermerk, der Auskunft darüber gibt, wer den Beleg kontrolliert und gebucht hat.
- Sie enthält eine Belegnummer, die an die vorhergehende Eingangsrechnung anschließt.

Beispiel

Beleg-Nr. ER 1743		
Kontierung Datum 11. Jan. '09 Handz. Ms	Buchung Datum 25. Jan. '09 Handz. Ms	
Konto	Soll	Haben
3300	1.200,-	
1576	228,-	
1600		1.428,-

Grundbuch (Journal) – Die Kontierungen auf den verschiedenen Belegen werden in zeitlicher Reihenfolge im Grundbuch festgehalten. Vor dem Einsatz der EDV im Journal oder Grundbuch in Papierform, heutzutage auf Datenträgern.

Grundbuch				
Datum	**Beleg**	**Buchungstext**	**Soll**	**Haben**
2009-01-25	ER 1743	3300 Pkw-Teile	1.200,00	
		1576 Ust.	228,00	
		1600 Verbindlichkeiten LuL		1.428,00

Hauptbuch – Dieses enthält die Bestandskonten und die Erfolgskonten, die Eintragung des Gegenkontos lässt auf den zugrunde liegenden Geschäftsfall und damit auf die Ursache der Kontoveränderung schließen.

1.3 Veränderungsmöglichkeiten in der Bilanz

Früher war das Handwerkszeug des Buchhalters das Hauptbuch und das Tagebuch. In sein Tagebuch trug er alle Buchungen in zeitlicher Reihenfolge ein. Anschließend ordnete er sie und übertrug sie ins Hauptbuch. Trotz moderner Technik ist das Prinzip das gleiche geblieben.

Die Bilanz gibt die Vermögens- sowie die Eigenkapital- und Schuldensituation des Betriebes nur zu einem ganz bestimmten Augenblick wieder. Würde man einige Tage nach dem 31. Dezember erneut eine Bilanz aufstellen, ergäbe sich sicherlich ein anderes Bild. In der Zwischenzeit hat nämlich der Geschäftsinhaber Waren eingekauft, Waren verkauft, seinen Kassenbestand, sein Bankguthaben und seine Schulden verändert. Würde man schließlich die Schlussbilanz eines weiteren Geschäftsjahres mit der Schlussbilanz des vorausgegangenen Geschäftsjahres vergleichen, könnte man noch größere Abweichungen feststellen.

Wie einzelne Bilanzposten sich ändern können, soll das Bilanz-Beispiel zeigen.

Beispiel

Aktiva		Bilanz zum 20..-12-31		Passiva
A	**Anlagevermögen**		**A**	**Eigenkapital** 1.380.491,00
	I. Sachanlagen		**B**	**Fremdkapital**
	1. Bebaute Grundstücke	1.260.200,00		1. Langfristige Verbindlichkeiten gegenüber Kreditinstituten 308.000,00
	2. Anlagen, Maschinen, Betriebs- und Geschäftsausstattung	399.500,00		
				2. Verbindlichkeiten aus Lieferungen und Leistungen 175.100,00
B	**Umlaufvermögen**			
	1. Waren und sonstige Vorräte	116.100,00		
	2. Forderungen	49.990,00		
	3. Kassenbestand und Guthaben bei Kreditinstituten	55.000,00		
		1.863.591,00		**1.863.591,00**

Ulm, 20..-12-31

Bereits am 2. Januar (erster Tag im neuen Geschäftsjahr) wird es zu einer Reihe von Geschäftsfällen kommen, die zu Veränderungen verschiedener Bilanzposten führen.

Vier Fälle wollen wir herausgreifen:

1. Ein Kunde zahlt eine Rechnung bar   400,00
2. Eine Verbindlichkeit wird in eine Darlehensschuld umgewandelt   1.200,00
3. Der Geschäftsinhaber kauft Waren auf Ziel ein
   (die Bezahlung erfolgt später)   1.460,00
4. Eine Verbindlichkeit wird durch Banküberweisung beglichen   950,00

1. Geschäftsfall

Barzahlung einer Kundenrechnung 400,00

Änderung der Vermögenszusammensetzung	
Zunahme **Aktiva**	Abnahme **Aktiva**
Kasse: + 400,00	Forderungen: – 400,00

Verändern sich nur zwei Aktivposten, so spricht man von einem Aktivtausch. In diesem Fall verändert sich die Bilanzsumme nicht, aber die Zusammensetzung des Vermögens.

2. Geschäftsfall

Umwandlung einer Verbindlichkeit in eine Darlehensschuld 1.200,00

Veränderung der Zusammensetzung des Kapitals	
Zunahme **Passiva**	Abnahme **Passiva**
Darlehen: + 1.200,00	Verbindlichkeiten: – 1.200,00

Verändern sich durch einen Geschäftsfall nur zwei Passivposten, so spricht man von einem Passivtausch. Die Bilanzsumme verändert sich nicht, aber die Zusammensetzung des Kapitals.

Wareneinkauf auf Ziel 1.460,00

3. Geschäftsfall

Vermögens- und Kapitaländerungen	
Zunahme **Aktiva** Waren: + 1.460,00	Zunahme **Passiva** Verbindlichkeiten: + 1.460,00

Vermehren sich ein Aktiv- und ein Passivposten, so spricht man von einer Aktiv-Passivvermehrung (Bilanzvermehrung). Die Bilanzsumme nimmt in diesem Fall zu. Die Zusammensetzung des Vermögens und des Kapitals ändern sich.

Banküberweisung an den Lieferer 950,00

4. Geschäftsfall

Vermögens- und Kapitaländerungen	
Abnahme **Aktiva** Bank: – 950,00	Abnahme **Passiva** Verbindlichkeiten: – 950,00

Vermindern sich ein Aktiv- und ein Passivposten, so spricht man von einer Aktiv-Passivverminderung (Bilanzminderung). Die Bilanzsumme nimmt in diesem Fall ab. Die Zusammensetzung des Vermögens und des Kapitals ändern sich.

Aufgaben

1 Geben Sie die jeweilige Bilanzveränderung an!

1. Barzahlung an den Lieferer — 4.000,00
2. Banküberweisung an den Darlehensgeber — 2.500,00
3. Wareneinkauf auf Ziel (Bezahlung erfolgt später) — 8.000,00
4. Kasseneinnahmen werden zur Bank gebracht — 28.400,00
5. Warenverkauf auf Ziel — 6.800,00
6. Postüberweisung eines Kunden — 2.100,00
7. Kauf eines Warenregals gegen bar — 11.700,00
8. Umwandlung einer Verbindlichkeit in eine Darlehensschuld — 12.500,00

Jeder Geschäftsfall ändert die Bilanz. Sie würde dadurch unübersichtlich. Wir erfassen daher die Veränderungen aller Bilanzposten in Konten. Dazu wird die Bilanz in Konten aufgelöst.

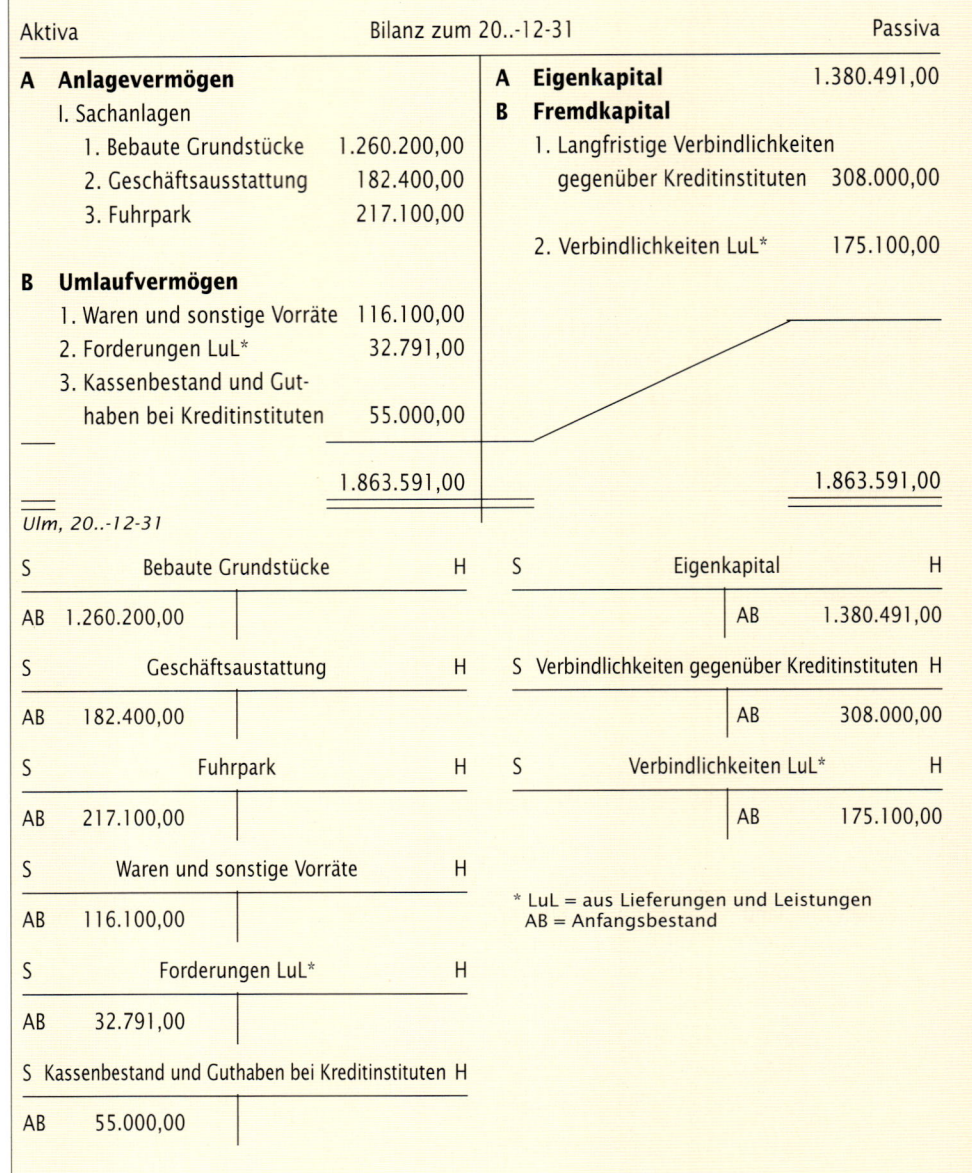

Beispiel ! ! ! !

Aktiva		Bilanz zum 20..-12-31		Passiva
A Anlagevermögen			**A Eigenkapital**	1.380.491,00
I. Sachanlagen			**B Fremdkapital**	
1. Bebaute Grundstücke	1.260.200,00		1. Langfristige Verbindlichkeiten	
2. Geschäftsausstattung	182.400,00		gegenüber Kreditinstituten	308.000,00
3. Fuhrpark	217.100,00			
			2. Verbindlichkeiten LuL*	175.100,00
B Umlaufvermögen				
1. Waren und sonstige Vorräte	116.100,00			
2. Forderungen LuL*	32.791,00			
3. Kassenbestand und Guthaben bei Kreditinstituten	55.000,00			
	1.863.591,00			1.863.591,00

Ulm, 20..-12-31

Jedes Konto ist eine Einzelrechnung für Vermögens- und Schuldteile; es ist eine kleine Bilanz. Die linke Seite des Kontos wird Sollseite, die rechte Seite Habenseite genannt.

S	Bebaute Grundstücke	H		S	Eigenkapital	H
AB	1.260.200,00			AB		1.380.491,00

S	Geschäftsaustattung	H		S	Verbindlichkeiten gegenüber Kreditinstituten	H
AB	182.400,00			AB		308.000,00

S	Fuhrpark	H		S	Verbindlichkeiten LuL*	H
AB	217.100,00			AB		175.100,00

S	Waren und sonstige Vorräte	H
AB	116.100,00	

* LuL = aus Lieferungen und Leistungen
AB = Anfangsbestand

S	Forderungen LuL*	H
AB	32.791,00	

S	Kassenbestand und Guthaben bei Kreditinstituten	H
AB	55.000,00	

Alle **Vermögensteile,** die in der Bilanz auf der Aktivseite stehen, heißen Aktiva und die Konten, die zu ihrer Verrechnung angelegt werden, **aktive Bestandskonten.**

Das **Fremdkapital** und das **Eigenkapital** stehen in der Bilanz auf der Passivseite. Die zu ihrer Verrechnung angelegten Konten heißen **passive Bestandskonten;** sie zeigen die Kapitalbestände zu einem bestimmten Stichtag. Die Vermögensteile stehen in der Bilanz auf der linken Seite. Deshalb bucht man auch den Anfangsbestand bei ihnen links, d. h. im Soll. Bei den Schulden wird der Anfangsbestand rechts gebucht, d. h. im Haben, weil sie in der Bilanz rechts stehen.

1.4 Buchungen in den Bestandskonten eines Autohauses

Die Anfangsbestände der Bestandskonten sind durch die Geschäftsfälle ständigen Veränderungen unterworfen, d. h., sie werden größer oder kleiner.

Zugänge bucht man auf der Seite des Anfangsbestandes, weil dieser dadurch vermehrt wird (bei den aktiven Bestandskonten im Soll, bei den passiven Bestandskonten im Haben).

Abgänge wirken entgegengesetzt wie Zugänge und stehen daher auf der entgegengesetzten Seite der Zugänge, d. h. bei den aktiven Bestandskonten im Haben und bei den passiven Bestandskonten im Soll.

Für den **Abschluss der Konten** hat man sehr einfache Regeln entwickelt:

① Die wertmäßig größere Kontoseite wird addiert.
② Die Kontosumme wird auf die wertmäßig kleinere Seite übertragen.
③ Die Buchungen auf der wertmäßig kleineren Seite werden von der Kontosumme abgezogen.
④ Die Differenz (Saldo) der beiden Kontoseiten ergibt den Schlussbestand.

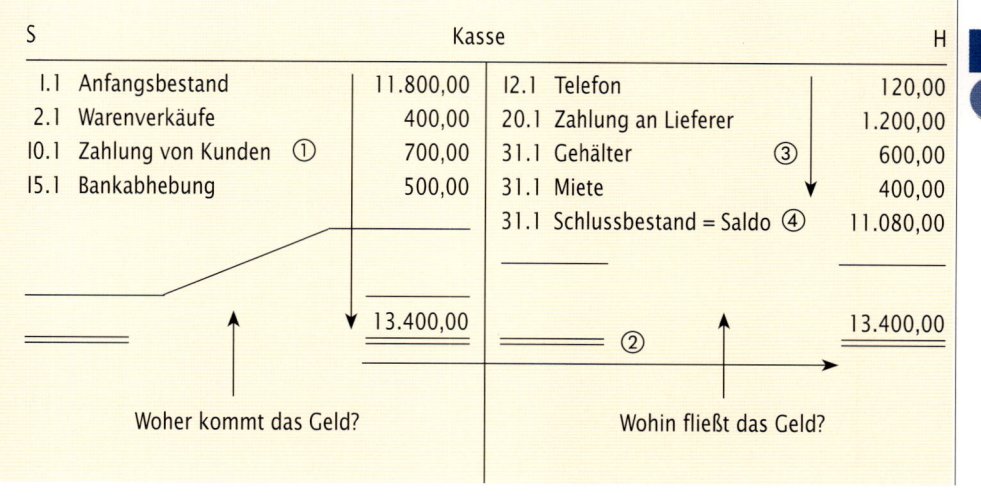

Beispiel

S	Kasse			H
1.1 Anfangsbestand	11.800,00	12.1 Telefon		120,00
2.1 Warenverkäufe	400,00	20.1 Zahlung an Lieferer		1.200,00
10.1 Zahlung von Kunden ①	700,00	31.1 Gehälter	③	600,00
15.1 Bankabhebung	500,00	31.1 Miete		400,00
		31.1 Schlussbestand = Saldo ④		11.080,00
	13.400,00	②		13.400,00

Woher kommt das Geld?   Wohin fließt das Geld?

1.4.1 Buchungen in den aktiven Bestandskonten

Die wichtigsten **aktiven** Bestandskonten sind:
Grundstücke, Gebäude, Fuhrpark, Warenbestände, Forderungen, Bank, Kasse.

Alle aktiven Bestandskonten haben Folgendes gemeinsam:

- Anfangsbestand und Bestandsvermehrungen werden im Soll, Bestandsverminderungen und der Schlussbestand werden im Haben gebucht.
- Der Schlussbestand ergibt sich aus der Differenz (Saldo) zwischen Soll- und Habenseite.

Aktives Bestandskonto	
Soll	Haben
Anfangsbestand (AB)	– Bestandsverminderungen (Abgänge)
+ Bestandsvermehrungen (Zugänge)	Schlussbestand (SB)

Aufgaben

1 Eröffnen Sie das Konto Kasse mit dem Anfangsbestand von 305,00 EUR, tragen Sie die Veränderungen ein und ermitteln Sie den Schlussbestand.

	EUR
Einnahme durch Teileverkauf	+ 470,00
Quittung über Kauf von Kopierpapier	– 12,20
Auszahlung an einen Kunden wegen Warenrückgabe	– 134,00
Ein Kunde zahlt Reparaturrechnung	+ 85,00
Einzahlung bei der Hausbank	– 500,00
Schlussbestand	?

2 Eröffnen Sie das Konto Bank mit dem Anfangsbestand von 12.400,00 EUR, tragen Sie die Veränderungen ein und ermitteln Sie den Schlussbestand.

	EUR
Überweisung an einen Lieferer	– 780,00
Scheckgutschriften	+ 2.320,00
Überweisung der Miete für die Werkstatt	– 1.300,00
Bareinzahlung aus der Kasse	+ 500,00
Gutschrift, Kunde hat Rechnungsbetrag überwiesen	+ 540,00
Schecklastschriften	– 980,00
Schlussbestand	?

1.4.2 Buchungen in den passiven Bestandskonten

Die wichtigsten passiven Bestandskonten sind:
Eigenkapital, Darlehen, kurzfristige Kredite, Verbindlichkeiten gegenüber Lieferern.

Passives Bestandskonto	
Soll	Haben
	Anfangsbestand (AB)
– Bestandsverminderungen (Abgänge)	+ Bestandsvermehrungen (Zugänge)
Schlussbestand (SB)	

Alle **passiven** Bestandskonten haben Folgendes gemeinsam:
- Der Anfangsbestand und die Bestandsvermehrungen werden im Haben, die Bestandsverminderungen und der Schlussbestand werden im Soll gebucht.
- Der Schlussbestand ergibt sich als Differenz (Saldo) zwischen Haben- und Sollseite.

Zu den passiven Bestandskonten zählt auch das **Eigenkapitalkonto.** Es gibt bei den Personengesellschaften Auskunft darüber, wie sich die eigenen Mittel des Unternehmers entwickeln. Hat das Unternehmen in dem betreffenden Wirtschaftsjahr Gewinn gemacht, steigt das Eigenkapital, hat es Verluste gemacht, verringert sich das Eigenkapital.

Eigenkapital = Reinvermögen.

Das Eigenkapital erscheint auf der Passivseite der Bilanz, da auf dieser Seite dargestellt wird, wie die Vermögensteile der Aktivseite finanziert worden sind.

Beispiel

Beispielhaft sei dargestellt, wie sich das Eigenkapital einer Personengesellschaft von 250.000,00 EUR (Anfangsbestand) verändert, wenn im abgelaufenen Geschäftsjahr ein Gewinn von 90.000,00 EUR gemacht wurde:

Eigenkapital			
Soll			Haben
SB	340.000,00	AB	250.000,00
		Gewinn lt. GuV	90.000,00
	340.000,00		340.000,00

Die Bestandsvermehrung erfolgt auf der Habenseite. Der Schlussbestand von 340.000,00 EUR wird auf der Sollseite gebucht und ist das neue Eigenkapital.

Aufgabe

Führen Sie die Veränderungen auf dem Konto „Verbindlichkeiten" durch. Der Anfangsbestand beträgt 12.200,00 EUR. Schließen Sie das Konto anschließend ab.

	EUR
Die Rechnung 7711 eines Teilelieferanten trifft ein.	+ 780,00
Spedition Gertrans GmbH schickt eine Rechnung über ...	+ 580,00
Überweisung des Rechnungsbetrages aus Rg. 7711	– 780,00
Der Hersteller gewährt eine Gutschrift von ...	+ 250,00
Die Gertrans-Rechnung wird durch Überweisung gezahlt.	– 580,00
Schlussbestand	?

2 Erfolgswirksame Vorgänge bearbeiten

Die bisher dargestellten Geschäftsfälle betreffen fast ausschließlich die Bestandskonten eines Autohauses. Es wurde Geld auf das Bankkonto eingezahlt, es wurden Rechnungen beglichen, Kunden gaben Waren zurück und erhielten ihr vorher gezahltes Geld wieder. Wahrscheinlich haben Sie sich schon gefragt, womit ein Autohaus eigentlich Geld verdient.

Rohgewinn minus Aufwendungen = Reingewinn

Jeder Handelsbetrieb kauft Ware ein und verkauft diese zu einem höheren Preis weiter. Die Differenz zwischen Einkaufspreis und Verkaufspreis wird als Rohgewinn bezeichnet. Von diesem **Rohgewinn** müssen alle **Aufwendungen** des Handelsbetriebes beglichen werden, die nötig sind, um den Geschäftsbetrieb aufrechtzuerhalten. Schließlich soll noch ein **Reingewinn** für den Einzelunternehmer oder die Gesellschafter übrig bleiben, denn diese haben schließlich ihr Privatvermögen in dem Betrieb eingesetzt, um damit Geld zu verdienen.

Leitfrage

➤ Wie wird der Reingewinn eines Autohauses ermittelt?

Maßgebliche **Erträge** erzielt ein Autohaus als
- Erlöse aus dem Verkauf von Neuwagen,
- Erlöse aus dem Verkauf aus Gebrauchtwagen,
- Erlöse aus den Verkauf von Teilen und Zubehör sowie
- Erlöse aus der Reparatur von Kundenfahrzeugen.

Notwendige **Aufwendungen,** die den Reingewinn und damit das Eigenkapital schmälern, sind u. a.
- Verrechnete Anschaffungskosten für die Beschaffung von Neuwagen und Gebrauchtwagen, sowie von Zubehör und Ersatzteilen,
- Zahlung der Gehälter und der Löhne,
- Mietzahlungen,
- Ausgaben für Werbung.

Die Konten, auf denen Aufwendungen und Erträge gebucht werden, heißen Erfolgskonten, sie werden über das Gewinn- und Verlustkonto abgeschlossen.

2.1 Buchungen in den Erfolgskonten eines Autohauses

An vier Geschäftsfällen soll beispielhaft dargestellt werden, wie in den Erfolgskonten gebucht wird.

Erträge werden gebucht:
Ein Kunde kauft einen Gebrauchtwagen und zahlt bar 8.000,00 EUR.
Buchungssatz: Kasse 8.000,00 EUR an Umsatzerlöse Pkw gebr. 8.000,00 EUR

An einem Kundenfahrzeug wurde ein Wintercheck vorgenommen. Die Kundin zahlt den Rechnungsbetrag bar: 35,00 EUR.
Buchungssatz: Kasse 35,00 EUR an Lohnerlöse Instandsetzung 35,00 EUR

Aufwendungen werden gebucht:
Die Werkstattmiete in Höhe von 1.800,00 EUR wurde abgebucht.
Buchungssatz: Mietaufwendungen 1.800,00 EUR an Bank 1.800,00 EUR

Die Gehälter für zwei Angestellte werden per Bank bezahlt: 2.900,00 EUR.
Buchungssatz: Gehälter 2.900,00 EUR an Bank 2.900,00 EUR

Beispiel

So wird in den Konten gebucht. Die Bestandskonten Kasse und Bank haben Anfangsbestände, Erfolgskonten haben keine Anfangsbestände.

Soll	Bank		Haben
AB	22.000,00	Mietaufwand	1.800,00
		Gehälter	2.900,00

Soll	Kasse		Haben
AB	2.500,00		
Umsatzerlöse Pkw gebr.	8.000,00		
Lohnerlöse	35,00		

Soll	Gehälter		Haben
Bank	2.900,00		

Soll	Mietaufwendungen		Haben
Bank	1.800,00		

Soll	Lohnerlöse		Haben
		Kasse	35,00

Soll	Umsatzerlöse Pkw gebr.		Haben
		Kasse	8.000,00

Vgl. den ZDK-Kontenrahmen im Anhang.

ZDK = Zentralverband des deutschen Kraftfahrzeuggewerbes

2.2 Abschluss der Erfolgskonten

Die Kontenklasse 4 (Betriebliche Aufwendungen) des ZDK-Kontenrahmens enthält über 50 Konten. Diese Tatsache allein zeigt, dass die Aufwendungen sehr differenziert erfasst werden. Die Geschäftsleitung möchte erfahren, auf welche Weise sich die Veränderung des Eigenkapitals vollzogen hat. Sie kann möglicherweise feststellen, wo es Möglichkeiten der Kostensenkung gibt. Weiterhin können Vergleiche zu den Vorjahren gezogen werden.

Mitglieder des ZDK können überdies mithilfe des „Branchenspiegels" erfahren, wie die entsprechenden Aufwendungen und Erträge anderer Kfz-Betriebe ähnlicher Größe aussehen.

Da der Abschluss sehr vieler Erfolgskonten die Übersichtlichkeit erschwert, begnügen wir uns mit dem Abschluss der in 2.1 aufgeführten vier Erfolgskonten.

Das Abschlussprinzip ist immer gleich:
- Alle Erfolgskonten werden über das Gewinn- und Verlustkonto (GuV) abgeschlossen.
- Das Konto GuV wird über das Eigenkapitalkonto abgeschlossen.

Beispiel

Die Buchungssätze für den Abschluss der **Ertragskonten** lauten:

Lohnerlöse	35,00			
		an	GuV	35,00
Umsatzerlöse Pkw gebr.	8.000,00			
		an	GuV	8.000,00

Die Buchungssätze für den Abschluss der **Aufwandskonten** lauten:

GuV	2.900,00			
		an	Gehälter	2.900,00
GuV	1.800,00			
		an	Mietaufwendungen	1.800,00

Diese Buchungen führen zu folgenden Kontenabschlüssen:

Kontenabschlüsse

Soll	Gehälter		Haben
Bank	2.900,00	GuV	2.900,00
	2.900,00		2.900,00

Soll	Mietaufwendungen		Haben
Bank	1.800,00	GuV	1.800,00
	1.800,00		1.800,00

Soll	Lohnerlöse		Haben
GuV	35,00	Kasse	35,00
	35,00		35,00

Soll	Umsatzerlöse Pkw gebr.		Haben
GuV	8.000,00	Kasse	8.000,00
	8.000,00		8.000,00

Soll	GuV		Haben
Gehälter	2.900,00	Lohnerlöse	35,00
Mietaufwendungen	1.800,00	Umsatzerlöse Pkw gebr.	8.000,00
Eigenkapital/(Gewinn)	3.335,00		
	8.035,00		8.035,00

Der Reingewinn beträgt 3.335,00 EUR, das Eigenkapital der Personengesellschaft erhöht sich um diesen Betrag.

> **GuV**   3.335,00
>   an   **Eigenkapital**   3.335,00

Soll	Eigenkapital		Haben
		AB	174.000,00
		GuV	3.335,00

3 Kontenrahmen und Kontenpläne im Kfz-Gewerbe

3.1 Vorteile einer einheitlichen Kontensystematik

Vgl. den ZDK-Kontenrahmen im Anhang.

Autohäuser machen in der Regel ihre Buchführung nach einem Kontenrahmen, der ihnen vom Hersteller oder Importeur vorgegeben ist. Markenungebundene Händler wählen häufig als Grundlage für ihren betrieblichen Kontenplan den Kontenrahmen des ZDK, mit dem auch in diesem Buch gearbeitet wird.

Kontenrahmen: Er gibt eine Übersicht über sämtliche Konten, die für Betriebe dieser Branche erforderlich sein könnten.

Kontenplan: Er ist aus dem Kontenrahmen abgeleitet und enthält alle für den Betrieb wichtigen Konten.

Welche Vorzüge haben Kontenpläne, die von einheitlichen Kontenrahmen abgeleitet sind?

- Die Grundsätze ordnungsgemäßer Buchführung (GoB) und ordnungsgemäßer DV-gestützter Buchführungssysteme (GoBS) fordern Klarheit und Übersichtlichkeit in der Buchführung.
- Der Vergleich mit Betrieben der gleichen Branche wird erleichtert.
- Betriebsprüfer und Steuerberater können sich in angemessener Zeit in der Buchführung eines Betriebes zurechtfinden.
- Eine einheitliche Kontenbezeichnung erlaubt die genaue Zuordnung von Geschäftsfällen zu den Konten.

3.2 Der Aufbau des ZDK-Kontenrahmens

Der Zentralverband des deutschen Kraftfahrzeuggewerbes hat speziell für die ihm angeschlossenen Betriebe einen Kontenrahmen vorgelegt, der speziell auf deren Belange abgestimmt ist. Er kann sowohl von freien Werkstätten als auch von Motorrad- und Fabrikatsbetrieben (Pkw und Nutzfahrzeuge) verwendet werden. Aus diesem Kontenrahmen können für die speziellen betrieblichen Gegebenheiten eigene Kontenpläne entwickelt werden.

Ziel des ZDK-Kontenrahmens ist es beispielsweise, den freien Werkstätten die Teilnahme am ZDK-Branchenspiegel für freie Werkstätten zu ermöglichen. Als Teilnehmer des ZDK-Branchenspiegels können die Unternehmer feststellen, wie ihr Betrieb im Vergleich zu Betrieben der selben Umsatzgruppe einzuordnen ist.

Im Branchenspiegel werden u. a. Aussagen über Personalkosten, Bruttoerträge bei Neu- und Gebrauchtwagen und über die Lagerumschlagshäufigkeit gemacht. Die Quelle für diese Größen ist der betriebliche Kontenplan, der aus dem ZDK-Kontenrahmen abgeleitet ist.

Kontenrahmen des ZDK

Kontenklasse									
0	1	2	3	4	5 + 6	7	8	9	
Anlage- und Kapital-konten	Finanz- und Privat-konten	Abgren-zungs-konten	Waren-einkaufs-konten (WE)	Betrieb-liche Auf-wendungen	Frei	Verrech-nete Anschaf-fungs-kosten (VAK)	Erlös-konten (VE)	Sonder-konten	

Erläuterungen zu den Kontenklassen

Diese Kontenklasse umfasst das Anlagevermögen wie Gebäude, technische Anlagen, Fahrzeuge, Finanzanlagen, Verbindlichkeiten gegenüber Kreditinstituten und das Eigenkapital. — *Klasse 0*

Diese Klasse enthält die Finanzkonten wie Kasse, Bank, Forderungen; weiterhin die Umsatzsteuerkonten, Privatkonten und die Konten zu Verbindlichkeiten des Betriebes und aufgenommenen Darlehen. — *Klasse 1*

In dieser Klasse werden die verschiedenen Aufwendungen und die Erträge der Unternehmung gebucht, die nicht direkt mit dem täglichen Geschäft des Betriebes zu tun haben, wie z. B. Zinserträge und betriebsfremde Aufwendungen. — *Klasse 2*

Hier werden die Bewegungen der Warenbestände und der Vorräte des Betriebes festgehalten, z. B. Wareneinkauf von Neuwagen. — *Klasse 3*

Die Konten dieser Klasse erfassen die Aufwendungen des Betriebes, die unmittelbar mit der Erreichung des Unternehmenszieles zu tun haben, wie z. B. Personalkosten, Mieten, Energiekosten und Betriebssteuern. — *Klasse 4*

Die Konten verrechnete Anschaffungskosten (VAK) dienen als Gegenkonten für die entsprechenden Konten der Klasse 3, um dort die Bestände bei Verkäufen mit den entsprechenden Anschaffungskosten (Bezugspreisen) zu korrigieren. — *Klasse 7*

Hier werden alle Erlöse aus Verkäufen und Werkstattarbeiten gebucht. — *Klasse 8*

Hier werden u. a. die Konten für die Eröffnung und den Abschluss des Geschäftsjahres aufgeführt. — *Klasse 9*

Unterteilung des ZDK-Kontenrahmens – Die Systematik eines Kontenrahmens wird deutlich, wenn die weiteren Unterteilungen beispielhaft dargestellt werden.

Kontenklasse	3 Wareneinkaufs-konten (WE)	7 Verrechnete Anschaffungskosten	8 Erlöskonten (VE)
Kontengruppe	30 WE, Bestand Pkw	70 VAK Pkw	80 Erlöse Pkw
Kontenart	3000 WE Pkw neu 3040 WE Pkw gebr.	7000 VAK Pkw neu 7040 VAK Pkw gebr.	8000 VE Pkw neu 8040 VE Pkw gebr.

Beispiel

4 Die Umsatzsteuer

4.1 Kennzeichnung, Buchung und System der Umsatzsteuer

Als eine der größten Einnahmenquellen der öffentlichen Hand gewinnt die Umsatzsteuer zunehmend an Bedeutung im wirtschaftlichen Leben.

Die Umsatzsteuertraglast liegt beim Endverbraucher.

Ihrem Wesen nach handelt es sich bei der Umsatzsteuer um eine Verbrauchsteuer, d. h. grundsätzlich soll immer der Letztverbrauch/Endverbrauch der Lieferung oder Leistung, die durch einen Unternehmer ausgeführt wird, von der Umsatzsteuer erfasst werden.

Umsatzsteuer ist kein Kostenfaktor.

Belastet wird der Endverbraucher, nicht der Unternehmer. Für den Unternehmer ist die Umsatzsteuer erfolgsneutral.

Bemessungsgrundlage = alles, was aufgewendet wird, um die Lieferung oder Leistung zu erhalten.

Zur Berechnung der Umsatzsteuer wird der zurzeit geltende Umsatzsteuersatz in Höhe von 19 % auf das vereinbarte Entgelt = Bemessungsgrundlage aufgeschlagen. Dabei gehört zur Bemessungsgrundlage alles, was der Unternehmer für seine Lieferung oder/und Leistung als Gegenleistung mit dem Vertragspartner vereinbart hat.

Die Erfassung der Umsatzsteuer erfolgt jedoch nicht nur beim Verkauf an den Endverbraucher, sondern bereits im Rahmen jeder vorhergehenden Wirtschaftsstufe. Steuerrechtlich spricht man in diesem Zusammenhang von der sogenannten **Allphasennettoumsatzsteuer** oder vereinfachend von der **Mehrwertsteuer**.

Die Wirkungsweise des Umsatzsteuersystems sei im Folgenden aus der Sicht der Autohandelsgesellschaft mbH, welche einen Neuwagen von der Produzent AG kauft und an den Privatmann verkauft, erläutert:

Bestände und Wertströme erfassen und dokumentieren

Fall 1: Einkauf eines Neuwagens auf Ziel:

Beispiel

Produzent AG, Postfach 1333, 22087 Hamburg

Autohandelsgesellschaft mbH
Elbkanal 13
22099 Hamburg

Anschrift:
Produzent AG

Alsterhöhe 13
22088 Hamburg

Rechnung

Ihr Auftrag vom 20..-07-10

Kunden-Nr.
20344
Bei Zahlung bitte angeben

Rechnungs-Nr.
10112

Rechnungstag
20..-07-17

Pos.	Artikel-Nr.	Artikelbezeichnung	Menge	Einzelpreis EUR	Gesamtpreis EUR
1	87 888	Neuwagen	1	30.000,00	30.000,00

	Nettoentgelt	USt%	USt-EUR	Gesamtbetrag EUR
	30.000,00	19	5.700,00	35.700,00

Neben dem vereinbarten Entgelt für den Neuwagen weist die Rechnung der Produzent AG auch die Überführungskosten des Neuwagens aus: Beide, die Lieferung des Neuwagens wie auch die Überführungskosten unterliegen der Umsatzsteuer. Die Umsatzsteuer ist offen auf den Rechnungen auszuweisen. Aus Sicht der Autohandelsgesellschaft mbH wird die offen ausgewiesene Umsatzsteuer als Vorsteuer bezeichnet, sie stellt eine Forderung gegenüber dem Finanzamt dar und wird auf dem aktiven Bestandskonto 1576 = Vorsteuer 19% gebucht.

vgl. Bd. 1, S. 407

So wird gebucht:

3000 WE Pkw neu   30.000,00
1576 Vorsteuer 19%   5.700,00
                       an   **1600 Verbindlichkeiten**   35.700,00
                                 LuL

LuL = aus Lieferungen und Leistung

Darstellung auf T-Konten:

Soll	1600 Verbindlichkeiten LuL		Haben
		WE Pkw neu	35.700,00

Soll	3000 WE Pkw neu		Haben
Verbindlichkeiten LuL	30.000,00		

Soll	1576 Vorsteuer 19%		Haben
Verbindlichkeiten LuL	5.700,00		

Fall 2: Verkauf des Neuwagens an einen Privatkunden durch die Autohandelsgesellschaft mbH auf Ziel:

Autohandelsgesellschaft mbH, Postfach 1177, 22099 Hamburg   Anschrift:
              Autohandelsgesellschaft mbH
Privatmann
Elbufer 67   Elbkanal 13
21087 Hamburg   22099 Hamburg

Rechnung

Ihr Auftrag vom 20..-07-10   Rechnungs-Nr.   Rechnungstag
                   Kunden-Nr.   10112   20..-07-25
                   223571
                   Bei Zahlung bitte angeben

Pos.	Artikel-Nr.	Artikelbezeichnung	Menge	Einzelpreis EUR	Gesamtpreis EUR
1	87 888	Neuwagen	1	35.000,00	35.000,00
		Nettoentgelt	USt%	USt-EUR	Gesamtbetrag EUR
		35.000,00	19	6.650,00	41.650,00

Ausweisungspflicht der Umsatzsteuer

Die auf den Nettowert (Bemessungsgrundlage) ermittelte Umsatzsteuer in Höhe von 19% ist auf der Rechnung gesondert und offen auszuweisen und stellt eine Forderung gegenüber dem Privatkunden dar, der als Endverbraucher die Umsatzsteuer wirtschaftlich zu tragen hat. Gleichzeitig handelt es sich bei der offen ausgewiesenen Umsatzsteuer um eine Verbindlichkeit gegenüber dem Finanzamt, die auf dem passiven Bestandskonto 1776 zu erfassen ist.

So wird gebucht:

1400 Forderungen aus LuL	41.650,00		
	an	8000 VE Pkw neu	35.000,00
		1776 Umsatzsteuer 19%	6.650,00

Darstellung auf T-Konten:

Soll	1400 Forderungen aus LuL		Haben
WE Pkw neu/Ust. 19%	41.650,00		

Soll	8000 VE Pkw neu		Haben
		Forderungen LuL	35.000,00

Soll	1776 Umsatzsteuer 19%		Haben
		Forderungen LuL	6.650,00

Die Korrektur des Lagerbestandes erfolgt durch folgende Buchung:

7000 VAK Pkw neu	30.000,00		
	an	3000 WE Pkw neu	30.000,00

▶ Wie erklärt sich nun aber die zu Beginn dieses Kapitels getroffene Aussage, dass die Umsatzsteuer den Unternehmer nicht belastet und letztendlich wirtschaftlich nur vom Endverbraucher zu tragen ist?

Leitfrage

Da die Erfassung der Umsatzsteuer nicht nur beim Verkauf an den Endverbraucher erfolgt, hat bereits jeder Unternehmer der dem Endverbrauch vorhergehenden Wirtschaftsstufen Umsatzsteuer an das Finanzamt abzuführen; diese abzuführende Umsatzsteuer wird Zahllast genannt und ermittelt sich wie folgt:

Bestände und Wertströme erfassen und dokumentieren

Formel der Zahllast

> **Bemessungsgrundlage x Steuersatz**
> =
> **Umsatzsteuer (Traglast)**
> ./.
> **abziehbare Vorsteuer**
> =
> **Umsatzsteuerschuld**
> **(Zahllast)**

Somit ermittelt sich für die Autohandelsgesellschaft mbH folgende Zahllast:

Ermittlung der Zahllast

Umsatzsteuer (Traglast)	6.650,00 EUR
Abzüglich Vorsteuer	5.700,00 EUR
Zahllast	**950,00 EUR**

Es ergeben sich für die beteiligten Unternehmer und den Endverbraucher folgende Auswirkungen:

Wirtschafts-stufe	Rechnung	EUR	Umsatz-steuer EUR	Vorsteuer-abzug EUR	Umsatz-steuerschuld (Zahllast) EUR	Mehrwert = Wertschöpfung EUR
A. Produzent AG	Nettopreis + 19 % USt Verkaufs-preis	30.000,00 5.700,00 35.700,00	5.700,00	0,00	5.700,00	30.000,00
B. Autohan-delsgesell-schaft mbH	Nettopreis + 19 % USt Verkaufs-preis	35.000,00 6.650,00 41.650,00	6.650,00	5.700,00	950,00 **6.650,00**	5.000,00 **35.000,00**

Die auf dem gesamten Mehrwert (Wertschöpfung = 35.000,00 EUR) beider Wirtschaftsstufen lastende Umsatzsteuer beträgt 6.650,00 EUR. Sie stimmt mit der Umsatzsteuer überein, die im Verkaufspreis der letzten Stufe an den Endverbraucher enthalten ist.

Beide Unternehmen, die Produzent AG wie auch die Autohandelsgesellschaft mbH sind nicht mit Umsatzsteuer belastet:

Das heißt, die Produzent AG hat eine Verbindlichkeit gegenüber dem Finanzamt, (5.700,00 EUR) erhält jedoch als Ausgleich einen entsprechenden Betrag von der Autohandelsgesellschaft mbH.

Die Autohandelsgesellschaft mbH hat zwar einen Umsatzsteuerbetrag in Höhe von 5.700,00 EUR an die Produzent AG bezahlt, kann sich diesen Betrag aber als Vorsteuer vom Finanzamt erstatten lassen. Die Umsatzsteuer der Autohandelsgesellschaft mbH in Höhe von 6.650,00 EUR bekommt diese vom Endverbraucher bezahlt. Da die Umsatzsteuer, die der Endverbraucher bezahlt, höher ist als die erstattungsfähige Vorsteuer, ist der übersteigende Betrag in Höhe von EUR 950,00 an das Finanzamt abzuführen.

Der Endverbraucher kann sich, da er kein Unternehmer ist, die an die Autohandelsgesellschaft mbH bezahlte Vorsteuer nicht erstatten lassen. Somit trägt der Endverbraucher die auf die gesamte Wertschöpfung entfallende Umsatzsteuer in Höhe von 6.650,00 EUR.

Der Endverbraucher trägt den gesamten Umsatzsteueranteil des Verkaufspreises.

4.2 Abschluss der Umsatzsteuerkonten sowie Anmeldung und Abführung der Umsatzsteuer

4.2.1 Abschluss der Umsatzsteuerkonten

Wie bereits im vorhergehenden Kapitel beschrieben, stellt der Staat das Umsatzsteueraufkommen nicht erst beim Endverbraucher sicher, sondern bereits bei den Unternehmern der vorhergehenden Wirtschaftsstufen. Eine Erhebung der Umsatzsteuer beim Endverbraucher ist schon aufgrund der absoluten Anzahl der Endverbraucher technisch nicht oder nur mit enormen Aufwand durchführbar.

Für den Staat handelt das Finanzamt.

Die rechnerische Ermittlung der von der Autohandelsgesellschaft mbH abzuführenden Zahllast in Höhe von 950,00 EUR ist auch buchhalterisch nachzuvollziehen, dabei wird das Vorsteuerkonto über das Konto Umsatzsteuer abgeschlossen. Die Zahllast wird per Bank überwiesen:

Die Betriebe dienen dem Staat als Steuereintreiber.

1776 Umsatzsteuer 19%	5.700,00			
		an	1576 Vorsteuer 19%	5.700,00
1776 Umsatzsteuer 19%	950,00			
		an	1200 Bank	950,00

Darstellung auf T-Konten:

Soll	1576 Vorsteuer 19%		Haben
AB (Anfangsbestand)	5.700,00	1776 Umsatzsteuer 19%	5.700,00

Soll	1776 Umsatzsteuer 19%		Haben
1576 Vorsteuer 19%	5.700,00	AB (Anfangsbestand)	6.650,00
1200 Bank	950,00		

Soll	1200 Bank		Haben
		1776 Umsatzsteuer 19%	950,00

4.2.2 Umsatzsteuervoranmeldungsverfahren

Die Umsatzsteuervoranmeldung bzw. die Umsatzsteuerjahreserklärung sind die Instrumente, mit denen der Unternehmer die von ihm abzuführende Umsatzsteuer bei dem zuständigen Finanzamt anmeldet. Im Rahmen dieser Steuererklärungen werden die Werte der Buchhaltung verarbeitet und an das Finanzamt weitergeleitet. Um eine zeitgerechte Vereinnahmung der Umsatzsteuer sicherzustellen, hat der Unternehmer bereits im Laufe eines Kalenderjahres Umsatzsteuervoranmeldungen abzugeben.

In der Voranmeldung muss der Unternehmer selbst errechnen, welche Zahlung/Zahllast er an das Finanzamt für den Voranmeldungszeitraum zu leisten hat.

Seit dem 1. Januar 2005 sind die Umsatzsteuervoranmeldungen dem Finanzamt online einzureichen. Das Ausfüllen der Formulare erfolgt per Computer, die Ermittlung der Zahllast bzw. des Vorsteuerüberhangs erfolgt durch das Programm. Bevor die Daten dem Finanzamt übermittelt werden, können auf einem Übertragungsprotokoll die Beträge überprüft werden.

Voranmeldungszeitraum ist für die meisten Unternehmen ein Monat, d. h., es muss für jeden Monat eine Voranmeldung beim zuständigen Finanzamt abgegeben werden.

§ 18 UStG

Unter bestimmten Voraussetzungen sind auch andere Voranmeldungszeiträume auf Antrag möglich:

Zuständig ist das Finanzamt, von dessen Bezirk aus der Unternehmer sein Unternehmen betreibt.

Umsatzsteuer im vorangegangen Kalenderjahr	Voranmeldungszeitraum
Weniger als 7.500,00 EUR	Kalendervierteljahr
Weniger als 1.000,00 EUR	Keine Abgabe von Umsatzsteuervoranmeldungen; Abgabe einer Umsatzsteuerjahreserklärung

Nach dem Gesetz ist die Umsatzsteuervoranmeldung jeweils bis zum 10. des Folgemonats abzugeben. Da die Autohandelsgesellschaft mbH monatliche Umsatzsteuervoranmeldungen abgeben muss, wäre das entsprechend dem oben genannten Fall der 10. August. Bei Überschreiten der Frist kann das Finanzamt Verspätungszuschläge in beträchtlicher Höhe festsetzen.

In der Umsatzsteuervoranmeldung sind die Umsätze zu erfassen, die in dem betreffenden Voranmeldungszeitraum ausgeführt wurden, dabei ist nicht die Vereinnahmung des Geldes entscheidend, sondern das Erbringen der Lieferung bzw. der Leistung. Die Vorsteuern sind in dem Monat zu erfassen, in dem die Leistung bereits empfangen wurde und eine Rechnung mit offenem Umsatzsteuerausweis bereits vorliegt (auf die Bezahlung kommt es grundsätzlich nicht an).

Bis zum 10. des Folgemonats ist nicht nur die Voranmeldung zu übermitteln, sondern auch die sich aus dieser Voranmeldung ergebende Zahllast an das Finanzamt zu entrichten.

Hinsichtlich der Abgabe der Umsatzsteuervoranmeldungen kann das Finanzamt auf Antrag eine sogenannte **Dauerfristverlängerung** gewähren. Dann darf der Unternehmer die Voranmeldung jeweils einen Monat später abgeben, in unserem Fall somit erst am 10. September, bis zu diesem Zeitpunkt ist dann auch die Zahllast zu begleichen.

Voraussetzung ist jedoch, dass der Unternehmer zusammen mit der Dezember-Umsatzsteuervoranmeldung einen Antrag stellt und in einer Sonderzahlung 1/11 aller Umsatzsteuervorauszahlungen des Vorjahres an das Finanzamt entrichtet.

Ein Unternehmer hat im Jahre 2009 25.000,00 EUR Umsatzsteuervorauszahlungen geleistet. Er zahlt als Vorauszahlung 1/11 davon (2.272,00 EUR) jeweils bis zum 10. des Folgemonats. Die Umsatzsteuervoranmeldung für den entsprechenden Monat erfolgt einen Monat später. Er übermittelt z. B. die Umsatzsteuervoranmeldung für April am 10. Juni, hat aber den Abschlag von 2.272,00 EUR schon am 10. Mai geleistet.

Beispiel

Beispiel für die Berechnung einer Umsatzsteuervorauszahlung (vergleiche mit der Umsatzsteuervoranmeldung 2009)

- Kz 41 Das Autohaus Hansa GmbH hat im November 2009 Teile und Neufahrzeuge im Wert von 60.000,00 EUR in andere EU-Länder geliefert. Es erfolgte keine Umsatzsteuerberechnung.
- Kz 44 Hansa hat an eine Privatperson in einem anderen EU-Land ein Neufahrzeug verkauft, Wert 11.000,00 EUR. Die Besteuerung erfolgt im anderen EU-Land.
- Kz 81 Hansa hat in Deutschland Umsätze in Höhe von 660.000,00 EUR (netto) erzielt (ohne Umsatzsteuer); erhaltene Umsatzsteuer: 25.400,00 EUR
- Kz 66 Hansa hat in Deutschland Neuwaren in Höhe im Wert von 343.750,00 EUR (netto) eingekauft; gezahlte Vorsteuer: 65.312,50 EUR
- Kz 61 Hansa hat im EU-Ausland Neuwaren im Wert von 14.375,00 EUR (netto) eingekauft; zu entrichtende Vorsteuer: 2.731,25 EUR
- Kz 83 Eingenommene Umsatzsteuer 125.400,00 EUR minus gezahlte Vorsteuer 68.043,75 EUR = Umsatzsteuervorauszahlung (Zahllast): 57.356,25 EUR

Bestände und Wertströme erfassen und dokumentieren

2010

Zeile				
1	- Bitte weiße Felder ausfüllen oder ☒ ankreuzen, Anleitung beachten -			
2	Fallart: **11**	Steuernummer: **31 340 03868**	Unterfallart: **56**	

30 Eingangsstempel oder -datum

Umsatzsteuer-Voranmeldung 2010

Voranmeldungszeitraum

bei **monatlicher** Abgabe bitte ankreuzen | bei **vierteljährlicher** Abgabe bitte ankreuzen

10 01	Jan.	10 07	Juli	10 41	I. Kalendervierteljahr
10 02	Feb.	10 08	Aug.	10 42	II. Kalendervierteljahr
10 03	März ☒	10 09	Sept.	10 43	III. Kalendervierteljahr
10 04	April	10 10	Okt.	10 44	IV. Kalendervierteljahr
10 05	Mai	10 11	Nov.		
10 06	Juni	10 12	Dez.		

Finanzamt

Pinneberg

Unternehmer – ggf. abweichende Firmenbezeichnung –
Anschrift – Telefon – E-Mail-Adresse

Autohaus Hansa GmbH
Rellinger Kamp 46
25421 Pinneberg

Berichtigte Anmeldung (falls ja, bitte eine „1" eintragen) **10** ☐

Belege (Verträge, Rechnungen, Erläuterungen usw.) sind beigefügt bzw. werden gesondert eingereicht (falls ja, bitte eine „1" eintragen) **22** ☐

I. Anmeldung der Umsatzsteuer-Vorauszahlung

Zeile		Kz	Bemessungsgrundlage ohne Umsatzsteuer (volle EUR)		Steuer EUR	Ct
19	**Lieferungen und sonstige Leistungen** (einschließlich unentgeltlicher Wertabgaben)					
20	**Steuerfreie Umsätze mit Vorsteuerabzug** Innergemeinschaftliche Lieferungen (§ 4 Nr. 1 Buchst. b UStG)					
21	an Abnehmer **mit** USt-IdNr.	41	60.000	■		
22	neuer Fahrzeuge an Abnehmer **ohne** USt-IdNr.	44	11.000	■		
23	neuer Fahrzeuge außerhalb eines Unternehmens (§ 2a UStG)	49		■		
24	**Weitere steuerfreie Umsätze mit Vorsteuerabzug** (z.B. **Ausfuhrlieferungen**, Umsätze nach § 4 Nr. 2 bis 7 UStG)	43		■		
25	**Steuerfreie Umsätze ohne Vorsteuerabzug** Umsätze nach § 4 Nr. 8 bis 28 UStG	48		■		
26	**Steuerpflichtige Umsätze** (Lieferungen und sonstige Leistungen einschl. unentgeltlicher Wertabgaben)					
27	zum Steuersatz von 19 %	81	660.000	■	125.400	00
28	zum Steuersatz von 7 %	86				
29	zu anderen Steuersätzen	35		■ 36	0	00
30	Lieferungen land- und forstwirtschaftlicher Betriebe nach § 24 UStG an Abnehmer **mit** USt-IdNr.	77		■		
31	Umsätze, für die eine Steuer nach § 24 UStG zu entrichten ist (Sägewerkserzeugnisse, Getränke und alkohol. Flüssigkeiten, z.B. Wein)	76		■ 80		
32	**Innergemeinschaftliche Erwerbe**					
33	**Steuerfreie innergemeinschaftliche Erwerbe** Erwerbe nach § 4b UStG	91		■		
34	**Steuerpflichtige innergemeinschaftliche Erwerbe** zum Steuersatz von 19 %	89		■		
35	zum Steuersatz von 7 %	93		■		
36	zu anderen Steuersätzen	95		■ 98		
37	neuer Fahrzeuge von Lieferern **ohne** USt-IdNr. zum allgemeinen Steuersatz	94		■ 96		
38	**Ergänzende Angaben zu Umsätzen**					
39	Lieferungen des ersten Abnehmers bei **innergemeinschaftlichen Dreiecksgeschäften** (§ 25b Abs. 2 UStG)	42		■		
40	Steuerpflichtige Umsätze im Sinne des § 13b UStG, für die der **Leistungsempfänger** die **Steuer schuldet**	60		■		
41	Nicht steuerbare sonstige Leistungen gem. § 18b Satz 1 Nr. 2 UStG	21		■		
42	Übrige nicht steuerbare Umsätze (Leistungsort nicht im Inland)	45		■		
43	**Übertrag**		zu übertragen in Zeile 45		125.400	00

USt 1 A – Umsatzsteuer-Voranmeldung 2010 –

42   *Bestände und Wertströme erfassen und dokumentieren*

– 2 –

				EUR	Ct
44	Steuernummer: 31 340 03868				
45	Übertrag			125.400	00
46	**Umsätze, für die als Leistungsempfänger die**	Bemessungsgrundlage ohne Umsatzsteuer volle EUR			
47	**Steuer nach § 13b Abs. 2 UStG geschuldet wird**				
48	Im Inland steuerpflichtige sonstige Leistungen von im übrigen Gemeinschaftsgebiet ansässigen Unternehmern	46	47		
49	Andere Leistungen eines im Ausland ansässigen Unternehmers (§ 13b Abs. 1 Satz 1 Nr. 1 und 5 UStG)	52	53		
50	Lieferungen sicherungsübereigneter Gegenstände und Umsätze, die unter das GrEStG fallen (§ 13b Abs. 1 Satz 1 Nr. 2 und 3 UStG)	73	74		
51	Bauleistungen eines im Inland ansässigen Unternehmers (§ 13b Abs. 1 Satz 1 Nr. 4 UStG)	84	85		
52	Steuer infolge Wechsels der Besteuerungsform sowie Nachsteuer auf versteuerte Anzahlungen u. ä. wegen Steuersatzänderung		65		
53	**Umsatzsteuer**			125.400	00
54	**Abziehbare Vorsteuerbeträge**				
55	Vorsteuerbeträge aus Rechnungen von anderen Unternehmern (§ 15 Abs. 1 Satz 1 Nr. 1 UStG), aus Leistungen im Sinne des § 13a Abs. 1 Nr. 6 UStG (§ 15 Abs. 1 Satz 1 Nr. 5 UStG) und aus innergemeinschaftlichen Dreiecksgeschäften (§ 25b Abs. 5 UStG)		66	65.312	50
56	Vorsteuerbeträge aus dem innergemeinschaftlichen Erwerb von Gegenständen (§ 15 Abs. 1 Satz 1 Nr. 3 UStG)		61	2.731	25
57	Entrichtete Einfuhrumsatzsteuer (§ 15 Abs. 1 Satz 1 Nr. 2 UStG)		62		
58	Vorsteuerbeträge aus Leistungen im Sinne des § 13b UStG (§ 15 Abs. 1 Satz 1 Nr. 4 UStG)		67		
59	Vorsteuerbeträge, die nach allgemeinen Durchschnittssätzen berechnet sind (§§ 23 und 23a UStG)		63		
60	Berichtigung des Vorsteuerabzugs (§ 15a UStG)		64		
61	Vorsteuerabzug für innergemeinschaftliche Lieferungen neuer Fahrzeuge außerhalb eines Unternehmens (§ 2a UStG) sowie von Kleinunternehmern im Sinne des § 19 Abs. 1 UStG (§ 15 Abs. 4a UStG)		59		
62	Verbleibender Betrag			57.356	25
63	**Andere Steuerbeträge**				
64	In Rechnungen unrichtig oder unberechtigt ausgewiesene Steuerbeträge (§ 14c UStG) sowie Steuerbeträge, die nach § 4 Nr. 4a Satz 1 Buchst. a Satz 2, § 6a Abs. 4 Satz 2, § 17 Abs. 1 Satz 6 oder § 25b Abs. 2 UStG geschuldet werden		69		
65	**Umsatzsteuer-Vorauszahlung/Überschuss**			57.356	25
66	Anrechnung (Abzug) der festgesetzten **Sondervorauszahlung** für Dauerfristverlängerung (nur auszufüllen in der letzten Voranmeldung des Besteuerungszeitraums, in der Regel Dezember)		39		
67	**Verbleibende Umsatzsteuer-Vorauszahlung** .... (bitte in jedem Fall ausfüllen)		83	57.356	25
68	**Verbleibender Überschuss** - bitte dem Betrag ein Minuszeichen voranstellen -				

II. Sonstige Angaben und Unterschrift

70	Ein Erstattungsbetrag wird auf das dem Finanzamt benannte Konto überwiesen, soweit der Betrag nicht mit Steuerschulden verrechnet wird.		
71			
72	**Verrechnung des Erstattungsbetrags erwünscht / Erstattungsbetrag ist abgetreten** (falls ja, bitte eine „1" eintragen)	29	
73	Geben Sie bitte die Verrechnungswünsche auf einem besonderen Blatt an oder auf dem beim Finanzamt erhältlichen Vordruck „Verrechnungsantrag".		
74	Die **Einzugsermächtigung** wird ausnahmsweise (z.B. wegen Verrechnungswünschen) für diesen Voranmeldungszeitraum **widerrufen** (falls ja, bitte eine „1" eintragen)	26	
75	Ein ggf. verbleibender Restbetrag ist gesondert zu entrichten.		

76	**Hinweis nach den Vorschriften der Datenschutzgesetze:** Die mit der Steueranmeldung angeforderten Daten werden auf Grund der §§ 149 ff. der Abgabenordnung und der §§ 18, 18b des Umsatzsteuergesetzes erhoben.	- nur vom Finanzamt auszufüllen -	
77	Die Angabe der Telefonnummern und der E-Mail-Adressen ist freiwillig.	11	19
78	Bei der Anfertigung dieser Steueranmeldung hat mitgewirkt: (Name, Anschrift, Telefon, E-Mail-Adresse)		12
79		**Bearbeitungshinweis**	
80		1. Die aufgeführten Daten sind mit Hilfe des geprüften und genehmigten Programms sowie ggf. unter Berücksichtigung der gespeicherten Daten maschinell zu verarbeiten.	
81		2. Die weitere Bearbeitung richtet sich nach den Ergebnissen der maschinellen Verarbeitung.	
82			
83			
84		_____ Datum, Namenszeichen	
85	08.04.2010 Leiwerk	Kontrollzahl und/oder Datenerfassungsvermerk	
86	**Datum, Unterschrift**		

Diese Pflicht zur Abgabe einer Umsatzsteuerjahreserklärung trifft auch die Unternehmer, die Umsatzsteuervoranmeldungen abgeben. In dieser Umsatzsteuerjahreserklärung sind sämtliche Umsätze und Vorsteuerbeträge eines Jahres zusammenzufassen. Theoretisch sollten die Werte der Jahreserklärung mit den zusammengefassten Voranmeldungen übereinstimmen, aufgrund von Fehlern bei den Voranmeldungen kommt es jedoch häufig zu Abweichungen.

Frist bis zum 31.05. des folgenden Jahres, auf Antrag verlängerbar bis 30.09. des folgenden Jahres.

Im Laufe des Geschäftsjahres kann es noch zu Veränderungen bei den abgeschlossenen Kaufverträgen kommen. Die Beträge der Ein- und Verkäufe, die in den Umsatzsteuervoranmeldungen aufgeführt wurden, können sich nachträglich noch ändern:

- Das Autohaus muss Waren aufgrund von Reklamationen zurücknehmen.
- Es gewährt nachträglich einen Nachlass aufgrund einer Mängelrüge.
- Es erhält am Jahresende einen Bonus (Vergütung) auf die erzielten Umsätze.
- Defekte Waren werden an den Hersteller zurückgeschickt, der Rechnungsbetrag vergütet.

Deshalb muss jeder umsatzsteuerpflichtige Wiederverkäufer, damit auch jedes Autohaus, bis zum 31. Mai des Folgejahres eine **Umsatzsteuererklärung** abgeben. In dieser werden die Korrekturen zu den 12 abgegebenen Umsatzsteuervoranmeldungen aufgeführt. Mit dem **Umsatzsteuerbescheid** werden Nachzahlungen oder Rückerstattungen mitgeteilt.

4.2.3 Besonderheiten bei der Umsatzsteuer bei Lieferungen in das Ausland

Um Wettbewerbsnachteile deutscher Unternehmen im Ausland zu beseitigen, unterliegen bestimmte Lieferungen und Leistungen in das Ausland nicht der deutschen Umsatzsteuer.

Hinsichtlich der Umsatzsteuer können bei grenzüberschreitenden Lieferungen folgende Fälle unterschieden werden.

Fall 1:

Der **Schweizer Privatmann** Zügli kauft bei der in Hamburg ansässigen Autohandelsgesellschaft mbH einen Neuwagen, er möchte jedoch die auf den Verkaufspreis aufgeschlagene Umsatzsteuer nicht bezahlen. Ist das möglich?

Beispiel

Ja – eine Lieferung ohne Umsatzsteuer, d. h., eine umsatzsteuerfreie Lieferung an Zügli ist möglich, wenn der Neuwagen tatsächlich in die Schweiz gelangt und dies durch die Abfertigungspapiere der Grenzzollstellen nachgewiesen werden kann. Dabei ist egal, ob Zügli den Wagen selber in die Schweiz bringt oder ob die Autohandelsgesellschaft mbH diesen dorthin liefert.

Entscheidend ist der Nachweis über die Ausfuhr.

Fall 2:

Beispiel

Der **französische Unternehmer** Gospin erwirbt bei der Autohandelsgesellschaft mbH Ersatzteile. Ist auch hier eine umsatzsteuerfreie Lieferung möglich?

Ja – eine Lieferung ohne Umsatzsteuer in ein anderes Mitgliedsland der EU, d. h., eine umsatzsteuerfreie **innergemeinschaftliche Lieferung** an Gospin ist möglich, wenn er eine französische **Umsatzsteueridentifikationsnummer** (kurz: **USt-ID-Nr.**) vorlegt.
Entscheidend bei Lieferungen in die EU an Unternehmer ist die Vorlage einer USt-ID-Nr.

Fall 3:

Beispiel

Wiederum liefert die Autohandelsgesellschaft mbH in einen anderen EU-Mitgliedsstaat, und zwar an den italienischen Privatmann Martinelli a) Ersatzteile, b) einen Neuwagen. Wie verhält es sich mit der Umsatzsteuer?

a) Da Martinelli als Privatmann keine USt-ID-Nr. erteilt bekommt, ist eine Lieferung ohne Umsatzsteuer, d. h. eine steuerfreie innergemeinschaftliche Lieferung nicht möglich, (beachte: Die Lieferungen in einen anderen EU-Mitgliedsstaat werden anders behandelt als die Lieferungen in das übrige Ausland, siehe Fall 1). Umsatzsteuer in Höhe von 19 % ist offen auf der Rechnung auszuweisen.

b) Bei der Lieferung eines Neuwagens ist eine Sonderregelung des Umsatzsteuergesetzes anzuwenden. Nach dieser Regelung sind auch Lieferungen an EU-Ausländer in einen anderen EU-Mitgliedsstaat steuerbefreit, wenn der betreffende Abnehmer keine USt-ID-Nr. besitzt, es sich bei dem Liefergegenstand aber um einen Neuwagen handelt. An Martinelli ist ohne Umsatzsteuerausweis zu liefern.

Aufgaben

1 Folgende Geschäftsfälle der Autohandelsgesellschaft mbH sind zu buchen:

1. Einkauf von Neufahrzeugen lt. Kontoauszug	netto	29.000,00 EUR
2. Verkauf von Neuwagen gegen bar	netto	24.000,00 EUR
3. Einkauf von Betriebsausstattung gegen Rechnung	netto	3.000,00 EUR
4. Einkauf von Kfz-Ersatzteilen bar	netto	2.400,00 EUR
5. Verkauf von Kfz-Ersatzteilen bar	netto	3.200,00 EUR
6. Verkauf einer gebrauchten EDV-Anlage gegen Ausgangsrechnung	netto	10.000,00 EUR
7. Kauf einer neuen EDV-Anlage per Scheck	netto	30.000,00 EUR

Bestände und Wertströme erfassen und dokumentieren

Folgende Konten werden benötigt:
0420 BGA, 1000 Kasse, 1200 Bank, 1400 Forderungen LuL, 1576 Vorsteuer, 1600 Verbindlichkeiten LuL, 1776 Umsatzsteuer, 3000 WE Pkw neu, 3300 WE Pkw Teile und Zubehör, 8000 VE Pkw neu, 8300 VE Pkw Teile und Zubehör.
a) Bilden Sie die Buchungssätze für die o. g. Geschäftsfälle und stellen Sie die Buchungen auf den angegebenen Konten dar.
b) Ermitteln Sie die Zahllast bzw. den Vorsteuerüberhang.

2 Welche bedeutenden zwei Fristverlängerungen können vom Finanzamt bei Abgabe der Umsatzsteuer-Voranmeldungen gewährt werden?

3 Überprüfen Sie den Wahrheitsgehalt der folgenden Aussagen:
a) Umsatzsteuer-Voranmeldungen sind grundsätzlich monatlich abzugeben.
b) Träger der Umsatzsteuer soll grundsätzlich der Endverbraucher sein.
c) Da der Unternehmer die Umsatzsteuer an das Finanzamt abführt, mindert sie seinen Gewinn.
d) Das Konto „Umsatzsteuer" ist ein aktives Bestandskonto.
e) Das Konto „Vorsteuer" weist aus: Soll: 5.000,00 EUR
   Das Konto „Umsatzsteuer" weist aus: Haben: 4.000,00 EUR
   Die Umsatzsteuerzahllast beträgt: 0,00 EUR

4 Über folgende Geschäftsfälle liegen Eingangs- bzw. Ausgangsrechnungen vor:

1.	Einkauf von Neuwagen	brutto	80.000,00 EUR
2.	Verkauf von Neuwagen	brutto	80.400,00 EUR
3.	Verkauf von Zubehör	brutto	20.000,00 EUR
4.	Verkauf von Ersatzteilen	brutto	7.000,00 EUR
5.	Einkauf von Ersatzteilen	brutto	6.000,00 EUR

a) Bilden Sie die Buchungssätze zu den Geschäftsfällen unter Berücksichtigung des aktuellen gesetzlichen Umsatzsteuersatzes.
b) Buchen Sie auf den entsprechenden Konten.
c) Wie hoch ist die Verbindlichkeit gegenüber dem Finanzamt?
d) Buchen Sie die Überweisung der Zahllast.

5 Buchungen der Geschäftsfelder eines Autohauses

5.1 Teile und Zubehör

Zur genauen Abgrenzung, vgl. Band I, Lf 4, Kap. 1.1.1 Ersatzteilarten.

Autohäuser beziehen die Originalersatzteile vom Hersteller, Zubehör, Identteile und Nachbauteile über Teilegroßhändler (z. B. TS-Union, ad-Augros) und über den freien Teilehandel.

Leitfrage

➤ Wie wird im Autohaus der Einkauf von Teilen und Zubehör beim Hersteller und bei Großhändlern gebucht?

5.1.1 Einkauf von Originalersatzeilen beim Hersteller

UPE = Unverbindliche Preisempfehlung

Grundlage der Einkaufspreisberechnung ist für den Markenhändler die **UPE**, die „**Unverbindliche Preisempfehlung**" des Herstellers. Auf dieser UPE wird dem Händler je nach Produktgruppe und nach Dringlichkeit der Bestellung (Lager oder Eilbestellung) der **Händlerrabatt** gewährt.

Rabatt wird buchungstechnisch nicht berücksichtigt. Gebucht wird nur der Warenwert und die darauf entfallende Umsatzsteuer, die für den Händler Vorsteuer darstellt.

Häufig haben die Händler ihren Hausbanken einen **Abbuchungsauftrag** zugunsten des Herstellers oder Importeurs erteilt.
- Das Abbuchungsverfahren setzt den Auftrag des Zahlungspflichtigen an seine Hausbank (Zahlstelle) voraus, nach dem diese Lastschriften, die vom Zahlungsempfänger erstellt wurden, zulasten des Kontos ihrer Kunden einlösen soll.

Auch bei einer vorliegenden **Einzugsermächtigung** können die Hersteller fällige Rechnungsbeträge vom Konto bei der Händlerbank einziehen.
- Das Einzugsermächtigungsverfahren setzt die schriftliche Ermächtigung des Zahlungspflichtigen an den Zahlungsempfänger voraus, nach der dieser seine Forderungen gegen ihn bei Fälligkeit zulasten seines Kontos einziehen kann.

Anders ausgedrückt: Wenn der Markenhändler eine Rechnung über bestellte Teile erhält, ist der Rechnungsbetrag schon von seinem Konto abgebucht worden.

Buchungsbelege können demnach die Eingangsrechnung des Herstellers oder der Kontoauszug sein.

Beispiel

Das Autohaus Süverkrüp in Neumünster hat vom Hersteller diverse Originalersatzteile erhalten.
Laut Rechnung beträgt der Warenwert: 25.400,00 EUR
Der Umsatzsteueranteil (19%) beträgt: 4.826,00 EUR

Der Buchungssatz für diesen Einkauf lautet.

> **3300 WE Pkw Teile und Zubehör 25.400,00 EUR**
> **1576 Vorsteuer 19%   4.826,00 EUR   an 1200 Bank   30.226,00 EUR**

Die Bestände auf diesem Konto erhöhen sich durch diesen Buchungssatz um 25.400,00 EUR, das Bankguthaben verringert sich um 30.226,00 EUR.

5.1.2 Einkauf von Zubehörteilen

Zubehörteile, die nicht vom Hersteller oder Importeur geliefert werden, können bei geschickter Präsentation die Gewinnsituation des Händlers verbessern. Er sollte also stets bemüht sein, Kunden Artikel anzubieten, die das Autofahren erleichtern. Das könnten Kindersitze, Tuningteile, Dachgepäckträger und noch vieles mehr sein. Diese Teile bezieht das Autohaus nicht nur vom Hersteller oder Importeur, sondern auch von anderen Zulieferern.

Vgl. Band I, LF 3

Üblicherweise wird von freien Teilegroßhändlern den Händlern nach der Bestellung eine Rechnung geschickt. Je nach Verhandlungsgeschick haben diese bei den Einkaufsverhandlungen einen Rabatt auf den Listenpreis ausgehandelt.

ME	Artikel-Nr.	Bezeichnung	Einzelpreis EUR	Gesamtpreis EUR
100	120988	CD-Fach	12,90	1.290,00
		abzügl. Sonderrabatt 20%		258,00
				1.032,00
		Umsatzsteuer	19%	196,08
			Bruttoentgelt zahlbar	
			bis 20..-12-23	1.228,08

Die Eingangsrechnung stellt den Buchungsbeleg dar.
Der Buchungssatz für diesen Einkauf lautet:

> **3300 WE Pkw Teile   1.032,00**
> **1576 Vorsteuer 19%   196,08**
>   **an   1600 Verbindlichkeiten   1.228,08**

Aufgaben

Bezugskosten werden dem Warenbestandskonto zugeschlagen, hier dem Konto WE Pkw Teile.

1 Das Autohaus Dabelstein in Münchberg erhält eine Rechnung vom Teilegroßhändler Klaus Hurtig e. K. in Kitzingen.

Pos.	Stück	Katalognr.	Bezeichnung	Einzelpreis	Rabatt (%)	Summe
1	2	ABC.065JK/I	Heckflügel mit Bremsleuchte	130,00	30,0	
	1	XYZ.Fracht	Frachtkosten	12,00	Nettosumme USt. 19% Ges.-betrag	12,00

a) Berechnen Sie die fehlenden Werte in der Summen-Spalte.
b) Kontieren Sie diesen Beleg.

5.1.3 Verkauf von Teilen und Zubehör

Der Kauf von Ersatzteilen und Zubehör erfolgt aus unterschiedlichen Beweggründen:

Beispiel

Vgl. Band I, LF 4, Kap 1.1.1 Ersatzteilarten.

Herr Grigatis möchte einen beschädigten Kotflügel seines VW Caddy selbst austauschen.	Er kauft ein **Originalteil.**
Frau Galliker möchte ihr Kleinkind sicher auf dem Beifahrersitz transportieren.	Sie kauft einen Kindersitz **(Zubehörteil).**
Herr Klüver benötigt für seinen acht Jahre alten Ford Fiesta eine preiswerte Motorhaube, eine Original-Haube ist ihm zu teuer.	Er kauft im freien Teilehandel ein **Nachbauteil.**

Identteile entsprechen Originalteilen.

| Frau Schröder kauft im freien Teilehandel für ihren Mercedes 180 C gleichwertige Scheibenwischer, diese entsprechen der Erstausstattung und sind preislich günstiger. | Sie kauft **Identteile** (z. B. von Bosch). |

Leitfrage

➤ Wie werden im Autohaus die Verkäufe Teile und Zubehör an Kunden gebucht?

Verwendet das Unternehmen den ZDK-Kontenrahmen, und die Kunden/Kundinnen zahlen bar, so müsste der Buchungssatz jeweils lauten:

> 1000 Kasse
>
>   an   8300 VE Pkw Teile
>   1776 Umsatzsteuer 19%

Beispiel

Frau Galliker möchte ihr Kleinkind nicht auf der Rückbank ihres Skoda Fabia transportieren. Sie kauft bei dem unabhängigen Teilehändler 1,2,3-passt-GmbH einen Kindersitz für den Beifahrersitz, damit sie ihr Kind immer in Augenkontakt hat. Sie zahlt insgesamt 149,94 EUR (19% Umsatzsteuer).

Der Betrieb verfügt über ein Warenwirtschaftssystem. Den Kindersitz hat er für 96,00 EUR eingekauft. Er verwendet einen Kontenplan, der an den ZDK-Kontenrahmen angelehnt ist. Folgende Buchungen nimmt 1,2,3-passt-GmbH vor. Für den Verkauf an Frau Galliker, wird folgendermaßen gebucht:

> 1000 Kasse   149,94 EUR
>
>   an   8300 VE Pkw Teile   126,00 EUR
>   1776 Umsatzsteuer 19% 23,94 EUR

Die EDV korrigiert automatisch den Lagerbestand:

> 7300 VAK Pkw Teile   96,00 EUR
>
>   an   3300 WE Pkw Teile und Zubehör 96,00 EUR

Aufgaben

1 Führen Sie die Buchungen für die folgenden Geschäftsfälle des unabhängigen Teilehändlers SpareParts GmbH aus.

a) SpareParts GmbH verkauft diverse Zubehörteile an Grosy & Sohn OHG, Warenwert 2.840,00 EUR plus Umsatzsteuer und schreibt eine Rechnung.
b) Frau Schröder kauft einen Dachgepäckträger bei SpareParts GmbH und zahlt 109,50 EUR. Sie zahlt bar.
c) Glasermeister Victor Mottke kauft für seine fünf Transporter je einen Satz Scheibenwischer. Ein Satz kostet 8,90 EUR netto. Herr Mottke erhält wie üblich eine Rechnung, die natürlich auch die Umsatzsteuer ausweist.
d) Wie lautet der Buchungssatz für die Lagerbuchung?

vgl. Band I, LF 4, Kap. 1.1.1 Ersatzteilarten.

5.1.4 Einkauf und Verkauf von Austauschteilen

Einige Hersteller bieten ihren Händlern im Werk überholte Aggregate an. Das sind z. B. Motoren, Getriebe und Lichtmaschinen. Diese sind in der Qualität den Neuteilen gleichzusetzen, für die Besitzer älterer Autos sind sie preislich attraktiver als Neuteile.

Kauf von Austauschteilen – Dem Händler liegt eine Rechnung seines Importeurs über den Kauf von 10 Austauschmotoren vor. Da er seiner Hausbank einen Abbuchungsauftrag für Zahlungsanforderungen des Importeurs erteilt hat, ist der Rechnungsbetrag beim Eintreffen der Rechnung schon vom Konto abgebucht worden.

ME	Artikel-Nr.	Bezeichnung	Einzelpreis EUR	Gesamtpreis EUR
10	13 000	AT-Motor	1.200,00	12.000,00
		abzügl. Händlerrabatt 10%		1.200,00
		Umsatzsteuer 19%		2.052,00
		Bruttoentgelt		12.852,00
		Betrag erhalten		

So bucht der Händler:

```
3310 Pkw Tauschteile      10.800,00
1576 Vorsteuer 19%         2.052,00
                    an    1200 Bank         12.852,00
```

Verkauf von Austauschteilen – Ein Austauschmotor ist preislich günstiger für den Kunden, da er seinen defekten Motor dem Händler zur Generalüberholung übergibt. Dieser Motor wird später selbst als Austauschmotor angeboten werden. Ankauf des defekten Motors und Verkauf eines Austauschmotors dürfen umsatzsteuerrechtlich nicht gegeneinander aufgerechnet werden. Das Umsatzsteuerrecht sieht in diesem Fall vor, dass der Wert des entgegengenommenen Altteils genau 10% des Preises für das Austauschteil ausmacht. Für die Berechnung der Umsatzsteuer sind Kauf und Gegenkauf gedanklich voneinander zu trennen.

Beispiel

Herr Grigatis hat mit seinem VW Caddy einen kapitalen Motorschaden erlitten. Sein Wagen wurde durch den ADAC auf den Hof seines Autohauses geschleppt. Er gibt den Auftrag, den defekten Motor durch einen Austauschmotor zu ersetzen.

Anmerkung: Um den Fall nicht zu kompliziert werden zu lassen, sollen die Werkstattkosten außer Acht gelassen werden.

Für die Teile macht der Betrieb folgende Rechnung auf:

Wert des gelieferten Austauschmotors	1.200,00	EUR
+ Ausgleich für Entgegennahme des Altmotors	120,00	EUR
Steuerrechtlich maßgeblicher Umsatz	**1.320,00**	**EUR**
+ Umsatzsteuer 19%	250,80	EUR
Rechnungsbetrag (brutto, ohne Anrechnung des Altteils)	1.570,80	EUR
– Vergütung Altteil	120,00	EUR
Rechnungsbetrag	**1.450,80**	**EUR**

Beispiel

Ohne Rückgabe kostet der überholte Motor 1.320,00 EUR plus USt.
= Steuerrechtlich maßgeblicher Umsatz

Der Endverbraucher kann auf den Wert des Altmotors keine Umsatzsteuer aufschlagen. Deshalb wird nur der Nettobetrag vergütet.

In der Praxis ist folgende Rechnungsstellung üblich, die zum selben Ergebnis führt.

Wert des gelieferten Austauschmotors	1.200,00	EUR
+ Umsatzsteuer 19%	228,00	EUR
+ Umsatzsteuer 19% Altteile	22,80	EUR
Rechnungsbetrag	**1.450.80**	**EUR**

So bucht der Händler bei Ausstellung einer Ausgangsrechnung:

1400 Forderungen	1.450,80 EUR			
		an	8310 VE PKW Tauschteile	1.200,00 EUR
			1776 Umsatzsteuer 19%	228,00 EUR
			1776 Umsatzsteuer 19% (10% Altteile)	22,80 EUR

Lagerbuchung:

7310 VAK Pkw Tauschteile	1.200,00 EUR			
		an	3310 WE Pkw Tauschteile	1.200,00 EUR

Aufgaben

1 Frau Zastrein fährt mit ihrem Golf II in ihre Vertragswerkstatt. Die Lichtmaschine scheint die Batterie nicht mehr genügend aufzuladen. Sie bittet um Überprüfung von Regler und Lichtmaschine. Der Kundendienstberater empfiehlt ihr nach der Überprüfung, die Lichtmaschine auszutauschen. Eine vom Werk überholte Lichtmaschine könnte im Tausch gegen die defekte eingebaut werden. Der Nettoverkaufspreis der Austauschlichtmaschine beträgt 90,00 EUR. Der Bezugspreis betrug 60,00 EUR (ohne USt.).

a) Welchen Preis müsste der Meister Frau Zastrein nennen, wenn Altteilerücknahme und die Umsatzsteuer berücksichtigt werden (ohne Werkstattkosten)?
b) Wie bucht die Vertragswerkstatt den Verkauf des Austauschteiles bei Rücknahme des Altteiles?
c) Wie lautet die Lagerbuchung?

2 Karl Liber muss zu seinem Bedauern für seinen Renault Twingo ein neues Getriebe kaufen. Sein Nachbar hilft ihm beim Aus- und Einbau, damit die Werkstattkosten gespart werden. K. Liber gibt sein altes Getriebe ab und erhält ein Austauschgetriebe. Den Preis des Austauschteiles beziffert der Teilverkäufer mit 1.050,00 EUR, allerdings kämen noch USt-Beträge hinzu.
a) Ermitteln Sie den Rechnungsbetrag in einer übersichtlichen Aufstellung.
b) Buchen Sie den Verkauf für das Autohaus (Barverkauf).
c) Wie lautet die Buchung für die Korrektur des Lagers, wenn der Bezugspreis ursprünglich 800,00 EUR (ohne USt.) betrug?

3 Ausschnitt aus der Lagerkartei – für die folgenden Aufgaben benötigen Sie folgende **Beschaffungspreise** in EUR:

Art.-Nr.	Artikelbezeichnung	Besch.-Preis	Art.-Nr.	Artikelbezeichnung	Besch.-Preis
15004 H	Endrohr vernickelt	95,00	91003 A	Austauschkupplung	189,00
22002 B	Kindersitz Holger	98,00	92002 B	Austauschlichtmaschine	65,00
97006 K	Austauschgetriebe	240,00	94004 H	Austauschmotor	1.300,00

Buchen Sie folgende Geschäftsfälle, berücksichtigen Sie jeweils auch die **Lagerkorrektur.**

a) Verkauf eines vernickelten Endrohres, 125,00 EUR plus USt., Barzahlung.
b) Verkauf einer Austauschlichtmaschine bei Rückgabe des defekten Teiles: Stückpreis: 110,00 EUR netto.
c) Verkauf eines Austauschmotors 94006 H für 2.500,00 EUR bei Rücknahme eines defekten Teils plus USt. Der Kunde hat ein Kundenkonto.
d) Eingangsrechnung für 5 Austauschkupplungen trifft ein: netto 945,00 EUR.
e) Eingangsrechnung für 20 Austauschlichtmaschinen trifft ein, Stückpreis 65,00 EUR netto.
f) Eingangsrechnung für drei Austauschgetriebe 97006 K trifft ein.
g) Verkauf eines Kindersitzes Holger an Frau Hornschuh für 130,90 EUR brutto. Sie zahlt bar.

5.1.5 Die Konten „Verrechnete Anschaffungskosten"

Nach den Buchungen des Verkaufs von Ersatzteilen, Zubehör und Austauschteilen ist im Anschluss jeweils eine „Lagerbuchung" vorgenommen worden (Kontenklasse 7 an Kontenklasse 8).

> Welche Bedeutung haben diese Buchungen für die Lagerbuchführung und für die Kostenrechnung?

Vereinfachter Auszug aus einer Lagerdatei zum 31.10. des Jahres

Artikel	Einstandspreis	Aktueller Bestand in Stück	Aktueller Wert zum Einstandspreis
Kindersitz jun.	38,00 EUR	24	912,00 EUR
Dachträger stabilo	76,00 EUR	12	912,00 EUR
Verbandkasten 3003	8,50 EUR	47	399,50 EUR

Im November des Jahres wurden u. a. folgende Verkäufe durchgeführt:
- 8 Kindersitze à 59,00 EUR, gesamt 472,00 EUR plus USt.
- 2 Dachträger à 99,00 EUR, gesamt 198,00 EUR plus USt.
- 10 Verbandkästen à 13,00 EUR, gesamt 130,00 EUR plus USt.
- Die Nettoerlöse für die drei Artikel: 800,00 EUR

Bei jeder Verkaufsbuchung wird eine Lagerbuchung durchgeführt, die
1. den Lagerbestand mengen- und wertmäßig korrigiert,
2. den Warenaufwand darstellt, der für den jeweiligen Verkaufserlös erbracht wurde.

Ein Kunde kauft im November zwei Dachträger à 99,00 EUR plus USt. Er zahlt bar.

1000 Kasse	235,62 EUR		
	an	8300 VE PKW-Teile	198,00 EUR
	an	1776 USt.	37,62 EUR

Die Lagerbestandskorrektur und die Erfassung des Warenaufwands für dieses Geschäft erfolgen mit dem Ihnen schon bekannten Buchungssatz zu den Einstandspreisen.

> **7300 VAK Pkw Teile   152,00 EUR**
> **   an 3300 WE   152,00 EUR**
> **   Pkw Teile**

Die anderen Verkäufe im November werden entsprechend gebucht.
Die Lagerdatei hat sich unter Berücksichtigung der übrigen Verkäufe geändert:

Vereinfachter Auszug aus einer Lagerdatei zum 30.11. des Jahres

Artikel	Ein-stands-preis	Ab-gang Nov.	Waren-einsatz	Aktueller Bestand in Stück	Aktueller Wert zum Einstands-preis
Kindersitz jun.	38,00 EUR	8	304,00 EUR	16	608,00 EUR
Dachträger stabilo	76,00 EUR	2	152,00 EUR	10	760,00 EUR
Verbandkasten 3003	8,50 EUR	10	85,00 EUR	37	314,50 EUR
		Summe:	541,00 EUR		

Fazit:

1. Der Lagerbestand für die drei Artikel hat sich um 541,00 EUR verringert (Konto 3300).
2. Um Erlöse von 800,00 EUR (Konto 8300) zu erzielen, wurden 541,00 EUR eingesetzt (Konto 7300).
3. Der Bruttoertrag aus diesen Geschäften beträgt 259,00 EUR.

Diese Aussage gilt auch für den Handel mit Neu- und Gebrauchtwagen.

> **Umsatzerlöse Klasse 8 – Wareneinsatz Klasse 7 = Bruttoertrag**

Bestände und Wertströme erfassen und dokumentieren

Vereinfachter Auszug aus einer Lagerdatei zum 31.05. des Jahres

Artikel	Einstandspreis	Aktueller Bestand in Stück	Aktueller Wert zum Einstandspreis
Bobby Car mini	18,00 EUR	10	180,00 EUR
Babyschale Lux	22,00 EUR	9	198,00 EUR
Autoradio MI5	120,00 EUR	47	5.640,00 EUR

1 Im Juni wurden von diesen Artikeln keine Bestellungen beim Großhandel vorgenommen. Buchen Sie beispielhaft einige Verkäufe an Kunden, die bar bezahlen, und führen Sie anschließend die entsprechenden Lagerbuchungen durch.
  a) Verkauf zweier Bobby Car mini für jeweils 25,00 EUR plus USt.
  b) Verkauf einer Babyschale Lux für 31,00 EUR plus USt.
  c) Verkauf von fünf Autoradios MI5 für jeweils 135,00 EUR plus USt.

2 Es wurden im Juni noch weitere Verkäufe dieser Artikel vorgenommen. Ergänzen Sie die fehlenden Beträge in der nachstehenden Tabelle.

Vereinfachter Auszug aus einer Lagerdatei zum 30.06. des Jahres

Artikel	Einstandspreis	Abgang Juni	Wareneinsatz	Aktueller Bestand in Stück	Aktueller Wert zum Einstandspreis
Bobby Car mini	18,00 EUR	8			
Babyschale Lux	22,00 EUR	6			
Autoradio MI5	120,00 EUR	25			
			Summe:		

3 Wie hoch war der Wareneinsatz für diese Artikel im Juni (siehe Tabelle)?

4 Welchen Umfang hatten die Warenerlöse für diese drei Artikel? Die Nettoverkaufspreise entnehmen Sie bitte der Aufgabe 1 a, b, c.

5 Ermitteln Sie die Bruttoerträge, die diese Artikel im Juni erzielten.

6 Zählen Sie drei verschiedene Kosten auf, die durch die Summe aller Bruttoerträge gedeckt werden müssen.

5.2 Kundenaufträge bearbeiten – Werkstattgeschäfte

Jeder Kunde, der eine Rechnung seines Autohauses über geleistete Reparaturen erhält, ist über die Höhe des Rechnungsbetrages zumindest erstaunt, wenn nicht erschüttert. Stundenverrechnungssätze von 60,00 bis 70,00 EUR kann er kaum nachvollziehen, wenn es sich um Verrichtungen wie Ölwechsel, Austausch der Zündkerzen, Ersetzen der Bremsklötze oder dem Wechseln von anderen Verschleißteilen handelt. Wird dem Kunden erklärt, dass die Kosten der Verwaltung in der Werkstattrechnung enthalten sind, und dass es Werkstatttätigkeiten gibt, die der einzelne Kunde nicht ohne Weiteres nachvollziehen kann, sehen zumindest einige Kunden ein, warum die Stundenverrechnungssätze 60,00 bis 70,00 EUR erreicht haben.

Welche verschiedenartigen Werkstatttätigkeiten müssen kostengerecht erfasst werden?

Beispiel

Drei seien beispielhaft genannt:
- Kundenaufträge – Reparaturen, Inspektionen und Wartungsarbeiten,
- Gewährleistungs- und Garantieaufträge einschließlich Kulanzarbeiten,
- Interne Aufträge: Sie müssen innerhalb des Betriebes verrechnet werden.

Die Unterscheidung der Werkstatttätigkeiten nach der jeweiligen Auftragsart trägt wesentlich zum Kostenbewusstsein bei, bedingt jedoch eine differenzierte buchhalterische Vorgehensweise bei den anfallenden Werkstattarbeiten. Für die Buchhaltung bedeutet es, dass für die verschiedenen Auftragsarbeiten jeweils andere Lohnerlöskonten geführt werden müssen.

Beispiel

Beispielhaft seien drei Lohnerlöskonten genannt:
- 8600 Lohnerlöse Instandsetzung,
- 8620 Lohnerlöse Garantie/Gewährleistung,
- 8609 Lohnerlöse Instandsetzung intern.

5.2.1 Kundenaufträge berechnen und buchen

Der Kundenauftrag lautet:
50 000-km-Inspektion und Ersatz aller defekten oder verschlissenen Teile.

1 AW = 5 Minuten
12 AW = 1 Stunde

In der Praxis werden die Werkstattarbeiten unterschiedlich abgerechnet. In der freien Werkstatt wird vorwiegend nach Stunden abgerechnet. Die Vertragswerkstätten rechnen jedoch häufig nach Arbeitswerten ab.

Die Rechnungsaufstellung für den geschilderten Kundenauftrag könnte folgendermaßen aussehen:

Beispiel

Bezeichnung	ME	Preis/Einheit (EUR)	Gesamtpreis (EUR)
Inspektion	12 AW	5,50	66,00
Material:			
Motoröl 5W-40	4 l	7,10	28,40
Ölfilter	1 Stück	5,20	5,20
Zündkerzen	4 Stück	2,45	9,80
		Nettobetrag	109,40
		USt. 19%	20,79
		Rechnungsbetrag	130,19

So wird im Autohaus gebucht, wenn der Kunde bar bezahlt:

```
1000 Kasse            130,19 EUR
                   an  8600 Lohnerlöse           66,00 EUR
                       Instandsetzung
                       8360 VE Schmierstoffe     28,40 EUR
                       8300 VE Teile/Zubehör     15,00 EUR
                       1776 USt.                 20,79 EUR
```

Als Bezugspreise sind lt. EDV aufgeführt:
Motoröl 5W-40:   3,40 EUR/l
Ölfilter: 3,20 EUR/Stück
Zündkerzen   1,30 EUR/Stück

Die Lagerbuchung erfolgt so:

```
7300 VAK Zubehör/Teile    8,40 EUR
                       an  3300 WE Teile/Zubehör     8,40 EUR
7360 VAK Schmierstoffe   13,60 EUR
                       an  3360 WE Schmierstoffe    13,60 EUR
```

§§ BGB 474 ff.

5.2.2 Garantiearbeiten berechnen und buchen

Kauft ein Endverbraucher Ware bei einem Autohaus, gelten die Bestimmungen des Verbrauchsgüterkaufs aus dem BGB. Die Gewährleistungsfrist (Sachmangelhaftung) beträgt zwei Jahre. Zeigt sich **innerhalb von sechs Monaten** nach dem Kauf ein Mangel, wird davon ausgegangen, dass dieser schon bei Übergabe bestand. In den **folgenden 18 Monaten** müsste der Kunde nachweisen, dass der Mangel schon bei Übergabe der Ware vorlag. Innerhalb der **zweijährigen Frist der Sachmangelhaftung** muss das Autohaus für die Beseitigung derjenigen Schäden sorgen, die schon bei der Übergabe der Ware vorhanden oder angelegt waren. Es muss aufgetretene Schäden zunächst auf eigene Kosten beseitigen. Wie es die entstandenen Kosten mit dem Werk abrechnet, interessiert den Kunden hier nicht.

Alle Kfz-Hersteller gewähren jedoch mindestens 24 Monate **Garantie** auf die Fehlerfreiheit ihrer Produkte – damit gehen sie über die gesetzlichen Mindestanforderungen hinaus. Die Mängelbeseitigung schließt die Lohnkosten mit ein. Der Vertragshändler gibt sie an den Hersteller/Importeur weiter.

Leitfrage

▶ Wie werden Gewährleistungsaufträge gebucht, deren entstehende Kosten letztendlich vom Werk bzw. Importeur übernommen werden?

Beispiel

Keine Umsatzsteuerberechnung bei eigenen Leistungen aufgrund einer Gewährleistungsverpflichtung.

Herr Rause hat schon drei Monate nach dem Kauf seines Skoda Felicia Ärger mit dem Wischermotor. Er fiel ganz plötzlich aus. Karl Rause wendet sich an seine Vertragswerkstatt (Autohaus P. Feifer OHG), damit diese den Schaden unentgeltlich behebe. Karl Rause stellt zu diesem Zwecke einen Garantieantrag (obwohl es sich um einen Gewährleistungsanspruch handelt), der von Feifer an das Werk weitergeleitet wird. Feifer führt die Reparatur aus. Die Kostenaufstellung sieht folgendermaßen aus.

1 Wischermotor Fabia	39,90 EUR
1 Arbeitsstunde	49,80 EUR
Forderung für Garantieantrag	89,70 EUR

In der EDV ist der Wischermotor mit 39,90 EUR aufgeführt. So bucht Feifer:

1400 Forderungen	89,70 EUR		
an		8309 VE Teile/Zubehör intern	39,90 EUR
		8620 Lohnerlöse Garantieantrag	49,80 EUR

Auch in diesem Fall erfolgt die Lagerbuchung, damit Sollbestand gleich Istbestand ist. Der Wischermotor wird aus Feifers Lager genommen.

7309 VAK Teile/Zubehör intern	39,90 EUR	
an	3300 WE Pkw Teile/Zubehör	39,90 EUR

Als Feifer seinen neuesten Kontoauszug von seiner Hausbank holt, stellt er fest, dass der Importeur die Forderungen aus dem geschilderten Gewährleistungsauftrag ausgeglichen hat. Feifer stellt eine Gutschrift von 89,70 EUR fest und bucht:

1200 Bank	89,70 EUR		
	an	1400 Forderungen	89,70 EUR

Schäden, die nach Ablauf der Werksgarantie auftreten, werden unter **Kulanz** abgewickelt. Dabei müssen sich Kunde, Vertragshändler und Hersteller/Importeur über die Kostenaufteilung einigen.

5.2.3 Interne Werkstattaufträge berechnen und buchen

Um die Wirtschaftlichkeit einer Werkstatt festzustellen, müssen auch diejenigen Tätigkeiten, die nicht Kundenaufträgen zuzuordnen sind, kostenmäßig erfasst werden. Das Aufräumen der Werkstatt, das Einrichten eines neuen Teilelagers, das Tapezieren des Aufenthaltsraumes durch die Gesellen – alle diese Tätigkeiten müssen kostenmäßig erfasst werden. Immerhin wird während dieser Zeit kein Geld durch die Ausführung von Kundenaufträgen verdient.

➤ Wie lassen sich interne Aufträge kostenmäßig erfassen?

Leitfrage

Beispiel

Ein Lagerfahrzeug steht schon drei Monate auf Feifers Neuwagenplatz, es findet zum angebotenen Preis aber keinen Käufer. Feifer entschließt sich, dieses Fahrzeug mit einem Sicherheitspaket auszustatten und zum Hauspreis neu anzubieten.
Kostenaufstellung:
Verrechnete Anschaffungskosten für die Teile des Sicherheitspakets 194,80 EUR
Interne Lohnkosten 12,40 EUR

So bucht Feifer:

3000 WE Pkw neu	207,20 EUR		
	an	8309 VE Teile/Zubehör intern	194,80 EUR
		8609 Lohnerlöse intern	12,40 EUR

Der Wert dieses Neufahrzeugs steigt somit intern um 207,20 EUR. Anders ausgedrückt: Die verrechneten Anschaffungskosten erhöhen sich beim Verkauf um diesen Betrag.

Bei den meisten Autohäusern werden nachträglich anfallende Kosten wie Reparaturen, zusätzliche Einbauten, aber auch Wartungsarbeiten direkt im **Soll** der Bestandskonten gebucht (WE Pkw neu, WE Pkw gebaucht, WE Pkw Teile).

Nachträglich vom Hersteller/Importeur gewährte Nachlässe (Boni) werden entsprechend im **Haben** des jeweiligen Bestandskontos gebucht. Die verrechneten Anschaffungskosten vermindern sich um diesen Betrag.

Aufgaben

1 Die Schulsekretärin M. Leiter hat an dem Einfahrtstor der Schule den vorderen Stoßfänger ihres Wagens beschädigt. Sie lässt den Schaden in ihrem Autohaus beheben. Der Stoßfänger wird gegen einen neuen ausgetauscht. Weitere Arbeiten werden nicht durchgeführt.

Bezeichnung	ME	Preis/Einheit (EUR)	Gesamtpreis (EUR)
Stoßfänger vorn	1	135,00	135,00
Kleinmaterial	1	20,00	20,00
Arbeitswerte	12	5,50	66,00
		Nettobetrag	221,00
		USt. 19%	41,99
		Rechnungsbetrag	262,99

Frau Leiter erhält eine Rechnung. Wie wird die Ausführung dieses Auftrages im Autohaus gebucht? Vergessen Sie die Lagerbuchungen nicht. (Einkaufswert gesamt: 122,00 EUR)

2 Herr Ennecke hat mit seinem neuen Cabrio häufig Ärger, da das Faltdach nicht zuverlässig schließt. Fünf Monate nach dem Kauf verliert er die Geduld und fährt zu seiner Vertragswerkstatt, um den Schaden beheben zu lassen. Zu seiner Überraschung ist er nicht der erste Kunde, der sich über diesen Schaden aufregt. Der Importeur übernimmt alle Kosten aus den Gewährleistungsansprüchen der Kunden gegenüber den Händlern. Die Vertragswerkstatt macht gegenüber dem Importeur folgende Rechnung auf:

Keine USt. bei Arbeiten aus Gewährleistungsansprüchen

Bezeichnung	ME	Preis/Einheit (EUR)	Gesamtpreis (EUR)
Garantiearbeiten Faltdach	14 AW	2,75	38,50
Teile	5 Stück	12,00	60,00

a) Wie muss die Rechnung gegenüber dem Importeur gebucht werden?

b) Wie erfolgt die Lagerbuchung (Berechnung erfolgt zum Einstandspreis)?

Am Jahresabschluss und an der Kosten- und Leistungsrechnung mitwirken

Lernfeld 6

1 Vorbereitende Abschlussbuchungen

Der Jahresabschluss für das Autohaus wird in der Regel von einem Steuerberater vorgenommen. Die Eigentümer oder Geschäftsführer sollten jedoch Kenntnisse darüber haben, welche vorbereitenden Abschlussbuchungen notwendig sind, um den Jahresabschluss durchzuführen. Diese sind:
- Buchungen der Abschreibungen auf verschiedenen Teile des Anlagevermögens,
- Buchungen der Abschreibungen auf Forderungen LuL,
- Buchungen auf Wertberichtigungen der Warenbestände (z.B. Neuwagen, Gebrauchtwagen, Teile und Zubehör),
- Abschluss der Unterkonten auf zugehörige Hauptkonten (Bezugskosten, Skonti, Boni) sowie
- zeitliche Abgrenzungen von Aufwendungen und Erträgen.

Diese Aufstellung ist nicht vollständig. Sie muss erweitert werden, wenn der Geschäftsbetrieb es erfordert oder wenn gesetzliche Bestimmungen es vorschreiben. Für Kapitalgesellschaften (GmbH und Aktiengesellschaft) gelten die Bestimmungen des HGB und des Bilanzrichtliniengesetzes.

➜ Warum ist es wichtig, dass Sie über die buchhalterischen Abläufe in ihrem Unternehmen Bescheid wissen?

1.1 Abschreibungen auf Teile des Anlagevermögens

1.1.1 Lineare Abschreibung

In einem Autohaus werden häufig Anlagegüter gekauft, die einen beträchtlichen Finanzierungsaufwand erfordern. Eine Hebebühne erfordert z.B. einen Kapitalaufwand von ca. 15.000,00 EUR. Sie wird jedoch über mehrere Jahre genutzt. Der Gesetzgeber erlaubt es, die Anschaffungskosten für dieses spezielle Teil des Anlagevermögens über 10 Jahre zu verteilen. Es wird unterstellt, dass unter gewöhnlichen Umständen die Hebebühne nach 10 Jahren durch eine neue ersetzt werden muss.
Die Frage ist: Wie sind die Anschaffungskosten der Hebebühne im Rahmen der Geschäftsbuchführung zu buchen und auf die Nutzungsdauer zu verteilen?

Wird die Hebebühne vom Hersteller geliefert und aufgestellt, könnte die Kostenaufstellung folgendermaßen aussehen:

1 Hebebühne Carlift c80 frei Haus	14.760,00 EUR
Einbau und Einstellung 3 Stunden	240,00 EUR
Anschaffungswert gesamt	15.000,00 EUR

Leitfrage

lineare AfA-Rate = gleichbleibende AfA-Rate

Das Finanzamt legt die Regelnutzungsdauer für Teile des Anlagevermögens fest.

Bei Erhalt der Rechnung müsste das Autohaus buchen:

0200 Techn. Anlagen	15.000,00		
1576 Vorsteuer 19%	2.850,00		
		an 1600 Verbindlichkeiten LuL	17.850,00

Da die Umsatzsteuer nicht kostenwirksam wird, sind 15.000,00 EUR auf die Nutzungsdauer zu verteilen.

AfA = Absetzung für Abnutzung.

Linearer AfA-Prozentsatz für die Abschreibung:

Der Anschaffungswert ist mit 100% gleichzusetzen. Der Abschreibungssatz (AfA-Satz) ergibt sich, wenn man 100 durch die Nutzungsdauer teilt.
10 Jahre Nutzungsdauer = 100%   100% geteilt durch 10 = 10%
1 Jahr Nutzungsdauer = ?%

Generell gilt: AfA-Prozentsatz = 100 geteilt durch Nutzungsdauer

Abschreibungsplan für eine Hebebühne (lineare AfA-Rate):
Anschaffungswert (EUR)   15.000,00
Anschaffungstag   20..-01-02
Nutzungsdauer   10 Jahre
Abschreibungssatz   10%
AfA-Rate (EUR)   1.500,00

Jahr	Buchwert Jahresanfang	lineare AfA-Rate	Buchwert Jahresende
2010	15.000,00	1.500,00	13.500,00
2011	13.500,00	1.500,00	12.000,00
2012	12.000,00	1.500,00	10.500,00
2013	10.500,00	1.500,00	9.000,00
2014	9.000,00	1.500,00	7.500,00
2015	7.500,00	1.500,00	6.000,00
2016	6.000,00	1.500,00	4.500,00
2017	4.500,00	1.500,00	3.000,00
2018	3.000,00	1.500,00	1.500,00
2019	1.500,00	1.500,00	0,00

Wie wird die AfA-Rate in jedem Jahr der Nutzungsdauer gebucht? (Beträge in EUR)

4510 Abschreibungen	1.500,00		
		an 0200 Techn. Anlagen	1.500,00

Am Jahresabschluss und an der Kosten- und Leistungsrechnung mitwirken

So sieht das Konto 0200 Technische Anlagen am Ende des Jahres der Anschaffung aus. Der Anfangsbestand betrug am 20..-01-01 30.000,00 EUR.

Soll	0200 Technische Anlagen		Haben
AB	30.000,00	4510 Abschreibungen	1.500,00
1600 Verbindlichkeiten LuL	15.000,00	SBK	43.500,00
	45.000,00		45.000,00

Das Erfolgskonto 4510 Abschreibungen (AfA) wird über das Konto GuV abgeschlossen.

Soll	4510 Abschreibungen		Haben
0200 Techn. Anlagen	1.500,00	GuV	1.500,00
	1.500,00		1.500,00

Monatsgenaue Abschreibung
Im Jahr der Anschaffung wird monatsgenau abgeschrieben.

> **Beispiel** ❗❗❗❗
>
> Eine Vitrine für den Ausstellungsraum wird am 10. Oktober gekauft. Der Anschaffungspreis beläuft sich auf 1.800,00 EUR. Die Nutzungsdauer beträgt 9 Jahre. Die jährliche Abschreibungsrate beträgt 200,00 EUR. Der Monat der Anschaffung und die übrigen Monate des Jahres werden im ersten Nutzungsjahr bei der Abschreibung berücksichtigt: drei Monate. Folglich kann auch nur ein Viertel der Jahresrate abgeschrieben werden: 50,00 EUR. Im letzten Jahr der Nutzungsdauer (9 Monate) werden die verbliebenen 150,00 EUR abgeschrieben.

Wirkung der Abschreibung auf den zu versteuernden Gewinn
Wie oben dargestellt verringern sich die Buchwerte der Anlagegüter von Jahr zu Jahr um die Abschreibungsraten, die alle zunächst auf dem Konto 4510 Abschreibungen gesammelt werden. Für den Jahresabschluss wird die Summe aller Abschreibungsbeträge wie alle anderen betrieblichen Aufwandskonten über das GuV-Konto abgeschlossen.

Sie verringern den zu versteuernden Gewinn des Unternehmens. Bemerkenswert ist dabei, dass ab dem zweiten Abschreibungsjahr Aufwendungen in der GuV auftauchen, für die es in dem entsprechenden Jahr keine Auszahlung gab. betrieblicher Aufwand ohne Auszahlung

degressive AfA = abnehmende AfA-Rate.

1.1.2 Degressive Abschreibung
Zur Förderung der wirtschaftlichen Entwicklung gestattet die Bundesregierung von Zeit zu Zeit für einen festgelegten Zeitraum eine andere Form der Abschreibung: die degressive Abschreibung.

> **Bei der degressiven Abschreibungsmethode wird der Restwert (aktueller Buchwert) um einen feststehenden Prozentsatz vermindert – nicht der Anschaffungswert.**

degressiv heißt abnehmend

Bei der degressiven Abschreibung gilt: gleichbleibender Prozentsatz vom Restwert.

Höhere Abschreibungsraten am Anfang der Nutzungsdauer bewirken einen niedrigeren zu versteuernden Gewinn als bei Anwendung der linearen Abschreibung. Die eingesparte Steuer könnte – so die Idee der Bundesregierung – für Investitionszwecke ausgegeben werden.

Beispiel

Angenommen, die Bundesregierung gestattet für zwei Jahre die degressive AfA-Methode. Der Abschreibungssatz beträgt jedoch höchstens das Zweieinhalbfache der linearen AfA und darf 25 % nicht überschreiten.

Leitfrage

→ Wie könnte die Hebebühne aus dem Beispiel für lineare AfA (15.000,00 Anschaffungswert, 1.500,00 AfA-Rate) unter den neuen Bedingungen abgeschrieben werden?

Das Zweieinhalbfache von 1.500,00 EUR beträgt 3.750,00 EUR. Das sind in diesem Fall genau 25 % von 15.000 EUR. In unserem Beispiel können alle Anschaffungen des Anlagevermögens, die von Anfang 2009 bis Ende 2010 getätigt wurden, zwei Jahre degressiv abgeschrieben werden. Für den Restbetrag gilt die lineare AfA.

Vergleiche mit der linearen AfA-Tabelle

Nutzungsjahr	Buchwert Jahresanfang	Jährliche AfA-Rate	Buchwert Jahresende
2010	15.000,00	3.750,00	11.250,00
2011	11.250,00	2.812,50	8.437,50
2012	8.437,50	1.054,69	7.382,81
2013	7.382,81	1.054,69	6.328,13
2014	6.328,13	1.054,69	5.273,44
2015	5.273,44	1.054,69	4.218,75
2016	4.218,75	1.054,69	3.164,06
2017	3.164,06	1.054,69	2.109,38
2018	2.109,38	1.054,69	1.054,69
2019	1.054,69	1.054,69	0,00

In den ersten Nutzungsjahren ist die AfA-Rate der degressiven Abschreibung höher als die der linearen AfA-Rate (1.500,00 EUR). Der zu versteuernde Gewinn fällt geringer aus. Die Buchungssätze sind die gleichen.

1.1.3 Abschreibungspools – Sammelposten
Die Abschreibungsmöglichkeiten für geringwertige Wirtschaftsgüter sind wie folgt geregelt:

- **Verbrauchsgüter** bis 150,00 EUR dürfen im Jahr der Anschaffung in voller Höhe als betrieblicher Aufwand erfasst werden. Die Gegenstände müssen jedoch selbstständig nutzbar sein. — § 6 Abs. 2 EStG

- Alle **selbstständig nutzbaren** Wirtschaftsgüter des Anlagevermögens zwischen 150,01 EUR und 1.000,00 EUR werden im Jahr ihrer Anschaffung im Konto „**Sammelposten**" zusammengefasst. Die Gesamtsumme wird über fünf Jahre, unabhängig von der Nutzungsdauer der einzelnen Gegenstände, abgeschrieben: jedes Jahr mit 20% des Anschaffungswertes. — § 6 Abs. 2a EStG

- Alle beweglichen Wirtschaftsgüter des Anlagevermögens ab 1000,01 EUR werden linear oder in bestimmten Ausnahmefällen auch degressiv abgeschrieben. — *PC-Drucker sind nicht selbstständig nutzbar*

➤ Wie wird der Kauf von Verbrauchsgütern gebucht?

Leitfrage

Eine Schreibtischlampe wird für 140,00 EUR plus Umsatzsteuer gegen Rechnung gekauft.

Beispiel

```
4803 Büromaterial      140,00
1576 Vorsteuer          26,60   an   1600 Verbindlichkeiten LuL    166,60
```

➤ Wie werden die Sammelposten für das aktuelle Wirtschaftsjahr gebildet und gebucht?

Leitfrage

01.02.2009 Kauf einer Computersoftware für 151,00 EUR plus Umsatzsteuer gegen Rechnung

Beispiel

```
0485 Sammelposten    151,00
1576 Vorsteuer        28,69   an   1600 Verbindlichkeiten LuL    179,69
```

15.03.2009 Kauf eines Schreibtisches für 840,00 EUR plus Umsatzsteuer gegen Rechnung

```
0485 Sammelposten    840,00
1576 Vorsteuer       159,60   an   1600 Verbindlichkeiten LuL    999,60
```

17.07.2009 Kauf eines Foto-Kopierers für 869,00 EUR plus Umsatzsteuer gegen Rechnung

0485 Sammelposten 869,00
1576 Vorsteuer   165,11   an   1600 Verbindlichkeiten LuL 1034,11

Buchung in den jeweiligen Konten

1576 Vorsteuer	
1600 Verbindlichkeiten LuL	26,60
1600 Verbindlichkeiten LuL	28,69
1600 Verbindlichkeiten LuL	159,60
1600 Verbindlichkeiten LuL	165,11

1600 Verbindlichkeiten LuL	
4803 Büromaterial	140,00
1576 Vorsteuer	26,60
0485 Sammelposten	151,00
1576 Vorsteuer	28,69
0485 Sammelposten	840,00
1576 Vorsteuer	159,60
0485 Sammelposten	869,00
1576 Vorsteuer	165,11

Die vorstehenden Konten müssen noch abgeschlossen werden. Das Konto 0485 Sammelposten weist für das laufende Jahr nur drei Positionen auf und wird zum 31.12.2009 abgeschlossen, nachdem 20% abgeschrieben worden sind.

4511 Abschreibung
Sammelposten 2009   360,00
**   an   0485 Sammelposten   360,00**

Soll	0485 Sammelposten 2009		Haben
1600 Verbindlichkeiten LuL	151,00	4511 Abschreibung Sammelposten	360,00
1600 Verbindlichkeiten LuL	840,00	SBK	1.440,00
1600 Verbindlichkeiten LuL	869,00		
	1.800,00		1.800,00

Das Konto Sammelposten ist ein aktives Bestandskonto. Die Sammelposten 2009 werden auch in den Jahren 2010, 2011 und 2012 geführt. Im Jahre 2013 wird das letzte Mal 360,00 EUR abgeschrieben. Damit ist der Bestand 0 EUR; die Sammelposten 2009 erscheinen auf dem Konto 0485 Sammelposten in der Bilanz 2013 nicht mehr.

Über die Wirtschaftsgüter, die zwischen 150,00 EUR und 1000,00 EUR kosten, sollte der Übersicht halber eine Liste geführt werden, die folgendermaßen gestaltet werden könnte:

Liste der Sammelposten 2009			
Lfd. Nr.	Wirtschaftsgut	eingekauft am:	Anschaffungspreis (netto)
1	Software „Visitenkarten selbst gemacht"	01.02.2009	151,00 EUR
2	Schreibtisch „Exzellent"	15.03.2009	840,00 EUR
3	Fotokopierer „Lumantix 200"	17.07.2009	869,00 EUR
Gesamtwert Sammelposten 2009			1.800,00 EUR
AfA-Rate 2009			360,00 EUR
AfA-Rate 2010			360,00 EUR
AfA-Rate 2011			360,00 EUR
AfA-Rate 2012			360,00 EUR
AfA-Rate 2013			360,00 EUR

Bestandsänderungen der Konten Sammelposten im Zeitablauf

Angenommene Anschaffungen in den Jahren 2009 bis 2013			
Konto	Gesamtanschaffung in EUR	20% Abschreibung	Bilanzwert im Jahr der Anschaffung
Sammelposten 2009	1.800,00	360,00	1.440,00
Sammelposten 2010	2.200,00	440,00	1.760,00
Sammelposten 2011	3.000,00	600,00	2.400,00
Sammelposten 2012	5.500,00	1.100,00	4.400,00
Sammelposten 2013	4.000,00	800,00	3.200,00

Beispiel

Entwicklung der Bilanzwerte

	2009	2010	2011	2012	2013	2014
Sammelposten 2009	1.440,00	1.080,00	720,00	360,00	–	–
Sammelposten 2010		1.760,00	1.320,00	880,00	440,00	–
Sammelposten 2011			2.400,00	1.800,00	1.200,00	600,00
Sammelposten 2012				4.400,00	3.300,00	2.200,00
Sammelposten 2013					3.200,00	2.400,00
Bestand Konto 0485 Sammelposten	1.400,00	2.840,00	4.440,00	7.440.00	8.140,00	5.200,00

Überlegungen beim Kauf von Wirtschaftsgütern bis 1000,00 EUR

- Beim Kauf von Wirtschaftsgütern um 150,00 EUR sollte man darauf achten, dass die Grenze nicht überschritten wird. Bis 150,00 EUR kann man den Betrag vollständig im aktuellen Jahr steuerlich gewinnmindernd in der GuV berücksichtigen. Ab 150,01 EUR würden nur 20% gewinnmindernd wirksam werden.

- Beim Kauf von Wirtschaftsgütern um 1.000,00 EUR sollte man berücksichtigen, dass viele Wirtschaftsgüter eine geringere Nutzungsdauer (AfA-Tabelle des Finanzministeriums) als die fünf Jahre bei den Sammelposten haben. Eine PC-Konfiguration, die über 1.000,00 EUR kostet, kann in drei Jahren abgeschrieben werden (333,33 EUR pro Jahr). Kostet sie genau 1.000,00 EUR, müsste sie in das Konto Sammelposten aufgenommen werden und kann nur in fünf Jahren abgeschrieben werden (200,00 EUR pro Jahr).

Häufig gestellte Fragen zu dem Konto Sammelposten
Wie wird der Anschaffungspreis ermittelt?
Nettoeinkaufswert minus Skonto plus Transportkosten plus Montagekosten.

Welchen Einfluss hat die Umsatzsteuer auf den Anschaffungspreis?
Die Umsatzsteuer ist kostenneutral und wird beim Anschaffungswert nicht berücksichtigt.

Spielt das Kaufdatum bei Wirtschaftsgütern zwischen 150,01 EUR und 100,00 EUR eine Rolle?
Nein, unabhängig vom Kaufdatum kann man 20% pro Jahr vom Anschaffungspreis abschreiben.

Darf ich mir aussuchen, ob ich Einzelabschreibung mache oder das Wirtschaftsgut über Sammelposten abschreibe?
Alle Sammelposten werden über fünf Jahre abgeschrieben – unabhängig von der tatsächlichen Nutzungsdauer.

Darf ich eine Sonderabschreibung bei Sammelpostenwirtschaftsgütern machen, wenn ich sie verkauft habe oder sie defekt sind?
Sobald die angeschafften Wirtschaftsgüter in das Konto Sammelposten gestellt werden, sind sie sozusagen anonym. Sie sind verschmolzen mit den übrigen Sammelposten. Die einmal festgestellte AfA-Rate bleibt über fünf Jahre unverändert.

Wie kann das Konto übersichtlich gestaltet werden?
Man legt für jedes Jahr eine Liste an, die folgende Daten enthält: Bezeichnung des Wirtschaftsgutes, Anschaffungsdatum, Anschaffungspreis, AfA-Rate, Gesamtwert der Sammelposten (siehe oben).

Wie kann ich es erreichen, eine PC-Anlage in drei Jahren abzuschreiben, wenn der Anschaffungswert knapp unter 1.000,00 EUR liegt?
Kauft man ein günstiges Peripheriegerät (Tintenstrahldrucker) dazu, liegt der Preis für die Anlage über 1.000,00 EUR. Der Drucker ist kein selbstständig nutzbares Anlagegut. Dann kann man die gesamte Anlage in drei Jahren abschreiben.

Aufgaben

1 Autohaus Nord e.K. beschafft im Januar für die Filiale Rellingen einen gebrauchten Bürocontainer für 4.800,00 EUR. Die Restabschreibungsdauer beträgt sechs Jahre. Wie hoch ist die AfA-Rate bei linearer Abschreibung?

2 Autohaus Nord e.K. kauft im Oktober eine Frankiermaschine, die in acht Jahren abgeschrieben werden darf. Der Anschaffungspreis beträgt 1.440,00 EUR netto.

   a) Erstellen Sie einen Abschreibungsplan für die lineare Abschreibung. Es wird monatsgenau abgeschrieben.

   b) Notieren Sie den Buchungssatz für die Abschreibung im ersten Nutzungsjahr.

   c) Notieren Sie den Buchungssatz für die Abschreibung im zweiten Nutzungsjahr.

   d) Notieren Sie den Buchungssatz für die Abschreibung im letzten Nutzungsjahr.

Aufgaben

3 Im Januar kauft Autohaus Nord e.K. einen Werkstatt-Ersatzwagen für 24.000,00 EUR netto. Die Abschreibungsdauer beträgt lt. AfA-Tabelle des Finanzministeriums 6 Jahre. Derzeit ist es möglich, während der ersten beiden Jahre der Nutzungsdauer zu 25% degressiv abzuschreiben. Der Restwert müsste dann linear abgeschrieben werden.

a) Berechnen Sie die ersten beiden AfA-Raten.
b) Berechnen Sie die AfA-Raten 3 bis 6 (sie sind gleich).
c) Bilden Sie den Buchungssatz für die Abschreibung im sechsten Jahr.

4 Buchhalterin Ermine vom Autohaus Nord e.K. soll eine Eingangsrechnung für Kontierungsstempel über 120,00 EUR netto kontieren. Schlagen Sie vor, wie der Buchungssatz lautet, wenn der aktuelle Umsatzsteuersatz zugrunde gelegt wird. Verwenden Sie den ZDK-Ausbildungskontenrahmen im Anhang.

5 Das Autohaus Nord e.K. hat im Laufe des Wirtschaftsjahres folgende Wirtschaftsgüter für verschiedene Geschäftsfelder angeschafft (Nettoeinkaufspreise). Die Bezahlung steht noch aus.

1 Absperrgitter	236,90 EUR
1 Papierschredder	43,20 EUR
4 Papierspender à	198,00 EUR
1 Software ‚GW-Standzeit'	145,00 EUR
3 Mobiltelefone à	96,00 EUR
1 Fax-Kombigerät	198,00 EUR
3 Beamer à	960,00 EUR

a) Suchen Sie die Positionen heraus, die im Jahr der Anschaffung vollständig als Verbrauchsgüter gebucht werden. Bilden Sie die entsprechenden Buchungssätze.

b) Suchen Sie die Positionen heraus, für die im aktuellen Jahr Sammelposten gebildet werden müssen. Notieren Sie den entsprechenden Buchungssatz, mit dem das Konto GWG-Sammelposten durch die 20%-Abschreibung korrigiert wird.

6 Das Autohaus Nord e.K. hat in den Jahren 2009 bis 2013 geringwertige Wirtschaftsgüter zu folgenden Gesamtwerten gekauft: 2009: 2.800,00 EUR; 2010: 7.200,00 EUR; 2011: 4.800,00 EUR; 2012: 3.600,00 EUR; 2013: 2.800,00 EUR. Jedes Jahr werden 20% von den Anschaffungswerten abgeschrieben, auch im Jahr der Anschaffungen. Ergänzen Sie die fehlenden Beträge in den dunkelblauen Feldern.

	Ende 2009	Ende 2010	Ende 2011	Ende 2012	Ende 2013
Sammelposten 2009	2.240,00				
Sammelposten 2010	–	5.760,00			
Sammelposten 2011	–	–	3.840,00		
Sammelposten 2012	–	–	–	2.880,00	
Sammelposten 2013	–	–	–	-	2.240,00
Bestand Konto 0485 GWG-Sammelposten					

1.2 Bewertung der Warenvorräte nach dem Niederstwertprinzip

Warenvorräte sind im Autohaus vornehmlich Neuwagen, Gebrauchtwagen, Teile und Zubehör. Sie sollen am Bilanzstichtag entweder zum Anschaffungswert oder zum Wiederbeschaffungswert (Tageswert) bewertet werden. Ist der Tageswert niedriger, muss eine **Teilwertberichtigung** vorgenommen werden. Es erfolgt eine Abschreibung auf den Anschaffungspreis. Die entsprechenden Teile des Umlaufvermögens werden somit neu bewertet. Die Buchwerte werden korrigiert.

§ 253 (3) HGB

1.2.1 Neuwagen

Gab es im aktuellen Jahr einen Modellwechsel oder wurden technische Verbesserungen oder optische Veränderungen vorgenommen, werden die Lagerfahrzeuge automatisch weniger wert. Die Wertverminderung kann als Teilwertberichtigung vorgenommen werden, muss dem Finanzamt gegenüber jedoch glaubhaft gemacht werden.

Beispiel

Ein Neuwagen wurde am 30. März des Jahres für 21.000,00 EUR vom Hersteller erworben. Im Laufe des Jahres gab es an diesem Modell einige technische Veränderungen, der Anschaffungspreis für dieses Modell änderte sich nicht. Der Marktpreis für das „alte" Lagerfahrzeug verringerte sich jedoch auf 20.000,00 EUR. Am Ende des Geschäftsjahres erfolgt eine Teilwertberichtigung.

4690 AfA Umlaufvermögen	1.000,00		
	an	3000 Pkw neu	1.000,00

1.2.2 Gebrauchtwagen

Schwacke-Liste
DAT-Liste

Jedes Gebrauchtfahrzeug lässt sich mithilfe der Schwacke-Liste oder der DAT-Liste bewerten. In beiden Listen ist der Händlereinkaufspreis und der Händlerverkaufspreis vermerkt. Das Autohaus ist gefordert, den Ankaufspreis mit dem Händlerverkaufspreis lt. Liste zu vergleichen. Der niedrigere Wert ist für die Bilanzaufstellung zu nehmen. Gegebenfalls ist eine Teilwertabschreibung vorzunehmen.

Bei der Auswertung der Inventurdaten stellt sich heraus, dass für zwei Fahrzeuge, die schon vor längerer Zeit angekauft wurden, der aktuelle Marktpreis niedriger ist als der ursprüngliche Ankaufspreis.

Ankaufspreis EUR	aktueller Marktpreis minus angenommene Verkaufskosten	Abschreibungsbetrag
12.800,00	12.000,00	800,00
14.350,00	13.350,00	1.000,00

Es erfolgt eine Teilwertabschreibung von 1.800,00 EUR. Der Buchungssatz lautet:

4690 AfA Umlaufvermögen	1.800,00		
	an	3040 Pkw gebraucht	1.800,00

1.2.3 Teile und Zubehör

In diesem Bereich lassen sich drei Kategorien voneinander unterscheiden:

1.	Teile, die sich nicht mehr verkaufen lassen (veraltet, technisch überholt).	Diese Teile sind praktisch wertlos. Sie müssen verschrottet werden. Es wird eine Verschrottungsliste angefertigt. Die Teile können voll abgeschrieben werden.
2.	Teile, die nur wenig nachgefragt werden und schon länger auf Lager liegen.	Bei diesen Teilen muss dem Finanzamt gegenüber glaubhaft gemacht werden, dass die Verkaufszahlen gesunken sind, und dass deshalb eine Pauschalabschreibung vorgenommen werden soll.
3.	Teile, die häufig nachgefragt werden.	Bei diesen Artikeln herrscht kein Abschreibungsbedarf.

1. Die Inventur hat ergeben, dass Teile und Zubehör im Wert von 59.000,00 EUR nicht mehr zu verkaufen sind. Der Nachweis der Verschrottung liegt vor. Die Abschreibung darf vorgenommen werden.

   4690 AfA Umlaufvermögen 59.000,00
           an 3300 Pkw Teile und Zubehör 59.000,00

2. Als ein Ergebnis der Inventur wird festgestellt, dass ein Teil des Ersatzteillagers und diverse Teile des Zubehörlagers sich nur schleppend absetzen lassen. Dem Finanzamt gegenüber werden die entsprechenden Kennzahlen präsentiert, einer Teilwertabschreibung von 14 % auf den Anschaffungswert von insgesamt 58.000,00 EUR wird zugestimmt. (14 % von 58.000,00 EUR = 8.120,00 EUR)

   4690 AfA Umlaufvermögen 8.120,00
           an 3300 Pkw Teile und Zubehör 8.120,00

1.3 Bewertung und Abschreibungen auf Forderungen

Forderungen gegenüber Kunden gehören zum Umlaufvermögen. Zum Jahresende müssen diese „offenen Posten" daraufhin überprüft werden, ob noch mit einem Zahlungseingang zu rechnen ist.

offene Posten

Forderungen werden je nach Wahrscheinlichkeit des Zahlungseingangs in drei Kategorien eingeteilt:
1) Einwandfreie Forderungen,
2) Zweifelhafte Forderungen sowie
3) Uneinbringliche Forderungen.

Gegenüber einem selbstständigen Handwerker besteht eine Forderung in Höhe von 5.568,00 EUR. Der Zahlungstermin ist schon verstrichen, eine Mahnung hat er schon erhalten. Am 12. Oktober wird das Insolvenzverfahren eröffnet. Die Forderung ihm gegenüber wird zweifelhaft. Buchung am 20..-10-13 (alle Beträge in EUR)

1460 Zweifelhafte Forderungen 5.568,00
        an 1400 Forderungen LuL 5.568,00

Es ist nicht mehr damit zu rechnen, dass der volle Rechnungsbetrag je überwiesen wird. Wahrscheinlich sind 80 % der Forderung verloren. Der endgültige Betrag steht jedoch noch nicht fest. Deshalb darf auch noch nicht das USt.-Konto korrigiert werden. Diese Buchung erfolgt erst dann, wenn im folgenden Jahr der endgültige Forderungsausfall feststeht.

Buchung am 31. Dezember (alle Beträge in EUR):

2400 Forderungsverluste	4.454,40		
	an	1460 Zweifelhafte Forderungen	4.454,40

Beispiel

Gegenüber einem Privatkunden besteht aufgrund einer Lieferung von Teilen eine Forderung in Höhe von 1.428,00 EUR. Er hat den Zahlungstermin 31. August verstreichen lassen, auf Mahnungen nicht reagiert und einen gerichtlichen Mahnbescheid nicht weiter beachtet. Es ist zweifelhaft, ob er den Rechnungsbetrag je überweisen wird.

Buchung am 10. Oktober (alle Beträge in EUR):

1460 Zweifelhafte Forderungen	1.428,00		
	an	1400 Forderungen LuL	1.428,00

Mitte Dezember wird festgestellt, dass der Kunde seinen Betrieb liquidiert hat und nicht mehr aufzufinden ist. Die Forderung muss abgeschrieben werden. Das Umsatzsteuerkonto wird korrigiert.

Buchung am 31. Dezember (alle Beträge in EUR):

2400 Forderungsverluste	1.200,00		
1775 USt. (19%)	228,00		
	an	1460 Zweifelhafte Forderungen	1.428,00

Das Konto 2400 Forderungsverluste wird über das GuV-Konto abgeschlossen.

Aufgaben

1 Bilden Sie die Buchungssätze für folgende Geschäftsfälle:

Datum	Geschäftsfall	EUR
20..-02-14	Ein Kunde teilt uns mit, dass er zahlungsunfähig sei, unsere Forderung ihm gegenüber beträgt (brutto): Die Forderung wird zweifelhaft.	17.400,00
20..-05-23	Das Insolvenzverfahren ergibt, dass lediglich 20% der Forderung von 17.400,00 EUR bezahlt werden, 80% Forderungsverlust entstehen. Das USt.-Konto muss entsprechend korrigiert werden.	?
20..-06-22	Eine Kundin hat schon drei Zahlungsaufforderungen verstreichen lassen, den ausstehenden Betrag von 340,00 EUR zu begleichen. Mit dem Einschalten eines Anwalts wird diese Forderung zweifelhaft.	340,00
20..-12-31	Die zweifelhafte Forderung von 340,00 EUR wird mit 50% bewertet. Eine USt.-Korrektur kann noch nicht erfolgen.	?

1.4 Korrektur der Warenvorräte bei Inventurdifferenzen

Da bei dem Verkauf von Kfz-Teilen und Zubehör, bei der Entnahme von Teilen zu Reparaturzwecken die EDV die Bestandskonten (WE-Konten) durch Buchen auf das entsprechende Konto „Verrechnete Anschaffungskosten" automatisch korrigiert, stellt die Bestandsaufnahme am Jahresende in der Regel Abweichungen vom Sollbestand (rechnerischer Bestand) fest. Ursachen für diese Fehlbestände können u. a. Diebstahl oder Fehlbuchungen sein.

Beispiel

Im Bereich Zubehör gibt es einen Fehlbestand an Dachgepäckträgern von 12 Stück à 109,00 EUR. Der Bestand muss entsprechend korrigiert werden.

Buchung am 31. Dezember (alle Beträge in EUR):

7300 VA Pkw Teile und Zubehör 1.308,00
                                  an   3300 WE Pkw Teile   1.308,00
                                           und Zubehör

1.5 Aktive und passive Rechnungsabgrenzung

Erfolgswirksamkeit

Bei Einnahmen oder Auszahlungen, die ganz- oder teilweise im aktuellen Bilanzjahr oder im folgenden Bilanzjahr vorgenommen werden, muss unterschieden werden, ob sie für das aktuelle oder das folgende Jahr **erfolgswirksam** werden.

Dazu werden am Ende des Geschäftjahres alle Aufwands- und Ertragskonten daraufhin überprüft, ob die gebuchten Beträge tatsächlich dem aktuellen Geschäftsjahr zuzurechnen sind. Falls Beträge in das folgende Geschäftsjahr gehören, müssen sie von den Erfolgskonten auf die Rechnungsabgrenzungskonten übertragen werden.

1.5.1 Aktive Rechnungsabgrenzung

Beispiel

Die Werkstattmiete in Höhe von 1.200,00 EUR für Januar 2010 ist von uns bereits am 27. Dez. 2009 überwiesen worden.

RAP = Rechnungs-Abgrenzungs-Posten

Ausgabe im alten Jahr   **Aufwand im neuen Jahr**
Buchung am 2009-12-27:

4400 Miete   1.200,00
                              an   1200 Bank   1.200,00

Beispiel

Zum 31. Dezember muss eine Korrektur vorgenommen werden, da der Aufwand erst ins nächste Jahr gehört.

0980 Aktive RAP	1.200,00		
		an 4400 Miete	1.200,00

aktive Rechnungs- abgrenzung

Die Posten der aktiven Rechnungsabgrenzung stellen praktisch eine Forderung dar, da der Aufwand erst im kommenden Jahr wirksam wird. Sie gehören somit auf die Aktivseite der Schlussbilanz.

Die Abschlussbuchungen werden in der Regel von der EDV vorgenommen. Dennoch sei die Vorgehensweise erläutert. Buchung zum 31. Dezember:

SBK	1.200,00		
		an 0980 Aktive RAP	1.200,00

Damit wäre das Konto 0980 Aktive RAP abgeschlossen.

1.5.2 Passive Rechnungsabgrenzung

Ein Teil des Lagerplatzes ist an ein benachbartes Unternehmen vermietet. Laut Mietvertrag ist die Miete schon am 20. des Vormonats fällig. Die Januar-Miete für 2010 in Höhe von 1.800,00 EUR wird unserem Bankkonto am 2009-12-20 gutgeschrieben, obwohl der Ertrag erst im folgenden Monat wirksam wird.

Einnahme im alten Jahr   **Ertrag im neuen Jahr**

Buchung am 2009-12-20:

1200 Bank	1.800,00		
		an 2750 Grundstückserträge	1.800,00

Zum 31. Dezember muss eine Korrektur vorgenommen werden, da der **Ertrag** erst ins nächste Jahr gehört.

2750 Grundstückserträge	1.800,00		
		an 0990 Passive RAP	1.800,00

Die Posten der passiven Rechnungsabgrenzung stellen – im Gegensatz zur aktiven Rechnungsabgrenzung – eine Verbindlichkeit dar. Der Ertrag wird erst im folgenden Jahr wirksam. Verbindlichkeiten erscheinen auf der Passivseite einer Bilanz. Die EDV bucht folgendermaßen:

0990 Passive RAP	1.800,00		
		an SBK	1.800,00

Der Betrag von 1.800,00 EUR wird auf der Passivseite der Bilanz erscheinen.

1.6 Sonstige Verbindlichkeiten und sonstige Forderungen

Aufwendungen und Erträge, die dem aktuellen Jahr zuzurechnen sind, deren zugehörige Ausgaben bzw. Einnahmen erst im kommenden Jahr getätigt werden, sind in der Bilanz des aktuellen Jahres auszuweisen. Durch die Buchungen auf den Erfolgskonten werden sie über das GuV-Konto abgeschlossen und beeinflussen damit den zu versteuernden Gewinn – im ungünstigen Fall auch den Jahresverlust.

1.6.1 Sonstige Verbindlichkeiten

Mitarbeiter, die mit der Deutschen Bahn zu einem Verkäuferseminar gefahren sind, reichen am 15. Dezember ihre Fahrkarten zur Kostenerstattung ein. Die Kosten werden ihnen mit dem Januar-Gehalt erstattet. Der Gesamtbetrag beträgt 1.390,00 EUR.

Beispiel

| **Aufwand im alten Jahr** | **Ausgabe im neuen Jahr** |

Buchung am 2009-12-15:

> 4860 Reisekosten Arbeitnehmer   1.390,00
>   an   1700 Sonst. Verbindlichkeiten 1.390,00

Zum Jahresabschluss bucht die EDV:

> 1700 Sonst. Verbindlichkeiten 1.390,00
>   an   SBK   1.390,00

1.6.2 Sonstige Forderungen

Eine Abteilungsleiterin, der ein Firmenkredit gewährt wurde, soll lt. Kreditvertrag halbjährlich 240,00 EUR Zinsen zahlen. Sie sind rückwirkend fällig, zum 30. September und zum 31. März jedes Jahres. Die Hälfte der Zinszahlung am 31. März 2010 gehört somit als Ertrag ins Jahr 2009.

Beispiel

| **Ertrag im alten Jahr** | **Einnahme im neuen Jahr** |

Buchung am 2009-09-30:

> 1500 Sonstige Forderungen   120,00
>   (Sonstige Vermögensgegenstände)
>   an   2650 Zinserträge   120,00

Das Konto Zinserträge wird über das Konto GuV abgeschlossen (EDV-Buchung), das Konto Sonstige Forderungen über das Konto SBK (auch per EDV), der Betrag erscheint auf der Aktivseite der Bilanz.

1.7 Rückstellungen

Sie werden für Verbindlichkeiten gebildet, die für das aktuelle Jahr bilanziert werden müssen, deren Höhe aber noch nicht feststeht. Beispiele hierfür sind:

Beispiel

- Mögliche Steuernachzahlungen aufgrund einer Steuerprüfung – der Steuerbescheid wird für das kommende Jahr erwartet.
- Eine Schadensersatzklage, die ein Kunde gegen das Autohaus erhoben hat, wird erst im kommenden Jahr vor Gericht verhandelt – der Ausgang der Verhandlung ist unklar.
- Reparaturauftrag eines Kunden auf Kulanzbasis ist noch nicht entschieden – die Antwort des Herstellers steht noch aus.

Grundsätzlich wird folgendermaßen gebucht:

| Aufwandskonto | an | Rückstellungskonto |

Das Aufwandskonto wird (per EDV) über GuV, das Rückstellungskonto (per EDV) über das SBK abgeschlossen.

Alle Rückstellungskonten sind Passivkonten

Beispiel

Eine Kundin hat das Autohaus Tom Gahlhaus e. K. am 30. November 2009 auf Erstattung der Reparaturkosten in Höhe von 755,00 EUR verklagt, weil der Mangel aus ihrer Sicht nicht beseitigt war. Die Rückzahlung des Betrages ist nicht ausgeschlossen. Der Fall wird erst im folgenden Jahr entschieden.

Buchung zum Jahresende 2009:

4963 Garantie, Kulanz, Kundendienst	755,00		
		an 0970 sonstige Rückstellungen	755,00

Verfahren der zeitlichen Abgrenzung (Zusammenfassung) – Fallen Erfolgsvorgänge (Aufwendungen oder Erträge) nicht mit den dazugehörenden Zahlungsvorgängen in dasselbe Geschäftsjahr, müssen sie zeitlich voneinander abgegrenzt werden.

altes Jahr	neues Jahr	Abgrenzungskonto
Aufwand	Ausgabe	1700 sonst. Verbindlichkeiten
Ertrag	Einnahme	1500 sonst. Forderungen
Ausgabe	Aufwand	0980 Aktive RAP
Einnahme	Ertrag	0990 Passive RAP
Aufwand	unbestimmte Ausgabe	09 . . Rückstellungen

Buchen Sie die Geschäftsfälle mit Wirkung 20..-12-31:

Aufgaben

1. Die Werkstatt ist gemietet. Die Dezember-Miete von 1.300,00 EUR wird erst am 2. Januar des Folgejahres überwiesen.

2. Ein Mitarbeiter hat am 31. Dezember noch nicht die Zinsen für seinen Personalkredit in Höhe von 120,00 EUR überwiesen.

3. Die Kosten für die wöchentliche Anzeige in der Lokalzeitung wird für die Januarausgaben schon am 30. Dezember abgebucht (lt. Kontoauszug 140,00 EUR plus USt.).

4. Ein Raum des Bürotraktes ist an einen Grundstücksmakler vermietet. Die Januarmiete in Höhe von 1.400,00 EUR hat er lt. Kontoauszug schon am 30. Dezember überwiesen.

5. Ein Kunde hat eine Reparaturrechnung wegen angeblicher unsachgemäßer Ausführung angefochten. Die Rechtsabteilung rechnet mit einem ungünstigem Richterspruch für den Betrieb. Für den Bereich Kundendienst wird vorsorglich eine Rückstellung in Höhe von 980,00 EUR gebildet.

2 Der Jahresabschluss

2.1 Bestandteile des Jahresabschlusses (Übersicht)

Im Lernfeld 2 wurde dargestellt, wie in einer Einzelunternehmung und in einer Personengesellschaft (OHG und KG) vorgegangen wird, um von einer Inventur über die Erstellung eines Inventars zur Aufstellung der Bilanz zu gelangen. Die Vorgehensweise muss zum Zwecke der Vergleichbarkeit zu den Vorjahren stets die gleiche sein. Zwar ist das Prinzip bei den Kapitalgesellschaften (GmbH und AG) entsprechend. Es ist jedoch durch § 266 HGB vorgeschrieben, wie der Jahresabschluss aufgestellt wird und aus welchen Teilen er besteht (§ 264 HGB).

vgl. Lernfeld 2, S. 11 ff.

§ 266 HGB

Es gibt kaum Einzelunternehmen, OHGs oder reine KGs unter den Autohäusern; GmbH & Co. KGs werden – was ihre Abschlüsse ab 2000 betrifft – den Kapitalgesellschaften gleichgestellt, wenn die Komplementäre GmbHs sind.

Seit dem 1. Januar 2000 gilt nach EU-Recht, dass auch GmbH & Co. KGs, die formal Personengesellschaften sind, den Kapitalgesellschaften gleichgestellt sind. Hintergrund ist, dass die Vollhafter einer GmbH & Co. KG meistens GmbHs sind. Für jede GmbH, AG und GmbH & Co. KG (Vollhafter ist eine GmbH) gelten für ihre Abschlüsse seit dem 1. Januar 2000 folgende Kriterien:

§ 264a HGB

Einstufung von Unternehmensgesellschaften nach Größe

Wenn mindestens zwei der folgenden Merkmale an zwei aufeinanderfolgenden Abschlussstichtagen zutreffen	besteht folgende Größeneinteilung		
	klein	mittel	groß
Umsatzerlöse in TEur	≤ 9.680	≤ 38.500	> 38.500
Bilanzsumme in TEur	≤ 4.840	≤ 19.250	> 19.250
Anzahl der Arbeitnehmer im Durchschnitt	≤ 50	≤ 250	> 250

Hieraus folgt im Hinblick auf den Jahresabschluss (verkürzt):

	klein	mittel	groß
Bilanz- und GuV-Schema	verkürzt	normal	normal
Anhang	ja	ja	ja
Lagebericht	nein	ja	ja
Prüfungspflicht	nein	ja	ja
Aufstellungsfrist	6 Monate	3 Monate	3 Monate
Feststellungsfrist (durch Gesellschafter oder Hauptversammlung)	11 Monate	8 Monate	8 Monate

Gemäß HGB müssen alle Kapitalgesellschaften und die schon genannte GmbH & Co. KG ihre Jahresabschlüsse nach vorgeschriebenen Gliederungspunkten aufstellen. Nach dem HGB besteht der Jahresabschluss für diese Unternehmen aus folgenden Bestandteilen:

- Gewinn- und Verlustrechnung (GuV),
- Bilanz,
- Anhang,
- Lagebericht.

2.2 Inhalt und Gliederung der Bilanz

Das HGB (§ 266) schreibt den Aufbau der Bilanz vor. Kleine Gesellschaften können eine verkürzte Bilanz aufstellen. Ein Muster folgt:

Gliederungsschema für eine kleine Kapitalgesellschaft:

Gliederungsschema der Bilanz

Aktiva	Bilanz	Passiva

A. Ausstehende Einlagen – davon eingefordert:
B. Aufwendungen für die Ingangsetzung und Erweiterung des Gesellschaftsbetriebs
C. Anlagevermögen
   I. Immaterielle Vermögensgegenstände
   II. Sachanlagen
   III. Finanzanlagen
D. Umlaufvermögen
   I. Vorräte
   II. Forderungen und sonstige Vermögensgegenstände – davon Restlaufzeit mehr als ein Jahr:
   III. Wertpapiere
   IV. Schecks, Kassenbestand, Bundesbank- und Postgiroguthaben, Guthaben bei Kreditinstituten
E. Rechnungsabgrenzungsposten
   I. Abgrenzungsposten für latente Steuern
   II. Sonstige Rechnungsabgrenzungsposten

A. Eigenkapital
   I. Gezeichnetes Kapital
   II. Kapitalrücklage
   III. Gewinnrücklagen
   IV. Gewinn-/Verlustvortrag
   V. Jahresüberschuss/Jahresfehlbetrag
B. Rückstellungen
C. Verbindlichkeiten – davon Restlaufzeit bis zu einem Jahr:
D. Rechnungsabgrenzungsposten

Bei mittleren und großen Unternehmen sind die Punkte in römischen Ziffern weiter untergliedert.

> B. Umlaufvermögen
>   II. Forderungen und sonstige Vermögensgegenstände;
>   1. Forderungen aus Lieferungen und Leistungen;
>   2. Forderungen gegen verbundene Unternehmen;
>   3. Forderungen gegen Unternehmen, mit denen ein Beteiligungsverhältnis besteht;
>   4. sonstige Vermögensgegenstände;

2.3 Gliederung der Gewinn- und Verlustrechung

Bei der Aufstellung der Gewinn- und Verlustrechnung wird in der Praxis die Aufstellung nach dem Gesamtkostenverfahren angewandt.

§ 275 HGB

> Das **Gesamtkostenverfahren** ist die auf die gesamten Kosten (Aufwendungen) und Erträge eines Zeitraumes unter Einbeziehung der Bestandsveränderungen ausgerichtete Erfolgsrechnung.

Bei Anwendung des Gesamtkostenverfahrens sind auszuweisen:

Ausweisungspflicht lt. § 275 HGB

1. Umsatzerlöse
2. Erhöhung oder Verminderung des Bestands an fertigen und unfertigen Erzeugnissen
3. Andere aktivierte Eigenleistungen
4. Sonstige betriebliche Erträge
5. Materialaufwand
    a) Aufwendungen für Roh-, Hilfs- und Betriebsstoffe und für bezogene Ware
    b) Aufwendungen für bezogene Leistungen
6. Personalaufwand
    a) Löhne und Gehälter
    b) Soziale Abgaben und Aufwendungen für Altersversorgung und für Unterstützung, davon für Altersversorgung
7. Abschreibungen
    a) auf immaterielle Vermögensgegenstände des Anlagevermögens, auf Sachanlagen sowie auf aktivierte Aufwendungen für Ingangsetzung und Erweiterung des Geschäftsbetriebs
    b) auf Vermögensgegenstände des Umlaufvermögens, soweit diese die für eine Kapitalgesellschaft üblichen Abschreibungen überschreiten
8. Sonstige betriebliche Aufwendungen
9. Erträge aus Beteiligungen
10. Erträge aus anderen Wertpapieren und Ausleihungen des Finanzanlagevermögens, davon aus verbundenen Unternehmen
11. Sonstige Zinsen und ähnliche Erträge, davon aus verbundenen Unternehmen
12. Abschreibungen auf Finanzanlagen und auf Wertpapiere des Umlaufvermögens
13. Zinsen und ähnliche Aufwendungen, davon aus verbundenen Unternehmen
14. Ergebnisse der gewöhnlichen Geschäftstätigkeit
15. Außerordentliche Erträge
16. Außerordentliche Aufwendungen
17. Außerordentliches Ergebnis
18. Steuern vom Einkommen und vom Ertrag
19. Sonstige Steuern
20. Jahresüberschuss/Jahresfehlbetrag

§ 276 HGB

Bei kleinen Kapitalgesellschaften können die Ziffern 1 bis 5 zusammengefasst und als „Rohergebnis" ausgewiesen werden.

Der Jahresüberschuss/Jahresfehlbetrag wird bei Einzelunternehmen als Gewinn oder Verlust bezeichnet und auf das Eigenkapitalkonto gebucht.

Bei der Aufstellung der Gewinn- und Verlustrechnung muss auch das Vorjahresergebnis aufgeführt werden. Starke Abweichungen müssen im Anhang erläutert werden.

2.4 Aufstellung und Feststellung des Jahresabschlusses

Aufstellung – Der Jahresabschluss mit den vorgeschriebenen Teilen muss je nach Größeneinstufung innerhalb der genannten Fristen aufgestellt sein.

Vgl. S. 80

Feststellungspflicht – Die angegebenen Fristen gelten für die Feststellung des Jahresabschlusses durch die **Gesellschafterversammlung** der GmbH. Bei den Aktiengesellschaften muss die **Hauptversammlung** den Jahresabschluss feststellen.

2.5 Prüfungspflicht

Während es bei kleinen Gesellschaften genügt, den Abschluss über den Steuerberater oder durch die EDV machen zu lassen, muss bei mittleren Gesellschaften ein vereidigter Buchprüfer den Abschluss prüfen. Bei großen Gesellschaften hat ein Wirtschaftsprüfer den Abschluss durchzugehen und zu testieren.

Vereidigter Buchprüfer, Wirtschaftsprüfer

2.6 Anhang

Im Anhang werden die Verfahren genannt, nach denen der Abschluss gemäß den Wahlmöglichkeiten des HGB aufgestellt wurde.
Beispielhafter Auszug aus einem Anhang:

Beispiel

„Zugänge zum Sachanlagevermögen sind zu Anschaffungs- bzw. Herstellungskosten bilanziert worden.
Die Forderungen aus Lieferungen und Leistungen wurden um angemessene Einzelwertberichtigungen und Pauschalwertberichtigungen für das allgemeine Kreditrisiko gekürzt.
Die Sachanlagen wurden linear entsprechend der nach steuerlichen Grundsätzen ermittelten Nutzungsdauer abgeschrieben."

2.7 Lagebericht

Der Geschäftsverlauf im Berichtszeitraum und der Ausblick auf die zukünftige geschäftliche Entwicklung sollen erwähnt werden.

§ 289 HGB

Da der Lagebericht durch das HGB vorgeschrieben ist, sollen für Gläubiger Erkenntnisse über die zukünftige geschäftliche Entwicklung und die Kreditwürdigkeit zu ziehen sein. Für ein mögliches Insolvenzverfahren könnte eine korrekte Beurteilung rechtlich von Bedeutung sein.

Beispiel

Vermerk eines Wirtschaftsprüfers zu einem Abschluss und dem Lagebericht:

„Die Buchführung und der Jahresabschluss entsprechen nach meiner pflichtgemäßen Prüfung den gesetzlichen Vorschriften. Der Jahresabschluss vermittelt unter Beachtung der Grundsätze ordnungsgemäßer Buchführung ein den tatsächlichen Verhältnissen entsprechendes Bild der Vermögens-, Finanz- und Ertragslage der Kapitalgesellschaft. Der Lagebericht steht im Einklang mit dem Jahresabschluss".

Aufgaben

1. Notieren Sie die Bestandteile des Jahresabschlusses für eine mittlere Kapitalgesellschaft.

2. Schildern Sie die Unterschiede bezüglich der Prüfungspflicht bei kleinen, mittleren und großen Kapitalgesellschaften.

3. Erklären Sie den Unterschied zwischen Aufstellungs- und Feststellungsfrist eines Jahresabschlusses.

4. Erläutern Sie die Bedeutung des Lageberichts hinsichtlich der Absicht des Unternehmens, ein größeres Darlehen bei seiner Hausbank aufzunehmen.

5. Finden Sie die Bestandteile des Eigenkapitals bei einer Kapitalgesellschaft heraus und beschaffen Sie sich Informationen über diese Teile mithilfe von Fachliteratur, über CD-ROM, über das Internet oder über andere Quellen.

3 Geschäftsbuchführung und Kosten- und Leistungsrechnung

> Welche Zielsetzungen verfolgen Handelsrecht und Steuerrecht mit der Verpflichtung der Kaufleute zur Führung von Büchern?

> Was verspricht sich der Autohausbesitzer von seinem Rechnungswesen hinsichtlich der Kalkulation seiner Preise, der Kontrolle der Betriebsführung und der Analyse seines Gewinns?

3.1 Aufgaben der Buchführung und der Kosten- und Leistungsrechnung

In der Geschäftsbuchhaltung werden alle Vermögens- und Kapitalveränderungen sowie alle Aufwendungen und Erträge erfasst. Der Kaufmann hat seine **handelsrechtliche Verpflichtung** erfüllt, wenn er jede Vermögens- und Kapitalveränderung während des Geschäftsjahres gebucht hat und am Bilanzstichtag den aktuellen Stand seines gesamten Geschäftsvermögens sowie seines Eigen- und Fremdkapitals in Form der Bilanz ausweist und gleichzeitig in einer Gewinn- und Verlustrechnung alle Aufwendungen und Erträge gegenüberstellt. Er hat sich somit Klarheit über seine Vermögens-, Liquiditäts- und Ertragssituation verschafft und kann dies gegebenenfalls auch seinen Gläubigern vorlegen.

Die Buchführungspflicht des Kaufmanns ist durch das Handelsrecht und Steuerrecht begründet.

Auch nach **steuerrechtlichen Vorschriften** ist der Kaufmann zur Buchführung verpflichtet. Er muss dem Finanzamt den zu versteuernden Gewinn in Form von Bilanz und GuV-Rechnung vorlegen und sich gefallen lassen, dass seine Buchführung durch die Betriebsprüfer der Finanzbehörden kontrolliert wird.

Die Ergebnisse der Buchführung dienen dem Kaufmann als Grundlage unternehmerischer Kontrolle und Steuerung.

Darüber hinaus möchte der Kaufmann aus seiner Buchführung aber noch weitere Erkenntnisse gewinnen, um seinen betrieblichen Erfolg ständig kontrollieren und somit die Weichen für die zukünftige Entwicklung stellen zu können.
Er stellt sich folgende Fragen:
- Inwieweit wurde das Geschäftsergebnis von betriebsfremden, periodenfremden oder außergewöhnlichen Vorgängen beeinflusst und wie gut ist das betriebsbedingte Ergebnis?
- Wie hat sich das Betriebsergebnis im Vergleich zu den Vorjahren entwickelt, wie könnte ich es in Zukunft verbessern und wie fällt der Vergleich mit anderen Autohäusern aus?
- Wirtschafte ich mit dem derzeitigen Stundenverrechnungssatz in der Werkstatt kostendeckend und sind die Kalkulationszuschläge im Teile- und Zubehörbereich und im Neu- und Gebrauchtwagenhandel angemessen?
- Wo kann ich Kosten einsparen und Leistungen verbessern?

Die handels- und steuerrechtliche Geschäftsbuchführung wird durch die Kosten- und Leistungsrechnung ergänzt.

Um auf diese Fragen Antworten zu finden, geht die Buchungsarbeit im Autohaus über die reine Geschäftsbuchführung, wie sie das Handels- und Steuerrecht fordern, hinaus und ermöglicht zusätzlich eine **betriebsbezogene Kosten- und Leistungsrechnung.** Der ZDK-Kontenrahmen enthält deshalb auch Konten, die speziell für die Kosten- und Leistungsrechnung eingerichtet wurden. Ein gut organisierter und auf die individuelle Organisation eines Autohauses abgestimmter Kontenplan ermöglicht dabei eine monatliche Kosten- und Leistungsanalyse.

Die Aufgaben der Kosten- und Leistungsrechnung sind:
- Erfassung sämtlicher Kosten nach Kostenarten,
- Abgrenzung der Kosten und Leistungen von den nicht betriebsbedingten Aufwendungen und Erträgen,
- Verteilung der Kosten auf Kostenstellen,
- Zurechnung der Kosten auf Kostenträger,
- Gegenüberstellung der Kosten und der damit erbrachten Leistungen zur Ermittlung der Wirtschaftlichkeit,
- Entscheidungshilfe, z. B. über Annahme oder Ablehnung von zusätzlichen Werkstattaufträgen sowie
- Bereitstellung von Daten für Statistik, Kontrolle und Planung.

Buchführung im Autohaus	
Geschäftsbuchhaltung	**KLR**
• erfasst in den Bestandskonten alle Vermögens- und Kapitalveränderungen vom Anfang bis zum Ende des Geschäftsjahres	• (erfasst keine Bestandsveränderungen)
• erfasst in den Erfolgskonten alle Aufwendungen und Erträge und stellt diese zur Ermittlung des Gesamtergebnisses gegenüber	• erfasst in den betrieblichen Erfolgskonten Kosten und Leistungen zur Ermittlung des Betriebsergebnisses
Ein **Aufwand** ist als Verbrauch von Gütern oder Dienstleistungen zu verstehen.	**Kosten** sind Verbrauch von Gütern und Dienstleistungen bei der betrieblichen Leistungserstellung.
Ein **Ertrag** stellt einen Zuwachs des Vermögens der Unternehmung dar.	**Leistungen** sind Wertezuflüsse aufgrund betrieblicher Tätigkeit.
Erträge – Aufwendungen **Gesamtergebnis**	Leistungen – Kosten **Betriebsergebnis**

Die Buchführung im Autohaus umfasst die Geschäftsbuchführung und die Kosten- und Leistungsrechnung.

Die Geschäftsbuchhaltung ermittelt das Gesamtergebnis der Unternehmung, die KLR liefert das Betriebsergebnis.

Die Gemeinsamkeiten und Unterschiede werden in der nachfolgenden Darstellung der Aufwendungen bzw. Kosten deutlich. Nur die betrieblich bedingten Aufwendungen der Geschäftsbuchführung, auch **Zweckaufwendungen** genannt, werden von der Kosten- und Leistungsrechnung als **Grundkosten** übernommen. Nicht betrieblich bedingte Aufwendungen werden **als neutrale Aufwendungen** bezeichnet und gehen nicht in die KLR ein. Dafür tauchen dort aber **kalkulatorische Kosten** auf, die es in der Geschäftsbuchhaltung nicht gibt oder die dort anders berechnet werden.

vgl. Folgeseite

Auf der Ertrags-/Leistungsseite ist die Unterscheidung gleichermaßen gegeben: Die Erträge aus den Geschäftsfeldern des Autohauses sind natürlich betrieblich bedingt. Man bezeichnet sie als **Zweckerträge** und als solche stellen sie die **Leistungen** in der KLR dar. Davon abzugrenzen sind die **neutralen Erträge,** die nicht in die KLR eingehen. Dies sind zum Beispiel Mieterträge oder Zinserträge, weil sie betriebsfremd sind, denn Bankgeschäfte und Vermietungen zählen nicht zu den Geschäftsfeldern eines Autohauses. Auch außerordentliche Erträge, wie zum Beispiel Buchgewinne aus dem Verkauf von Anlagevermögen, oder periodenfremde Erträge müssen als **neutrale Erträge** abgegrenzt werden.

Geschäftsbuchhaltung		
Aufwendungen		
neutrale Aufwendungen	Zweckaufwendungen	
die nicht zum Betriebszweck gehören **(betriebsfremd)** die einem anderen Abrechnungszeitraum zuzuordnen sind **(periodenfremd)** die von besonderer Art sind, in unregelmäßiger Folge oder ungewöhnlicher Höhe anfallen **(außerordentlich)** die für die betriebliche Leistungserstellung in einer anderen Höhe angesetzt werden müssen **(wertverschieden)**	betrieblich bedingte Aufwendungen bzw. aufwandsgleiche Kosten	die in der Geschäftsbuchführung zwar als Aufwand erfasst werden, in der KLR aber in einer anderen Höhe angesetzt werden müssen **(Anderskosten)** die bei der betrieblichen Leistungserstellung kalkuliert werden müssen, in der Geschäftsbuchhaltung aber nicht angesetzt werden **(Zusatzkosten)**
	Grundkosten	kalkulatorische Kosten
	Kosten **Kosten- und Leistungsrechnung**	

Aufgaben

1 In welchen Situationen nehmen die nachstehend genannten Außenstehenden Einblick in das Rechnungswesen eines Autohauses und was wollen sie daraus erkennen?
a) Ein Finanzbeamter
b) Ein Vertreter der Hausbank
c) Ein Richter des zuständigen Amtsgerichtes
d) Ein Beauftragter des Herstellers

2 Wie unterscheiden sich das Gesamtergebnis und das Betriebsergebnis eines Autohauses?

3 Nennen Sie Beispiele und die dazugehörigen Konten aus dem Kontenplan:
a) Aufwendungen, die gleichzeitig auch Kosten sind
b) Aufwendungen, die keine Kosten sind
c) Kosten, die keine Aufwendungen sind

3.2 Kalkulatorische Kosten

Autohausbesitzer Heiner Drewermann liebt seine Arbeit und sein Geschäft. Manchmal träumt er von einer sonnigen Insel und einem Leben unter Palmen. Er könnte sich dies auch leisten, wenn er sein bewegliches Betriebsvermögen verkauft, die Schulden zurückzahlt, den Reinerlös in Wertpapieren anlegt und das Betriebsgebäude vermietet.

In die Kostenrechnung seines Betriebes hat Herr Drewermann schon lange aufgenommen, was ihm da entgeht. Zinsen für sein eingesetztes Kapital, Miete für die Selbstnutzung seiner Gebäude, Lohn für seine Arbeit als Unternehmer. Wer das nicht einkalkuliert, meint Heiner Drewermann, rechnet nicht ehrlich und deshalb falsch, zumindest aber ungenau. Genauso ungenau, wie er nach den Vorstellungen des Finanzamtes die Abschreibungen seines Anlagevermögens berechnen soll. Viel zu oberflächlich nach den Vorstellungen des Autohausbesitzers.

→ Welche Kosten sind in der Geschäftsbuchhaltung nicht oder nicht richtig angesetzt worden?

3.2.1 Funktion der kalkulatorischen Kosten
Ziel der Kostenrechnung ist es, alle Kosten für Kalkulationszwecke zusammenzufassen, um
- die Verkaufspreise für die angebotenen Leistungen kalkulieren und
- Betriebsvergleiche durchführen

zu können.

In einem fabrikatsgebundenem Autohaus sind zwar in vielen Bereichen die Preise vom Hersteller bestimmt, aber manchmal ist gerade deshalb eine Nachkalkulation sehr aufschlussreich. Notwendig ist die Kalkulation aber für die Verkaufspreise von Zubehörartikeln und bei Gebrauchtwagen. Auch der Stundenverrechnungssatz für Werkstattleistungen sollte nicht aus der Luft gegriffen werden und bedarf einer kalkulatorischen Bestätigung.

Kalkulatorische Kosten sind Anderskosten oder Zusatzkosten.

Bei Betriebsvergleichen ist es Voraussetzung, dass alle Betriebe mit denselben Kostenarten kalkulieren. Dabei müssen die unterschiedlichen Ansätze bei Aufwendungen und die Vorschriften der Gewinnermittlung bei den verschiedenen Unternehmensformen ausgeglichen werden.

In der KLR werden **kalkulatorische Kosten** angesetzt, damit auch die Kosten in Betriebsvergleiche und Kalkulationen eingehen, die in der Geschäftsbuchhaltung nicht berücksichtigt werden beziehungsweise dort in einer Höhe angesetzt werden, die dem Kostengedanken nicht gerecht wird.

3.2.2 Arten der kalkulatorischen Kosten
Im ZDK-Kontenrahmen finden wir:
4890   Kalk. Unternehmerlohn
4891   Kalk. Miete
4892   Kalk. Zinsen
4893   Kalk. Abschreibungen
4894   Kalk. Wagnisse

Wenn kein Geschäftsführergehalt bezahlt wird, wird kalkulatorischer Unternehmerlohn angesetzt. Somit gehört kalk. Unternehmerlohn zu den Zusatzkosten.

Kalkulatorischer Unternehmerlohn – Bei Kapitalgesellschaften, z. B. einer GmbH, bezieht der geschäftsführende Gesellschafter ein Geschäftsführergehalt. Bei Einzelunternehmungen und Personengesellschaften erhält der in der Regel mitarbeitende Unternehmer kein Gehalt. Seinen Lebensunterhalt bestreitet er aus Privatentnahmen, das Unternehmer-Entgelt ist der durch den Jahresabschluss festgestellte Gewinn. Damit die Vergleichbarkeit mit Kapitalgesellschaften möglich ist, müssen für den Unternehmerlohn kalkulatorische Kosten angesetzt werden.

Beispiel

Heiner Drewermann erzielt einen Jahresumsatz von 6,9 Mio. EUR. Um die Höhe des für ihn anzusetzenden kalkulatorischen Unternehmerlohns zu ermitteln, hat ihm seine Herstellerorganisation folgende Tabelle zur Verfügung gestellt:

Bei 6,9 Mio. EUR Jahresumsatz kann Heiner Drewermann 52.000,00 EUR kalkulatorischen Unternehmerlohn ansetzen.

Jahresumsatz bis ...	Kalkulierter Unternehmerlohn
2,5 Mio. EUR	45.000,00 EUR
3,0 Mio. EUR	47.000,00 EUR
3,5 Mio. EUR	48.000,00 EUR
4,0 Mio. EUR	49.000,00 EUR
5,0 Mio. EUR	50.000,00 EUR
6,0 Mio. EUR	51.000,00 EUR
7,0 Mio. EUR	52.000,00 EUR
8,0 Mio. EUR	53.000,00 EUR
9,0 Mio. EUR	54.000,00 EUR
10,0 Mio. EUR	55.000,00 EUR
...	...

Kalkulatorische Miete – Ein Kfz-Betrieb wird entweder in gemieteten Räumen, betriebseigenen Räumen oder zum Privatvermögen des Inhabers gehörenden Räumen betreiben. Im ersten Fall wird die tatsächliche Miete als Aufwand erfasst. Bei betriebseigenen Räumen fallen Gebäudeaufwendungen (z. B. Abschreibungen, Reparaturen) als Kosten an.

Dieser Kostenansatz ist jedoch betriebswirtschaftlich nicht sinnvoll. Auch bei nicht gemieteten Räumen soll der Kfz-Betrieb als Gegenleistung für die Raumnutzung mindestens den Betrag erwirtschaften, der auch bei einer Fremdvermietung der Räume zu erwirtschaften wäre. Deshalb belasten wir den Kfz-Betrieb in der Kostenrechnung anstelle der tatsächlichen Gebäudeaufwendungen mit kalkulatorischer Miete.

Als kalkulatorische Miete kann in der Kostenrechnung der Wert für die ortsübliche Miete angesetzt werden. Bei der kalkulatorischen Miete handelt es sich um typische Anderskosten.

Kalkulatorische Zinsen – Wenn ein Betrieb über geringes Eigenkapital verfügt, muss er im erheblichen Umfang Fremdkapital einsetzen, wobei entsprechend hohe Zinsaufwendungen zu leisten sind. Ein Betrieb, der besser mit Eigenkapital ausgestattet ist, hat eine geringere Zinsbelastung. Gleichzeitig fragt man sich, ob das eingesetzte Eigenkapital keine Verzinsung erbringen soll, schließlich könnte es der Unternehmer auch anderweitig anlegen.

Die tatsächlich anfallenden und in der Geschäftsbuchhaltung zu buchenden Zinsaufwendungen und Zinserträge fließen als betriebsfremde Aufwendungen und Erträge in das neutrale Ergebnis. Dafür werden in der Kosten- und Leistungsrechnung kalkulatorische Zinsen angesetzt.

Für die Berechnung der Höhe der kalkulatorischen Zinsen stellt sich zunächst die Frage nach dem anzusetzenden Kapital. Das Kapital auf der Passivseite der Bilanz ist der Ausgangspunkt für dessen Ermittlung. Es entspricht dem Vermögen der Aktivseite. Weist die Bilanz aber tatsächlich das für den Betrieb des Autohauses notwendige Vermögen aus? Viele Positionen des Anlagevermögens wurden zum Beispiel durch hohe bilanzielle Abschreibungen zu sehr herabgesetzt. Im Anlagevermögen enthaltene Wertpapiere werden für den Betrieb des Autohauses gar nicht benötigt. Lagerbestände, die am Bilanzstichtag erfasst wurden, entsprechen nicht unbedingt den Durchschnittswerten. Durch vorsichtige Bewertung wurden manche Positionen des Umlaufvermögens sehr niedrig ausgewiesen. Andere Teile des Vermögens werden dem Autohaus von Gläubigern für eine bestimmte Frist zinsfrei zur Verfügung gestellt.

Um das **betriebsnotwendige Kapital** zu ermitteln, muss das für den Betrieb des Autohauses notwendige Vermögen ermittelt werden. Das in der Bilanz ausgewiesene Vermögen ist dabei teilweise anders anzusetzen. Nicht betriebsnotwendige Vermögensteile dürfen nicht berücksichtigt werden. Stille Reserven sind hinzuzurechnen. Zinsfrei überlassenes Fremdkapital ist abzuziehen.

Bei den kalkulatorischen Zinsen handelt es sich um typische Anderskosten.

Das Autohaus muss für das betriebsnotwendige Kapital eine angemessene Verzinsung erwirtschaften.

Beispiel

Autohausbesitzer Heiner Drewermann ermittelt das betriebsnotwendige Kapital für sein Autohaus:

Anlagevermögen (Restbuchwerte)	658.000,00
Umlaufvermögen (Durchschnittsbestände)	278.000,00
Summe des Vermögens der Unternehmung	**936.000,00**
Kürzungen:	
– Gebäudewerte (dafür wird kalkulatorische Miete angesetzt)	–250.000,00
– Buchwert verpachtetes Grundstück (nicht betriebsnotwendig)	–135.000,00
Hinzurechnungen	
+ stille Reserven	65.000,00
zinsfreies Abzugskapital	
– Lieferantenkredit für Warenvorräte	–58.000,00
– Anzahlungen und Guthaben von Kunden	–4.000,00
Betriebsnotwendiges Kapital	**554.000,00**

Die Höhe des Zinssatzes für kalkulatorische Zinsen richtet sich nach den Anlagemöglichkeiten am Kapitalmarkt. Allerdings wird ein über die Jahre hinweg gleichbleibender Zinssatz zwischen 7% und 9% empfohlen.

Beispiel

Autohausbesitzer Heiner Drewermann setzt für das betriebsnotwendige Kapital 8% Zinsen an, somit fallen **im Jahr 44.320,00 EUR** **und im Monat 3.694,00 EUR** kalkulatorische Zinsen an.

Kalkulatorische Abschreibungen – In der Geschäftsbuchführung muss bei den Abschreibungen nach den steuerlichen und handelsrechtlichen Vorschriften der Anschaffungs- bzw. der Herstellungswert angesetzt werden. Die Abschreibungsdauer wird zudem durch die Finanzbehörden streng reglementiert.

In der Kosten- und Leistungsrechnung werden die Abschreibungen anders kalkuliert. Kalkulatorische Abschreibungen sind also auch Anderskosten.

Dagegen gelten bei den kalkulatorischen Abschreibungen folgende Prinzipien:

- **Substanzerhaltungsprinzip**
  Abschreibungen werden danach nicht nach dem Anschaffungs- oder Herstellungsprinzip berechnet, sondern nach dem Wiederbeschaffungswert.
- **Verursachungsprinzip**
  Die Berechnung der Abschreibung erfolgt nicht in zeitlich gleichmäßigen oder fallenden Raten, sondern nach der im Abrechnungszeitraum beanspruchten Leistung.
- **Gestaltungsfreiheit**
  Für die Berechnung gelten keine gesetzlichen Vorschriften.

> **Beispiel**
>
> Ein Pannenhilfswagen kostet 82.600,00 EUR. Seine Gesamtlaufleistung wird auf 220 000 km geschätzt. Danach hat er noch einen Restwert von 2.600,00 EUR. Tatsächlich wurden im Vorjahr 29 000 km und in diesem Jahr 41 000 km gefahren. Wie hoch sind die kalkulatorischen Abschreibungen?
>
> **a) Kalk. Abschreibungsbetrag je km**
>
> | | | |
> |---|---:|---|
> | Anschaffungswert | 82.600,00 | EUR |
> | Gesamtleistung | 220000,00 | km |
> | Restwert | 2.600,00 | EUR |
> | –> (82 600 – 2 600)/220 000 | 0,36 | EUR/km |
>
> **b) Berechnung der kalkulatorischen Abschreibungen im Jahr**
>
> Vorjahr: 29 000 km x 0,36 EUR/km = 10.440,00 EUR
> Berichtsjahr: 41 000 km x 0,36 EUR/km = 14.760,00 EUR
>
> Für den Pannenhilfswagen wurden im Vorjahr 10.440,00 EUR kalkulatorische Abschreibungen angesetzt. In diesem Jahr betragen diese 14.760,00 EUR.

In der Praxis unterscheiden sich die kalkulatorischen Abschreibungen von den bilanziellen Abschreibungen, die in der Steuerbilanz angesetzt werden, nur selten so sehr wie in diesem Beispiel. In der Regel wird sogar darauf verzichtet, kalkulatorische Abschreibungen für die Kosten- und Leistungsrechnung extra zu berechnen. So werden nach dem Kontenrahmen für Kfz-Betriebe die nach steuerlichen Abschreibungssätzen ermittelten linearen und degressiven Abschreibungen (Konto 4675 Abschr. auf Sachanlagen) auch in der Kosten- und Leistungsrechnung verwendet.

Kalkulatorische Wagnisse – Unvorhergesehene außerordentliche Fälle, wie zum Beispiel Brandschäden, Wertminderungen bei der Gebrauchtwagenbewertung und Forderungsausfälle, werden in der Geschäftsbuchhaltung in Kontenklasse 2 gebucht. Demzufolge sind solche Fälle in den Verkaufspreisen nicht einkalkuliert. Um hierfür jedoch einen langfristigen Ausgleich zu gewährleisten, bucht man in der Kosten- und Leistungsrechnung kalkulatorische Wagnisse. Anstelle der tatsächlichen, einmal hohen, dann vielleicht wieder einmal niedrigen, unvorhergesehenen und außerordentlichen Aufwendungen der Kontenklasse 2 wird ein durch langfristige Statistik ermittelter Erfahrungswert für kalkulatorische Wagnisse angesetzt.

Kalkulatorische Wagnisse sind Anderskosten.

4 Abgrenzungsrechnung und Ermittlung des Betriebsergebnisses

Leitfragen

➜ Wie unterscheidet sich das Betriebsergebnis vom Gesamtergebnis der Unternehmung?

➜ Warum reicht es nicht aus, nur das Gesamtergebnis zu ermitteln?

Erfolgskonten in einem nach dem ZDK-Kontenrahmen orientierten Kontenplan sind alle Konten aus den Kontenklassen 2 (Abgrenzungskonten), 4 (Betriebliche Aufwendungen), 7 (Verrechnete Anschaffungskosten) und 8 (Erlöskonten).

Im ZDK-Kontenrahmen ist die Abgrenzung der neutralen Aufwendungen und Erträge von den betrieblich bedingten Aufwendungen und Erträgen durch die Zuordnung der Konten zu den Kontenklassen im Wesentlichen vorgegeben. Die Abgrenzung selbst erfolgt durch die Abschlussautomatik des Buchführungsprogrammes. Sie lässt sich auch durch eine Abgrenzungstabelle (siehe Seite 100) veranschaulichen, in der alle Erfolgskonten aufgeführt sind. Die Salden aus der Geschäftsbuchführung werden dabei in die Aufwandsseite (Soll) oder in die Ertragsseite (Haben) übertragen. Die Salden der im ZDK-Kontenplan ebenfalls vorhandenen kalkulatorischen Kosten sind auf der Kostenseite der Kosten- und Leistungsrechnung zu übernehmen. Die eigentliche Abgrenzungsrechnung erfolgt nun in folgenden Schritten:

Die 7 Schritte der Abgrenzungsrechnung

1 Die Abgrenzungskonten der Kontenklasse 2 wandern als betriebsfremde, periodenfremde oder außerordentliche Aufwendungen oder Erträge in die Abgrenzungsrechnung.

2 Die betrieblichen Aufwendungen der Kontenklasse 4 werden als Kosten in die Kosten- und Leistungsrechnung übernommen, soweit sie dort in der gleichen Höhe (wertgleich) angesetzt werden können.

3 Betriebliche Aufwendungen, die in der Kosten- und Leistungsrechnung in einer anderen Höhe angesetzt werden, werden als wertverschiedene, betriebsbedingte Aufwendungen in die Abgrenzungsrechnung übertragen.

4 Die für die wertverschiedenen betriebsbedingten Aufwendungen in der Kosten- und Leistungsrechnung angesetzten Anderskosten werden in der Abgrenzungsrechnung auf der Habenseite den betriebsbedingten und wertverschiedenen Aufwendungen gegenübergestellt.

5 Die für Kalkulation und Betriebsvergleich notwendigen Zusatzkosten werden ebenfalls auf die Habenseite in die Abgrenzungsrechnung übertragen, wodurch die notwendige Korrektur des neutralen Ergebnisses durchgeführt wird.

6 Die verrechneten Anschaffungskosten sind betriebsbedingt und gehen in die Kosten- und Leistungsrechnung ein.

7 Die von uns geführten Erlöskonten sind ebenfalls betriebsbedingt und werden in die Kosten- und Leistungsrechnung übernommen.

Ablauf einer Abgrenzungsrechnung

Die theoretischen Grundlagen für diese Abgrenzungsrechnung sind durch die unterschiedlichen Zielsetzungen der Geschäftsbuchhaltung einerseits und der Kosten- und Leistungsrechnung andererseits begründet (siehe Kapitel 3.1, Seite 85 ff.).
Die Abgrenzung der betriebsfremden, periodenfremden, außerordentlichen und wertverschiedenen Aufwendungen und die Berücksichtigung der Anders- und Zusatzkosten ist in der Praxis nicht immer einfach. Der Zusammenhang zwischen den Aufwendungen der Geschäftsbuchhaltung und den Kosten der Kosten- und Leistungsrechnung wurde auf S. 88 dargestellt.

In der Abgrenzungsrechnung sieht man den Zusammenhang zwischen den Ergebnissen der Autohausbuchführung, der durch folgende Gleichung dargestellt werden kann:

Gesamtergebnis = Neutrales Ergebnis + Betriebsergebnis

Schema der Abgrenzungsrechnung

Alle Erfolgskonten (im ZDK-Kontenrahmen)	Geschäftsbuchführung		Abgrenzungsrechnung		Kosten- und Leistungsrechnung	
	Aufwendungen (Soll)	Erträge (Haben)	Aufwendungen (Soll)	Erträge (Haben)	Kosten (Soll)	Leistungen (Haben)
Kontenklasse 2	abzugrenzende Aufwendungen	abzugrenzende Erträge	betriebsfremd, periodenfremd, außerordentlich **1**	betriebsfremd, periodenfremd, außerordentlich		
Kontenklasse 4	betriebliche Aufwendungen	**3**	betriebsbedingt + wertverschieden **2**	Gegenrechnung für Anderskosten **4** / Korrektur für Zusatzkosten **5**	betriebsbedingt + wertgleich / Kalkulatorische Kosten	
Kontenklasse 7	verrechnete Ansch. kosten		**6**	**7**	betriebsbedingt	
Kontenklasse 8		Erlöskonten				betriebsbedingt
Summe Saldo	Summe Aufwendungen Gewinn	Summe Erträge (bzw. Verlust)	Summe Aufwendungen Gewinn	Summe Erträge (bzw. Verlust)	Summe Kosten Gewinn	Summe Leistungen (bzw. Verlust)
Ergebnis:	**Gesamtergebnis**		**Neutrales Ergebnis**		**Betriebsergebnis**	

Die Salden der Erfolgskonten aus der Buchhaltung des Autohaus Zugspitze werden in eine Abgrenzungstabelle übernommen und wie oben beschrieben abgegrenzt.

Beispiel

Autohaus Zugspitze e. K., Abgrenzungstabelle, Februar 2009

Zeile Nr.	Konto	Kontobezeichnung	Geschäftsbuchf. Aufw.	Geschäftsbuchf. Erträge	Abgrenzungsrechung Aufw.	Abgrenzungsrechung Erträge	K. u. L. - Rechnung Kosten	K. u. L. - Rechnung Leistungen
1	2010	Betriebsfremde Aufwendungen	9.000		9.000			
2	2100	Zinsen u.ä. Aufw.	5.100		5.100			
3	2400	Forderungsverluste	1.800		1.800			
4	2510	Betriebsfremde Erträge		4.000		4.000		
5	2600	Zinsen u.ä. Erträge		120		120		
6	2891	verr. Kalk. Miete					14.000	
7	2892	verr. kalk. Zinsen					8.600	
8	2894	verr. Kalk. Wagnisse						
9	4101	Produktive Löhne	15.300				15.300	
10	4105	Unproduktive Löhne	3.900				3.900	
11	4200	Gehälter	51.000				51.000	
12	4300	Soz. Aufwendungen	23.500				23.500	
13	4450	Miete, Leasing Mobilien	1.600				1.600	
14	4500	Reparaturen, Instandhaltungen	3.500				3.500	
15	4600	Hilfs- u. Betr.-stoffe (Energie, Wasser)	8.000				8.000	
16	4660	Büromaterial	1.300				1.300	
17	4675	Abschr. auf Sachanlagen	2.200				2.200	
18	4730	Versicherungen	1.700				1.700	
19	4802	Telefon, Telefax	1.300				1.300	
20	4870	Werbekosten	5.100				5.100	
21	4920	Verkäuferprovision	7.900				7.900	
22	70	VAK Pkw	153.000				153.000	
23	73	VAK Teile, Zubehör	51.000				51.000	
24	80	Erlöse Pkw		220.000				220.000
25	83	Erlöse Teile, Zubehör		75.000				75.000
26	86	Lohnerlöse (Werkstatt)		67.000				67.000
27	8985	Provisionserlöse Ku-Finanzierung		2.900				2.900
28	8986	Provisionserlöse Ku-Leasing		2.200				2.200
29	4891	Kalk. Miete					14.000	
30	4892	Kalk. Zinsen					8.600	
31	4894	Kalk. Wagnisse						
32		Summe	346.200	371.220	15.900	26.720	352.900	367.100
33		Saldo	25.020		10.820		14.200	
34		Ergebnis:	Gesamtergebnis		Neutrales Ergebnis		Betriebsergebnis	

Tabellenblatt „Abgrenzungsrechnung" der Exceldatei „Autohaus_Zugspitze.xls" auf beiliegender CD-ROM.

Der Inhaber des Autohauses Zugspitze hat einen Gesamtgewinn von 25.020,00 EUR erzielt. Da er Einzelunternehmer ist, muss er diesen Gewinn als Einkommen aus seinem Gewerbebetrieb privat versteuern. Sein Betriebsergebnis, mit dem er die Wirtschaftlichkeit seiner betrieblichen Tätigkeit nachweist, beträgt 14.200,00 EUR. Die Differenz aus dem Gesamtergebnis und dem Betriebsergebnis beträgt 10.820,00 EUR. Dies ist das neutrale Ergebnis, das sich aus den periodenfremden, außerordentlichen und betriebsfremden Aufwendungen und Erträgen zusammensetzt, die um die in der Kosten- und Leistungsrechnung angesetzten Zusatz- und Anderskosten korrigiert wurden.

Beurteilung des Betriebsergebnisses, Umsatzrendite, Marge, etc. vgl. LF 10.

Aufgaben

1 Am Ende eines Monats wurde in einem Autohaus folgendes vorläufiges GuV-Konto erstellt.

Soll			Gewinn- und Verlustkonto		Haben
2010	Betriebsfremde Aufwendungen	7.000	2510	Betriebsfremde Erträge	1.000
2100	Zinsen u. ä. Aufw.	3.000	2600	Zinsen u. ä. Erträge	120
2320	Verluste aus Abg. AV	200	2720	Erträge Abg. AV	2.200
2400	Forderungsverluste	800	80	Erlöse Pkw	166.000
4100	prod. Löhne	35.000	83	Erlöse Teile, Zubehör	53.000
4200	Gehälter	22.000	86	Lohnerlös	82.000
4300	Soz. Aufwendungen	10.500	8985	Prov.-Erlöse Ku-Finanzierung	3.200
4450	Miete, Leasing Mobilien	2.300	8986	Prov.-Erlöse Ku-Leasing	2.400
4500	Reparaturen, Instandhaltungen	2.900			
4600	Hilfs- u. Betr.-stoffe	4.000			
4660	Büromaterial	300			
4675	Abschr. auf Sachanlagen	2.300			
4730	Versicherungen	1.400			
4802	Telefon, Telefax	900			
4870	Werbekosten	1.900			
4920	Verkäuferprovision	8.400			
70	VAK Pkw	151.000			
73	VAK Teile, Zubehör	45.000			
	Gewinn	**11.020**			
		309.920			309.920

Außerdem wurden noch kalkulatorische Kosten gebucht:
4891   Kalk. Miete   9.000,00
4892   Kalk. Zinsen   8.600,00
4894   Kalk. Wagnisse   3.200,00

Die Aufgabe ist auf beiliegender CD-ROM vorbereitet (Aufg_Abgrenztabelle.xls).

a) Ermitteln Sie in einer Abgrenzungstabelle mithilfe eines Tabellenkalkulationsprogrammes Betriebsergebnis, Geschäftsergebnis und neutrales Ergebnis.
b) Wie würden sich die drei Ergebnisse ändern, wenn keine kalkulatorischen Wagnisse gebildet worden wären?

5 Kostenarten und Kostenstellenrechnung

➜ Können in einem Autohaus die anfallenden Kosten den Erlösen aus den Geschäftsfeldern direkt gegenübergestellt werden?

Während die Erlöse aus den einzelnen Geschäftsfeldern eines Autohauses nach dem ZDK-Kontenrahmen getrennt erfasst werden, ist nur ein Teil der damit verursachten Kosten direkt zurechenbar, wie zum Beispiel die verrechneten Anschaffungskosten der Kontenklasse 7, die nach ihrer Art getrennt auf verschiedenen Kostenkonten gebucht werden. Auch die Fertigungslöhne der Werkstatt können einzelnen Aufträgen und somit den Lohnerlösen aus dem Werkstattgeschäft zugeordnet werden. Kosten, die einem Kostenträger direkt zugerechnet werden können, heißen **Einzelkosten.** Anders sieht es zum Beispiel bei den Gehältern, Telefonkosten oder kalkulatorischen Zinsen und den meisten anderen Konten der Kontenklasse 4 aus. Sie können nicht direkt einem Kostenträger zugerechnet werden und heißen deshalb **Gemeinkosten.**

Für die Verrechnung der Gemeinkosten auf die Kostenträger werden Kostenstellen gebildet, die zeigen, wo die Kosten entstanden sind. Dabei geht man tabellarisch in der Form des Betriebsabrechnungsbogens vor, der in folgenden Schritten erstellt wird:
1. **Zusammenstellung aller Gemeinkosten,**
2. **Verteilung der Gemeinkosten auf Kostenstellen,**
3. **Umlage der allgemeinen Kostenstellen auf die Hauptkostenstellen,**
4. **Berechnung der Zuschlagssätze für die Hauptkostenstellen.**

Leitfrage

Bei den Kostenarten unterscheidet man hinsichtlich ihrer Zurechenbarkeit zu den Kostenträgern Einzelkosten und Gemeinkosten.

1. Schritt: Zusammenstellung aller Gemeinkosten

Beispiel

In der Abgrenzungstabelle des Autohauses Zugspitze für Februar 2009 (vgl. S. 97) sind folgende Gemeinkosten enthalten, die in den Betriebsabrechnungsbogen (vgl. S. 104, Zeile 1–14) einfließen:

Zeile	Konto	Kontobezeichnung	Kosten
7	4105	unproduktive Löhne	3.900,00
8	4200	Gehälter	51.000,00
9	4300	Soz. Aufwendungen	23.500,00
10	4450	Miete, Leasing Mobilien	1.600,00
11	4500	Reparaturen, Instandhaltungen	3.500,00
12	4600	Hilfs- u. Betr.-stoffe (Energie, Wasser)	8.000,00
13	4660	Büromaterial	1.300,00
14	4675	Abschr. auf Sachanlagen	2.200,00
15	4730	Versicherungen	1.700,00
16	4802	Telefon, Telefax	1.300,00
17	4870	Werbekosten	5.100,00
18	4920	Verkäuferprovision	7.900,00
26	4891	Kalk. Miete	14.000,00
27	4892	Kalk. Zinsen	8.600,00

Abzugrenzende Aufwendungen und Einzelkosten, wie zum Beispiel die produktiven Löhne, wurden nicht übernommen.

2. Schritt: Verteilung der Gemeinkosten auf allgemeine Kostenstellen und Hauptkostenstellen

Die Bildung von Hauptkostenstellen sowie allgemeinen Kostenstellen und Nebenkostenstellen richtet sich nach der Betriebsstruktur des Autohauses.

Die Geschäftsfelder eines Autohauses, die letztlich die Gemeinkosten insgesamt tragen müssen, bilden die **Hauptkostenstellen.** Die Anzahl der Hauptkostenstellen richtet sich nach der Betriebsstruktur des Autohauses. So können zum Beispiel auch Kostenstellen für Pkw Neuwagen, Pkw Gebrauchtwagen oder Nutzfahrzeuge getrennt geführt werden oder Werkstatt I und Werkstatt II eigene Hauptkostenstellen bilden. Auch bei betriebsspezifischen Dienstleistungen und Filialbetrieben ist die Bildung weiterer Hauptkostenstellen sinnvoll. **Allgemeine Kostenstellen** nehmen Kosten für alle oder zumindest für mehrere Hauptkostenstellen auf und **Nebenkostenstellen** werden notwendig, wenn einzelne Kostenstellen noch weiter untergliedert werden sollen.

Für jede Kostenstelle wird im Betriebsabrechnungsbogen eine Spalte angelegt. In einer Hinweisspalte kann man die Vorgaben notieren, nach denen die Gemeinkosten auf die Kostenstellen zu verteilen sind.

Beispiel

Das Autohaus Zugspitze führt die **Hauptkostenstellen** „Neu- und Gebrauchtwagen", „Teile und Zubehör" und „Technischer Kundendienst" sowie eine allgemeine Kostenstelle „Verwaltung". Im Einzelnen liegen folgende Verteilungsgrundlagen vor:

Unproduktive Löhne, Gehälter und soziale Aufwendungen: Jeder Mitarbeiter ist durch den Stellenplan einer Kostenstelle ganz oder teilweise zugeordnet. Die Gehälter und die sozialen Aufwendungen verteilen sich gemäß den Gehaltslisten wie folgt:

	Verwaltung	Fahrzeuge	Teile u. Zubehör	Werkstatt	gesamt
Unproduktive Löhne				3.900,00	3.900,00
Gehälter	31.000,00	11.500,00	2.000,00	5.000,00	51.000,00
Soz. Aufwendungen	8.200,00	2.700,00	600,00	12.000,00	23.500,00

Bei **Miete, Leasing, Mobilien** handelt es sich um die Leasingraten für EDV und Telefon. Der Betrag wird also der Kostenstelle Verwaltung zugeordnet.

Bei **Reparaturen, Instandhaltungen** zeigen die dazugehörigen Belege, dass eine Hebebühne gewartet wurde (1.650,00 EUR), eine Putzkolonne die Schaufenster im Verkaufsraum gereinigt hat (550,00 EUR) und außerdem das Chefbüro neu tapeziert wurde (1.300,00 EUR).

Für die Verteilung der **Hilfs- und Betriebsstoffe** gibt es Erfahrungswerte, die dem Verteilungsschlüssel 2 : 3 : 1 : 4 entsprechen.

Bei den **Abschreibungen** verzichtet das Autohaus Zugspitze auf die Berechnung kalkulatorischer Werte und setzt dafür die steuerlichen Abschreibungsraten an. Gemäß dem Anlagespiegel entfallen in diesem Monat 200,00 EUR auf die Büroausstattung, 100,00 EUR auf Lagereinrichtungen und 1.900,00 EUR auf die Mess- und Prüfgeräte des technischen Kundendienstes.

Bei der Position **Versicherungen** zeigt ein Blick auf die einzelnen Policen und Prämienbescheide folgende Verteilung:

Verwaltung	Fahrzeuge	Teile u. Zubehör	Werkstatt	gesamt
150	600	200	750	1.700

Der Betrag für **Telefon, Telefax** wird der Kostenstelle Verwaltung zugerechnet.

Im Betrag der **Werbekosten** sind 2.000,00 EUR für spezielle Neuwagenwerbung und 500,00 EUR für Zubehörwerbung enthalten. Der Rest ist der allgemeinen Unternehmenswerbung zuzurechnen.

Verkäuferprovisionen fallen nur beim Fahrzeughandel an.

Die **kalkulatorische Miete** wird nach dem Wert der beanspruchten Gebäudeteile verteilt. Danach fallen 20 % auf den Bürobereich, 10 % auf die Ausstellungshalle und Stellplätze für den Fahrzeughandel, 10 % auf das Teile- und Zubehörlager, der Rest auf die Werkstatt.

Bei der Verteilung der **kalkulatorischen Zinsen** wird betriebsnotwendiges Kapital zugrunde gelegt. Danach ergibt sich ein Verteilungsschlüssel von 1 : 5 : 2 : 12.

Im Betriebsabrechnungsbogen des Autohauses Zugspitze (vgl. S. 106) ergeben sich nach der Verteilung der einzelnen Gemeinkosten in den Kostenstellen folgende Summen:

Verwaltung	Fahrzeuge	Teile u. Zubehör	Werkstatt
52.480,00 EUR	31.200,00 EUR	6.460,00 EUR	43.460,00 EUR

3. Schritt: Umlage der allgemeinen Kostenstellen und der Hilfskostenstellen auf die Hauptkostenstellen

Allgemeine Kostenstellen sowie Nebenkostenstellen nehmen vorläufig die Kosten für Hauptkostenstellen auf.

Die Einrichtung der allgemeinen Kostenstellen sowie eventueller Nebenkostenstellen war für die Verteilung der Gemeinkosten sehr hilfreich. Aber letztlich müssen die Hauptkostenstellen auch diese Gemeinkosten aufnehmen. Nach welchem Verhältnis die Verteilung vorgenommen werden soll, ist genau zu überlegen. Für die Verwaltungsgemeinkosten bieten sich zum Beispiel die Umsätze, verrechneten Anschaffungskosten oder auch die Personalkosten je Hauptkostenstelle als Verteilungsgrundlage an.

Beispiel

Die Gemeinkosten der allgemeinen Kostenstelle **Verwaltung** werden auf die Hauptkostenstellen verteilt. Verteilungsgrundlage sind im Autohaus Zugspitze die Umsatzerlöse je Hauptkostenstelle, die wir in der Abgrenzungstabelle (vgl. S. 97) schon gesehen haben und die sich wie folgt auf die Hauptkostenstellen verteilen:

Erlöse	gesamt	Fahrzeuge	Teile u. Zub.	Werkstatt
Erlöse Pkw	220.000,00	220.000,00		
Erlöse Teile, Zubehör	75.000,00		75.000,00	
Lohnerlöse (Werkstatt)	67.000,00			67.000,00
Provisionserlöse Ku-Finanzierung	2.900,00	2.900,00		
Provisionserlöse Ku-Leasing	2.200,00	2.200,00		
gesamt	**367.100,00**	**225.100,00**	**75.000,00**	**67.000,00**
Anteile in Prozent	100,0 %	61,3 %	20,4 %	18,3 %

Im Betriebsabrechnungsbogen des Autohauses Zugspitze (vgl. S. 104, Zeilen 15 und 16) betragen die Verwaltungsgemeinkosten insgesamt 52.480,00 EUR. Davon werden 49,6%, das sind 26.030,08 EUR, auf die Hauptkostenstelle Fahrzeuge umgelegt. Auf die Hauptkostenstelle Teile und Zubehör entfallen 11.493,12 EUR (21,9%) und auf Werkstatt 15.009,28 EUR (28,6%).

4. Schritt: Berechnung der Zuschlagssätze für die Hauptkostenstellen
Auf der Basis der verrechneten Anschaffungskosten bzw. der Fertigungslöhne werden nun die Gemeinkostenzuschlagssätze ausgerechnet.

Beispiel

Im Betriebsabrechnungsbogen des Autohauses Zugspitze (vgl. S. 104, Zeile 17) betragen die Gemeinkosten für die Hauptkostenstelle Fahrzeuge insgesamt 57.230,08 EUR. Die dazugehörigen verrechneten Anschaffungskosten liegen bei 153.000,00 EUR. Der Zuschlagssatz für die Gemeinkosten errechnet sich demnach mit

$$57.230,08 \times 100 / 153.000 = 37,41\%$$

Auf gleiche Weise wird bei 17.953,12 EUR Gemeinkosten der Kostenstelle Teile- und Zubehör und den dafür im gleichen Zeitraum angefallenen 51.000 EUR verrechneten Anschaffungskosten ein Gemeinkostenzuschlagssatz von 35,20% ermittelt.

Bei der Hauptkostenstelle Werkstatt stehen den produktiven Löhnen in Höhe von 15.300,00 EUR Gemeinkosten in Höhe von 58.469,28 EUR gegenüber, was einem Gemeinkostenzuschlag von 382,15% ergibt.

Mit diesen Zuschlagssätzen kann das Autohaus nun kalkulieren.

- Ein Zubehörartikel muss wenigstens mit einem Aufschlag von 35,20% verkauft werden, damit die Selbstkosten gedeckt sind. Dieser Zuschlagssatz wird vor allem bei der Kalkulation der Zubehörteile verwendet. Auch bei den Verkaufspreisen der Ersatzteile, die von den Herstellern als unverbindliche Preisempfehlung vorgegeben werden, kann der Gemeinkostenzuschlagssatz bei einer Nachkalkulation verwendet werden.

Vgl. Kapitel 6 „Die Handelskalkulation für Zubehörartikel", S. 109.

- Auf den Stundenlohn eines Mechanikers müssen 382,15% aufgeschlagen werden, um den Selbstkostensatz für den Werkstattlohn zu ermitteln. Dieser Zuschlagssatz wird bei der Kalkulation des Stundenverrechnungssatzes benötigt.

Vgl. Kapitel 7 „Der Stundenverrechnungssatz", S. 124 ff.

104 Am Jahresabschluss und an der Kosten- und Leistungsrechnung mitwirken

Betriebsabrechnungsbogen (Tabellenblatt „BAB" der Exceldatei „Autohaus_Zugspitze.xls" auf der beiliegenden CD-ROM)

	A	B	C	D	E	F	G	H	I	J	K
1			Autohaus Zugspitze e. K., Betriebsabrechnungsbogen, Februar 2009								
2			Zahlen der Buchhaltung		Verteilungsgrundlagen	Hilfskostenstelle		Hauptkostenstellen			
3	Zeile	Konto	Kostenarten	EUR	Verteilungsgrundlagen	Verwaltung		Fahrzeuge	Teile u. Zubehör	Werkstatt	Kontrollsummen
4	1	4105	Unproduktive Löhne	3.900,00						3.900,00	3.900,00
5	2	4200	Gehälter	51.000,00	Gehaltsliste / Stellenplan	31.000,00		11.500,00	2.000,00	6.500,00	51.000,00
6	3	4300	Soz. Aufwendungen	23.500,00	Gehaltsliste / Stellenplan	8.200,00		2.700,00	600,00	12.000,00	23.500,00
7	4	4450	Miete, Leasing (Mobilien)	1.600,00	= Verwaltung	1.600,00					1.600,00
8	5	4500	Reparaturen, Instandhaltungen	3.500,00	Belege	1.300,00		550,00		1.650,00	3.500,00
9	6	4600	Hilfs- u. Betr.-stoffe (Energie, Wasser)	8.000,00	2 : 3 : 1 : 4	1.600,00		2.400,00	800,00	3.200,00	8.000,00
10	7	4660	Büromaterial	1.300,00	= Verwaltung	1.300,00					1.300,00
11	8	4675	Abschreibungen	2.200,00	Anlagespiegel	200,00		600,00	100,00	1.300,00	2.200,00
12	9	4730	Versicherungen	1.700,00	Policen/Prämienbescheide	150,00		600,00	200,00	750,00	1.700,00
13	10	4802	Telefon, Telefax	1.300,00	= Verwaltung	1.300,00					1.300,00
14	11	4870	Werbekosten	5.100,00	Werbeetat	2.600,00		2.000,00	500,00		5.100,00
15	12	4920	Verkäuferprovision	7.900,00	= Fahrzeuge			7.900,00			7.900,00
16	13	4891	Kalk. Miete	14.000,00	20 : 10 : 10 : 60	2.800,00		1.400,00	1.400,00	8.400,00	14.000,00
17	14	4892	Kalk. Zinsen	8.600,00	1 : 5 : 2 : 12	430,00		2.150,00	860,00	5.160,00	8.600,00
18	15		Summe	133.600,00	nach Umsatzerlösen (s. u.)	52.480,00		31.200,00	6.460,00	43.460,00	133.600,00
19	16		Umlage Verwaltungsgemeinkosten (allg. Kostenstelle bzw. Hilfskostenstelle)	52.480,00				26.030,08	11.493,12	15.009,28	
20	17		Summe	133.652,48				57.230,08	17.953,12	58.469,28	
21	18	4101	produktive Löhne	15.300,00						15.300,00	
22	19	Kl. 7	Verrechn. Anschaffungskosten	204.000,00				153.000,00	51.000,00		
23	20		Gemeinkostenzuschlagssätze					37,41%	35,20%	382,15%	
24					Verteilung nach dem Anteil der Umsatzerlöse der drei Geschäftsfelder in %						
25											
26	vgl. Buch S. 107				Umsatz Fahrzeuge	170.000,00	49,6				
27					Umsatz Teile und Zubehör	75.000,00	21,9				
28					Umsatz Werkstatt	98.000,00	28,6				
29					Gesamt	343.000,00	100,0				

Situationsaufgabe: BAB

Nach Ihrer Ausbildung zum Automobilkaufmann arbeiten Sie in der Controlling-Abteilung Ihres Ausbildungsbetriebes Autohaus Marius Schulz GmbH, Köln. Seit gestern ist Ihnen die Auszubildende im 2. Lehrjahr, Gerda Ohnwissen, zur Seite gestellt, die Sie mit dem Rechnungswesen Ihres Autohauses vertraut machen sollen.

Sie haben sich aus der EDV die Abgrenzungstabelle und den BAB für Monat März 2009 ausdrucken lassen und kontrollieren diese gemeinsam. Abgrenzungstabelle und BAB befinden sich in der Datei Autohaus_Schulz.xls auf beiliegender CD-ROM.

Abgrenzungstabelle - Marius Schulz GmbH, März 2009

		Alle Erfolgskonten	Geschäftsbuchf.		Abgrenzungsrechnung		K. u. L. - Rechnung	
			GUV-Konto		Korrekturen sowie periodenfr. ao. und bf.			
Lfd. Nr.	Konto	Kontobezeichnung	Aufw.	Erträge	Aufwendungen	Erträge	Kosten	Leistungen
1	2010	Betriebsfremde Aufwendungen	7.000		7.000			
2	2100	Zinsen u.ä. Aufw.	3.000		3.000			
3	2400	Forderungsverluste	800		800			
4	2510	Betriebsfremde Erträge		1.000		1.000		
5	2600	Zinsen u.ä. Erträge		120		120		
6	2891	verr. Kalk. Miete				9.900		
7	2892	verr. Kalk. Zinsen				8.600		
8	4100	Prod. Löhne	12.900				12.900	
9	4200	Gehälter	45.000				45.000	
10	4300	Soz. Aufwendungen	19.500				19.500	
11	4400	Miete Immobilien	1.200		1.200			
12	4500	Reparaturen, Instandhaltungen	2.900				2.900	
13	4600	Hilfs- u. Betr.-stoffe (Energie, Wasser)	6.000				6.000	
14	4660	Büromaterial	300				300	
15	4675	Abschr. auf Sachanlagen	2.300				2.300	
16	4730	Versicherungen	1.400				1.400	
17	4802	Telefon, Telefax	900				900	
18	4870	Werbekosten	4.900				4.900	
19	4891	Kalk. Miete						9.900
20	4892	Kalk. Zinsen					8.600	
21	4920	Verkäuferprovision	15.400				15.400	
22	7000	VAK Pkw	151.000				151.000	
23	7300	VAK Teile, Zubehör	45.000				45.000	
24	8000	Erlöse Pkw		145.000				145.000
25	8300	Erlöse Teile, Zubehör		48.000				48.000
26	8600	Lohnerlöse (Werkstatt)		141.000				141.000
27	8985	Provisionserlöse Ku-Finanzierung		3.200				3.200
28	8986	Provisionserlöse Ku-Leasing		2.400				2.400
29		Summe	319.500	340.720	12.000	19.620	?	?
30		Saldo	21.220		7.620		?	
31		**Ergebnis:**	**?**		**Neutrales Ergebnis**		**?**	

Betriebsabrechnungsbogen

Betriebsabrechnungsbogen - Marius Schulz GmbH, März 2009

Zahlen der Buchhaltung

Zeile	Konto	Kostenarten	EUR	Verteilungsgrundlagen	Verwaltung	Fahrzeuge	Teile u. Zubehör	Werkstatt
1	4200	Gehälter	45.000	Gehaltsliste / Stellenplan	26.000,00	11.000,00	2.500,00	5.500,00
2	4300	Soz. Aufwendungen	19.500	Gehaltsliste / Stellenplan	4.200,00	2.700,00	600,00	12.000,00
3	4500	Reparaturen, Instandhaltungen	2.900	Lt. Belegen	1.000,00	400,00		1.500,00
4	4600	Hilfs- u. Betr.-stoffe (Benzin, Wasser)	6.000	4 : 3 : 1 : 2	2.400,00	1.800,00	600,00	1.200,00
5	4660	Büromaterial	300	= Verwaltung	300,00			
6	4665	Abschreibung auf Sachanlagen	2.300	Lt. Inventarlisten	250,00	200,00	800,00	1.050,00
7	4730	Versicherungen	1.400	Lt. Policen/Prämienbescheide	150,00	500,00	150,00	600,00
8	4802	Telefon, Telefax	900	= Verwaltung	900,00			
9	4870	Werbekosten	4.900	Werbeetat	2.000,00	2.500,00	400,00	
10	4920	Verkäuferprovision	15.400	= Fahrzeuge		15.400,00		
11	4891	Kalk. Miete	9.900	5 : 6 : 2 : 7	2.475,00	2.970,00	990,00	3.465,00
12	4892	Kalk. Zinsen	8.600	1 : 5 : 2 : 12	430,00	2.150,00	860,00	5.160,00
13		Summe	117.100		40.105,00	39.620,00	6.900,00	30.475,00
14		UmlageVerwaltungsgemeinkosten	40.105	Verhältnis der Verkaufserlöse		17.786,57	5.666,84	16.651,60
15		Summe für die drei Hauptkostenstellen	117.100			57.406,57	12.566,84	47.126,60
16	4100	Prod. Löhne	12.900					12.900,00
17	Kl. 7	Verrechn. Anschaffungskosten	196.000			151.000,00	45.000,00	
18		Gemeinkostenzuschlagssätze				? %	? %	? %

		Verteilung der Verw.-kosten nach dem Anteil der Umsatzerlöse der drei Geschäftsfelder in %	
	Umsatz Fahrzeuge	221.731,45	44,35
	Umsatz Teile und Zubehör	70.671,37	14,13
	Umsatz Werkstatt	207.597,18	41,52
	Gesamt	500.000,00	100,00

Aufgabenfolge A:
Bei der Abgrenzungstabelle (S. 105) ist die Kosten- und Leistungsrechnung nicht abgeschlossen. Außerdem ist darin ein Fehler enthalten. Finden Sie den Fehler und notieren diesen in Ihr Heft. Berechnen Sie das Ergebnis der Kosten- und Leistungsrechnung. Beantworten Sie anschließend folgende Fragen:

1. In welcher Zeile war dieser Fehler?

2. Wie lautet das Ergebnis der Kosten und Leistungsrechnung in EUR?

3. In der Zeile 31 wird das Ergebnis der Abgrenzungsrechnung „neutrales Ergebnis" genannt. Wie lauten die Bezeichnungen, die für die Geschäftsbuchhaltung und für die Kosten- und Leistungsrechnung in die entsprechenden Felder der Ergebniszeile (Zeile Nr. 31) eingetragen werden können?

4. In der Berufsschule hat Gerda Ohnwissen gelernt, dass man bei den kalkulatorischen Abschreibungen das Verursachungsprinzip und das Substanzerhaltungsprinzip anwenden kann. Sie weiß aber leider nicht mehr, was diese Prinzipien bedeuten. Erläutern Sie Ihr die Anwendung dieser Prinzipien am Beispiel eines Abschleppwagens, der vor 4 Jahren für 90.000,00 EUR gekauft wurde, im 3. und 4. Jahr nur halb so viel Kilometer gefahren wurde als im 1. und 2., nun aber durch einen neuen ersetzt werden soll, der allerdings bei gleicher Ausstattung 50.000,00 EUR kostet.

5. Erläutern Sie der Auszubildenden Gerda Ohnwissen den Unterschied zwischen den Positionen „Zinsen und ähnliche Aufwendungen" (Zeile 2) und „Kalkulatorische Zinsen" (Zeile 28). Gehen Sie dabei auf folgende Punkte ein:
    a) Woher stammen die EUR-Beträge jeweils, bzw. wie werden diese errechnet?
    b) Wie beeinflussen diese Positionen
        01 die Geschäftsbuchführung,
        02 die Abgrenzungsrechnung,
        03 die Kosten und Leistungsrechnung?

6. Wie werden „Zinsen und ähnliche Aufwendungen" (Zeile 2) und „Kalkulatorische Zinsen" (Zeile 28) beeinflusst, wenn ein langfristiges Bankdarlehen planmäßig getilgt sein wird?
    a) Die kalk. Zinsen nehmen zu, die Höhe der Zinsen und ähnlichen Aufwendungen nimmt ab.
    b) Die kalk. Zinsen nehmen ab, die Höhe der Zinsen und ähnlichen Aufwendungen nimmt zu.

Aufgaben

c) Die kalk. Zinsen nehmen zu, die Höhe der Zinsen und ähnlichen Aufwendungen bleibt gleich.
d) Die kalk. Zinsen bleiben gleich, die Höhe der Zinsen und ähnlichen Aufwendungen nimmt zu.
e) Die kalk. Zinsen bleiben gleich, die Höhe der Zinsen und ähnliche Aufwendungen nimmt ab.

Aufgabenfolge B:
Der Betriebsabrechnungsbogen bezieht sich ebenfalls auf die letzte Abrechnungsperiode. Erläutern Sie auch diese Aufstellung der Auszubildenden Gerda Ohnwissen durch Beantwortung folgender Fragen:

7 Die Konten der Kostenarten von Zeile 1–12 bilden den Ausgangspunkt für die Aufstellung des Betriebsabrechnungsbogens. Die Beträge dafür wurden aus der Abgrenzungsrechnung übernommen. Um welche Kontenarten handelt es sich dabei?
a) Um die Konten der Aufwendungen
b) Um die Konten der Kosten
c) Um die Konten der Einzelkosten
d) Um die Konten der Gemeinkosten
e) Um die Konten der kalkulatorischen Kosten

8 Bei den Spaltenüberschriften der Kostenstellen ist die „Verwaltung" im Gegensatz zu den anderen Kostenstellen „Fahrzeuge", „Teile und Zubehör" und „Werkstatt" nicht hervorgehoben. Gibt es einen Grund, der diese Unterscheidung der Kostenstellen rechtfertigt? (Nennen Sie gegebenenfalls die verschiedenen Arten der Kostenstellen.)

9 Beschreiben Sie, in welchen Schritten ein Betriebsabrechnungsbogen erstellt wird.

10 Bei der kalkulatorischen Miete (Zeile 11) ist ein Verteilungsschlüssel von 5 : 6 : 2 : 7 angegeben. Auf welcher Grundlage könnte dieser Verteilungsschlüssel erstellt worden sein?

11 Berechnen Sie die fehlenden Gemeinkostenzuschläge in Zeile 18 für die Spalten Teile und Zubehör und Werkstatt.

6 Die Handelskalkulation für Zubehörartikel

Autohaus Wagenstolz & Sohn OHG

Zu welchem Preis verkaufen wir diese Felgen, Herr Wagenstolz?

➔ Welchen Spielraum hat Herr Wagenstolz bei der Berechnung der Verkaufspreise?

➔ Welche Berechnungen sind bei der Festlegung der Angebotspreise für Zubehörartikel anzustellen?

6.1 Das Kalkulationsschema für Zubehörartikel

6.1.1 Die Einkaufs-, Selbstkosten- und Verkaufskalkulation

Während im Ersatzteilbereich durch die Konditionen der Hersteller und Teilegroßhändler häufig keine großen Freiräume für die Preisgestaltung gegeben sind, kommt bei Zubehörartikeln das im Handel übliche Schema für die Kalkulation beim Einkauf, bei den Selbstkosten und beim Verkauf zum Einsatz.

Die Einkaufskalkulation – Will ein Kaufmann wissen, wie teuer ihn ein bestimmter Artikel im Einkauf kommt, so schaut er in der Preisliste des Lieferanten nach. Ein eventueller Lieferer-Rabatt sowie die Lieferungs- und Zahlungsbedingungen führen dann zum Einstandspreis. Oft fallen auch noch Bezugskosten an.

Beispiel

Der Bezugspreis ist der Einstandspreis. Er wird im Artikelstammsatz festgehalten und beim Verkauf als verrechnete Anschaffungskosten gebucht.

Für unsere Boutique wollen wir eine Regenschutzkleidung für Motorradfahrer einkaufen. Ein solcher Schutzanzug mit der Bezeichnung „Wetti" wird vom Lieferer L. für 150,00 EUR ab Werk angeboten. Wir wollen gleich 6 „Wettis" kaufen und erhalten deshalb 12% Rabatt und 3% Skonto. Für die Lieferung mit einer Spedition fallen 24,00 EUR Frachtkosten an. Wie hoch ist der Bezugspreis je Schutzanzug?

Einkaufskalkulation für 1 Stück:

Listeneinkaufspreis	150,00 EUR
– 12% Lieferer-Rabatt	18,00 EUR
Zieleinkaufspreis	132,00 EUR
– 3% Lieferer-Skonto	3,96 EUR
Bareinkaufspreis	128,04 EUR
+ Bezugskosten (24,00 EUR : 6)	4,00 EUR
Bezugspreis (VAK)	132,04 EUR

Der Bezugspreis für einen Schutzanzug „Wetti" beträgt 132,04 EUR.

Die Selbstkostenkalkulation – Gemeinkosten werden mithilfe des Betriebsabrechnungsbogens (vgl. Seite 104 ff.) auf die Hauptkostenstellen des Autohauses aufgeteilt. Für jede Hauptkostenstelle wird ein Gemeinkostenzuschlag ermittelt. Bei einer genauen Kostenrechnung ist es empfehlenswert, für Ersatzteile und Zubehör jeweils getrennte Hauptkostenstellen einzurichten. In diesem Fall werden jeweils eigene Gemeinkostenzuschlagssätze festgestellt.

Beispiel

Die einzelnen Gemeinkostenzuschlagssätze für die Hauptkostenstellen werden mithilfe des Betriebsabrechnungsbogens (BAB) ermittelt.

Im Autohaus Otto Wagenstolz wurden im BAB für den Zubehör-Shop folgende Zahlen ermittelt:

VAK für Kostenstelle Zubehör 76.000,00 EUR
Gemeinkosten für Kostenstelle Zubehör 24.700,00 EUR

Daraus wird der Gemeinkostenzuschlagssatz für die Hauptkostenstelle „Zubehör-Shop" ermittelt:

$$\text{GKZ (\%) Zubehör-Shop} = \frac{\text{Gemeinkosten Zubehör-Shop} \times 100}{\text{Summe VAK Zubehör-Shop}}$$

$$= \frac{24.700 \times 100}{76.000} = 32,5\%$$

Die Gemeinkosten werden bei der Kalkulation eines einzelnen Artikels durch einen Prozentaufschlag dem Bezugspreis hinzugerechnet. Das Ergebnis ist der Selbstkostenpreis.

Für den Regenschutzanzug wird der Selbstkostenpreis ermittelt:

Bezugspreis (VAK)	132,04 EUR
+ 32,5 % Gemeinkostenzuschlag	42,91 EUR
Selbstkostenpreis	174,95 EUR

> **Beispiel**

Verkaufskalkulation – Der Kaufmann will durch den Verkaufspreis nicht nur seine Kosten decken, sondern auch einen angemessenen Gewinn erzielen. Der Gewinnaufschlag wird in der Kalkulation prozentual von den Selbstkosten errechnet und diesen zugeschlagen.

Manchmal gewährt er seinen Kunden auch bei Zubehörartikeln Preisnachlässe in Form von Skonto und Rabatt. Diese Preisnachlässe müssen im Voraus im Angebotspreis berücksichtigt werden.

Wenn die Verkäufer noch Provisionen erhalten, müssen diese ebenfalls in der Kalkulation des Angebotspreises berücksichtigt werden.

Auch wenn Kundenskonto, Kundenrabatt und Verkäuferprovision beim Zubehörverkauf selten vorkommen, sollte der Automobilkaufmann damit umgehen können.

Beispiel (Fortführung)
Wie viel EUR beträgt der Barverkaufspreis für den Motorradanzug „Wetti", wenn das Autohaus (im Zubehörbereich) mit 15 % Gewinn kalkuliert? Und wie teuer müssen Sie den Motorradschutzanzug im Zubehör-Shop auszeichnen, wenn 5 % Kundenrabatt, 2 % Kundenskonto und 4 % Verkäuferprovision einkalkuliert werden sollen? Bei der Preisauszeichnung in Verkaufsräumen sind die Bruttopreise, also die Verkaufspreise inklusive der gesetzlichen Umsatzsteuer von zurzeit 19 % zu berücksichtigen.

> **Beispiel**

Nach diesen Angaben ergibt sich folgende Verkaufskalkulation:

Selbstkostenpreis	174,53 EUR
+ 15 % Gewinnzuschlag	26,18 EUR
Barverkaufspreis	200,71 EUR
+ 2 % Kundenskonto	4,27 EUR
+ 4 % Verkäuferprovision	8,54 EUR
Zielverkaufspreis	213,52 EUR
+ 5 % Kundenrabatt	11,24 EUR
Listenverkaufspreis (netto)	224,76 EUR
+ 19 % MwSt.	42,70 EUR
Listenverkaufspreis (brutto)	267,46 EUR

Bei Kundenskonto, Verkäuferprovision und Kundenrabatt ist bei der Prozentrechnung der verminderte Grundwert zu beachten.

6.1.2 Die Vorwärts-, Rückwärts- und Differenzkalkulation

Das Kalkulationsschema für die Handelskalkulation wird in verschiedenen Ausschnitten und auch bei unterschiedlichen Fragestellungen angewandt. Bei der Ermittlung des Angebotspreises wird von oben nach unten kalkuliert. Man spricht von der **Vorwärtskalkulation**. Falls jedoch durch den Markt der Angebotspreis festgelegt ist, kann es zu einer Kalkulation von unten nach oben kommen, weil der maximal aufwendbare Einstandspreis gesucht ist. In diesen Fällen spricht man von einer **Rückwärtskalkulation**. Häufig sind in der Praxis sowohl der Einkaufspreis als auch der Verkaufspreis festgelegt. Dann wird das Kalkulationsschema eingesetzt, um in Form einer **Differenzkalkulation** festzustellen, ob und in welcher Höhe bei einem Handelsgeschäft ein Gewinn möglich ist.

Das Kalkulationsschema zählt zum Basiswissen eines jeden Kaufmanns. Auch der Automobilkaufmann muss täglich damit umgehen.

Die Pfeile weisen auf den jeweiligen Grundwert der verwendeten Prozentsätze. Sie gilt es zu beachten, denn je nachdem ob man vorwärts oder rückwärts kalkuliert, muss man die Prozentrechnung vom vollen Grundwert (von Hundert), vom verminderten Grundwert (in Hundert) oder vom vermehrten Grundwert (auf Hundert) anwenden.

Kalkulationsschema

Listeneinkaufspreis
− % Lieferer-Rabatt
= Zieleinkaufspreis
− % Lieferer-Skonto
= Bareinkaufspreis
+ Bezugskosten
= Bezugspreis (VAK)
+ % Gemeinkostenzuschlag
= Selbstkostenpreis
+ % Gewinnzuschlag
= Barverkaufspreis
+ % Kundenskonto
+ % Verkäuferprovision
= Zielverkaufspreis
+ % Kundenrabatt
= Listenverkaufspreis (netto)
+ % MwSt.
= Listenverkaufspreis (brutto)

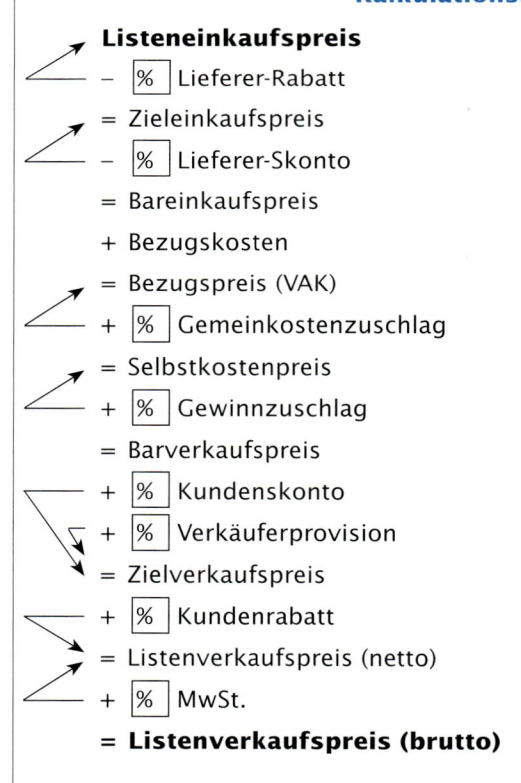

6.1.3 Projekt:
Kalkulation von Zubehörartikeln mithilfe der Tabellenkalkulation

Das Kalkulationsschema für Zubehörartikel und andere Handelsware kann mithilfe der Tabellenkalkulation sehr rationell eingesetzt werden. Einmal programmiert, können immer wieder neue Berechnungen durchgeführt werden. Entsprechend der drei möglichen Fragestellungen ist das Kalkulationsschema in den Varianten Vorwärts-, Rückwärts- und Differenzkalkulation zu erstellen. Bei Excel verwendet man dafür jeweils ein Tabellenblatt innerhalb einer Excelmappe.

Tipp: Wenn für das Projekt wenig Zeit zur Verfügung steht, können die vorbereiteten Kalkulationsblätter der Datei Zubehoerkalkulation.xls auf beiliegender CD-ROM als Vorlage verwendet werden.

Tabellenblatt A: Vorwärtskalkulation

Entwickeln Sie gemäß nachfolgender Abbildung ein vollständiges Kalkulationsschema für die Vorwärtskalkulation, bei der für einen Artikel vom Einkaufspreis ausgehend der Listenverkaufspreis einschließlich Umsatzsteuer kalkuliert wird.

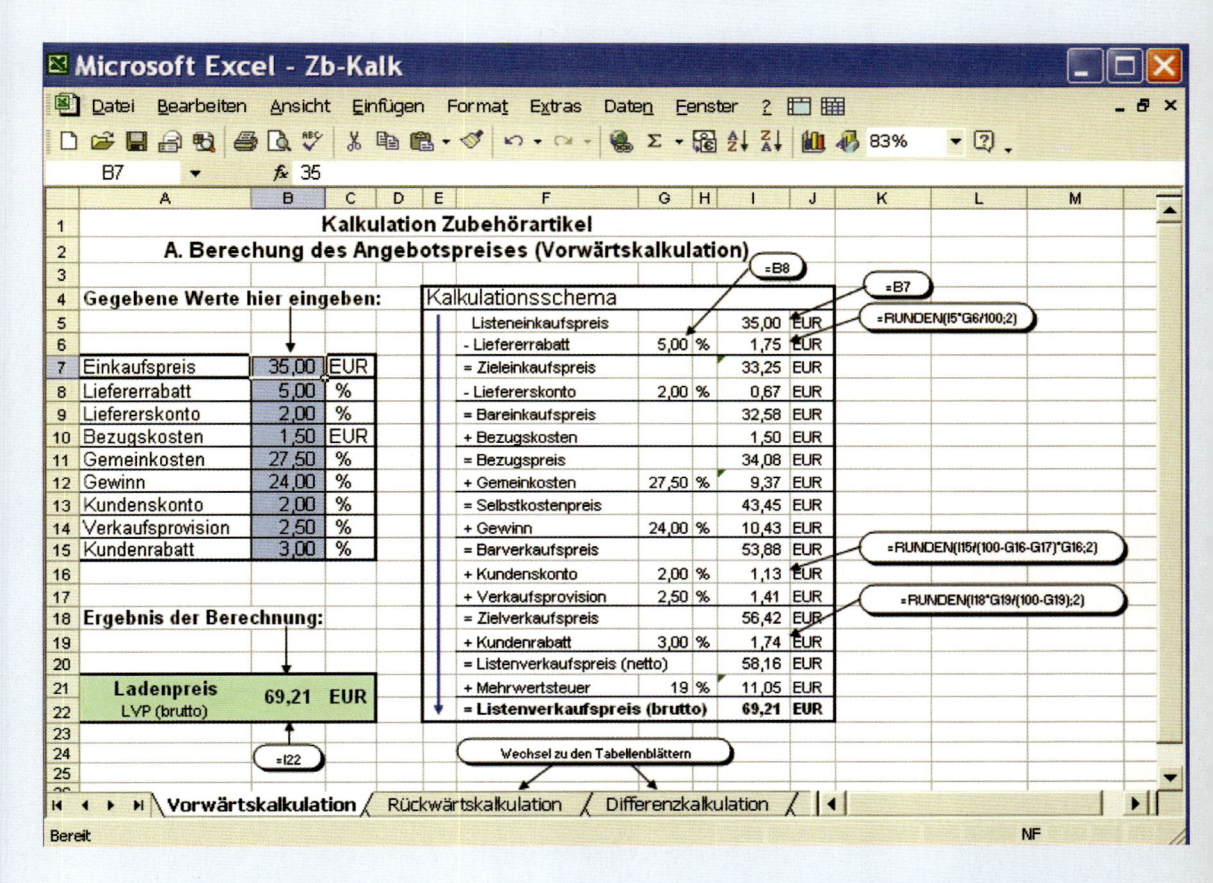

Kalkulation Zubehörartikel
A. Berechung des Angebotspreises (Vorwärtskalkulation)

Gegebene Werte hier eingeben:			Kalkulationsschema		
			Listeneinkaufspreis	35,00	EUR
			- Liefererrabatt	5,00 %	1,75 EUR
Einkaufspreis	35,00	EUR	= Zieleinkaufspreis		33,25 EUR
Liefererrabatt	5,00	%	- Liefererskonto	2,00 %	0,67 EUR
Liefererskonto	2,00	%	= Bareinkaufspreis		32,58 EUR
Bezugskosten	1,50	EUR	+ Bezugskosten		1,50 EUR
Gemeinkosten	27,50	%	= Bezugspreis		34,08 EUR
Gewinn	24,00	%	+ Gemeinkosten	27,50 %	9,37 EUR
Kundenskonto	2,00	%	= Selbstkostenpreis		43,45 EUR
Verkaufsprovision	2,50	%	+ Gewinn	24,00 %	10,43 EUR
Kundenrabatt	3,00	%	= Barverkaufspreis		53,88 EUR
			+ Kundenskonto	2,00 %	1,13 EUR
			+ Verkaufsprovision	2,50 %	1,41 EUR
Ergebnis der Berechnung:			= Zielverkaufspreis		56,42 EUR
			+ Kundenrabatt	3,00 %	1,74 EUR
			= Listenverkaufspreis (netto)		58,16 EUR
Ladenpreis	**69,21**	**EUR**	+ Mehrwertsteuer	19 %	11,05 EUR
LVP (brutto)			= **Listenverkaufspreis (brutto)**		**69,21 EUR**

Formeln:
- =B8
- =B7
- =RUNDEN(I5*G6/100;2)
- =RUNDEN(I15/(100-G16-G17)*G16;2)
- =RUNDEN(I18*G19/(100-G19);2)
- =I22

Wechsel zu den Tabellenblättern: Vorwärtskalkulation / Rückwärtskalkulation / Differenzkalkulation

Aktion

Anleitung und Hilfestellungen:
- Die Eingabefelder sind getrennt vom Kalkulationsschema in einem Eingabebereich zusammengefasst und werden von dort aus in das Kalkulationsschema übernommen. Ebenso wird das Endergebnis an exponierter Stelle noch einmal hervorgehoben. Diese Trennung von Eingabe, Verarbeitung und Ausgabe erhöht die Übersicht und erleichtert vor allem die Eingaben bei neuen Berechnungen.
- Gehen Sie wie in der Abbildung von einem Listeneinkaufspreis von 35,00 EUR aus und setzen Sie für die benötigten Zu- und Abschläge ebenfalls die angezeigten Größen ein. So können Sie die Ergebnisse Ihrer Rechenanweisungen sofort mit denen der Vorlage vergleichen.
- Wichtige Rechenanweisungen sind als Hilfestellung angegeben.
- Testen Sie Ihr Rechenblatt: Wenn Sie nun einen Listeneinkaufspreis von 500,00 EUR eingeben, muss sich ein Listenverkaufspreis (brutto) von 948,47 EUR ergeben.

Tabellenblatt B: Rückwärtskalkulation
„Wie hoch darf der Einkaufspreis höchstens sein, wenn wir einen bestimmten Zubehörartikel für 49,00 EUR inkl. Umsatzsteuer anbieten wollen und sich die Zu- und Abschläge sowie die Bezugskosten nicht verändern?"

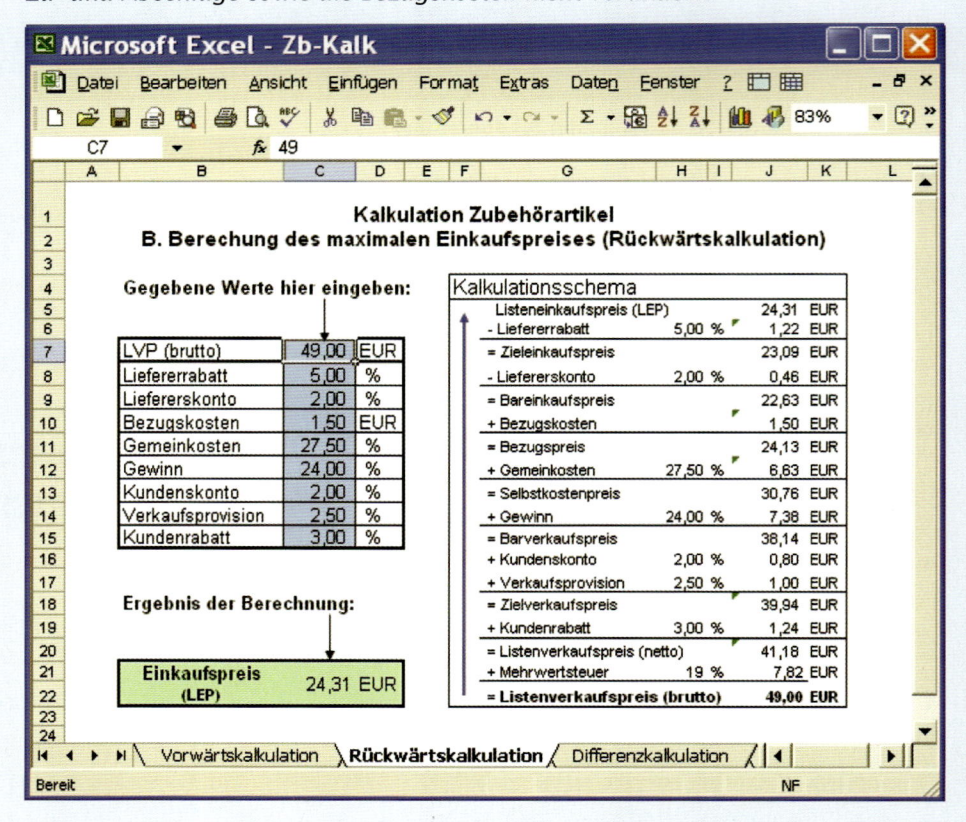

Kalkulation Zubehörartikel
B. Berechnung des maximalen Einkaufspreises (Rückwärtskalkulation)

Gegebene Werte hier eingeben:

LVP (brutto)	49,00	EUR
Liefererrabatt	5,00	%
Liefererskonto	2,00	%
Bezugskosten	1,50	EUR
Gemeinkosten	27,50	%
Gewinn	24,00	%
Kundenkonto	2,00	%
Verkaufsprovision	2,50	%
Kundenrabatt	3,00	%

Ergebnis der Berechnung:

Einkaufspreis (LEP): 24,31 EUR

Kalkulationsschema:

Listeneinkaufspreis (LEP)		24,31	EUR
- Liefererrabatt	5,00 %	1,22	EUR
= Zieleinkaufspreis		23,09	EUR
- Liefererskonto	2,00 %	0,46	EUR
= Bareinkaufspreis		22,63	EUR
+ Bezugskosten		1,50	EUR
= Bezugspreis		24,13	EUR
+ Gemeinkosten	27,50 %	6,63	EUR
= Selbstkostenpreis		30,76	EUR
+ Gewinn	24,00 %	7,38	EUR
= Barverkaufspreis		38,14	EUR
+ Kundenkonto	2,00 %	0,80	EUR
+ Verkaufsprovision	2,50 %	1,00	EUR
= Zielverkaufspreis		39,94	EUR
+ Kundenrabatt	3,00 %	1,24	EUR
= Listenverkaufspreis (netto)		41,18	EUR
+ Mehrwertsteuer	19 %	7,82	EUR
= **Listenverkaufspreis (brutto)**		**49,00**	**EUR**

Anleitung und Hilfestellung
- Überlegen Sie, welche Teile aus dem Tabellenblatt Vorwärtskalkulation kopiert werden können.
- Gehen Sie bei der Entwicklung des Kalkulationsschemas dieses Mal von unten nach oben vor.
- Entwickeln Sie unbekannte Rechenschritte, indem Sie diese erst einmal mit dem Taschenrechner durchführen und die dazugehörigen Formeln auf Papier niederschreiben.
- Durch schrittweise Rückwärtskalkulation (von unten nach oben) stellen Sie schließlich fest, dass dieser Artikel im Einkauf (Listeneinkaufspreis) höchstens 24,31 EUR kosten darf.
- Überprüfen Sie Ihr Kalkulationsschema, indem Sie nun für diesen Artikel einen Verkaufspreis (Listenverkaufspreis brutto) von 44,99 EUR eingeben. Ergebnis: Listeneinkaufspreis 22,19 EUR.

Das Kalkulationsschema scheint das gleiche zu sein, aber der optische Eindruck täuscht, denn die Berechnungen müssen in umgekehrter Reihenfolge, von unten nach oben durchgeführt werden.

Aktion

Tabellenblatt C: Differenzkalkulation
„Lohnt sich die Aufnahme eines Artikels in unser Zubehörangebot, wenn der Bruttoverkaufspreis 199,00 EUR betragen soll und der Listeneinkaufspreis unseres Lieferers bei 118,00 EUR liegt? Die übrigen Zu- und Abschläge bleiben unverändert. An Bezugskosten sind 4,00 EUR je Stück anzusetzen. Es wird ein Gewinnzuschlag von wenigstens 5 % erwartet."

Bei dieser Aufgabenstellung muss der Gewinn in EUR und in % ermittelt werden. Das Ergebnis wird zeigen, ob die Erwartung eines Gewinnzuschlages von mindestens 5 % erfüllt wird.

Entwickeln Sie das Kalkulationsblatt für den Aufgabentyp einer Differenzkalkulation nach dem unten abgebildeten Muster.

Anleitung und Hilfestellung
- Viele Teile aus der Vorwärts- und Rückwärtskalkulation können in das neue Tabellenblatt für die Differenzkalkulation kopiert werden.
- Das Kalkulationsschema wird von oben und von unten her entwickelt. Der obere Teil entspricht einer Vorwärts-, der untere einer Rückwärtskalkulation.
- Der Gewinn ergibt sich schließlich aus der Differenz zwischen Barverkaufspreis und Selbstkostenpreis, daher der Name Differenzkalkulation.
- Bei der Entwicklung der Rechenanweisungen für den Gewinnzuschlag in Prozent ist es hilfreich, sich den Rechenweg über eine Dreisatzberechnung darzustellen.

Aktion

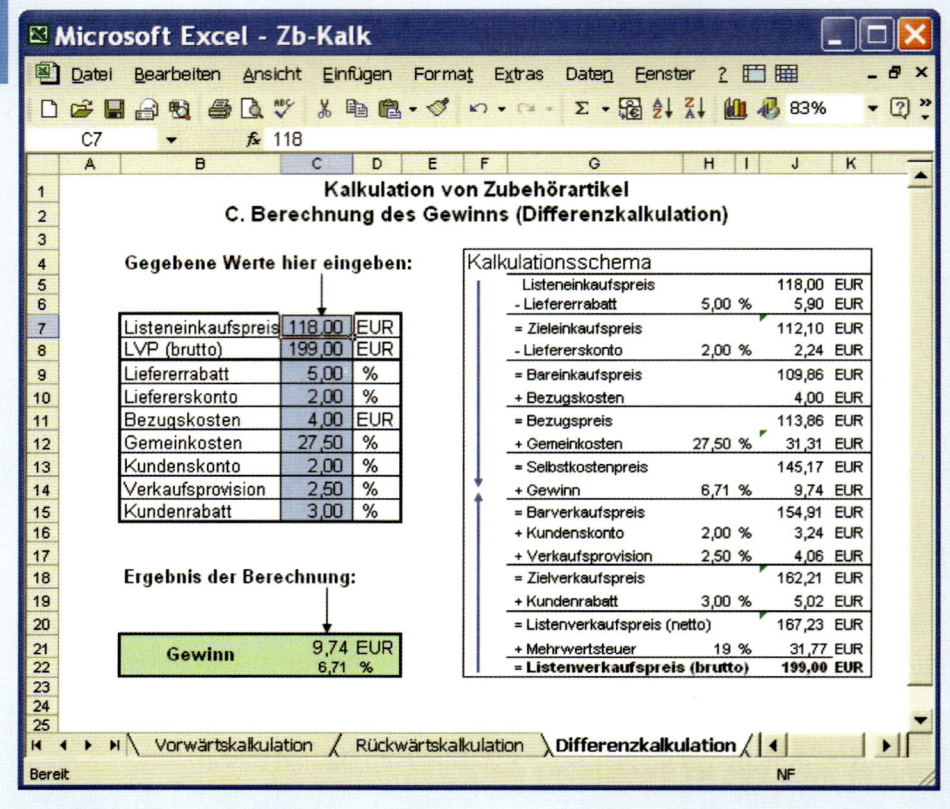

Am Jahresabschluss und an der Kosten- und Leistungsrechnung mitwirken

Kalkulation von Zubehörartikel
C. Berechnung des Gewinns (Differenzkalkulation)

Gegebene Werte hier eingeben:

	Wert	Einheit
Listeneinkaufspreis	118,00	EUR
LVP (brutto)	199,00	EUR
Liefererrabatt	5,00	%
Liefererskonto	2,00	%
Bezugskosten	4,00	EUR
Gemeinkosten	27,50	%
Kundenskonto	2,00	%
Verkaufsprovision	2,50	%
Kundenrabatt	3,00	%

Ergebnis der Berechnung:

	Wert	Einheit
Gewinn	9,74	EUR
	6,71	%

Kalkulationsschema

Listeneinkaufspreis		118,00	EUR
- Liefererrabatt	5,00 %	5,90	EUR
= Zieleinkaufspreis		112,10	EUR
- Liefererskonto	2,00 %	2,24	EUR
= Bareinkaufspreis		109,86	EUR
+ Bezugskosten		4,00	EUR
= Bezugspreis		113,86	EUR
+ Gemeinkosten	27,50 %	31,31	EUR
= Selbstkostenpreis		145,17	EUR
+ Gewinn	6,71 %	9,74	EUR
= Barverkaufspreis		154,91	EUR
+ Kundenskonto	2,00 %	3,24	EUR
+ Verkaufsprovision	2,50 %	4,06	EUR
= Zielverkaufspreis		162,21	EUR
+ Kundenrabatt	3,00 %	5,02	EUR
= Listenverkaufspreis (netto)		167,23	EUR
+ Mehrwertsteuer	19 %	31,77	EUR
= Listenverkaufspreis (brutto)		199,00	EUR

Ergebnis des Beispiels C:
Die Differenzkalkulation zeigt, dass bei diesem Zubehörartikel der Gewinn 9,74 EUR beträgt. Dies entspricht einem Gewinnzuschlag von 6,71 %. Dies ist mehr als der erwartete Gewinnzuschlag von 5,00 %. Dieser Artikel sollte also in unser Zubehörangebot aufgenommen werden.

Tipp:
Mithilfe der Schutzfunktion Ihres Tabellkalkulationsprogrammes sollten Sie Ihr fertiges Rechenblatt vor versehentlichem Überschreiben schützen. Lediglich die hellblau unterlegten Eingabefelder müssen ungeschützt bleiben.

Der Feldschutz erfolgt bei MS-EXCEL in 2 Stufen:
1. Festlegen, ob ein Feld später einmal geschützt oder ungeschützt werden soll:
   Im Menü FORMAT ➜ ZELLEN ➜ SCHUTZ für jedes Tabellenfeld festlegen, ob dieses gesperrt oder nicht gesperrt sein soll. (Alle Felder sind von vornherein als gesperrt definiert. Für die Eingabefelder müssen Sie die Sperrung aufheben.)
2. Feldschutz aktivieren bzw. deaktivieren:
   Im Menü EXTRAS ➜ SCHUTZ ➜ BLATT kann die Sperrung nun ein- oder ausgeschaltet werden. Vorsicht! Verwenden Sie zunächst keine Kennwörter. Wenn Sie diese nämlich nicht mehr wissen – man vergisst sie leicht (!) – können Sie Ihre Tabelle nicht mehr verändern.

Hinweis: Wenn der Schutz eingeschaltet ist, können Sie sehr schnell mit der Tabulator-Taste von Eingabefeld zu Eingabefeld wechseln.

Aufgaben

1 Für Kindersitze „Safety Child Nr. 5" liegt ein Angebot über 47,00 EUR je Stück vor. Nach telefonischer Verhandlung erhalten Sie 10% Rabatt und 2% Skonto. Der Frachtanteil je Stück liegt bei 3,80 EUR. Sie kalkulieren mit 35% Gemeinkostenzuschlag und 20% Gewinn. Im Listenpreis sollen außerdem 4% Kundenrabatt und 2% Kundenskonto einkalkuliert sein.

a) Wie hoch ist der Angebotspreis inkl. der gesetzlichen Umsatzsteuer?
b) Ein mit Ihnen konkurrierendes Autohaus bietet den gleichen Kindersitz für 79,99 EUR inkl. MwSt. an. Wie hoch wäre der Gewinn je Stück noch, wenn Sie diesen Preis übernehmen?
c) Sie verhandeln mit dem Vertreter des Kindersitzherstellers und klagen über die Preisgestaltung der Konkurrenz. Sein Angebot, in Zukunft frei Haus zu liefern, nehmen Sie dankend zur Kenntnis. Welchen Preis, netto frei Haus, müssten Sie für den „Safety Child Nr. 5" aber eigentlich vom Hersteller verlangen, wenn Sie den Kindersitz zum selben Preis wie die Konkurrenz anbieten wollen?

Für die Lösung dieser Aufgaben können Sie die mithilfe der Tabellenkalkulation entwickelten Kalkulationsschematas einsetzen. Sie müssen die Ergebnisse aber auch nur mithilfe des Taschenrechners ermitteln können.

2 Ein Autohaus kalkuliert bei Zubehörartikeln mit 22% Gemeinkosten und 15% Gewinn. Ein Lieferer von Dachträgersystemen gewährt 10% Rabatt und 2% Skonto. Bei Endverkaufspreisen ist der derzeit gültige Umsatzsteuersatz zu berücksichtigen.

a) Wie teuer werden Sie ein Grundträgersystem anbieten, das in der Preisliste des Lieferers mit 68,00 EUR ausgezeichnet ist und bei dem 10,00 EUR Frachtpauschale anfallen?
b) Für einen zu diesem Dachträgersystem gehörenden Fahrradlift wird in der Fernsehwerbung des Herstellers gesagt, dass er „für glatte 50,00 EUR" zu haben sei. (Unverbindliche Preisempfehlung des Herstellers) Welchen Sonderpreis netto frei Haus erwarten Sie dann vom Lieferer?
c) Für den Fahrradlift, den Sie nach der Vorstellung des Lieferers für 50,00 EUR an den Endverbraucher verkaufen sollen, gibt es leider keinen Sonderpreis. Er steht mit 33,50 EUR in der Preisliste des Lieferers und es gelten die üblichen Konditionen, zu denen noch 4,50 EUR Bezugskosten je Stück kommen. Lässt die Kostenrechnung eine Aufnahme dieses Artikels in das Sortiment zu? Welche Gesichtspunkte des Marketings beeinflussen diese Entscheidung?

Aufgaben

3 In welcher Zeile dieser Kalkulation, bei der der höchste vertretbare Listeneinkaufspreis eines Artikels ermittelt wird, den Sie für 240,05 EUR (inkl. MwSt.) verkaufen wollen, ist ein Fehler enthalten?

Zeile 1	Listeneinkaufspreis (LEP)		160,94	EUR
2	– Liefererrabatt	13,00 %	20,92	EUR
3	= Zieleinkaufspreis		140,02	EUR
4	– Liefererskonto	2,00 %	2,80	EUR
5	= Bareinkaufspreis		137,22	EUR
6	+ Bezugskosten		2,50	EUR
7	= Bezugspreis		139,72	EUR
8	+ Gemeinkosten	18,25 %	25,50	EUR
9	= Selbstkostenpreis		165,22	EUR
10	+ Gewinn	12,50 %	23,60	EUR
11	= Barverkaufspreis		188,82	EUR
12	+ Kundenskonto	3,00 %	5,87	EUR
13	+ Verkaufsprovision	0,50 %	0,98	EUR
14	= Zielverkaufspreis		195,67	EUR
15	+ Kundenrabatt	3,00 %	6,05	EUR
16	= Listenverkaufspreis (netto)		201,72	EUR
17	+ Umsatzsteuer	19 %	38,33	EUR
18	**= Listenverkaufspreis (brutto)**		**240,05**	**EUR**

4 Ein Autohaus hat im Zubehörbereich bisher mit einem Gemeinkostensatz von 23 % und einem Gewinnzuschlag von 9 % kalkuliert. Im Rahmen von Rationalisierungsmaßnahmen können nun die Gemeinkosten auf 20 % gesenkt werden. Die Einsparungen führen entweder zu niedrigeren Verkaufspreisen oder zu einem höheren Gewinnzuschlag.
a) Um wie viel Prozent könnten die Barverkaufspreise netto gesenkt werden, wenn die Gemeinkosten von 23 % auf 20 % gesenkt werden und der Gewinnzuschlag von 9 % beibehalten wird?
b) Welcher neue Gewinnzuschlag ergibt sich anstelle des bisherigen Gewinnzuschlages von 9 %, wenn trotz Senkung des Gemeinkostenzuschlagssatzes von 23 % auf 20 % die Barverkaufspreise netto beibehalten werden?

5 Ein Lieferer hat Ihnen bisher 5 % Rabatt und 2 % Skonto gewährt sowie frei Haus geliefert. Sie haben mit 16 % Gemeinkosten und 10 % Gewinn kalkuliert. Beim Verkauf haben Sie 2 % Kundenskonto berücksichtigt. Beim Bruttoverkaufspreis wird die gesetzliche Umsatzsteuer berücksichtigt.
Nun teilt Ihnen der Lieferer mit, dass er Ihnen keinen Rabatt mehr einräumen kann, dafür aber 3 % Skonto gewährt.
a) Um wie viel EUR müssen Sie den Bruttoverkaufspreis eines Dachkoffers erhöhen, dessen Listeneinkaufspreis bisher 175,50 EUR betrug?
b) Um wie viel EUR verringert sich der Gewinn, wenn Sie den Bruttoverkaufspreis beibehalten?

6.2 Verkürzte Kalkulation

Die Anwendung der ausführlichen Vorwärts-, Rückwärts- oder Differenzkalkulation ist zeitraubend. Eine Vereinfachung zeigt sich schon deshalb geboten, da Gemeinkostenzuschlag, Gewinnzuschlag und eventuelle Nachlässe an Kunden im Allgemeinen unverändert bleiben.

Die wichtigsten Zu- und Abschläge bei der verkürzten Kalkulation von Zubehörartikeln sind der **Kalkulationszuschlag**, der **Kalkulationsfaktor** und die **Handelsspanne**. Bei der nachfolgenden Darstellung wird davon ausgegangen, dass, wie es im Zubehörgeschäft der Autohäuser üblich ist, keine Nachlässe an den Kunden gewährt werden und auch keine Verkäuferprovisionen mit einzubeziehen sind. Die kostenneutrale Umsatzsteuer liegt außerhalb dieser Kalkulation, die somit die Spanne vom Bezugspreis, das sind die verrechneten Anschaffungskosten (VAK), bis zum Nettoverkaufspreis umfasst.

Bei der verkürzten Kalkulation kann man mit einem Rechenschritt vom Einstandspreis auf den Angebotspreis oder vom Verkaufspreis auf den maximal aufwendbaren Bezugspreis schließen.

6.2.1 Kalkulationszuschlag

Der Kalkulationszuschlag, auch Kalkulationsaufschlag oder Kalkulationsquote genannt, ist die Differenz zwischen Bezugspreis und Nettoverkaufspreis, ausgedrückt in Prozent des Bezugspreises. Es ist somit der Prozentwert, den man auf den Bezugspreis aufschlagen muss, um in einem Rechenschritt den Nettoverkaufspreis zu ermitteln.

Definition

$$\text{Kalkulationszuschlag} = \frac{(\text{Nettoverkaufspreis} - \text{Bezugspreis}) \times 100}{\text{Bezugspreis}}$$

Berechnung eines Kalkulationszuschlages

Ein Autohaus kalkuliert bei seinen Zubehörartikeln mit 15 % allgemeinen Geschäftskosten und 8 % Gewinn. Wie viel Prozent beträgt der Kalkulationszuschlag?

Aufstellung des Kalkulationsschemas:

	Bezugspreis	100,00	← gesetzte Größe
15,00 %	Gemeinkosten	15,00	
	Selbstkostenpreis	115,00	
8,00 %	Gewinn	9,20	
	Verkaufspreis (netto)	**124,20**	

Berechnung des Kalkulationszuschlagssatzes nach Formel:

$$\text{Kalkulationszuschlag} = \frac{(124,20 - 100) \times 100}{100} = 24,2 \%$$

Ergebnis und Verallgemeinerung:
Das Autohaus ermittelt die Nettoverkaufspreise der Zubehörartikel mit einem Aufschlag von 24,2 % auf die Einstandspreise. Der Kalkulationszuschlag beträgt 24,2 %.

Beispiel

Anwendung des Kalkulationszuschlages:
Wie viel EUR beträgt der mit dem oben errechneten Kalkulationszuschlag ermittelte Netto- und Bruttoverkaufspreis eines Artikels, dessen Listeneinkaufspreis bei 65,00 EUR liegt, wenn der Lieferer 5% Rabatt und 3% Skonto gewährt und die Bezugskosten 8,50 EUR je Stück ausmachen?

	Listeneinkaufspreis	65,00
–5,00 %	Rabatt	–3,25
	Zieleinkaufspreis	61,75
–3,00 %	Skonto	–1,85
	Einkaufspreis (netto)	59,90
	Bezugskosten	8,50
	Bezugspreis	68,40
24,20%	**Kalukationszuschlag**	**16,55**
	Verkaufspreis (netto)	**84,95**
19,00%	Umsatzsteuer	16,14
	Verkaufspreis (brutto)	**101,09**

Die Kalkulation ergibt, dass der Nettoverkaufspreis mit 84,95 EUR angesetzt werden muss. Damit liegt der Verkaufspreis inkl. 19% Mehrwertsteuer bei 101,09 EUR.

6.2.2 Kalkulationsfaktor

Der Kalkulationsfaktor hat die gleiche Aufgabe wie der Kalkulationszuschlag. Allerdings handelt es sich dabei nicht um einen Prozentsatz, sondern eben um einen Faktor.

Definition

Der Kalkulationsfaktor ist die Zahl, mit der man den Bezugspreis multiplizieren muss, um in einem Rechenschritt auf den Nettoverkaufspreis zu schließen.

Bezugspreis x Kalkulationsfaktor = Nettoverkaufspreis

oder

$$\text{Kalkulationsfaktor} = \frac{\text{Nettoverkaufspreis}}{\text{Bezugspreis}}$$

Beispiel

Berechnung des Kalkulationsfaktors:
Um die Faktoreigenschaft dieser Kennzahl zu verdeutlichen, setzen wir analog zum oben gezeigten Beispiel einen Bezugspreis von 100,0 EUR in das Kalkulationsschema ein.

	Bezugspreis	100,00 ← gesetzte Größe
15,00%	Gemeinkosten	15,00
	Selbstkostenpreis	115,00
8,00%	Gewinn	9,20
	Verkaufspreis (netto)	**124,20**

$$\text{Kalkulationsfaktor} = \frac{124{,}20}{100{,}00} = 1{,}242$$

Beispiel

Ergebnis und Verallgemeinerung
Die Berechnung zeigt, dass bei einem Bezugspreis von 100,00 EUR der Nettoverkaufspreis 124,20 EUR beträgt. Für alle Zubehörartikel kann gesagt werden, dass der Nettoverkaufspreis das 1,242-fache des Bezugspreises ist. Der Kalkulationsfaktor ist 1,242.

6.2.3 Handelsspanne

Die Handelsspanne ist die Differenz zwischen Nettoverkaufspreis und Bezugspreis (Einstandspreis) ausgedrückt in Prozent des Nettoverkaufspreises.

Definition

Die Handelsspanne wird bei der Rückwärtskalkulation eingesetzt und ist der Prozentwert, den man vom Nettoverkaufspreis abzieht, um in einem Rechenschritt den maximal aufwendbaren Bezugspreis zu ermitteln.

$$\text{Handelsspanne} = \frac{(\text{Nettoverkaufspreis} - \text{Bezugspreis}) \times 100}{\text{Nettoverkaufspreis}}$$

Berechnung der Handelsspanne:
Wir beziehen uns wieder auf das obige Rechenbeispiel, bei dem der Bezugspreis 100,00 EUR und der Nettoverkaufspreis 124,20 EUR betrug.

$$\text{Handelsspanne} = \frac{(124{,}20 - 100) \times 100}{124{,}20} = \mathbf{19{,}48\,\%}$$

Beispiel

Die Anwendung der Handelsspanne:
Die Konkurrenz verkauft einen bestimmten Dach-Grundträger zu einem Ladenpreis (inkl. 19 % USt.) von 139,00 EUR. Wir wollen diesen Artikel zum selben Preis anbieten. Welchen Bezugspreis dürfen wir höchsten für diesen Dach-Grundträger anlegen, wenn die oben ermittelte Handelsspanne eingehalten werden soll?

Beispiel

Wir rechnen im Kalkulationsschema von unten nach oben:

	Bezugspreis	94,06
19,48 %	**Handelsspanne**	**22,75**
	Verkaufspreis (netto)	**116,81**
19,00 %	Umsatzsteuer	22,19
	Verkaufspreis (brutto)	**139,00**

Ergebnis: Der Lieferer müsste diesen Dach-Grundträger für 94,06 EUR frei Haus liefern.

Aufgaben

1 Der Bezugspreis eines Zubehörartikels beträgt 45,00 EUR. Wie hoch ist der Angebotspreis bei einem Kalkulationszuschlag von 23 %?

2 Der Bezugspreis eines Zubehörartikels beträgt 45,00 EUR. Wie hoch ist der Angebotspreis bei einer Handelsspanne von 30 %?

3 Ein Konkurrenzbetrieb bietet einen bestimmten Dachträger für 99,00 EUR (inkl. Umsatzsteuer) an. Wie hoch dürfte der Einkaufspreis höchstens sein, wenn wir diesen Dachträger zum selben Preis verkaufen wollen und mit 22 % Handelsspanne vom Nettopreis kalkulieren?

4 Ein Autohaus kalkuliert bei einem bestimmten Zubehörartikel mit 12,5 % Handlungskosten und 20 % Gewinn. Wie viel Prozent betragen Kalkulationszuschlag und Handelsspanne?

5 Welche Handelsspanne entspricht einem Kalkulationszuschlag von 27,5 %?

6 Im Teile- und Zubehörbereich wird ein Jahresumsatz von 400.000,00 EUR netto geplant. Die Handelsspanne beträgt 18 %. Mit welchem durchschnittlichen Kapitaleinsatz muss bei einer Lagerumschlagshäufigkeit von 9 gerechnet werden?

7 Gegeben sind folgende Werte: Kalkulationsfaktor 1,6, Handlungskostenzuschlag 12,5 %, Verkaufsprovision 5 %, Kundenrabatt 6 %. Wie viel Prozent beträgt der Gewinn?

8 Wie viel EUR beträgt der Bruttoverkaufspreis eines Artikels beim derzeit gültigen USt.-Satz, wenn der Einstandpreis bei 23,00 EUR liegt und mit 15 % Gemeinkostenzuschlag, 8 % Gewinn kalkuliert wird?

9 Der Alufelgensatz „Sonnenrand" wird für 589,00 EUR bezogen und zu 999,00 EUR inkl. derzeit gültiger Umsatzsteuer angeboten. Dabei wird mit 24 % Handlungskosten gerechnet.
a) Wie viel Prozent Gewinn ist einkalkuliert?

b) Zum Saisonschluss ist dieser Felgensatz immer noch nicht verkauft. Welcher Sonderpreis kann angesetzt werden, wenn auf einen Gewinn verzichtet wird?

10 Im Betriebsabrechnungsbogen wurden für den Teile- und Zubehörbereich Gemeinkosten in Höhe von 37.000,00 EUR ermittelt. Die Verrechneten Anschaffungskosten für Teile und Zubehör betrugen im gleichen Zeitraum 255.000,00 EUR. Durch Rationalisierungsmaßnahmen sollen nun 5.000,00 EUR Gemeinkosten im Teile- und Zubehörbereich eingespart werden. Um wie viel %-Punkte könnte dadurch der Gemeinkostenzuschlag gesenkt werden?

11 In den nachstehenden Kalkulationsschematas sind die fehlenden Prozentsätze und EUR-Beträge zu ergänzen.

		a) EUR		b) EUR
Listeneinkaufspreis		?		?
− Liefererrabatt	12,50 %	?	5,00 %	?
= Zieleinkaufspreis		210,00		?
− Liefererskonto	2,00 %	?	2,00 %	?
= Bareinkaufspreis		?		144,30
+ Bezugskosten		12,00		0,00
= Bezugspreis		?		?
+ Gemeinkosten	? %	?	? %	?
= Selbstkostenpreis		320,00		183,98
+ Gewinn	? %	?	? %	?
= Barverkaufspreis		?		?
+ Kundenskonto	2,00 %	?	2,00 %	
= Zielverkaufspreis		350,00		207,00
+ Kundenrabatt	5,00 %	?	20,00 %	?
= Listenverkaufspreis		?		?

7 Der Stundenverrechnungssatz

Im Autohaus Zugspitze werden die Leistungen für Reparatur- und Wartungsarbeiten, soweit es sich nicht um Festpreisangebote handelt, nach Arbeitswerten (AW) in Rechnung gestellt. Für viele Arbeitsvorgänge ist dabei vom Hersteller die zu berechnende Anzahl der AW festgelegt. Im Autohaus Zugspitze setzt sich eine Zeitstunde aus 10 AW zusammen. Bei einem Preis von 6,50 EUR je AW werden dem Kunden also 65,00 EUR für eine Arbeitsstunde berechnet.

Technischer Kundendienst

1 AW = **6,50 EUR** (netto)
    = **7,74 EUR** (inkl. 19% USt.)   (1 Std. = 10 AW)

Bei anderen AW-Systemen können auch 6 oder 12 Arbeitswerte eine Zeitstunde ergeben. Das AW-System verwenden zum Beispiel BMW-, Daimler- und Opel-Betriebe, während unter anderem Volkswagen-, Audi- und Ford-Betriebe auf der Basis von Zeiteinheiten rechnen und 1 Zeitstunde in 100 Zeiteinheiten aufteilen. Egal ob mit Arbeitswerten oder Zeiteinheiten gerechnet wird, dahinter verbirgt sich immer der Preis für eine Arbeitsstunde, der **Stundenverrechnungssatz.**

Leitfragen

➔ Hängt der Stundenverrechnungssatz nur vom Stundenlohn des Kfz-Mechanikers ab?

➔ Wovon lässt sich die Geschäftsleitung bei der Festlegung des Stundenverrechnungssatzes leiten?

Gewinn
(und evtl. Wagniszuschlag)

anteilige Gemeinkosten aus anderen Abteilungen
z. B. Verwaltungsgemeinkosten, Energiekosten, Entsorgungskosten

nicht lohnbezogene Gemeinkosten der Werkstatt
z. B. Instandhaltungskosten, Abschreibung der Werkstatt

weitere Personalkosten der Werkstatt
z. B. unprod. Löhne, Aushilfslöhne, Gehalt des Meisters

Bruttolohn für produktive Werkstattarbeit

Zusammensetzung des Stundenverrechnungssatzes

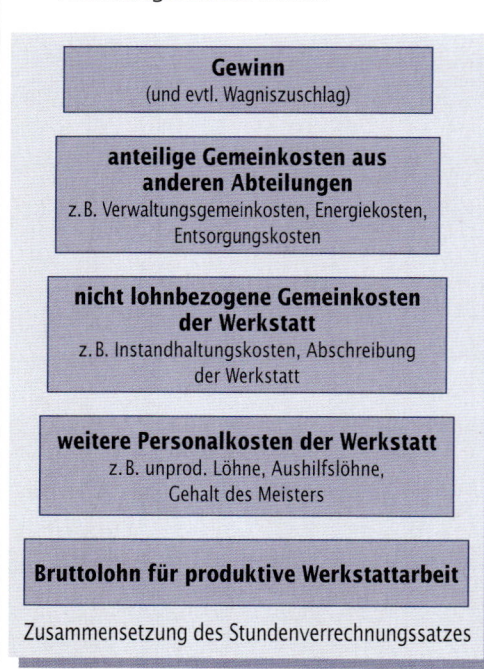

Einflussgrößen des Stundenverrechnungssatzes – Ein Betriebsvergleich weist einen Durchschnitt der Stundenverrechnungssätze in Höhe von 69,00 EUR ohne Umsatzsteuer aus. Der dabei ebenfalls festgestellte Gesellenlohn liegt bei 13,20 EUR. Der scheinbar hohe Unterschied könnte bei Außenstehenden satte Gewinne vermuten lassen. In Wirklichkeit wird es bei steigenden Kosten, insbesondere Lohn- und Lohnnebenkosten und gleichzeitigem wachsenden Wettbewerbsdruck immer schwieriger, im Dienstleistungsbereich Werkstatt eine ausreichende Kostendeckung herbeizuführen.

7.1 Berechnung des Soll-Stundenverrechnungssatzes

→ Hat das Autohaus Zugspitze mit seinem AW-Satz in Höhe von 6,50 EUR netto den Stundenverrechnungssatz in der richtigen Höhe angesetzt, nämlich so hoch, dass durch seine Werkstatterlöse neben den produktiven Lohnkosten auch die Gemeinkosten gedeckt und ein angemessener Gewinn erzielt werden?

Leitfrage

Um dieser Frage nachzugehen, werfen wir einen Blick in den Auszug aus dem Betriebsabrechnungsbogen des Autohauses (vgl. S. 104). Für die Kostenstelle Werkstatt wurden zu diesem Zeitpunkt insgesamt 43.460,00 EUR Gemeinkosten ermittelt. Anteilig hinzugezählt werden müssen dann noch die Verwaltungsgemeinkosten, die hier 15.009,28 EUR ausmachen. Somit stehen den produktiven Löhnen in Höhe von 15.300,00 EUR Gemeinkosten mit einem Betrag von 58.469,28 EUR gegenüber.

Mit dem BAB werden die Gemeinkostenzuschläge für alle Hauptkostenstellen, also auch für die Werkstatt bzw. die verschiedenen Werkstätten ermittelt.

Kostenarten Werkstatt	EUR
Unproduktive Löhne	3.900,00
Gehälter	6.500,00
Soz. Aufwendungen	12.000,00
Reparaturen, Instandhaltungen	1.650,00
Hilfs- u. Betr.-stoffe (Energie, Wasser)	3.200,00
Abschreibungen	1.900,00
Versicherungen	750,00
Kalk. Miete	8.400,00
Kalk. Zinsen	5.160,00
Summe	43.460,00
Umlage Verwaltungsgemeinkosten	15.009,28
Summe	58.469,28
Produktive Löhne	15.300,00
Gemeinkostenzuschlagssatz	**82,15 %**

Auszug aus dem BAB (vgl. S. 104)

In diesem Monat wird demnach folgender Gemeinkostenzuschlagssatz ermittelt:

$$\text{Gemeinkostenzuschlagssatz} = \frac{\text{Gemeinkosten} \times 100}{\text{produktive Löhne}} = \frac{58.469{,}28 \times 100}{15.300{,}00} = 382{,}15\,\%$$

Nun muss noch ein **Gewinnzuschlag** berücksichtigt werden, den das Autohaus Zugspitze mit 5 % ansetzt. Außerdem wird in der Praxis häufig an dieser Stelle auch noch ein **Wagniszuschlag** kalkuliert. Dieser entfällt natürlich, wenn in der Abgrenzungsrechnung und in der Kostenstellenrechnung bereits kalkulatorische Wagnisse berücksichtigt worden sind. Da im Autohaus Zugspitze bisher noch keine kalkulatorischen Wagnisse in der Kostenrechnung berücksichtigt wurden, rechnet man beim Stundenverrechnungssatz nun mit einem Wagniszuschlag von 3 %.

Durch eine Vollkostenkalkulation, bei der auf den Bruttostundenlohn die Gemeinkosten der Werkstatt sowie ein Gewinn- und Wagniszuschlag aufgeschlagen werden, kann der angestrebte Preis einer Werkstattstunde (Soll-Stundenverrechnungssatz) ermittelt werden.

Im Autohaus Zugspitze beträgt der durchschnittliche Stundensatz eines Kfz-Mechanikers 13,20 EUR. Im Februar 2009 konnten für 15.300,00 EUR produktive Löhne (vgl. S. 100) umgesetzt werden. Mit den Zuschlagsätzen kann man errechnen, wie hoch die Lohnerlöse und der Stundenverrechnungssatz sein sollten (Soll-Kalkulation)

Soll-Kalkulation		Insgesamt EUR	pro Stunde EUR
Produktive Löhne		15.300,00	13,20
+ Gemeinkosten	382,15%	58.468,95	50,44
= Selbstkosten		73.768,95	63,64
+ Gewinnzuschlag	5%	3.688,45	3,18
+ Wagniszuschlag	3%	2.213.07	1,91
= Sollerlöse		79.670,47	68,73
		Soll-Werkstatterlöse	Soll-Stundenverrechnungssatz

Die Sollerlöse sind der erforderliche Werkstattumsatz. Der Soll-Stundenverrechnungssatz ist der erforderliche Stundenverrechnungssatz, um den angestrebten Werkstattumsatz zu erreichen.

Die Ergebnisse zeigen, dass in diesem Monat die Sollzahlen wieder einmal knapp verfehlt wurden. Im Nachhinein stellt sich nun heraus, dass der Stundenverrechnungssatz mit 68,73 EUR hätte angesetzt werden müssen und die Werkstatterlöse 79.670,47 EUR hätten erreichen sollen. Mit einem Stundenverrechnungssatz von 65,00 EUR (netto) hat das Autohaus Zugspitze e.K. nur Lohnerlöse in Höhe von 67.000,00 EUR (vgl. Abgrenzungsrechnung S. 100) erzielt.

Viel zu oft wird der Stundenverrechnungssatz nicht durch Kalkulation ermittelt, sondern einfach dem der Konkurrenz angepasst.

Natürlich kann der Stundenverrechnungssatz nicht einfach verändert werden, auch dann nicht, wenn sich die Leistungen der Werkstatt zum Beispiel durch unterschiedliche Kapazitätsauslastungen, Krankheiten von Kfz-Mechanikern oder Veränderungen bei den Gemeinkosten verschlechtern oder verbessern. Außerdem lässt sich der Unternehmer auch vom Markt, also vom Kundenverhalten und von der Höhe der Stundenverrechnungssätze der Konkurrenzbetriebe beeinflussen, wenn er seine AW-Werte oder Preise für die Zeiteinheiten festlegt. Die Kosten- und Leistungsrechnung liefert aber die wichtigste Grundlage für die Festlegung des Stundenverrechnungssatzes, nämlich den Stundenverrechnungssatz, der bei gleichbleibender Werkstattleistung die Einzel- und Gemeinkosten deckt und den gewünschten Gewinn sichert.

7.2 Werkstattindex – Kennzahl für die Werkstatt

Ob über den Stundenverrechnungssatz die wirtschaftlich angestrebten Werkstatterlöse erzielt werden, hängt sehr stark von der Leistung der Werkstattmannschaft ab. Um darauf das Augenmerk zu richten, wird der Werkstattindex gebildet, dessen Sollwert nach folgender Berechnung ermittelt wird:

$$\text{Werkstattindex (Soll)} = \frac{\text{Produktive Löhne} + \text{Gemeinkosten} + \text{Gewinn} + \text{Wagniszuschlag}}{\text{Produktive Löhne}}$$

Im obigen Beispiel errechnen wir:

$$\text{Werkstattindex (Soll)} = \frac{15.300,00 + 58.469,28 + 2.923,46 + 1.754,08}{15.300,00} = 5,127 \sim 5,1$$

Den Zusammenhang mit dem Stundenverrechnungssatz sieht man deutlich, wenn man den Werkstattindex als Lohnmultiplikator darstellt, mit dem die Gemeinkosten und der Gewinn auf die produktiven Löhne aufgeschlagen werden, um den Werkstatterlös zu berechnen:

Durchschnittslohn x Werkstattindex (Soll) = Stundenverrechnungssatz (Soll)
13,20 EUR x 5,127 = 67,68 EUR

oder:

Produktive Löhne x Werkstattindex (Soll) = Soll-Lohnerlöse
15.300,00 EUR x 5,127 = 78.443,10 EUR

Der Werkstattindex in Höhe von 5,1 besagt, dass je 1,00 EUR Bruttolohn dem Kunden 5,10 EUR berechnet werden müssen, damit alle Kosten gedeckt werden und der geplante Gewinn erzielt wird. Es handelt sich bei dieser Berechnung um einen Lohn- oder Erlösindex.

Tatsächlich lagen im Autohaus Zugspitze die Werkstatterlöse im Auswertungsmonat bei 67.000,00 EUR, denen produktive Lohnkosten in Höhe von 15.300,00 EUR gegenüberstehen (vgl. S. 97). Daraus kann man den tatsächlich erreichten Werkstattindex errechnen:

$$\text{Werkstattindex (Ist)} = \frac{\text{Lohnerlöse}}{\text{produktive Löhne}} = \frac{67.000,00}{15.300,00} = 4,379 \sim 4,4$$

Während die Planwerte (Sollwerte) für den Stundenverrechnungssatz über einen längeren Zeitraum konstant bleiben, vergleicht man nach dem monatlichen Abschluss die jeweiligen Veränderungen der Istwerte des Werkstattindex.

Im Autohaus Zugspitze wurden für die letzten 6 Monate die Werkstatterlöse den produktiven Löhnen gegenübergestellt:

Beispiel

	September	Oktober	November	Dezember	Januar	Februar
Produktive Lohnsumme	14.100	13.800	13.000	11.000	10.500	12.900
Werkstatterlöse	66.970	65.300	60.900	51.200	47.400	59.000
Werkstattindex (Ist)	4,75	4,73	4,68	4,65	4,51	4,57

Ergebnis: Im Autohaus Zugspitze wurde der geplante Werkstattindex in Höhe von 5,10 in keinem Monat des letzten halben Jahres erreicht. Außerdem ging der Index seit September stetig zurück und stieg erst im Februar wieder leicht an.

Der Soll-Stundenverrechnungssatz basiert auf Vergangenheitswerten. Bei der Planung eines neuen Stundenverrechungssatzes müssen aber zukünftige Lohn- und Gemeinkosten berücksichtigt werden.

7.3 Planung eines neuen Stundenverrechnungssatzes

Von Zeit zu Zeit, spätestens aber, wenn nach Beendigung einer neuen Tarifrunde die Bruttostundenlöhne der Kfz-Mechaniker angehoben werden, muss auch der Stundenverrechnungssatz überprüft und der geänderten Lohn- und Gemeinkostenentwicklung angepasst werden. Um die monatlichen Schwankungen zu umgehen, stellt man eine Jahresplanung auf.

Beispiel

Die produktiven Arbeiten in der Werkstatt des Autohauses Münchberger werden von 3 Kfz-Mechanikern durchgeführt. Nachdem deren Stundenlöhne um 10% von 12,00 EUR auf 13,20 EUR erhöht wurden, soll für das Jahr 2009 der Stundenverrechnungssatz neu ermittelt werden.

1. Schritt: Ermittlung der produktiven und unproduktiven Lohnsummen für das Kalenderjahr 2009 unter Berücksichtigung der arbeitsfreien Tage sowie 30 Urlaubstagen, durchschnittlich 10 Krankheitstagen und 2 Tagen für externe Schulungen. Des Weiteren sind 10% unproduktive Anwesenheitszeit anzusetzen.

Berechnung der produktiven und unproduktiven Lohnkosten im Jahre 2009					
Autohaus Münchberger		Tage	Arbeitsstunden bei 7,4 Std. je Tag	1 Kfz-Mechaniker	3 Kfz-Mechaniker
Kalenderjahr 2009		365,0			
–Samstage und Sonntage		105,0			
Arbeitszeit (bezahlte Tage)		**260,0**	1.924,00	25.396,80 EUR	76.190,40 EUR
– **unproduktive Abwesenheit:**					
Feiertage	12				
Urlaubstage	30	54,0			
Krankheitstage (geschätzt)	10		552,04	7.286,93 EUR	21.860,78 EUR
externe Schulungstage (geschätzt)	2				
Anwesenheitstage		206,0			
– **unproduktive Anwesenheit** (z. B. innerbetr. Schulung, Leerlauf, Wartezeit, Nachbearbeitung Arbeiten zur Werkstatterhaltung, geschätzt)		20,6			
= **produktive Arbeitszeit** (z. B. Arbeiten an Kundenfahrzeugen, Garantie- und Kulanzfälle, interne Werkstattleistungen)		185,4	1.371,96	18.109,87 EUR	54.329,62 EUR

2. Schritt: Ermittlung der Gemeinkosten für das nächste Jahr unter Berücksichtigung der unterschiedlichen Steigerungsraten der Kostenarten. Die Vorjahreswerte wurden aus dem BAB des Autohauses Münchberger entnommen.

Gemeinkosten 2009	Vorjahreswerte	Steigerung	Planungswerte
	EUR	%	EUR
unproduktive Löhne (siehe oben)	---	---	21.860,78
Sonst. Löhne und Gehälter der Werkstatt	39.830,00	3,00%	41.024,90
Sozialabgaben und andere Lohnnebenkosten	26.800,00	4,00%	27.872,00
Abschreibungen	11.200,00	5,00%	11.760,00
kalkulatorische Zinsen	9.100,00	5,00%	9.555,00
anteilige Entsorgungskosten	4.800,00	8,00%	5.184,00
anteilige Energiekosten	11.900,00	4,00%	12.376,00
anteilige Versicherungen und Beiträge	6.150,00	5,00%	6.457,50
anteilige Verwaltungsgemeinkosten	46.134,45	5,00%	48.441,17
Summe Gemeinkosten	---		**184.531,35**

3. Schritt: Der Gemeinkostenzuschlagssatz wird ermittelt:

produktive Lohnsumme	54.329,62 EUR	100,00%
Gesamtgemeinkosten	184.531,35 EUR	⟶ **339,65%**

4. Schritt: Der neue Stundenverrechnungssatz kann nun errechnet werden. Dabei sollen 8% Gewinn eingeplant werden.

Stundenverrechnungssatz 2009		EUR
Bruttostundenlohn		13,20
+ Gemeinkosten	339,65%	44,83
= Selbstkosten		58,03
+ Gewinnzuschlag	8,00%	4,62
= **Stundenverrechnungssatz (netto)**		**62,65**
+ USt.	19%	11,90
= **Stundenverrechnungssatz (brutto)**		**74,55**

Ergebnis: Im Autohaus Münchberger müsste der neue Stundenverrechnungssatz auf netto 62,65 EUR festgelegt werden.

Aufgaben

1 Durch den Stundenverrechnungssatz müssen viele Kosten abgedeckt werden. Ordnen Sie aus der vorgegebenen Liste der Kostenarten jeweils ein Beispiel den Kostengruppen A, B, C, D oder E zu.

Kostenarten

1. Verwaltungsgemeinkosten
2. Abschreibungen für eine Hebebühne
3. Arbeitslohn des Mechanikers für einen Kundenauftrag
4. Kosten für Ersatzteile
5. AG-Anteile für die Sozialversicherungen des Werkstattmeisters
6. Fixum des Neuwagenverkäufers
7. Gehalt des Kundendienstleiters
8. Reparaturkosten für einen Gebrauchtwagen

Kostengruppen, die in den Stundenverrechnungssatz eingehen:

- **A** anteilig zurechenbare Gemeinkosten (ohne Personalkosten)
- **B** direkt zurechenbare Gemeinkosten (ohne Personalkosten)
- **C** Lohnnebenkosten
- **D** Sonstige Löhne und Gehälter
- **E** Produktive Lohnkosten

2 Die Summe der Gemeinkosten für die Kostenstelle Werkstatt beträgt in einer Abrechnungsperiode 458.000,00 EUR. Die produktiven Löhne machen im selben Abrechnungszeitraum 114.500,00 EUR aus. Der durchschnittliche Lohn für eine Mechanikerstunde liegt bei 13,20 EUR.

a) Wie hoch müssten die Werkstatterlöse sein, wenn 10 % Gewinn erreicht werden sollen?
b) Welcher Stundenverrechnungssatz und welcher Werkstattindex ergeben sich aus dieser Kostensituation, wenn der Unternehmer 10 % Gewinn einkalkulieren will?
c) Die tatsächlichen Werkstatterlöse lagen bei 600.000,00 EUR. Wie hoch ist der tatsächliche Werkstattindex?

3 Wie hoch müssen der gesamte und der produktive Bruttolohn für einen Kfz-Mechaniker in einem Jahr mit 250 Arbeitstagen und 10 Feiertagen kalkuliert werden, wenn dieser 13,20 EUR in der Stunde verdient, täglich 7,4 Stunden arbeitet, 30 Tage Urlaub hat, vermutlich 8 Tage wegen Krankheit und 2 Tage wegen externer Schulung abwesend sein wird und die unproduktive Anwesenheitszeit auf 9% geschätzt wird?

4 Der Stundenverrechnungssatz in einem Autohaus liegt bei 65,00 EUR (ohne USt.). Darin sind ein Gemeinkostenzuschlagssatz von 380% und ein Gewinnzuschlag von 7,5% enthalten.

a) Wie hoch müsste der Stundenverrechnungssatz in der Zukunft angesetzt werden, wenn die Bruttolöhne um 3,5% und die Gemeinkosten um 6% angehoben werden müssen?
b) Wie viel Prozent macht die Erhöhung des Stundenverrechnungssatzes aus (auf zwei Kommastellen runden)?
c) Wie hoch ist der neue Arbeitswert ohne Umsatzsteuer, wenn 12 Arbeitswerte einer Zeitstunde entsprechen (auf zwei Kommastellen runden)?
d) Angenommen, der Stundenverrechnungssatz könnte aus marktpolitischen Gesichtspunkten nicht erhöht werden. Wie würde sich der Gewinnzuschlag verändern, wenn trotz der Kostensteigerung der alte Stundenverrechnungssatz beibehalten wird (auf zwei Kommastellen runden)?

8 Die Deckungsbeitragsrechnung

Situation A: Auf der Monatsabschlussbesprechung soll über die schwache Ertragslage im Zubehörbereich gesprochen werden. Automobilkaufmann Schlau durchforstet deshalb die Datei der im letzten Monat verkauften Zubehörartikel nach Beispielen, bei denen nach seiner Meinung kein Gewinn erwirtschaftet wurde, weil der Bruttoertrag wesentlich kleiner war, als der für Zubehörartikel kalkulierte Gemeinkostenzuschlag von über 25 %.

Analyse des Monatsergebnisses Zubehör für Februar 2009

Gesamtumsatz Zubehör:	29.230,00 EUR
Gesamt VAK Zubehör:	18.434,39 EUR
Gemeinkosten Zubehör lt. BAB:	7.315,00 EUR

Einzelartikel mit mangelhaftem Bruttoertrag

Artikel	Einstandspreis EUR	Verkaufspreis (netto) EUR	Bruttoertrag EUR	Bruttoertrag %
Abdeckplane	29,00	35,00	6,00	17,14
Fußmatten-Set	145,00	165,00	20,00	12,12
Schmutzfänger	33,00	37,30	4,30	11,53
Fußmatten-Set	156,00	175,00	19,00	10,86
...	...	...	...	...
Gesamt	**4.567,00**	**5.123,00**	**556,00**	**10,85**

Leitfrage
→ Hat sich durch den Verkauf dieser Artikel der Gewinn tatsächlich verringert?

Situation B: Aufgrund der allgemeinen konjunkturellen Lage ist auch die Werkstatt seit Monaten schlechter ausgelastet. Während die produktiven Löhne jedes Quartals um 2.000,00 EUR abgenommen haben, weisen die entsprechenden BABs für die Gemeinkosten der Werkstatt nur eine Senkung von 500,00 EUR aus. Die Kalkulation ergibt, dass der erforderliche Stundenverrechnungssatz ständig erhöht werden müsste, um die gewünschten Erlöse für die Kostenstelle Werkstatt zu erreichen.

Soll-Kalkulation	Quartal II/09			Quartal III/09			Quartal IV/09		
	insg. EUR		je Std. EUR	insg. EUR		je Std. EUR	insg. EUR		je Std. EUR
Produktive Löhne	26.000		11,00	24.000		11,00	22.000		11,00
+ Gemeinkosten	90.000	346 %	38,06	89.500	373 %	41,03	89.000	405 %	44,55
= Selbstkosten	116.000		49,06	113.500		52,03	111.000		55,55
+ Gewinn	10.440	9 %	4,42	10.215	9 %	4,68	9.990	9 %	5,00
Soll-Erlöse/Soll-Stundenverrechnungssatz	126.440		**53,48**	123.715		**56,71**	120.990		**60,55**

Leitfrage
→ Ist eine Erhöhung des Stundenverrechnungssatzes in dieser Situation zu vertreten?

8.1 Das Prinzip der Kostenrelevanz

In beiden Situationen führt uns die vorgelegte Kostenrechnung zu falschen Entscheidungen. Die folgende Berechnung zeigt, dass in Situation A der Gesamtgewinn höher ist, wenn wir auch die Artikel im Sortiment behalten, bei denen der durchschnittliche Gemeinkostensatz nicht ganz erreicht werden kann.

Gewinnvergleich (EUR)	Sortiment mit allen Artikeln	Sortiment ohne Artikel mit geringer Handelspanne
Gesamtumsatz	29.230,00	24.107,00
− VAK Zubehör	18.434,39	13.867,39
− Gemeinkosten	7.315,00	7.315,00
Gewinn Zubehör	**3.480,61**	**2.924,61**

In der Situation B würden wir gegen das Marktgesetz verstoßen, wenn wir auf die sinkende Nachfrage mit einer Erhöhung des Preises reagieren würden.
Der Grund für die falschen Ratschläge, die uns diese Art der Kostenrechnung gibt, liegt darin, dass alle Kosten in die Kalkulation eingeflossen sind, auch die, die für die anstehenden Entscheidungen gar nicht relevant waren. Dieser Vollkostenrechnung steht eine Teilkostenrechnung gegenüber, bei der zunächst nur mit den entscheidungsrelevanten Kosten kalkuliert wird. Nach diesem Prinzip der Kostenrelevanz sind aber ausschließlich die **variablen Kosten,** also die mit dem Umsatz veränderlichen Kosten beim zusätzlichen Verkauf von Zubehörteilen oder Werkstattleistungen maßgeblich. Die **fixen Kosten** dagegen sind unabhängig vom Umsatz bzw. von der Zahl der produktiven Stunden im Werkstattbereich und deshalb zunächst nicht relevant. Fixkosten werden allein durch die langfristig angelegte Entscheidung über die Bereitstellung einer bestimmten Betriebsgröße verursacht. Diese ist jedoch kurzfristig nicht veränderbar, sodass eine vorübergehende schlechte Betriebsauslastung infolge der unverändert hoch bleibenden Fixkosten unausweichlich zu Gewinneinbußen führen wird. Nur langfristige Überlegungen können zu Veränderungen der Betriebsgröße Anlass geben.

nicht relevante Kosten

Kosten in Abhängigkeit vom Umsatz	
Fixe Kosten	**Variable Kosten**
− auf kurze Sicht nicht veränderbar (fest) − Kosten für die Bereitstellung einer bestimmten Kapazität − unabhängig von kurzfristigen Umsatzveränderungen	− kurzfristig veränderbar − umsatzabhängig (fallen und steigen mit dem Umsatz)

Die Einteilung der Kostenarten in Abhängkeit vom Umsatz in variable und fixe Kosten ist in einigen Fällen nicht eindeutig. Dabei handelt es sich um **Mischkosten,** auch semivariable Kosten genannt, die fixe und variable Kostenbestandteile enthalten. Diese können aber zum Beispiel mit einem bestimmten Prozentsatz den fixen bzw. variablen Kosten zugeordnet werden. So zeigt zum Beispiel die Erfahrung, dass Instandhaltungskosten zu 50% variable Kosten sind. Die Einteilung der Kostenarten in variable, semivariable und fixe Kosten, wie sie in nachfolgender Übersicht vorgenommen wurde, könnte sich in bestimmten Situationen auch etwas anders darstellen

Kostenarten in Abhängigkeit vom Umsatz			
Kostenart	variabel	fix	semivariabel
Produktive Löhne (einschl. Sozialkosten)	■		
Gehälter, Fixa, Aushilfslöhne (einsch. Sozialkosten)		■	
Miete, Pacht, Leasing		■	
Reparaturen, Instandhaltung			■
Abschreibungen auf Sachanlagen		■	
Heizung, Strom, Gas, Wasser			■
Büromaterial	■		
Rechts- und Beratungskosten			■
EDV-Kosten			■
Beiträge, Gebühren		■	
Werbekosten			■
Kalk. Unternehmerlohn			■
Kalk. Miete		■	
Kalk. Zinsen			■
Verkäuferprovision	■		
Vermittlungsprovision	■		
Gewährleistung, Garantie, Kulanz	■		
Verrechnete Anschaffungskosten	■		

Vollkostenrechnung versus Teilkostenrechnung

Der **Vollkostenrechnung,** bei der alle Kosten in die Berechnung einbezogen werden, steht eine **Teilkostenrechnung** gegenüber, bei der zunächst nur mit den entscheidungsrelevanten Kosten kalkuliert wird. Nach dem Verursachungsprinzip sind dies die variablen Kosten, denn die fixen Kosten verändern sich bei einer kurzfristigen Betrachtung nicht.

Kostenrechnungssysteme	
Vollkostenrechnung	**Teilkostenrechnung**
– keine Trennung in fixe und variable Kosten	– Trennung der Kosten in fixe und variable Kosten
– Verrechnung der vollen Kosten auf die Leistungen, bei indirekten Kosten über Verteilungsschlüssel	– Verrechnung der kurzfristig entscheidungsrelevanten variablen Kosten auf die Leistungen

8.2 Der Deckungsbeitrag

Deckungsbeitrag bedeutet Überschuss des Erlöses über die variablen Kosten. Der Deckungsbeitrag dient zur Deckung der fixen Kosten. Der verbleibende Rest ist der Gewinn.

> **Erlöse**
> − variable Kosten
> = **Deckungsbeitrag**
> − fixe Kosten
> = **Betriebsergebnis (Gewinn)**

Deckungsbeitrag nennt man den Teil des Umsatzerlöses, der nach Abzug der variablen Kosten zur Deckung der fixen Kosten und darüber hinaus als Gewinn übrig bleibt.

Diese Berechnung lässt sich beim Verkauf von Teilen und Zubehör, sowie beim Neu- und Gebrauchtwagengeschäft ebenso einsetzen wie beim technischen Kundendienst in der Werkstatt sowie bei weiteren betriebsspezifischen Geschäftsfeldern.

Technischer Kundendienst	Neu- und Gebrauchtwagen, Teile und Zubehör

Lohnerlöse (ohne USt.)
− Erlösschmälerungen
− variable Kosten
  a) Einzelkosten, z.B. prod. Löhne, Gewährleistung, VAK Fremdleistungen
  b) variable Gemeinkosten, z.B. Energie, Reparaturen
= Deckungsbeitrag
	Erlöse (ohne USt.)
	− Erlösschmälerungen
	− variable Kosten
	  a) Einzelkosten, VAK und z.B. Provisionen, Sonderverkaufskosten, Übergabedurchsicht, Garantie, Kulanz
	  b) Variable Gemeinkosten, z.B. Reisekosten, Arbeitnehmer, Hilfsmaterial
	= Deckungsbeitrag

Bei der Deckungsbeitragsrechnung wird nicht sofort gefragt, wie hoch der Gewinn beim Verkauf eines Ersatzteiles, Zubehörartikels, Neu- oder Gebrauchtwagens oder beim Erlös für eine Werkstattstunde ist, sondern nur, wie hoch der Betrag ist, der zur Deckung der ohnehin (kurzfristig) unveränderlichen Kosten, also der Fixkosten ist. Je nachdem, ob man die Werte einer Abrechnungsperiode einsetzt oder die eines verkauften Stückes bzw. einer Werkstattstunde, kann die Deckungsbeitragsrechnung als Zeitrechnung oder als Stückrechnung ausgelegt sein.

Der Deckungsbeitrag je Stück bzw. die Deckungsbeiträge einer Abrechnungsperiode sind das wichtigste Leistungsmerkmal in einem Autohaus.

Die Höhe des Deckungsbeitrages ist im Rahmen einer **Stückrechnung** der Erfolgsmaßstab für einen Werkstattauftrag, ein Ersatz- oder Zubehörteil oder einen verkauften Neu- oder Gebrauchtwagen. Bei einer **Zeitrechnung** beschreibt die Summe der Deckungsbeiträge in einer Periode den Erfolg eines Geschäftsfeldes, zum Beispiel der Werkstatt, des Teilelagers oder des Verkaufs von Neu- und Gebrauchtwagen. Ob tatsächlich ein Gewinn erzielt wird und wie hoch dieser dann letztlich ist, entscheidet sich erst bei der Gegenüberstellung der Summe aller Deckungsbeiträge aus den verschiedenen Geschäftsfeldern mit den unveränderlichen Gemeinkosten, den fixen Kosten, die bei der Deckungsbeitragsrechnung nicht mehr auf einzelne Kostenträger aufgeschlüsselt werden müssen.

Das Problem der Vollkostenrechnung, dass mit ungenauen Gemeinkostenzuschlagssätzen gerechnet werden muss, die aufgrund von falsch geschätzten oder veralteten Verteilungsschlüsseln ermittelt werden, gibt es bei der Teilkostenrechnung nicht.

8.3 Kalkulation von Zusatzaufträgen für die Werkstatt

Voraussetzung: Mangelnde Auslastung der Werkstatt

Die Deckungsbeitragsrechnung kommt immer dann zu Ergebnissen, die – wie wir sehen werden – zu den richtigen Entscheidungen führen, wenn das Prinzip der Kostenrelevanz eingehalten wird. Wenn wir kalkulieren wollen, wie viel Gewinn ein Auftrag tatsächlich bringt, muss vorausgesetzt werden, dass durch diesen zusätzlichen Auftrag keine neuen Fixkosten notwendig werden, was bedeutet, dass die Kapazität unserer vorhandenen Produktionsmittel ausreichen muss. Diese Situation ist in der Praxis zum Beispiel dann gegeben, wenn die Werkstatt nicht voll ausgelastet ist.

Mangelnde Werkstattauslastung ist häufig der Anlass, Aufträge hereinzunehmen, die bei der Kalkulation nach der Vollkostenrechnung nicht mehr wirtschaftlich erscheinen.

Beispiel

Eine mit dem Autohaus Fink & Schau konkurrierende Schnellreparaturwerkstatt bietet den nachträglichen Einbau eines Ausstelldaches für ein bestimmtes Modell zum Festpreis von 419,33 EUR netto zuzüglich 79,67 EUR USt., also 499,00 EUR brutto an. Könnte das Autohaus Fink & Schau diese Leistung zum gleichen Preis anbieten, wenn dafür 5 Arbeitsstunden und Zubehörteile mit einem Einstandswert von 280,00 EUR aufgewendet werden müssen?

8.3.1 Entscheidung nach der Vollkostenrechnung

Das Autohaus Fink & Schau legt folgende Kalkulation zugrunde: Der durchschnittliche Bruttolohn der Kfz-Mechaniker liegt bei 10,00 EUR. Im Stundenverrechnungssatz ist ein Gemeinkostenzuschlag von 300% und ein Gewinnzuschlag von 10% enthalten. Bei der Kalkulation von Zubehörartikeln beträgt der Gemeinkostenzuschlag 15% und der Gewinnzuschlag 10%.

Kalkulation Ausstelldach

Bruttolohn für 5 Std.		50,00
+ Gemeinkosten	300%	150,00
= Selbstkosten Arbeitsaufwand		200,00
+ Gewinnzuschlag	10%	20,00
Preis für Arbeit (netto)		**220,00**
Einstandspreis Teile		280,00
Gemeinkosten	15%	42,00
= Selbstkosten Materialaufwand		322,00
Gewinnzuschlag	10%	32,20
Preis für Material (netto)		**354,20**

Ergebnis: Autohaus Fink & Schau kalkuliert:

für Arbeit	220,00 EUR
für Material	354,20 EUR
Rechnungspreis (o. MwSt.)	**574,20 EUR**

Das Autohaus stellt zudem fest, dass die Selbstkosten 200,00 EUR für die Arbeit und 322,00 EUR für das Material betragen. Das bedeutet, dass mindestens 522,00 EUR erzielt werden müssen, um bei diesem Auftrag keinen Verlust zu erleiden. Der Preis der Konkurrenz liegt mit 419,33 EUR weit niedriger.

Das Ergebnis der Kalkulation nach der Vollkostenrechnung zeigt, dass das Autohaus Fink & Schau mit der Schnellreparaturwerkstatt offensichtlich nicht konkurrieren kann. Der zusätzliche Auftrag „Einbau eines Ausstelldaches" ist unter der gegebenen Kosten-/Erlössituation abzulehnen.

8.3.2 Entscheidung nach der Deckungsbeitragsrechnung

Autohaus Fink & Schau kalkuliert den Auftrag noch einmal nach der Deckungsbeitragsrechnung. Dabei werden die Kosten in fixe und variable Kosten getrennt. Unten stehende Berechnung ergibt, dass im Stundenverrechnungssatz 21,29 EUR variable und 18,71 EUR fixe Kosten enthalten sind. Bei den Materialkosten kann man annehmen, dass die Einstandskosten genau den variablen Kosten entsprechen und die Gemeinkosten zu 100 % fix sind.

Ermittlung der Fixkosten in der Werkstatt Fink & Schau

	EUR	ges. EUR	je Std. EUR
Selbstkosten der Werkstatt lt. BAB		400.000	40,00
– Fertigungslöhne	100.000		
– Lohnzusatzkosten (auf Fertigungslöhne)	80.000		
– variable Energiekosten Werkstatt	10.800		
– variable Instandhaltungskosten Werkstatt	1.100		
– sonst. variable Kosten	21.000		
Summe variable Kosten (bei 10 000 Std.)		212.900	21,29
= fixe Werkstattkosten		**187.100**	**18,71**

Man setzt nun den Konkurrenzpreis an und ermittelt den Deckungsbeitrag des Auftrages:

Auftragswert	419,33	EUR
– variable Arbeitskosten (5 x 21,29)	106,45	EUR
– variable Materialkosten	280,00	EUR
= Deckungsbeitrag des Auftrages	**32,88**	**EUR**

Da mit diesem Auftrag ein positiver Deckungsbeitrag erzielt wird, erhöht sich auch das Betriebsergebnis um diesen Betrag. Der zusätzliche Auftrag „Einbau eines Schiebe-/Ausstelldaches" kann unter der gegebenen Kosten-/Erlössituation gewinnbringend durchgeführt werden. Die folgende Gesamtrechnung zeigt, dass bei der Kalkulation von zusätzlichen Aufträgen die Deckungsbeitragsrechnung zur richtigen Entscheidung führt:

Gesamtgewinnvergleich Fink & Schau (EUR)	ohne Auftrag Glasschiebedach	mit Auftrag Glasschiebedach
Fertigungsstunden	10.000	10.005
bisherige Erlöse (10 000 Std. x 44 EUR)	440.000,00	440.000,00
Erlös aus zusätzlichem Auftrag	0	419,33
Gesamterlös	440.000,00	440.419,33
– variable Kosten Werkstatt (21,29 EUR je Std.)	212.900,00	213.006,45
– variable Materialkosten (zusätzlicher Auftrag)	0,00	280,00
Deckungsbeitrag	227.100,00	227.132,88
– fixe Kosten Werkstatt	187.100,00	187.100,00
Betriebsgewinn	**40.000,00**	**40.032,88**

Bei der Kalkulation von Zusatzaufträgen ist die Deckungsbeitragsrechnung anzuwenden. Die Vollkostenrechnung liefert nicht die richtigen Ergebnisse.

Nach der Vollkostenrechnung hätte Fink & Schau für einen Einbau eines Glasschiebedaches mindestens 520,00 EUR berechnen müssen und wäre damit nicht konkurrenzfähig gewesen. Nach der Deckungsbeitragsrechnung kann er den Konkurrenzpreis von 419,33 EUR (ohne USt.) halten und dabei seinen Gewinn sogar um 32,88 EUR verbessern. Für dieses Ergebnis gibt es folgende Erklärung: Während die Vollkostenrechnung annimmt, dass mit jeder zusätzlichen produktiven Werkstattstunde auch die zum großen Teil fixen Gemeinkosten im proportionalen Verhältnis anfallen, macht die Deckungsbeitragsrechnung diesen Fehler nicht. Hier bleiben die Fixkosten bei zusätzlichen Fertigungsstunden unverändert. Was auch tatsächlich der Fall ist, so lange die Werkstattkapazität ausreicht.

8.3.3 Preisuntergrenze bei zusätzlichen Aufträgen

Wo liegt die Preisuntergrenze für zusätzliche Aufträge? Die Deckungsbeitragsrechnung zeigt, dass bei Unterbeschäftigung jeder Auftrag mit einem positiven Deckungsbeitrag wirtschaftlich ist. Der Deckungsbeitrag fällt aber auf Null zurück, wenn die bei einem Auftrag erzielte Leistung nur die variablen Kosten deckt. Damit stellen die variablen Kosten die **absolute Preisuntergrenze** bei einer **kurzfristig angelegten Entscheidung** über eine Annahme von Zusatzaufträgen bei Unterbeschäftigung dar.

Kurzfristig können die variablen Kosten die Preisuntergrenze für einen zusätzlichen Auftrag sein. Langfristig kann jedoch nicht auf einen Gewinn verzichtet werden.

> **absolute Preisuntergrenze je Auftrag = variable Kosten je Auftrag**

Dies heißt, dass bei solchen Aufträgen kein Deckungsbeitrag und damit auch kein Gewinn erzielt wird. Auf Dauer kann aber kein Kaufmann auf einen Gewinn verzichten. **Langfristig muss die Summe der erzielten Deckungsbeiträge die Höhe der Fixkosten um so viel übersteigen, dass ein angemessener Gewinn verbleibt.** Gelingt es bei Unterbeschäftigung auf Dauer nicht, ausreichende Deckungsbeiträge zu erwirtschaften, so ist im Rahmen einer langfristigen Entscheidung die Betriebsgröße und somit der Fixkostenblock zu verringern.

8.4 Deckungspunkt-Analyse

Die Auslastung der Werkstatt beeinflusst in starkem Maße den Betriebsgewinn in diesem Geschäftsfeld. Bei Unterbeschäftigung tritt sehr schnell die Situation ein, dass die erzielten Deckungsbeiträge nicht ausreichen, die fixen Kosten auszugleichen und das Betriebsergebnis weist dann einen Verlust aus. Erst bei einer bestimmten Anzahl von verkauften Werkstattstunden wird der sogenannte Kostendeckungspunkt erreicht, an dem die Umsatzerlöse die Gesamtkosten genau decken, die Summe der erwirtschafteten Deckungsbeiträge den Betrag der Fixkosten erreicht. Dieser Punkt wird auch als Gewinnschwelle bezeichnet, denn jede weitere umgesetzte Werkstattstunde vermehrt den mit der Werkstatt erzielten Betriebsgewinn.

Wenn man die Kostensituation genau analysiert, die fixen Kosten der Werkstatt festgestellt hat und den Anteil der variablen Kosten am Stundenverrechnungssatz kennt, kann man die Kosten und Erlösdaten in Abhängigkeit von den produktiven Stunden in Tabellen errechnen und grafisch aufbereiten.

Beispiel

Bei Fink & Schau betragen die fixen Kosten in der Werkstatt 187.400,00 EUR. Der Stundenverrechnungssatz liegt bei 44,00 EUR, darin sind 21,29 EUR variable Kosten enthalten. Die Anzahl der produktiven Stunden im Monat liegt bei 10 000. Da wir aber wissen wollen, wie sich die Erlös-Kosten-Situation bei weniger oder mehr produktiven Stunden darstellt, erstellen wir die Kostentabellen und die dazugehörige Grafik für einen Bereich von 0 bis 14 000 produktiven Stunden bei einer Schrittweite von 2 000.

Vgl. Exceldatei Break_Even_ Werkst.xls auf beiliegender CD-ROM.

Ermittlung der Gewinnschwelle für das Werkstattgeschäft			
A. Eingabe der Bestimmungsgrößen	fixe Kosten EUR	Stundenverrechnungssatz (ohne USt.) EUR	variable Kosten je Werkstattstunde
	187.400	44,00	21,29

B. Rechnerische Lösung								
Anzahl prod. Stunden	0	2.000	4.000	6.000	8.000	10.000	12.000	14.000
fixe Kosten (EUR)	187.400	187.400	187.400	187.400	187.400	187.400	187.400	187.400
variable Kosten (EUR)	0	42.580	85.160	127.740	170.320	212.900	255.480	298.060
Gesamtkosten (EUR)	187.400	229.980	272.560	315.140	357.720	400.300	44.880	485.460
Werkstatterlöse (EUR)	0	88.000	176.000	264.000	352.000	440.000	528.000	616.000
Verlust/Gewinn (EUR)	−187.400	−141.980	−96.560	−51.140	−5.720	39.700	85.120	130.540
Gewinnschwelle bei 8252 produktiven Stunden								

140 Am Jahresabschluss und an der Kosten- und Leistungsrechnung mitwirken

Grafik aus Exceldatei Break_Even_Werkst.xls auf beiliegender CD-ROM.

C. Grafische Lösung

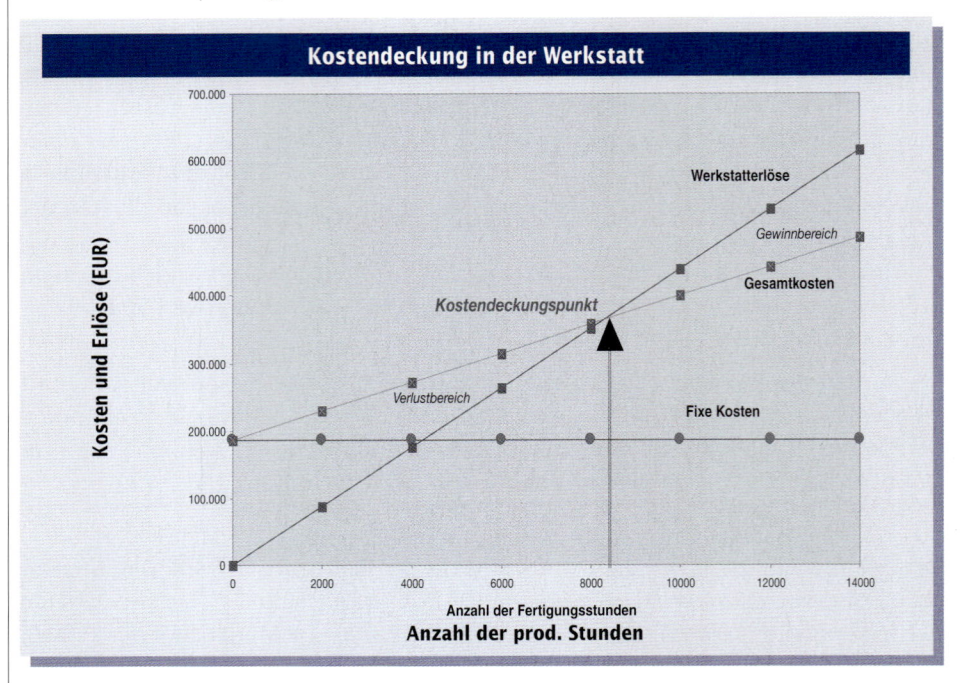

Kostendeckung in der Werkstatt

(Diagramm: Kosten und Erlöse (EUR) über Anzahl der Fertigungsstunden / Anzahl der prod. Stunden, mit den Linien Werkstatterlöse, Gesamtkosten und Fixe Kosten; Kostendeckungspunkt, Gewinnbereich und Verlustbereich eingezeichnet.)

Beispiel

Die Grafik zeigt, dass bei der zugrunde gelegten Kosten- und Erlössituation der Kostendeckungspunkt bei deutlich über 8 000 produktiven Stunden liegt. In der Tabelle wurde die Gewinnschwelle genau berechnet und mit 8 252 ausgewiesen. Wenn das Autohaus in dieser Periode tatsächlich 10 000 produktiven Stunden geleistet hat, so liegt es schon deutlich in der Gewinnzone. In der Tabelle wird bei 10 000 produktiven Stunden ein Gewinn von 39.700,00 EUR ausgewiesen.

*Kostendeckungspunkt
=
Break-even-Point
=
Gewinnschwelle*

Der **Kostendeckungspunkt,** auch Break-even-Point genannt, liegt genau an der Gewinnschwelle, bei der die Umsatzerlöse gerade so hoch sind, dass die Gesamtkosten gedeckt werden. Weniger Umsatz bedeutet Verlust, mehr Umsatz führt zu einem Gewinn.

Der Kostendeckungspunkt ist dadurch gekennzeichnet, dass der Gewinn gleich Null ist, das heißt, die Summe aller Deckungsbeiträge je Stück entsprechen genau der Höhe der fixen Kosten. Die Gewinnschwelle liegt also bei der Stückzahl, die sich durch die Rechnung „fixe Kosten dividiert durch Deckungsbeitrag je Stück" ermitteln lässt.

An der Gewinnschwelle gilt:

Fixe Kosten = Menge × DB je Stück

$$\text{Menge} = \frac{\text{Fixe Kosten}}{\text{DB je Stück}}$$

Tabelle und Grafik erstrecken sich in diesem Beispiel über den sehr weit gespannten Bereich von 0 bis 14 000 umgesetzten produktiven Stunden, wobei die Höhe der Fixkosten konstant bleibt. Dies ermöglicht eine gute Veranschaulichung der Gewinnschwelle, ist aber insofern unrealistisch, als bei Erhöhung oder Rückgang des Umsatzes schon sehr bald eine Veränderung der Fixkosten erforderlich beziehungsweise möglich wird. Die Analyse des Kostendeckungspunktes darf sich aber nur auf den Bereich erstrecken, der die durch die angesetzten Fixkosten bestimmte Kapazität der Werkstatt nicht über- oder unterschreitet.

Grenzen der Kostendeckungspunktanalyse

Ermittlung der Gewinnschwelle

Mithilfe eines elektronischen Arbeitsblattes können verschiedene Situationen simuliert und die Auswirkungen bei möglichen Veränderungen der Kosten und Erträge berechnet werden. Im Autohaus Fink & Schau soll die Gewinnentwicklung in Abhängigkeit von der Anzahl der produktiven Stunden pro Monat untersucht werden.

Aktion

Hinweis: Entwickeln Sie das abgebildete Tabellenblatt möglichst selbstständig!

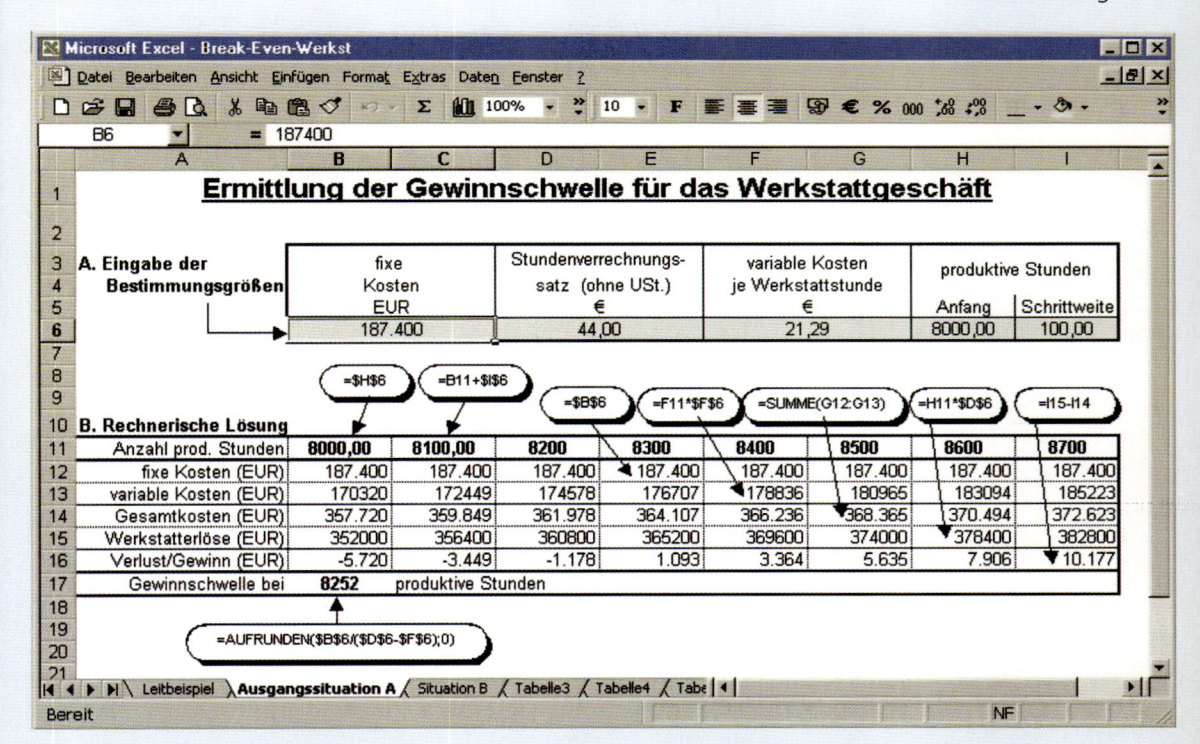

Ermittlung der Gewinnschwelle für das Werkstattgeschäft

A. Eingabe der Bestimmungsgrößen

	fixe Kosten EUR	Stundenverrechnungssatz (ohne USt.) €	variable Kosten je Werkstattstunde €	produktive Stunden Anfang	Schrittweite
	187.400	44,00	21,29	8000,00	100,00

Formeln:
- =$H$6
- =B11+$I$6
- =$B$6
- =F11*$F$6
- =SUMME(G12:G13)
- =H11*$D$6
- =I15-I14

B. Rechnerische Lösung

Anzahl prod. Stunden	8000,00	8100,00	8200	8300	8400	8500	8600	8700
fixe Kosten (EUR)	187.400	187.400	187.400	187.400	187.400	187.400	187.400	187.400
variable Kosten (EUR)	170320	172449	174578	176707	178836	180965	183094	185223
Gesamtkosten (EUR)	357.720	359.849	361.978	364.107	366.236	368.365	370.494	372.623
Werkstatterlöse (EUR)	352000	356400	360800	365200	369600	374000	378400	382800
Verlust/Gewinn (EUR)	-5.720	-3.449	-1.178	1.093	3.364	5.635	7.906	10.177

Gewinnschwelle bei **8252** produktive Stunden

Formel: =AUFRUNDEN($B$6/($D$6-$F$6);0)

Übernehmen Sie das abgebildete Rechenblatt aus der Datei Break_Even_Werkst.xls auf beiliegender CD-ROM in Ihr Tabellenkalkulationsprogramm. Mit der darin enthaltenen Erweiterung des Eingabebereiches um die Angabe von „Anfang" und „Schrittweite" für die produktiven Stunden kann der zu simulierende Bereich beliebig festgelegt werden.

Aktion

In obiger Abbildung kann abgelesen werden, dass bei 187.400,00 EUR fixen Kosten im Jahr und 21,29 EUR variablen Kosten je produktiver Stunde und einem Stundenverrechnungssatz von 44,00 EUR 8252 Fertigungsstunden notwendig sind, um die Gewinnschwelle zu erreichen. Bei 8200 produktiven Stunden beträgt der Verlust noch 1.178,00 EUR und bei 8300 produktiven Stunden wird ein Gewinn von 1.093 EUR erwirtschaftet.

Verschiedene Situationen können verglichen werden. In nachfolgender Abbildung wird zum Beispiel davon ausgegangen, dass sich die Fixkosten um 5.000,00 EUR und der Anteil der variablen Kosten im Stundenverrechnungssatz um 0,50 EUR auf 21,79 EUR erhöht haben. Die Gewinnschwelle, die ursprünglich bei 8252 produktiven Stunden lag, steigt auf 8663 produktive Stunden.

Ermittlung der Gewinnschwelle für das Werkstattgeschäft

A. Eingabe der Bestimmungsgrößen

fixe Kosten EUR	Stundenverrechnungssatz (ohne Ust.) EUR	variable Kosten je Werkstattstunde EUR	produktive Stunden Anfang	produktive Stunden Schrittweite
192.400	44,00	21,79	8000,00	100,00

B. Rechnerische Lösung

Anzahl prod. Stunden	8000	8100	8200	8300	8400	8500	8600	8700
fixe Kosten (EUR)	192.400	192.400	192.400	192.400	192.400	192.400	192.400	192.400
variable Kosten (EUR)	174.320	176.499	178.678	180.857	183.036	185.215	187.394	189.573
Gesamtkosten (EUR)	366.720	368.899	371.078	373.257	375.436	377.615	379.794	381.973
Werkstatterlöse (EUR)	352.000	356.400	360.800	365.200	369.600	374.000	378.400	382.800
Verlust/Gewinn (EUR)	-14.720	-12.499	-10.278	-8.057	-5.836	-3.615	-1.394	827
Gewinnschwelle bei	8663	produktiven Stunden						

Sie könnten nun weiter simulieren und durch Ausprobieren den Stundenverrechnungssatz finden, bei dem die Gewinnschwelle wieder ungefähr der Ausgangssituation entspricht und so feststellen, dass der Stundenverrechnungssatz zum Beispiel auf 45,10 EUR erhöht werden müsste.

Lösen Sie die Aufgaben 1–4 mithilfe Ihres Tabellenkalkulationsblattes.

Aufgaben

1. Verändern Sie den Anfangswert der produktiven Stunden auf 7500 und die Schrittweite auf 500. Die fixen Kosten sind wie in der Ausgangssituation 187.400 EUR, der Stundenverrechnungssatz 44,00 EUR und der variable Anteil darin 21,29 EUR. Lesen Sie nun ab, wie hoch der Gewinn bei 9500, 10000 und 10500 produktiven Stunden ist.

2. Durch den Einsatz eines neuen EDV-Programmes können die Fixkosten um 5.000 EUR im Jahr gesenkt werden. Wie verändert sich der Gewinn bei 10000 produktiven Stunden und wo liegt nun die Gewinnschwelle?

Am Jahresabschluss und an der Kosten- und Leistungsrechnung mitwirken

Aufgaben

3 Bisher hat Fink & Schau 10 000 produktive Stunden verkaufen können. Gemäß einer Marktstudie würde eine Erhöhung des Stundenverrechnungssatzes von 44,00 auf 45,50 EUR einige Kunden abschrecken und die Auslastung der Werkstatt würde auf 9 500 produktive Stunden zurückgehen. In der Studie wird behauptet, dass der Gewinn im Vergleich zur Situation in Aufgabe 2 steigen würde. Überprüfen Sie diese Behauptung und überlegen Sie, ob eine auf diesem Weg erreichte Erhöhung des Werkstattgewinnes aus der Gesamtsicht des Autohauses angestrebt werden sollte?

4 Bei Fink & Schau erkennt man eine Marktchance, in das Tuning-Geschäft einzusteigen. Die fixen Kosten würden um 20.000,00 EUR ansteigen, dafür könnten aber statt ursprünglich 10 000 nunmehr 11 000 produktive Stunden umgesetzt werden. Rentiert sich diese Geschäftserweiterung im Vergleich zur Ausgangssituation in Aufgabe 1, wenn wir davon ausgehen, dass sich der Stundenverrechnungssatz selbst und der darin enthaltene Anteil der fixen Kosten nicht verändert?

5 Ein Autohaus setzt im Jahr 20 000 produktive Stunden um und erzielt dabei 44,00 EUR je Stunde. Die variablen Kosten je Werkstattstunde werden mit 24,00 EUR angenommen. Insgesamt werden auf die Werkstatt 380.000 EUR fixe Kosten umgelegt.
a) Wie hoch ist der DB je Werkstattstunde?
b) Welchen Deckungsbeitrag erzielt die Werkstatt?
c) Wie hoch ist der Gewinn bei 20 000 Werkstattstunden im Jahr?
d) Wo liegt die Gewinnschwelle?

Rechnen Sie nun wieder einmal ohne EDV-Unterstützung, nur mithilfe des Taschenrechners!

6 Das Autohaus Debei GmbH hat in einem Jahr 800.000,00 EUR unternehmensbezogene fixe Kosten. Die einzelnen Geschäftsfelder liefern folgende Deckungsbeiträge:

Kundendienst-Werkstatt	325.000,00 EUR
Karosserie-Werkstatt	240.500,00 EUR
Neu- und Gebrauchtwagen	110.000,00 EUR
Ersatzteile	130.000,00 EUR
Finanzdienstleistungen	45.000,00 EUR

Außerdem gibt es noch die Zubehörboutique, in der 89.000,00 EUR umgesetzt werden. Die verrechneten Anschaffungskosten der verkauften Zubehörartikel betrugen 51.000,00 EUR. Für Personal, Abschreibungen und Raumkosten sind diesem Geschäftsfeld 32.000,00 EUR fixe Kosten direkt zuzurechnen.
Wie hoch sind
a) der Deckungsbeitrag der Zubehörabteilung,
b) der Gesamtdeckungsbeitrag der Debei GmbH,
c) der Gewinn der Debei GmbH?

9 Die kurzfristige Erfolgsrechnung (KER)

Die geschäftsführenden Gesellschafter des Autohauses Fink & Schau OHG, Herr Georg Fink und Herr Heinrich Schau, haben die Erfolgsrechnung des letzten Jahres in der abgebildeten Form aufbereitet. Die Kostendarstellung wollen sie noch verfeinern. In Zukunft soll dieses Rechenwerk sogar monatlich als kurzfristige Erfolgsrechnung erstellt werden.

Autohaus Fink & Schau OHG Jahresergebnis 2009 (EUR)	gesamt	Verkauf Neu- u. Gebrauchtwagen	Ersatzteile u. Zubehör	Technischer Kundendienst
Erlöse	19.860.950	15.400.500	2.560.000	1.900.450
Kosten Geschäftsfelder	17.681.300	13.950.400	2.298.500	1.432.400
Deckungsbeitrag Geschäftsfelder	2.179.650	1.450.100	261.500	468.050
Weitere Kosten der Unternehmung	1.875.400			
Gewinn	**304.250**			

Leitfragen

→ Welche Aussagekraft hat diese Form des Abschlusses?

→ Wie kann die Aussagekraft noch erhöht werden?

→ Was versprechen sich Georg Fink und Heinrich Schau von einer monatlichen Erfolgsrechnung?

Aufbau einer kurzfristigen Erfolgsrechnung – Für jede Unternehmung ist es wichtig, möglichst in kleinen Zeitabständen die Kosten-Erlös-Situation zu überprüfen. Die Hersteller und Importeure geben ihren Händlern dafür ein verbindliches Schema für eine monatlich zu erstellende kurzfristige Erfolgsrechnung (KER) vor.

Die dabei häufigste Form der KER beruht auf dem Prinzip der Deckungsbeitragsrechnung. Dabei wird aber bei den variablen Kosten in den einzelnen Geschäftsfeldern zwischen den von außen bestimmten Einstandswerten (Verrechnete Anschaffungskosten und produktive Fertigungslöhne) und den anderen variablen Kosten unterschieden, die von der innerbetrieblichen Kostensituation herrühren. Auch bei den fixen Kosten wird eine höhere Aussagekraft angestrebt, weshalb die geschäftsfeldbezogenen fixen Kosten getrennt von den unternehmensbezogenen fixen Kosten betrachtet werden. Der Deckungsbeitrag wird somit in drei Stufen ausgewiesen:

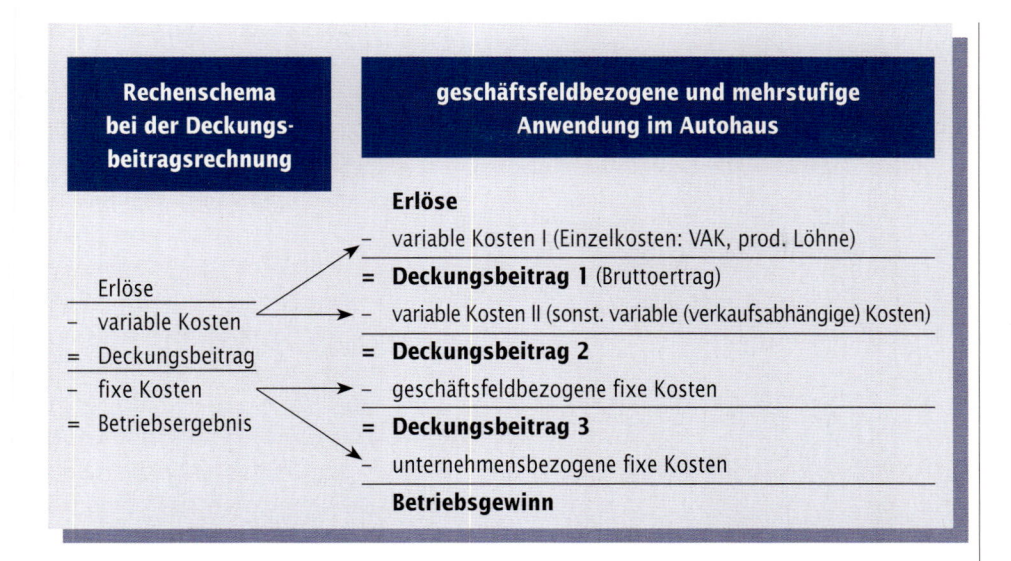

Am Jahresabschluss und an der Kosten- und Leistungsrechnung mitwirken

Rechenschema bei der Deckungsbeitragsrechnung	geschäftsfeldbezogene und mehrstufige Anwendung im Autohaus
Erlöse − variable Kosten = Deckungsbeitrag − fixe Kosten = Betriebsergebnis	**Erlöse** − variable Kosten I (Einzelkosten: VAK, prod. Löhne) = **Deckungsbeitrag 1** (Bruttoertrag) − variable Kosten II (sonst. variable (verkaufsabhängige) Kosten) = **Deckungsbeitrag 2** − geschäftsfeldbezogene fixe Kosten = **Deckungsbeitrag 3** − unternehmensbezogene fixe Kosten **Betriebsgewinn**

Eine in dieser Form abgefasste KER finden Sie für das Autohaus Fink & Schau OHG für den Monat März 2009 auf Seite 146. Die angefügte Grafik zeigt die unterschiedlichen Beiträge der Geschäftsfelder zur Deckung der fixen Kosten. Danach kann man sagen, dass den größten Teil zum Geschäftserfolg bei Fink & Schau in dem betreffenden Monat mit 53 % die Werkstatt beigetragen hat, während der Gebrauchtwagenhandel nur einen Beitrag von 7 % dazu beigesteuert hat.

Beispiel

Anforderungen an das Rechnungswesen des Autohauses – Buchführung und Kostenrechnung eines Autohauses sind auf die KER abgestimmt. Während sich die Erlöse noch relativ leicht periodisch und nach Geschäftsfeldern getrennt erfassen lassen, erfordert eine KER besonders in der erweiterten Form einer mehrstufigen Deckungsbeitragsrechnung eine tiefe sachliche Gliederung der Kosten sowie eine genaue periodische Abgrenzung.

Die **sachliche Gliederung der Kosten** erinnert an die Kostenstellenrechnung im Betriebsabrechnungsbogen. Die Personalkosten der Mitarbeiter sind nach einem Stellenplan aufzuschlüsseln. Bei den Kfz-Mechanikern müssen zudem die monatlichen Bruttolöhne getrennt nach produktiven und unproduktiven Löhnen erfasst werden. Die Arbeitgeberanteile zu den Sozialversicherungen kommen anteilig dazu. Bei den verkaufsabhängigen Kosten sind zum Beispiel die Verkäuferprovisionen für Neu- und Gebrauchtwagen zu unterscheiden, wenn für diese Geschäftsfelder jeweils eigene Deckungsbeiträge errechnet werden sollen. Für Kulanzleistungen, die das Autohaus gewährt und nicht der Hersteller/Importeur übernimmt, ist schließlich zu unterscheiden, ob es sich um unberechnete Teile handelt oder um Kundendienstleistungen der Werkstatt. Nur so können die Kosten nach Geschäftsfeldern getrennt werden.

Die tiefe Gliederung der Kosten und die gleichmäßige Umlegung der periodisch in unterschiedlicher Höhe anfallenden Kosten lassen sich mithilfe der EDV teilweise automatisieren.

KER

Exeldatei KER_Fink_ und_ Schau.xls auf beiliegender CD-ROM.

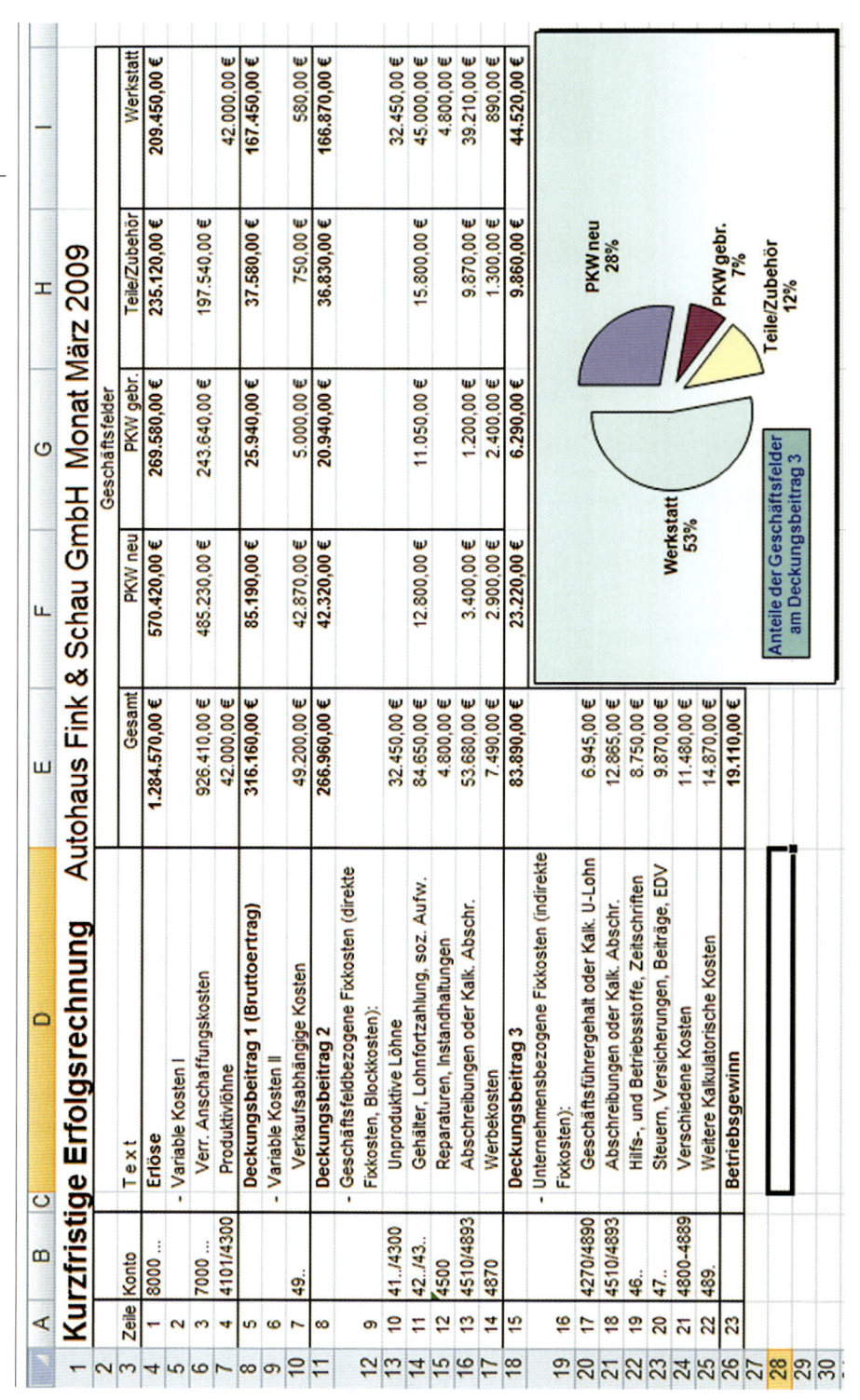

Kurzfristige Erfolgsrechnung Autohaus Fink & Schau GmbH Monat März 2009

Zeile	Konto	Text	Gesamt	PKW neu	PKW gebr.	Teile/Zubehör	Werkstatt
					Geschäftsfelder		
1	8000 …	Erlöse	1.284.570,00 €	570.420,00 €	269.580,00 €	235.120,00 €	209.450,00 €
2		- Variable Kosten I					
3	7000 …	Verr. Anschaffungskosten	926.410,00 €	485.230,00 €	243.640,00 €	197.540,00 €	
4	4101/4300	Produktivlöhne	42.000,00 €				42.000,00 €
5		Deckungsbeitrag 1 (Bruttoertrag)	316.160,00 €	85.190,00 €	25.940,00 €	37.580,00 €	167.450,00 €
6		- Variable Kosten II					
7	49..	Verkaufsabhängige Kosten	49.200,00 €	42.870,00 €	5.000,00 €	750,00 €	580,00 €
8		Deckungsbeitrag 2	266.960,00 €	42.320,00 €	20.940,00 €	36.830,00 €	166.870,00 €
9		- Geschäftsfeldbezogene Fixkosten (direkte Fixkosten, Blockkosten):					
10	41../4300	Unproduktive Löhne	32.450,00 €				32.450,00 €
11	42./43..	Gehälter, Lohnfortzahlung, soz. Aufw.	84.650,00 €	12.800,00 €	11.050,00 €	15.800,00 €	45.000,00 €
12	4500	Reparaturen, Instandhaltungen	4.800,00 €				4.800,00 €
13	4510/4893	Abschreibungen oder Kalk. Abschr.	53.680,00 €	3.400,00 €	1.200,00 €	9.870,00 €	39.210,00 €
14	4870	Werbekosten	7.490,00 €	2.900,00 €	2.400,00 €	1.300,00 €	890,00 €
15		Deckungsbeitrag 3	83.890,00 €	23.220,00 €	6.290,00 €	9.860,00 €	44.520,00 €
16		- Unternehmensbezogene Fixkosten (indirekte Fixkosten):					
17	4270/4890	Geschäftsführergehalt oder Kalk. U-Lohn	6.945,00 €				
18	4510/4893	Abschreibungen oder Kalk. Abschr.	12.865,00 €				
19	46..	Hilfs-, und Betriebsstoffe, Zeitschriften	8.750,00 €				
20	47…	Steuern, Versicherungen, Beiträge, EDV	9.870,00 €				
21	4800-4889	Verschiedene Kosten	11.480,00 €				
22	489.	Weitere Kalkulatorische Kosten	14.870,00 €				
23		Betriebsgewinn	19.110,00 €				

Anteile der Geschäftsfelder am Deckungsbeitrag 3

- Werkstatt 53%
- PKW neu 28%
- PKW gebr. 7%
- Teile/Zubehör 12%

Periodische Abgrenzungen sind notwendig, um die monatlichen Ergebnisse überhaupt vergleichbar zu machen. So sind zum Beispiel vierteljährlich anfallende Versicherungsprämien ebenso auf die Monatsperioden umzulegen wie das jährliche Weihnachts- oder Urlaubsgeld. Auch die der Jahreszeit entsprechende unterschiedliche Belastung zum Beispiel bei Heizungs- und Stromkosten ist zu berücksichtigen.

Schließlich wird die **Trennung von variablen und fixen Kosten** in der Praxis zu Recht sehr pragmatisch gehandhabt. Porto, Fax, Telefon, Büromaterial, und Kosten für Heizung, Strom, Gas und Wasser werden in aller Regel den fixen Kosten zugeschlagen und oft auch gar nicht geschäftsfeldbezogen getrennt. In der Einbeziehung kalkulatorischer Kosten gehen die Ansichten naturgemäß weit auseinander. Meist werden sie zu den fixen unternehmensbezogenen Kosten gerechnet oder sie werden nur unvollständig oder gar nicht einbezogen.

Die KERs der Autohäuser verschiedener Fabrikatsgruppen sind unterschiedlich aufgebaut.

Durch die KER erhält der Autohausbesitzer sehr schnell eine Rückmeldung über den erzielten **Betriebserfolg**. Da Monat für Monat alle Veränderungen nach Verantwortungsbereichen getrennt aufgeschlüsselt werden, sind eventuelle Schwachstellen schnell erkennbar. Je genauer eine KER aufgegliedert ist, desto bessere Hinweise liefert sie für die **Steuerung und Kontrolle des Autohauses**. Besonders aussagekräftig wird das Zahlenmaterial dann, wenn die Hersteller/Importeure zu den einzelnen Ergebnissen Vergleichszahlen aus der Händlerorganisation liefern und so einen **Betriebsvergleich** mit anderen Autohäusern ermöglichen. Zudem ist der **zeitliche Vergleich** zu den Ergebnissen der Vormonate und des Vorjahres aufschlussreich.

Die KER ist ein wichtiges Kontroll- und Steuerungsinstrument.

Die **Hersteller/Importeure** ergänzen die KER nicht ganz uneigennützig mit aussagekräftigen Durchschnittswerten aus der Händlerorganisation. Schließlich gewinnen sie ihrerseits wertvolle Erkenntnisse über die Entwicklung ihrer Modelle und versetzen zudem ihre Händler in einen leistungssteigernden Wettbewerb.

Händler und Hersteller/Importeure arbeiten bei der KER Hand in Hand.

Aufgaben

1 Ordnen Sie die nachfolgenden Kostenbeispiele den Kostengruppen 1 bis 4 zu:

Kosten (Beispiele)

- A Bruttogehalt des Kundendienstmeisters
- B Gehalt des Geschäftsführers
- C Lohnkosten eines Kfz-Mechanikers für eine Reparatur an einem Kundenfahrzeug
- D Beiträge für die Handwerkskammer
- E Werterhöhende Reparatur an einem Gebrauchtwagen
- F Lohnkosten für die Ablieferungsdurchsicht bei einem Neuwagen
- G Fixum eines Autoverkäufers
- H Einstandspreis eines Ersatzteiles

Kostengruppen

1. Variable Kosten I (Einstandswerte und produktive Löhne)
2. Variable Kosten II (Verkaufsabhängige Kosten)
3. Geschäftsfeldbezogene fixe Kosten
4. Unternehmensbezogene fixe Kosten

Einsatz der KER bei der Planungsrechnung

2 Übernehmen Sie die KER des Autohauses Fink & Schau OHG für Monat März 20.. in ein Rechenblatt Ihres Tabellenkalkulationsprogrammes und berechnen Sie die Veränderungen für folgende Entwicklungen:

a) Neuwagengeschäft: Saisonbedingt erhöhen sich die Erlöse um 20%. Die variablen Kosten steigen im gleichen Verhältnis. Die fixen Kosten bleiben unverändert.

b) Gebrauchtwagengeschäft: Durch eine gezielte Werbeaktion, für die zusätzlich zu den bisherigen Werbekosten 2.000,00 EUR veranschlagt werden, sollen Lagerbestände abgebaut werden. Die Erlöse sollen dadurch im Vergleich zum Vormonat um 36% steigen, die variablen Kosten I und II steigen dann allerdings um 39%.

c) Teile- und Zubehörgeschäft: Die Umsatzerlöse sollen um 10% ansteigen, ebenso die Einsatzkosten der Teile. Die anderen Kosten bleiben unverändert.

d) Beim Werkstattgeschäft fallen wegen der vielen Feiertage im nächsten Monat die produktiven Stunden um 5%, ebenso die produktiven Löhne. Die unproduktiven Löhne erhöhen sich um 1.000,00 EUR.

Wie hoch fallen die Deckungsbeiträge der Geschäftsfelder aus und welches Betriebsergebnis wird erreicht?

3 Sie arbeiten im Autopark Saaletal GmbH als Assistent/-in der Abteilung Controlling. Ihnen zur Seite gestellt ist eine Studentin der Betriebswirtschaft, die in Ihrem Betrieb ein Praktikum absolviert. Sie haben gerade die nachfolgend in Kurzform abgebildete KER für Monat April erhalten, die der Leiter des Rechnungswesens, Prokurist Lang, in einer halben Stunde mit Ihnen durchsprechen will. Zusammen mit der Studentin bereiten Sie sich auf diese Besprechung vor.

Aufgaben

Autopark Saaletal GmbH				Monat April 2009
Kurzfristige Erfolgsrechnung		Geschäftsfelder		
	Gesamt	Verkauf Pkw	Teile/Zubehör	Werkstatt
Erlöse	**858.000**	**620.000**	**176.000**	**62.000**
− Variable Kosten I	621.000	❶ 505.000	103.500	12.500
Deckungsbeitrag 1	237.00	**115.00**	72.500	49.500
− Variable Kosten II	48.600	❷ 48.600	0	0
Deckungsbeitrag 2	188.400	**66.400**	72.500	49.500
− Geschäftsfeldbezogene Fixkosten	90.200	19.200	45.000	❸ 26.000
Deckungsbeitrag 3	**98.200**	**47.200**	**27.500**	**23.500**
− Unternehmensbezogene Fixkosten	❹ 77.600			
Betriebsgewinn	**20.600**			

a) Erläutern Sie der Praktikantin folgende Begriffe:
 - Variable Kosten I und II
 - Geschäftsfeldbezogene und unternehmensbezogene fixe Kosten
b) Welche allgemeine Definition wird Ihnen die Studentin für die Deckungsbeitragsrechnung geben?
c) Erläutern Sie im Gegenzug der Studentin die mehrstufige Deckungsbeitragsrechnung anhand der vorliegenden KER.
d) Nennen Sie jeweils ein Beispiel für die mit ❶ bis ❹ gekennzeichneten Kosten.
e) Mit welchem Anteil tragen die 3 Geschäftsfelder jeweils zum Betriebsergebnis bei, wenn man den Deckungsbeitrag 3 zugrunde legt?
f) Sie vermuten, dass die nachfolgenden Punkte vom Prokuristen Lang bei der Durchsicht der neuen KER angesprochen werden und überlegen jeweils die Auswirkungen auf den in der KER ausgewiesenen Betriebserfolg.
 - Im Gegensatz zu anderen Abrechnungsperioden musste der Lagerverwalter dieses Mal nicht wegen Krankheit von einem Automobilkaufmann im 3. Lehrjahr vertreten werden.
 - Beim Neuwagengeschäft hat sich zwar die Anzahl der verkauften Einheiten nicht erhöht, aber der Umsatz konnte dennoch gesteigert werden, weil häufiger teure Zusatzausstattung gewählt wurde.
 - Nachdem die Neuausstattung der Werkstatt nun schon 10 Jahre zurückliegt, fielen nun deutlich weniger Abschreibungen an.

Aufgaben

- Während früher die Kundenrechnungen erst am nächsten Tag erstellt und dann mit der Post verschickt wurden, werden sie seit April 2000 dank des neuen EDV-Programms sofort ausgedruckt und dem Kunden bei der Abholung seines Fahrzeuges übergeben. Briefporto entfällt.
- Die Übergabedurchsichten bei Neufahrzeugen können bei der neuen Modellreihe in kürzerer Zeit durchgeführt werden.

g) Hat die Studentin recht, wenn Sie behauptet, dass nur in einem der Fälle aus der Aufgabe f) der DB 1 verbessert wurde? (Welchen meint sie?)

4 Fassen Sie die einzelnen Werte aus der KER des Autohauses Fink & Schau zu folgenden Hauptgruppen zusammen und prägen Sie sich dieses Grundgerüst einer KER ein.

Autohaus Fink & Schau				Monat März 2009
Kurzfristige Erfolgsrechnung		Geschäftsfelder		
	Gesamt	Verkauf Pkw	Teile/Zubehör	Werkstatt
Erlöse				
− Variable Kosten I:				
Verr. Anschaffungskosten				
Produktive Löhne				
Deckungsbeitrag 1 (Bruttoertrag)				
− Variable Kosten II:				
Verkaufsabhängige Kosten				
Deckungsbeitrag 2				
− Geschäftsfeldbezogene Fixkosten				
(direkte Fixkosten, Blockkosten)				
Deckungsbeitrag 3				
− Unternehmensbezogene Fixkosten				
(indirekte Fixkosten)				
Betriebsgewinn				

Tipp: Die Übersicht (Anhang auf S. 298) liegt auf der beiliegenden CD-ROM als Powerpoint-Präsentation vor. Erweitern Sie diese, indem Sie auch die Übersicht „Kostenbegriffe in den Anwendungsgebieten der Kostenrechnung" als Powerpointfolie aufbereiten.

5 Halten Sie einen Kurzvortrag für Ihre Mitschüler oder Arbeitskollegen über die Bedeutung der KER im Rahmen des Rechnungswesens und Controllings in einem Autohaus.

a) Gehen Sie zunächst auf die verschiedenen Kostenbegriffe im Rechnungswesen des Autohauses ein. Verwenden Sie hierzu die entsprechende Abbildung im Anhang S. 298.

b) Stellen Sie die Bedeutung der KER als Produkt der Buchführung und der Kostenrechnung und als Grundlage des Controllings im Autohaus heraus. Stützen Sie sich bei Gliederung und Vortrag auf die entsprechende Übersicht im Anhang S. 298.

Erfolgskontrollen durchführen und Kennzahlen für betriebliche Entscheidungen aufbereiten

Lernfeld 10

1 Controlling – Steuern durch Kennzahlen

Hinweis: Alle Kennzahlen sind im Anhang noch einmal übersichtlich zum Lernen zusammengefasst, vgl. S. 301 ff.

> „Wie es dem Betrieb geht? Das weiß ich ganz genau. Dazu brauche ich nur einen Blick in die Werkstatt werfen. Schrauben alle Monteure, geht's dem Betrieb gut, fegen sie die Fliesen, geht's ihm schlecht."

So oder so ähnlich ist die weit verbreitete Antwort in kleineren Autobetrieben, wenn die Frage nach Messgrößen für den Zustand des Unternehmens gestellt wird. Vorrangig Geschäftsführer, die ausschließlich handwerklich vorgebildet sind und Ihren Betrieb seit vielen Jahren kennen, sind oft schwer zu einer regelmäßigen Durchleuchtung des eigenen Autohauses zu bewegen.

Unternehmensziel und Standortbestimmung gehören unbedingt zusammen.

Dabei hat sich in der Praxis klar gezeigt, dass es nicht ausreicht, zu wissen, wohin das Unternehmen sollte. Soll ein Ziel nicht nur zufällig erreicht werden, dann muss eine regelmäßige Standortbestimmung erfolgen und danach der Kurs zum Ziel festgelegt werden. Ein Unternehmen muss gesteuert werden.

Leitfragen

➤ Welches sind die entscheidenden Kennzahlen, mit denen ein Autohaus gesteuert werden kann?

➤ Was sagen die Kennzahlen über den Zustand des Unternehmens?

➤ Wie kommt das Autohaus zu den richtigen Kennzahlen?

➤ Wie muss Controlling im Autohaus organisiert sein?

1.1 Ziele der Unternehmenssteuerung

Beispiel

Ein Unternehmen ist einer Seefahrt vergleichbar. Hier muss ebenso regelmäßig der Standort bestimmt werden, das Ziel angepeilt und das Ruder so gelegt werden, dass der Kurs eingeschlagen wird, der zum Ziel führt. Dabei kann durch äußere Einflüsse wie Strömung, Wind oder zwingende Ausweichmanöver immer wieder eine Kurskorrektur notwendig werden.

to control (engl.) = steuern, lenken

Der Steuerungsprozess, mit dem Unternehmen „auf Kurs" gehalten werden, wird Controlling genannt. Häufig falsch mit „kontrollieren" übersetzt, bedeutet Controlling vielmehr: Es erfasst die Ist-Situation, gleicht diese mit der Soll-Situation ab und ergreift die aus der Abweichung notwendigen Maßnahmen.

Controlling bezeichnet damit den ständigen Steuerungsprozess, der fortdauernd im Autohaus abläuft. Damit Controlling seine Aufgaben erfüllt, muss durch Kennzahlen der Standpunkt bestimmt werden und durch Planung eine Zielvorstellung gegeben sein.

Zielsetzung und Planung sind Voraussetzung für Controlling.

Um die Zielvorstellung zu erreichen, ist neben einer allgemeinen strategischen Festlegung zu bestimmen, welche Umsetzungsmaßnahmen nach und nach erfolgen sollen. Das Erreichen der Ziele wird an Kennzahlenvergleichen wie Soll-Kennzahlen bzw. Ist-Kennzahlen festgemacht.

Steuern nach SOLL – IST – Vergleich

Ein Vergleich bestimmter Kennzahlen zeigt, ob die tatsächliche Situation im Unternehmen (IST) dem Plan (SOLL) entspricht. Ist das nicht der Fall (IST = SOLL), erfolgt eine Steuerungsmaßnahme in Richtung SOLL-Kurs. Wenn IST = SOLL, kann eine Steuerungsmaßnahme unterbleiben.

Kompliziert wird der Prozess dadurch, dass während der Zielverfolgung das Ziel selbst immer wieder infrage gestellt wird. Aktuelle Entwicklungen, auf die das Autohaus keinen Einfluss hat, können es notwendig machen, neue Ziele zu bestimmen und alte zu verändern.

Beispiel

Kommt es z. B. zu einem massiven Konjunktureinbruch, können einige ursprüngliche Ziele nicht weiter verfolgt werden. Das Autohaus muss seine Zielerwartungen ändern, da potenzielle Kunden über einen gewissen Zeitraum nicht bereit sind, für einen Pkw viel Geld auszugeben.

- Sie verschieben den Neukauf eines Pkws.
- Sie versuchen, ihr aktuelles Fahrzeug kostengünstig reparieren zu lassen.
- Sie kaufen einen älteren Gebrauchtwagen.

1.2 Voraussetzungen für erfolgreiches Controlling

Die Kennzahlen, die die wirtschaftliche Situation eines Autohauses verdeutlichen sollen, müssen verschiedene Kriterien erfüllen.

- Sie müssen immer auf dieselbe Weise ermittelt werden.
  Die Gebrauchtwagen-Standzeiten werden immer nur aus der Gruppe der verkauften Fahrzeuge ermittelt

- Sie müssen eindeutig definiert sein.
  Bei der Berechnung der Gesamtkapitalverzinsung wird immer das Unternehmensergebnis vor der Steuerberechnung gewählt.

- Sie müssen nachprüfbar sein.
  Die Standkosten pro Neuwagen-Lagerfahrzeug werden nicht geschätzt, sondern lassen sich aus den EDV-Daten ableiten

- Die Ermittlung der Kennzahlen muss einfach und schnell möglich sein.
  Die durchschnittliche Lagerdauer für Ersatzteile lässt sich per Tastendruck aus dem Lagerverwaltungsprogramm ermitteln.

Die deutschen Autohersteller und die Importeure stellen den Vertragshändlern Programme zur Verfügung, mit denen sich die erforderlichen Kennzahlen schnell per EDV ermitteln lassen.

Weiterhin sollen sie folgende Aufgaben erfüllen:

- Sie sollen einen innerbetrieblichen SOLL-IST-Vergleich zulassen.
  In welchem Maße weichen die tatsächlichen von den geplanten Gebrauchtwagenabsatzzahlen im aktuellen Jahr ab?

- Sie sollen die Entwicklung innerhalb eines bestimmten Zeitraumes aufzeigen.
  Wie hat sich die Umsatzrentabilität in den letzten fünf Jahren entwickelt?

- Sie sollen den Vergleich mit Autohäusern gewährleisten, die ähnliche Rahmenbedingungen aufweisen (Betriebsvergleiche).
  Wie haben sich die Marktanteile vergleichbarer VW-Autohäuser in Hamburg im letzten Jahr verändert?

Methodische Vergleichbarkeit von Kennzahlen

	Methode		
	SOLL-IST-Vergleich	**Zeitvergleich**	**Betriebsvergleich**
Vergleichsgrößen	Realität	Vorgestern	Betrieb A
	Plan	Gestern	Betrieb B
		aktuell	Betrieb C

Aufgaben

1. Notieren Sie drei betriebliche Quellen, die eindeutige Zahlen für betriebliche Kennzahlen liefern.

2. Notieren Sie drei betriebliche Situationen, für die SOLL-IST-Vergleiche aussagefähig sind.

3. Notieren Sie drei betriebliche Situationen, für die der Vergleich mit Vorjahreszahlen aussagefähig sein kann.

4. Beschreiben Sie drei betriebliche Situationen, für die der Kennzahlenvergleich mit anderen Autohäusern aussagefähig sein kann.

5. Nennen Sie drei außerbetriebliche Quellen, die den Vergleich der eigenen mit denen anderer Autohäusern liefern können.

2 Kennzahlen im Autohaus

Jede Abteilung eines Autohauses hat ihre besonderen Kennzahlen.

Neben den betriebswirtschaftlichen Kennzahlen, die neben Vergleichen zu anderen Autohäusern auch branchenübergreifende Vergleiche zulassen, gibt es im Autohandel eine besondere Zusammensetzung von Kennzahlen, die sich an den verschiedenen Abteilungen anlehnen.

Die betriebswirtschaftlichen Kennzahlen jeder Abteilung sind in der Ermittlung sehr ähnlich und werden in einem gesonderten Abschnitt zusammengefasst (vgl. 2.4, Betriebswirtschaftliche Kennzahlen).

2.1 Steuerungsgrößen im Fahrzeugverkauf

2.1.1 Neuwagenverkauf

Marktanteil

Die Kennzahl, die den eigenen Verkaufserfolg in Beziehung zu dem Erfolg der Konkurrenz setzt, ist der Marktanteil. In dieser Zahl wird deutlich, wie viele Fahrzeuge insgesamt und von jeder einzelnen Marke in einem abgegrenzten Marktgebiet als Neuwagen zugelassen wurden.

Internetanschrift des Kraftfahrt-Bundesamtes in Flensburg: www.kba.de

Die Zahlen stammen vom Kraftfahrt-Bundesamt in Flensburg. Das Amt gibt auf Nachfrage die Zulassungsstatistik für jeden statistischen Bezirk (meist Gemeinden) heraus. Noch detailliertere Zahlen, etwa auf jede Straße genau, wären möglich, werden aus Gründen des Datenschutzes aber nicht veröffentlicht. Zu leicht könnte hier von der Statistik auf den Einzelfall geschlossen werden.

$$\text{Marktanteil in \%} = \frac{\text{Zulassungen der eigenen Marke} \times 100}{\text{Gesamtzulassungen}}$$

Neuzulassungen von Personenkraftwagen im Dezember 2008 nach Marken

Marke	Dezember 2008		Veränd. in % gegen- über Dez. 2007	Januar-Dezember 2008		Veränderung in % gegenüber Januar-Dezember 2007	
	Anzahl	Anteil in %		Anzahl	Anteil in %	−	+
	1	2	3	4	5	6	7
Alfa Romeo	761	0,3	+ 73,7	7 597	0,2	-34,3	
Audi	20 965	9,3	+ 7,0	251 393	8,1		0,8
BMW, Mini	22 223	9,8	- 8,3	284 767	9,2		0,0
Chevrolet	1 541	0,7	- 40,5	21 305	0,7	-15,6	
Chrysler, Jeep, Dodge	730	0,3	- 56,3	14 524	0,5	-22,2	
Citroen	5 631	2,5	+ 33,0	73 337	2,4		0,1
Daihatsu	891	0,4	- 22,3	13 726	0,4		1,4
Fiat	4 759	2,1	- 11,3	88 111	2,9		19,4
Ford	16 690	7,4	- 14,4	217 305	7,0		1,6
General Motors	111	0,0	- 54,5	3 037	0,1		67,2
Honda	3 334	1,5	+ 53,0	40 133	1,3	-3,8	
Hyundai	5 619	2,5	+ 24,9	51 677	1,7		8,7
Jaguar	298	0,1	- 30,9	3 915	0,1		5,2
Kia	3 293	1,5	- 11,5	34 322	1,1	-15,0	
Lada	197	0,1	+ 48,1	2 248	0,1		15,2
Lancia	183	0,1	- 1,1	3 573	0,1		39,8
Land Rover	591	0,3	- 17,8	7 149	0,2	-12,6	
Mazda	2 490	1,1	- 38,6	56 277	1,8	-14,3	
Mercedes	18 262	8,1	- 12,7	327 965	10,6		0,1
Mitsubishi	1 907	0,8	- 10,8	25 558	0,8	-18,7	
Nissan, Infiniti	3 197	1,4	+ 11,1	45 746	1,5		10,0
Opel	19 979	8,8	- 17,7	258 274	8,4	-9,5	
Peugeot	7 523	3,3	+ 14,5	94 676	3,1		1,4
Porsche	692	0,3	- 0,1	16 221	0,5	-8,2	
Renault, Dacia	8 486	3,8	- 17,2	147 167	4,8		4,9
Saab	264	0,1	- 31,8	3 797	0,1	-8,9	
Seat	3 547	1,6	- 7,0	49 331	1,6	-6,7	
Skoda	10 542	4,7	+ 31,8	121 277	3,9		2,2
Smart	2 426	1,1	- 12,0	33 805	1,1		5,7
Ssangyong	8	0,0	.	620	0,0	-46,8	
Subaru	1 175	0,5	- 4,1	9 609	0,3		12,8
Suzuki	1 712	0,8	- 51,1	36 840	1,2		1,3
Toyota, Lexus	5 381	2,4	- 53,3	96 781	3,1	-27,0	
Volvo	2 431	1,1	+ 0,2	27 977	0,9	-16,4	
VW	47 922	21,2	+ 5,7	615 229	19,9		1,1
Sonstige	220	0,1	+ 5,3	4 771	0,2		
Insgesamt	225 981	100	- 6,6	3 090 040	100	-1,8	

Quelle: Vgl. www.kba.de/cln_007/nn_124584/DE/Statistik/Fahrzeuge/Neuzulassungen/Monatliche Neuzulassungen/monatl__neuzulassungen__node.html?__nnn=true, hrsg. v. Kraftfahrt-Bundesamt, Flensburg, abgerufen am 08.09.2009

Für ein Autohaus auf einem lokalen Markt sind andere Kennzahlen wichtiger.

➤ Wie hoch ist der eigene Marktanteil im Segment ‚untere Mittelklasse' im lokalen Markt?

$$\text{Marktanteil in \%, untere Mittelklasse} = \frac{\text{Zulassungen der eigenen Marke} \times 100}{\text{Gesamtzulassungen auf dem lokalen Markt}}$$

Leitfragen

- Wie haben sich die eigenen Markanteile im Vergleich zur Konkurrenz entwickelt?
- Wie haben sich die eigenen Marktanteile in den verschiedenen Segmenten im letzten Jahr entwickelt?
- Wie hoch ist die Umsatzrendite der Neuwagenabteilung? (Wie viel wird pro 100 EUR Neuwagen-Umsatz verdient?)

$$\text{Umsatzrendite NW-Abteilung} = \frac{\text{Reingewinn der NW-Abteilung} \times 100}{\text{Umsatzerlöse NW-Verkauf}}$$

Beispiel

Autohaus Nord GmbH hat im letzten Jahr Neuwagen im Wert von 3.240.000,00 EUR verkauft. Nach Abzug aller Kosten blieb ein Gewinn von 36.000,00 EUR. Das ergibt eine Umsatzrendite von ca. 1,1 %.

Dieser Wert ist nicht unüblich. Autohäuser müssen den Gewinn mit den anderen Geschäftsfeldern machen.

Leitfrage

- Wie hoch ist der Bruttoertrag im Geschäftsfeld Neuwagenverkauf?

Der Bruttoertrag ist der Rohgewinn (%) in dem jeweiligen Geschäftsfeld in Bezug zu den Umsatzerlösen.

$$\text{Bruttoertrag NW-Verkauf} = \frac{(\text{Umsatzerlöse NW-Verkauf} - \text{verrechn. Anschaffungskosten NW-Verkauf}) \times 100}{\text{Umsatzerlöse NW-Verkauf}}$$

Beispiel

Den Umsatzerlösen von 3.240.000,00 EUR stehen beim Autohaus Nord GmbH verrechnete Anschaffungskosten von 2.964.600,00 EUR gegenüber. Der Bruttoertrag liegt bei 8,5 %. Branchenüblich waren in den letzten Jahren Werte leicht über 9 %.

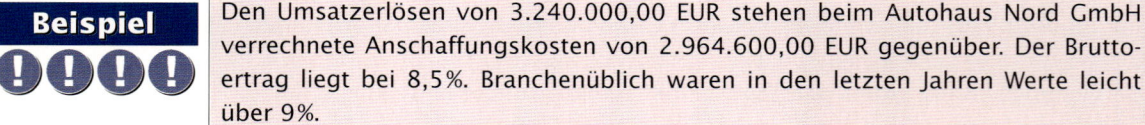

$$\text{Bruttoertrag NW-Verkauf} = \frac{(3.240.000 - 2.964.600) \times 100}{3.240.000} = 8,5$$

2.1.2 Steuerungsgrößen im Gebrauchtwagenverkauf

Das Gebrauchtwagengeschäft ist im Zusammenhang mit dem Neuwagengeschäft zu sehen. Sehr häufig geben die Kunden als Anzahlung für den Kauf eines Neuwagens ihren alten Wagen in Zahlung. Für das Autohaus kommt es darauf an, dass es eine attraktive Mischung im Angebot hat, damit die Gebrauchtwagen schnell verkauft werden. Je unattraktiver das GW-Angebot ist, desto länger stehen die Fahrzeuge auf dem Platz, desto höher ist der Anteil der Gemeinkosten, der auf jedes Fahrzeug entfällt.

Für das Autohaus sind u. a. folgende Kennzahlen von Bedeutung:

- Durchschnittliche Standzeit in Tagen

$$\text{Durchschnittliche Standzeit in Tagen} = \frac{\text{Summe der Standzeiten aller GW in Tagen}}{\text{Anzahl der GW im Jahr}}$$

Beispiel

Beim Autohaus Nord GmbH standen im Vorjahr 870 Gebrauchtwagen auf dem Hof. Die Summe aller Standzeiten in Tagen betrug 54 070 Tage. Die durchschnittliche Standzeit beläuft sich auf 62,1 Tage.

- Durchschnittliche Kapitalbindung des GW-Bestandes

$$\text{Durchschnittliche Kapitalbindung} = \frac{\text{Anzahl der GW} \times \text{Durchschnittspreis|GW} \times \text{durchschnittliche Standzeit in Tagen}}{365}$$

Beispiel

Anzahl der GW: 870, durchschnittliche Standzeit in Tagen: 62,1; Durchschnittseinkaufspreis: 7.500,00 EUR; durchschnittlich sind 1.110.143,70 EUR gebunden.

- Durchschnittliche Standzeitkosten eines GW-Pkw pro Tag

$$\text{Durchschnittliche Standzeitkosten pro Tag} = \frac{(\text{Geschäftsfeldbezogene} + \text{anteilige allgemeine Gemeinkosten}) \times \text{durchschnittliche Standzeit in Tagen}}{365 \times \text{Anzahl der GW}}$$

Mit dem Verkaufspreis des GW müssen auch die Gemeinkosten des Betriebes gedeckt werden. Für jeden Tag, den das Fahrzeug auf dem Hof steht, fallen nicht direkt zurechenbare Kosten für den Gesamtbetrieb und für die GW-Abteilung (z. B. Platzmiete und Energiekosten) an. Diese werden zusammengefasst und für jedes Fahrzeug tageweise ausgerechnet. Der ZDK gibt als Richtgröße 20 EUR pro Tag und GW-Fahrzeug an. Die durchschnittliche Standzeit eines GW sollte 60 Tagen nicht überschreiten.

GW-Gemeinkosten: 110.000,00 EUR; anteilige Verwaltungsgemeinkosten: 12.000 EUR; durchschnittliche Standzeit eines GW: 62,1 Tage; Anzahl der GW im Jahr: 870.

$$\text{Durchschnittliche Standzeitkosten pro Tag} = \frac{(12.000 + 110.000) \times 62{,}1}{365 \times 870}$$

Ergebnis: 23,86 EUR / Tag. Die Kosten pro Fahrzeug sind etwas hoch. Mögliche Schlüsse: Kosten reduzieren und/oder Standzeiten reduzieren durch ein attraktiveres GW-Angebot – was nicht immer ganz einfach umzusetzen ist.

Bruttoertrag im Geschäftsfeld Gebrauchtwagen

$$\text{Bruttoertrag GW-Verkauf} = \frac{(\text{Umsatzerlöse GW-Verkauf} - \text{verrechn. Anschaffungskosten GW-Verkauf}) \times 100}{\text{Umsatzerlöse GW-Verkauf}}$$

Aufgaben

1. Autohaus Nord GmbH hat im letzten Jahr im Segment ‚obere Mittelklasse' 230 Neu-Fahrzeuge abgesetzt; im Jahr zuvor waren es 225. Im lokalen Markt wurden im Vorjahr insgesamt 1.815 verkauft, im Jahr zuvor waren 1.650.

   a) Berechnen Sie die Marktanteile des Autohauses Nord in den vergangenen beiden Jahren.

   b) Bewerten Sie die Entwicklung der Marktanteile.

2. Die Erlöse im Neuwagenbereich des Autohauses Süd GmbH lagen im vergangenen Jahr bei 14.720.000,00 EUR, die verrechneten Anschaffungskosten bei 13.280.000,00 EUR. Berechnen Sie den Bruttoertrag der NW-Abteilung.

3 Im Autohaus Süd GmbH liegen folgende Werte des letzten Jahres aus der GW-Abteilung vor:

Durchschnittseinkaufpreis pro GW (netto)	7.200 EUR
Durchschnittsverkaufspreis pro GW (netto)	8.150 EUR
Anzahl der verkauften Gebrauchtwagen	1.180 Stück
Summe der Standzeittage aller Gebrauchtwagen	76.800 Stück
Anzahl der hereingenommenen GW im Jahr	1.200 Stück
Gemeinkosten GW-Abteilung	98.000 EUR
Anteilige Verwaltungsgemeinkosten GW-Abteilung	16.000 EUR

a) Berechnen Sie den Bruttoertrag der GW-Abteilung.
b) Berechnen Sie die durchschnittliche Standzeit eines Gebrauchtwagens.
c) Berechnen Sie die durchschnittliche Kapitalbindung für die Gebrauchtwagen.
d) Berechnen Sie die durchschnittlichen Standzeitkosten pro Fahrzeug.
e) Die Empfehlung des ZDK lautet: Die durchschnittlichen Tages-Standplatzkosten pro GW-Fahrzeug sollten 20,00 EUR nicht übersteigen. Bewerten Sie das in Aufgabe 3 d ermittelte Ergebnis.

2.2 Betriebswirtschaftliche Kennzahlen

Bilanz der Fa. Autohaus Karl Liber e. K. zum 20..-12-31

Aktiva	EUR	Passiva	EUR
Anlagevermögen		**Eigenkapital**	
Grundstücke	210.000	Kapital Anfang des Jahres	222.000
Gebäude	240.000	Gewinn (Jahresüberschuss)	22.000
Maschinen	51.300	Summe Eigenkapital	244.000
Betriebsausstattung	62.700	**Fremdkapital**	
Fuhrpark	31.500	*Langfristiges Fremdkapital*	
Vorführfahrzeuge	151.000	Hypotheken	1.024.900
Summe Anlageverm.	746.500	Darlehen	280.000
Umlaufvermögen		Summe langfr. Fremdkapital	1.304.900
Neufahrzeuge	345.000	*Kurzfristiges Fremdkapital*	
Gebrauchtfahrzeuge	312.000	Kontokorrentkredite	93.000
Teile und Zubehör	187.000	Verbindlichkeiten LuL	90.500
Forderungen	30.000	sonstige Verb.	30.100
Bankguthaben	130.000	Summe kurzfristiges Fremdkap.	1.213.600
Kassenbestand	12.000		
Summe Umlaufverm.	1.016.000	Summe Fremdkapital	1.518.500
Bilanzsumme	1.762.500	**Bilanzsumme (Gesamtkapital)**	1.762.500

Weitere Daten			
Abschreibungen	39.000	Forderungen im Durchschnitt	65.000
Umsatz Bilanzjahr -1	2.500.000		
Umsatz Bilanzjahr	2.700.000		
Zinsaufwendungen	79.000		

Um die wirtschaftliche Situation eines Betriebes beurteilen zu können, werden weitere als die bisher genannten Kennzahlen benötigt. Viele lassen sich aus der letzten Bilanz eines Betriebes ableiten. Die aus Gründen der Übersichtlichkeit vereinfachte Bilanz dient zur Berechnung allgemein gebräuchlicher Kennzahlen.

2.2.1 Eigenkapitalrentabilität

Beschreibung:	Diese Kennzahl wird auch als Unternehmerrentabilität bezeichnet. Sie ergibt sich aus dem Verhältnis von Gewinn (Jahresüberschuss) zum Eigenkapital.
Berechnung:	Eigenkapitalrentabilität = $\dfrac{\text{Jahresüberschuss} \times 100}{\text{Eigenkapital}}$
Anmerkungen:	Diese Kennzahl bringt die Verzinsung des eingesetzten Eigenkapitals zum Ausdruck. Im Vergleich zu anderen Unternehmen der gleichen Branche gilt allgemein: Je höher die Eigenkapitalrentabilität, desto positiver ist die Beurteilung des Unternehmens. Allerdings muss eine relative niedrige Eigenkapitalrentabilität nicht zwingend negativ bewertet werden. Als Gewinn wird vereinfacht der Jahresüberschuss herangezogen.
Zielwert:	größer als der Kapitalmarktzins für langfristige Anlagen

Beispiel

$$\text{Eigenkapitalrentabilität} = \frac{22.000 \times 100}{244.000} = 9{,}02\%$$

2.2.2 Gesamtkapitalrentabilität

Beschreibung:	Diese Kennzahl gibt die Verzinsung des gesamten Kapitaleinsatzes im Unternehmen an. Da die Gesamtkapitalrentabilität die Verzinsung des gesamten im Unternehmen investierten Kapitals (Eigen- und Fremdkapital) angibt, ist sie aussagekräftiger als die Eigenkapitalrentabilität. Es wird die Verzinsung des gesamten eingesetzten Kapitals, unabhängig von seiner Finanzierung, betrachtet. Die Fremdkapitalzinsen müssen dem Gewinn hinzugerechnet werden, da sie in der gleichen Periode verdient wurden, jedoch den Gewinn in der GuV schmälern.
Berechnung:	Gesamtkapitalrentabilität = $\dfrac{(\text{Gewinn} + \text{Fremdkapitalzinsen}) \times 100}{\text{Gesamtkapital}}$
Anmerkungen:	vereinfacht: Gesamtkapital = Bilanzsumme
Zielwert:	größer als der Zins für das eingesetzte Fremdkapital, üblich sind 10% bis 15%

Beispiel

$$\text{Gesamtkapitalrentabilität} = \frac{(22.000 + 79.000) \times 100}{1.762.500} = 5{,}7\%$$

2.2.3 Working Capital

Beschreibung:	Das Working Capital ergibt sich aus der Differenz von Umlaufvermögen und kurzfristigen Verbindlichkeiten. Das Ergebnis sollte möglichst positiv sein, was bedeutet, dass ein Teil des Umlaufvermögens mit langfristig zur Verfügung stehendem Kapital finanziert wird. Ist das Ergebnis dagegen negativ, bedeutet dies, dass das Umlaufvermögen nicht ausreichend genug ist, um die gesamten kurzfristigen Verbindlichkeiten zu decken. Ein Teil des Anlagevermögens ist damit kurzfristig finanziert. Das Unternehmen kann somit zukünftig leicht in Liquiditätsschwierigkeiten geraten. Je höher das Working Capital ist, desto gesicherter ist die Liquidität des Unternehmens und desto größer ist die Flexibilität des Unternehmens, auf schwer vorhersehbare finanzielle Probleme reagieren zu können.
Berechnung:	Working Capital = Umlaufvermögen – kurzfristige Verbindlichkeiten
Zielwert:	Größer 0 Euro

Beispiel

Working Capital = 1.016.000 – 213.600 = 802.400

2.2.4 Liquiditätskennzahlen

Die Liquidität bezeichnet die Fähigkeit eines Unternehmens, seine kurzfristigen Verbindlichkeiten zu erfüllen. Im Rahmen einer Liquiditätsplanung soll sichergestellt werden, dass zu den entsprechenden Zeitpunkten die notwendigen Zahlungen geleistet werden. Bei Zahlungsunfähigkeit muss ein Unternehmen Insolvenz anmelden. Um die Zahlungsfähigkeit festzustellen, werden in der Regel drei unterschiedliche Liquiditätskennzahlen beachtet. Sie sind allerdings vergangenheitsbezogen.

Um genauere Aussagen zu treffen, müssten zukünftige Ein- und Auszahlungen berücksichtigt werden.

Liquidität ersten Grades

Beschreibung:	Bei der Berechnung der Liquidität ersten Grades werden Kassenbestand und das Bankguthaben (flüssige Mittel) in Beziehung zu den kurzfristigen Verbindlichkeiten gesetzt.
Anmerkungen:	Auch die Forderungen und die Warenvorräte stehen zur Deckung der kurzfristigen Verbindlichkeiten zur Verfügung.
Berechnung:	Liquidität 1. Grades = $\dfrac{(\text{Kasse} + \text{Bankguthaben}) \times 100}{\text{kurzfristige Verbindlichkeiten}}$
Zielwert:	10% bis 30%

$$\text{Liquidität 1. Grades} = \frac{(12.000 + 130.000) \times 100}{213.600} = 66{,}48\%$$

Der Wert ist überdurchschnittlich gut.

Liquidität zweiten Grades

Beschreibung:	Bei der Berechnung der Liquidität zweiten Grades werden die flüssigen Mittel plus die Forderungen in Beziehung zu den kurzfristigen Verbindlichkeiten gesetzt.
Anmerkungen:	Der Wert sagt aus, in welchem Ausmaß die Geldmittel und die Forderungen die kurzfristigen Verbindlichkeiten decken (zum 31.12. des Vorjahres).
Berechnung:	Liquidität 2. Grades = $\dfrac{(\text{flüssige Mittel} + \text{Forderungen}) \times 100}{\text{kurzfristige Verbindlichkeiten}}$
Zielwert:	100% bis 120%

$$\text{Liquidität 2. Grades} = \frac{(142.000 + 30.000) \times 100}{213.600} = 80{,}52\%$$

Der Wert ist deutlich zu niedrig. Möglicherweise ist der Warenbestand zu hoch.

Liquidität dritten Grades

Beschreibung:	Bei der Berechnung der Liquidität dritten Grades werden die flüssigen Mittel plus die Forderungen plus die Warenvorräte in Beziehung zu den kurzfristigen Verbindlichkeiten gesetzt.
Anmerkungen:	Der Wert sagt aus, in welchem Ausmaß die Geldmittel, die Forderungen und die Warenvorräte die kurzfristigen Verbindlichkeiten decken (zum 31.12. des Vorjahres).
Berechnung:	$\text{Liquidität 3. Grades} = \dfrac{(\text{flüssige Mittel} + \text{Forderungen} + \text{Warenvorräte}) \times 100}{\text{kurzfristige Verbindlichkeiten}}$
Zielwert:	100% bis 120%

Beispiel

$$\text{Liquidität 3. Grades} = \dfrac{(172.000 + 844.000) \times 100}{213.600} = 475{,}66\%$$

Offensichtlich ist der Warenbestand deutlich zu hoch.

2.2.5 Umsatzrentabilität

Beschreibung:	Diese Kennzahl stellt den auf den Umsatz bezogenen Gewinnanteil dar. Sie lässt also erkennen, wie viel das Unternehmen in Bezug auf 1 EUR Umsatz verdient hat. Eine Umsatzrendite von 10% bedeutet, dass mit jedem umgesetzten Euro ein Gewinn von 10 Cent erwirtschaftet wurde. Eine steigende Umsatzrentabilität deutet bei unverändertem Verkaufspreis auf eine zunehmende Produktivität im Unternehmen hin, während eine sinkende Umsatzrentabilität auf sinkende Produktivität und damit auf steigende Kosten hinweist. Andere Begriffe für Umsatzrentabilität sind u. a.: Umsatzrendite, Return on Sales, Umsatzverdienstrate.
Anmerkungen:	Um diese Kennzahl nicht durch nicht dem eigentlichen Betriebszweck dienende Einflüsse zu verfälschen, sollte das ordentliche Betriebsergebnis und nicht der Gewinn herangezogen werden. Das ordentliche Betriebsergebnis enthält keine Zinserträge und -aufwendungen, keine außerordentlichen Erträge und Aufwendungen und auch keine Steuern. Da der Gewinn sehr starken Schwankungen, insbesondere durch bilanzpolitische Gestaltungen, unterliegen kann, ist für einen Vergleich die Cash-Flow-Marge (Cash-Flow-Umsatzrendite) besser geeignet.
Berechnung:	$\text{Umsatzrentabilität} = \dfrac{\text{Gewinn} \times 100}{\text{Umsatz}}$

Zielwert:	größer 5% (stark branchenabhängig); im NW-Bereich liegt die Umsatzrentabilität in den letzten Jahren um 1%.

Beispiel

$$\text{Umsatzrentabilität} = \frac{22.000 \times 100}{2.700.000} = 8,15\%$$

2.2.6 Cash-Flow

Beschreibung:	Der Cash-Flow zeigt, wie viel Geld für zukünftige Investitionen, Gewinnverteilung oder zur Begleichung von Verbindlichkeiten zur Verfügung steht. Zu dem Jahresüberschuss müssten die Erträge und die Aufwendungen hinzugerechnet werden, die keine Einzahlungen oder Auszahlungen darstellen. Das Geld steht noch zur Verfügung.
Berechnung:	Cash-Flow = Jahresüberschuss + Abschreibungen (vereinfacht)
Zielwert:	Abhängig von der betrieblichen Situation

Beispiel

Cash-Flow = 22.000 EUR + 39.000 EUR = 61.000 EUR

2.2.7 Cash-Flow-Umsatzrendite

Beschreibung:	Aus dieser Kennzahl lässt sich erkennen, wie viel Prozent der Umsatzerlöse für Investitionen, Kredittilgung und Gewinnausschüttung zur Verfügung stehen. Da der Cash-Flow weniger der Bilanzpolitik unterliegt als der Gewinn, ist die Cash-Flow-Umsatzrendite eine aussagefähige Kennzahl für die operative Ertrags- und Finanzierungskraft eines Unternehmens.
Berechnung:	Cash-Flow-Umsatzrendite = $\frac{\text{Cash-Flow} \times 100}{\text{Umsatzerlöse}}$
Zielwert:	branchenübergreifend: >5,4%

Beispiel

$$\text{Cash-Flow-Umsatzrendite} = \frac{(22.000 + 39.000) \times 100}{2.7000.000} = 22{,}6\%$$

2.2.8 Eigenkapitalquote

Beschreibung:	Die Eigenkapitalquote gibt an, wie hoch der Anteil des Eigenkapitals am Gesamtkapital ist.
Anmerkungen:	Je höher die Eigenkapitalquote ist, desto kreditwürdiger ist ein Unternehmen. Bei den Autohäusern liegt die Eigenkapitalquote im Durchschnitt bei 12%.
Berechnung:	$\text{Eigenkapitalquote} = \dfrac{\text{Eigenkapital} \times 100}{\text{Gesamtkapital}}$
Zielwert:	25%

Beispiel

$$\text{Eigenkapitalquote} = \frac{244.000 \times 100}{1.762.500} = 13{,}8\%$$

2.2.9 Forderungsumschlag

Beschreibung:	Mit Hilfe dieser Kennzahl lässt sich ermitteln, wie lange es dauert, bis die Forderungen gegenüber Kunden beglichen werden.
Anmerkungen:	Da ausstehende Forderungen die Liquidität eines Unternehmens gefährden, sollten die Unternehmen mit Nachdruck auf rechtzeitige Zahlung bestehen.
Berechnung:	$\text{Forderungsumschlag} = \dfrac{\text{Umsatzerlöse}}{\text{durchschn. Forderungsbestand}}$ $\text{Dauer bis Zahlungseingang} = \dfrac{365}{\text{Forderungsumschlag}}$

Beispiel

$$\text{Forderungsumschlag} = \frac{2.700.000}{65.000} = 41{,}54$$

$$\text{Dauer bis Zahlungseingang} = \frac{365}{41{,}54} = 8{,}8 \text{ Tage}$$

Der Wert ist erfreulich niedrig.

2.2.10 Umsatzentwicklung

Beschreibung:	Es wird die prozentuale Abweichung zum Vorjahreswert errechnet.
Anmerkungen:	Die Abweichung sollte mit dem Durchschnittswert vergleichbarer Betriebe betrachtet werden.
Berechnung:	Umsatzentwicklung = $\dfrac{(\text{Umsatz Bilanzjahr} - \text{Umsatz Bilanzvorjahr}) \times 100}{\text{Umsatz Bilanzvorjahr}}$
Zielwert:	größer als der Branchendurchschnitt

$$\text{Umsatzentwicklung} = \frac{(2.700.000 - 2.500.000) \times 100}{2.500.000} = 8\,\%$$

Beispiel

1 Bilanz Autohaus Fritz Ost e. K. zum 31.12.20..

Aufgaben

Aktiva	EURO	Passiva	EURO
Anlagevermögen		**Eigenkaptal**	
Grundstücke	3.100.000	Kapital Anfang des Jahres	3.220.000
Gebäude	2.900.000	Überschuss im Wirtschaftsjahr	120.000
Maschinen	1.390.000	Summe Eigenkapital	3.340.000
Betriebsausstattung	621.000	**Fremdkapital**	
Fuhrpark	710.000	*Langfr. Fremdkapital*	
Vorführfahrzeuge	1.310.000	Hypotheken	17.469.500
Summe Anlageverm.	10.031.000	Darlehen	1.800.000
Umlaufvermögen		Summe langfr. Fremdkapital	19.269.500
Neufahrzeuge	4.450.000	*Kurzfristiges Fremdkapital*	
Gebrauchtfahrzeuge	5.120.000	Kontokorrentkredite	4.930.000
Teile und Zubehör	2.870.000	Verbindlichkeiten LuL	290.500
Forderungen	3.200.000	sonstige Verb.	301.000
Bankguthaben	2.300.000	Summe kurzfristiges Fremdk.	5.521.500
Kassenbestand	160.000		
Summe Umlaufverm.	18.100.000	Summe Fremdkapital	24.791.000
Bilanzsumme	**28.131.000**	**Bilanzsumme**	**28.131.000**

Weitere Daten			
Abschreibungen	2.390.000	Forderungen im Durchschnitt	970.000
Umsatz Bilanzjahr -1	18.000.000		
Umsatz Bilanzjahr	19.000.000		
Zinsaufwendungen	1.050.000		

Aufgaben

Berechnen Sie folgende Kennzahlen:

a) Eigenkapitalanteil
b) Liquidität 1. Grades
c) Liquidität 2. Grades
d) Liquidität 3. Grades
e) Cashflow in EURO
f) Cashflow-Umsatzrate
g) Eigenkapitalrentabilität
h) Gesamtkapitalrentabilität
i) Umsatzrentabilität
j) Umsatzsteigerung/-minderung
k) Forderungsumschlag
l) Dauer bis Zahlungseingang (Tage)

2 Warum legen Kreditinstitute sehr viel Wert auf eine hohe Eigenkapitalquote bei kreditsuchenden Autohäusern?

3 Notieren Sie fünf Positionen des Umlaufvermögens in einer Bilanz.

4 Welche Teile des Umlaufvermögens stehen als Sicherheit bei der Liquidätskennzahl 2. Grades zur Verfügung?

5 Unterscheiden Sie zwischen Aufwendungen und Auszahlungen.

6 Unterscheiden Sie zwischen Cashflow und dem Gewinn aus der GuV.

7 Erklären Sie, warum die Fremdkapitalzinsen bei der Berechnung der Gesamtkapitalrentabilität hinzu gezogen werden.

8 Die Umsatzrentabilität in einem Autohaus beträgt im Zubehörbereich 8,6 %. Was bedeutet diese Kennzahl bei einem Nettoumsatz von 500.000,00 EUR?

9 Die Umsatzrentabiltät im Zubehörbereich vergleichbarer Autohäuser beträgt im Durchschnitt 9,8 %. Schlagen Sie Maßnahmen vor, die die Umsatzrentabilität erhöhen.

10 Erläutern Sie, welche Bedeutung der Forderungsumschlag für die Dauer des Zahlungseingangs von Ausgangsrechnungen hat.

Finanzdienstleistungen und betriebsspezifische Leistungen

Lernfeld 12

1 Finanzierung / Darlehensverträge

Unterschied zwischen Herstellerbank = Autobank und markenunabhängiger Bank = Hausbank

Autobank	Hausbank
Konzernmarkenstrategie, Finanzierung konzerneigener Marken	Mehrmarkenstrategie, Finanzierung aller Fabrikate
Absatzförderung	Kreditvergabe
Neuwagenfinanzierung	Neu- und Gebrauchtwagenfinanzierung
Vertrieb über Niederlassungen und Autohäuser	Vertrieb über Handel, Filialen, Außendienst und online-Vertrieb (Direktbanken)

Leitfragen

➤ Beschreiben Sie das Spektrum der Finanzdienstleistungen einer modernen Autobank.
➤ Wie haben sich die Marktpositionen von Autobanken und Hausbanken im Zeitablauf verändert?
➤ Wie verhalten sich die prozentualen Anteile von Barkauf, Finanzierung und Leasing beim Autokauf?
➤ Skizzieren Sie die Auswirkungen der Finanzkrise auf die Automobilbranche und das Geschäft mit den Finanzdienstleistungen.

Der Markt rund um automobile Finanzdienstleistungen hat sich in den letzten Jahren dramatisch verändert. Erstens haben die klassischen Kreditinstitute (Hausbanken) das Finanzdienstleistungsgeschäft im Kfz-Bereich zum Großteil an die Autobanken verloren. Darüber hinaus ist es den Autobanken gelungen, vom reinen Autofinanzierer zur Vollbank zu mutieren.
Mittlerweile gängige Finanzdienstleistungen z. B. der BMW-Bank sind:

- Klassische Finanzdienstleistungen, die Autobank verdrängt die Hausbanken und kooperiert mit Versicherungsgesellschaften:
  - Finanzierung
  - Leasing
  - Versicherungen
  - Erwerbbare Garantien

Festgeldkonditionen

	Zins ab 5 000 12 Mon.	
	Kontakt	in %
NIBC Direkt [2]	01802/642234	5,05
Akbank N.V. [2]	01802/252265	4,50
DHB Bank [2]	dhbbank.de	4,00
Credit Europe Bank [2]	01805/008001	4,00
GarantiBank [2]	01801/445555	4,00
DenizBank (Wien) AG [1]	01805/009120	3,50
Vakifbank [1]	069/271366755	3,50
ICICI Bank UK PLC	0800/0042424	3,40
Mercedes-Benz Bank	01803/322265	3,25
Volkswagen Bank direct	01803/224223	3,25

Handelsblatt | Stand: 27.3.2009; 1) z. Zt. 100% Absicherung durch österreichischen Staat, 2) pro Anleger 100.000 Euro abgesichert (Niederlande), Quelle: FMH-Finanzberatung (www.fmh.de)

Tagesgeldkonditionen

	Zins ab 5 000 € p.a.	
	Kontakt	in %
NIBC Direct [1]	nibcdirect.de	4,80
Akbank N.V. [1]	akbanknv.de	4,50
Credit Europe Bank [1,3]	01805/008001	4,50
ING-DiBa [3]	01802/784578	4,00
GarantiBank [1]	01801/445555	4,00
netbank [3]	netbank.de	3,80
Advanzia Bank [2]	0800/8802120	3,54
Oyak Anker Bank	01805/692500	3,50
Santander Direkt Bank [3]	01805/556477	3,50
DHB Bank [1]	dhbbank.de	3,50

Handelsblatt | Stand: 27.3.2009; 1) pro Anleger 100.000 Euro abgesichert (Niederlande), 2) z.Zt. Noch 20.000 Euro p.P.; 50.000 Euro geplant durch luxemburgischen Staat, 3) für Neukunden bzw. Neuanlagen Quelle: FMH-Finanzberatung (www.fmh.de)

Quelle: Artikel „Festgeldkonditionen" und „Tagesgeldkonditionen" in: Handelsblatt Nr. 62 vom 30.03.2009, hrsg. von Handelsblatt GmbH, Düsseldorf.

„Die Autobanken verkaufen Finanzdienstleistungen bzw. Mobilitätskonzepte für den Autofahrer, die anderen Banken verkaufen Geld", so der Arbeitskreis der Banken und Leasinggesellschaften der Automobilhersteller (AKA) in Firmenauto, Ausgabe Juni 2007.

Quelle: Tauziehen um den Kunden, in: Firmenauto, 6/2007, hrsg. v. EuroTransportMedia Verlag- und Veranstaltungs-GmbH, Stuttgart

- Neuere Finanzdienstleistungen, die Autobank wird nun eine Vollbank:
  - BMW Online-Banking
  - BMW Fondssparplan
  - BMW Festgeld und BMW Mobil
  - BMW Sparkonto und BMW Online-Sparkonto
  - BMW Online-Tagesgeld
  - BMW Spar & Plan
  - BMW Premium Cards

Beispiel

Beispielsweise bewirbt die VW-Bank ebenfalls als Vollbank Kredite auf ihrer Homepage wie folgt:

- Kredithöhe frei wählbar zwischen 2.500,00 EUR und 25.000,00 EUR (Bonität vorausgesetzt)
- Laufzeit frei wählbar zwischen 12 und 84 Monaten
- laufzeitabhängiger Zinssatz ab 6,49% pro Jahr effektiv
- Online-Anfrage
- gleichbleibende Monatsraten

- auf Wunsch mit kostengünstiger Restschuldversicherung (bei Arbeitsunfähigkeit oder Todesfall)
- Aufstockung per E-Mail oder Telefon jederzeit möglich

Variable Beispielrechnungen sind über den auf der Homepage befindlichen Online-Rechner möglich.

Zusätzlich bietet die VW-Bank für ihre Kunden einen „Comfort"-Kredit an:
Kreditrahmen von 2.500,00 bis 25.000,00 EUR
- unbegrenzte Laufzeit
- günstige variable Zinsen statt teure Dispozinsen
- kostenlose Bereitstellung und Kontoführung
- freie Verfügbarkeit über Ihren Kreditrahmen per Internet oder Telefon (wählbar)
- monatliche Rückzahlung von nur 2 % des in Anspruch genommenen Kreditbetrages (mindestens 50,00 EUR)
- Sondertilgungen jederzeit möglich
- kostenloser monatlicher Kontoauszug
- auf Wunsch mit günstiger KreditPlus-Versicherung

Beispiel

Die Autobanken sind auch im Bereich der Immobilienfinanzierung tätig. Hier können sich Kunden über Konditionen und Auflagen bei einer Wohnungs- oder Hausfinanzierung via Autobank online informieren.

vgl. www.vw-bank.de

Mittlerweile sind die Hausbanken bemüht, ihr verlorenes Terrain im Autofinanzierungsgeschäft zurückzugewinnen. Denn manchmal ist der Weg für den Kunden zur Hausbank bzw. zur Sparkasse doch der kostengünstigere Weg. Dies gilt insbesondere dann, wenn er im Autohaus als Barzahler auftreten und entsprechende Rabatte aushandeln kann, vergl. hierzu Kapitel 6, insbesondere S. 247.

vgl. auch S. 188

Zu den Autobanken des Arbeitskreises der Banken und Leasinggesellschaften der Automobilwirtschaft (AKA) zählen die herstellerverbundenen Finanzdienstleistungsgesellschaften:

Banque PSA Finance, BMW Financial Services, Fiat Bank, Ford Financial, GMAC Bank, Honda Bank, Mercedes-Benz Bank, MKG Bank, RCI Banque, Toyota Financial Services, Volkswagen Financial Services und Volvo Auto Bank.
(Quelle: www.autobanken.de vom 29. August 2008)

Der Markt für Autofinanzierungen ist zu einem volkswirtschaftlich bedeutenden Wachstumsmarkt gereift. Die Autobanken haben die Summe der von ihnen verwalteten Forderungen in den letzten 10 Jahren auf über 86 Milliarden EUR mehr als verdoppelt (Stand 2007).

So sind die oben genannten Autobanken mit einem Marktanteil von über 64 Prozent im Neuwagen- und 50 Prozent im Gebrauchtwagenbereich unangefochten Marktführer für automobile Finanzdienstleistung in Deutschland. Dies bedeutet, 2007 wurden rund 3,3 Millionen Automobile der im Arbeitskreis der Autobanken vertretenen Marken in Deutschland neu zugelassen.

Grundsätzlich werden ca. 70 Prozent aller neuen Pkws in Deutschland geleast oder finanziert. Hier spiegeln sich ein lange anhaltender Einstellungswandel zu Gunsten des „Kaufs auf Pump" und eine stagnierende Einkommenssituation weiter Bevölkerungsteile wider.

Mittlerweile sind die Kreditblasen aus Amerika im großen Stil auf den deutschen Markt übergeschwappt und haben eine weltweite Finanzkrise verursacht. Die Konsequenzen sind noch nicht in voller Intensität abzusehen. Eine Konsequenz in Verbindung mit dem Lernfeld 12, Finanzdienstleistungen, wird beispielsweise eine strengere Überprüfung der Kreditwürdigkeit sein, was das Wachstum der Autobanken bremsen kann.

Folgen aus der Finanz- und Absatzkrise 2008/2009
In Verbindung mit der Finanzkrise lassen sich in der Fachpresse folgende Äußerungen zusammenfassen:

Die Auswirkungen der Finanz- und der Absatzkrise auf die Automobilwirtschaft einschließlich der Autobanken sind verheerend. So verlieren die Autobanken alleine Milliarden von EUR.

Denn etwa zwei Drittel aller Neufahrzeuge in Deutschland werden finanziert, die Hälfte davon wird geleast. Im dritten Quartal 2008 wuchs das Geschäft trotz rückläufiger Neuzulassungen noch um 8,5 Prozent. 2007 schloss die Branche in Deutschland neue Leasingverträge über 23 Mrd. EUR ab.

Doch die Lage für die Autokonzerne und ihre angeschlossenen Banken ist aufgrund der Finanz- und der Absatzkrise ausgesprochen kritisch. Deutliche Absatzrückgänge und höhere Kosten der Refinanzierung belasten Hersteller und Autobanken.

> Nach Angaben von Stefan Voges-Staude, Sprecher der Volkswagen Financial Services AG, gewähren sich die Banken untereinander kaum noch Kredite zu akzeptablen Konditionen. VW-Händler und -Kunden hätten daher Schwierigkeiten, Kredite zu bekommen.

Quelle: Vgl. Andreas Schweiger: Die Volkswagen-Bank beantragt Hilfe vom Staat, veröffentlicht am 10.12.2008, unter: www.newsclick.de/index.jsp/menuid/2044/artid/9568205, hrsg. v. Braunschweiger Zeitungsverlag GmbH & Co. KG, Braunschweig, abgerufen am 21.01.2010

Die Restwerte junger Gebrauchter sind seit 2006 um vier Prozent gefallen. Die Restwerte stellen für die Banken wichtige Vermögensposten dar. Zusätzlich setzt eine falsche Modellpolitik im Hinblick auf die CO_2-Debatte die Restwerte der viel Kraftstoff verbrauchenden Limousinen weiter unter Druck.

Die Krise der Automobilindustrie ist nach Ansicht des Autoexperten Wolfgang Meinig hausgemacht. Als Hauptgründe gelten eine gnadenlose Überproduktion und eine falsche Modellpolitik.

Quelle: Meinig: www.afzonline.de, hrsg. v. Springer Automotive Media/GWV Fachverlage GmbH, Wiesbaden, abgerufen am 04.01.2010

Als **Konsequenzen aus der Finanzkrise** sind derzeit zu konstatieren:
- Schwierigere Refinanzierung der Autobanken
- Partielle Kreditklemme (kein Vertrauen der Kreditinstitute untereinander)
- Strengere Überprüfung der Kreditwürdigkeit, Probleme für Autohäuser und Kunden
- Fallende Restwerte von Leasingrückläufern und finanzierten Fahrzeugen
- Ruf nach staatlichen Kreditprogrammen bzw. Staatshilfen
- Abschwächung der Konjunktur und zusätzlich
- CO_2-Debatte
- Falsche Modellpolitik der Hersteller
- Überkapazitäten, nur 6 Hersteller werden auf Dauer überleben
- Sonderprogramme von Herstellern und Autobanken zur Absatzförderung: Verwandlung des Automarktes in ein Schlaraffenland für Kunden, z. B.: Finanzierungen ohne Anzahlungen und ohne Zinsen, Auszahlung von Bargeld bei Leasing eines Neuwagens bei null Zinsen, Null-Komma-Nix-Leasing, Bonuszahlungen, etc.
- Mögliche Insolvenzen namhafter Hersteller und vieler Autohäuser
- „Rettungspakete" mit enormen Finanzspritzen seitens der Regierungen (s. USA)

Siehe hierzu auch den Artikel „Kreditklemme spitzt sich zu" in der Finanzzeitung des Handelsblatts, Nr. 99, 26.05.2009 auf beiliegender CD-ROM.

Experte rechnet mit Autohaus-Sterben

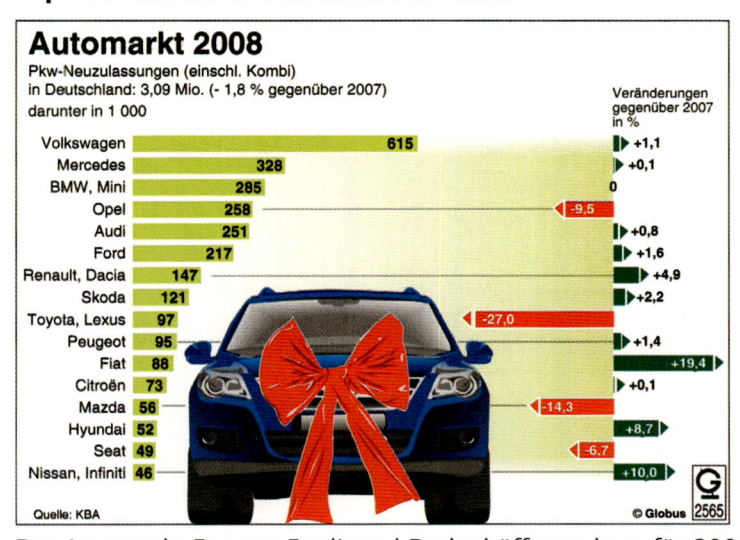

Automarkt 2008
Pkw-Neuzulassungen (einschl. Kombi) in Deutschland: 3,09 Mio. (- 1,8 % gegenüber 2007) darunter in 1 000

Marke	Zulassungen	Veränderungen gegenüber 2007 in %
Volkswagen	615	+1,1
Mercedes	328	+0,1
BMW, Mini	285	0
Opel	258	-9,5
Audi	251	+0,8
Ford	217	+1,6
Renault, Dacia	147	+4,9
Skoda	121	+2,2
Toyota, Lexus	97	-27,0
Peugeot	95	+1,4
Fiat	88	+19,4
Citroën	73	+0,1
Mazda	56	-14,3
Hyundai	52	+8,7
Seat	49	-6,7
Nissan, Infiniti	46	+10,0

Quelle: KBA © Globus 2565

Der Automarkt-Experte Ferdinand Dudenhöffer rechnet für 2009 mit starken Absatzrückgängen und einem Autohaus-Sterben. Voraussichtlich würden nur noch 2,85 Millionen Autos in Deutschland verkauft, teilte sein Forschungsinstitut „CAR" am Mittwoch (3.12.) in Duisburg mit. Das wären 8,1 Prozent weniger als noch in diesem Jahr. Für den Vertrieb habe das „deutlich negative" Auswirkungen:

> „Da die Händlernetze in Deutschland seit langem übersetzt sind, muss mit einem Ausscheiden von bis zu 25 Prozent der Betriebe gerechnet werden."

Dudenhöffers Prognose liegt noch unter der des Branchenverbandes VDA, der für 2009 mit rund 2,9 Millionen verkauften Neuwagen rechnet. Der Rückgang der Produktion bringe gravierende Auswirkungen auch für die Zulieferindustrie. Zur Vermeidung von Liquiditätskrisen bei den Zulieferern schlug Dudenhöffer einen staatlichen Kredithilfe-Fonds im Umfang von fünf Milliarden EUR vor.

Jahr der Importeure

2009 werde das Jahr der Importeure, so Dudenhöffer. Vor allem Alfa Romeo, Toyota und Dacia legten zu. Die deutschen Autohersteller mit Ausnahme von Opel schrumpften dagegen nicht ganz so stark wie der deutsche Gesamtmarkt. So rechnet der Experte etwa für Mercedes mit einem Rückgang von 3,1 Prozent gegenüber 2008, für VW mit 6,4 Prozent und für BMW mit 7,7 Prozent Minus. Opel sieht er mit 13,9 Prozent im Minus.

Die Autoproduktion in Deutschland werde im Vergleich zum laufenden Jahr um 7,4 Prozent auf rund fünf Millionen Fahrzeuge sinken. Damit falle sie unter den Wert des Jahres 1998.

Weltweit Absatzeinbrüche

Auch weltweit rechnet Dudenhöffer mit starken Absatzeinbrüchen. Der Experte geht 2009 von 50,8 Millionen Verkäufen aus, das wären 9,1 Prozent weniger als 2008. Damit werde der Absatz auf das Niveau von 2003 fallen, als rund 50 Millionen Autos verkauft wurden. „Dabei muss selbst bei den bisherigen Wachstums-Champions China und Russland mit einem Rückgang der Pkw-Verkäufe gerechnet werden."

Eine Verbesserung der Lage erwartet Dudenhöffer erst in der zweiten Hälfte des Jahres 2010. Vor allem in den jungen Volkswirtschaften der Welt bleibe die Autoindustrie mittel- und langfristig einer der großen und wichtigen Wachstumsträger.

Quelle: vgl. Dudenhöffer, Ferdinand, in: Newsletter auto-motor-sport vom 3. Dezember 2008, hrsg. v. auto-motor-sport, Motor Presse Stuttgart GmbH & Co. KG, Stuttgart

> **So meldet Toyota erstmals seit 70 Jahren einen Verlust in Milliardenhöhe. Der Weltmarktführer steht vor „einer beispiellosen Notlage", so der Toyota-Chef Katsuaki Watanabe, laut Süddeutsche Zeitung vom 23.12.2008, München, Seite 1.**

Der Versicherungs- und der Finanzierungsbedarf des Autohauses, vgl. S. 273 und 285 ff.

Unabhängig von der Finanzkrise sind für klassische Finanzdienstleistungen in der Autobranche folgende Ziele zu nennen:

Finanzierungsobjekte sind auch:
- *Jahreswagen*
- *Gebrauchtwagen*
- *Zubehör, z. B. Standheizungen und Winterreifen*
- *Reparaturdienstleistungen etc.*

Ziele von Leasing- und Finanzierungsangeboten

- Absatzförderung und Marktanteilssteigerung,
- bessere Händlerauslastung im Bereich Werkstatt und Service,
- Kapazitätsauslastung der Hersteller sichern,
- Kundenbindung erhöhen,
- Kaufmotiven wie Sparsamkeit, Geltungsbedürfnis und Prestigedenken Rechnung tragen,
- Entwicklung neuer Angebote, etwa Full-Service-Leasing und
- Wertschöpfung rund ums Auto steigern.

Hinter dem Abschluss einer Finanzierung steht das Streben nach Eigentum, also dem Erwerb des Fahrzeugs. Durch eine Finanzierungsvereinbarung kann der Kunde gleich sein Fahrzeug fahren, bezahlt es jedoch nach und nach. Für die Bereitstellung des Geldes muss der Kunde Zinsen entrichten. Denn Zinsen sind der Preis für die zeitweise Überlassung von Geld bzw. dem Fahrzeug als Äquivalent.

Darlehensantrag

Autohersteller verdienen am Neuwagenverkauf kaum Geld, aber kräftig an Finanzdienstleistungen und Ersatzteilen

Quelle: Darlehensantrag, BMW Financial Services, BMW Bank GmbH, München

Anbieter der Autofinanzierung sind die klassischen Kreditinstitute, Herstellerkreditbanken und sonstige Kreditvermittler. Zwischen dem Kunden und dem Kreditinstitut bzw. der Herstellerkreditbank wird ein Kreditvertrag abgeschlossen.

Wesentliche Inhalte eines Kreditvertrags sind
- die Art, Höhe und Laufzeit des Kredits,
- die Kreditsicherheiten in Verbindung mit der Kreditwürdigkeit und
- der nominale und effektive Jahreszinssatz ausgewiesen sowie
- die Zins- und Tilgungszahlungen.

Das Zinsniveau der Herstellerkreditbank = Autobank liegt meist unter dem eines klassischen Kreditinstitutes.

Der Kreditvertrag ist im BGB §§ 607ff. geregelt.

Abschluss eines Kreditvertrages

Verpflichtungsgeschäft

- Kreditinstitut ← Bitte um Angebotserstellung ← Kreditnehmer
- **Verpflichtung** zur Bereitstellung des Darlehens, sofern in der Bonität des Kreditnehmers keine wesentliche Verschlechterung eintritt.
- 1. Angebot in Form einer **Kreditzusage** →
- **1. Verpflichtungsgeschäft**
- ← 2. Einverständnis durch fristgerechte Rückgabe des unterschriebenen Vertrages
- **Verpflichtung** zur Bezahlung der vereinbarten Raten (= Zins- und Tilgungszahlung), sofern das Darlehen in Anspruch genommen wird.

Erfüllungsgeschäft

- Kreditvergabe
- 3. Bereitstellung auf einem Darlehenskonto →
- **2. Erfüllungsgeschäft**
- ← 4. Inanspruchnahme des Kredits
- Bestellung der Kreditsicherheiten
- Kreditaufnahme
- Zins- und Tilgungszahlungen

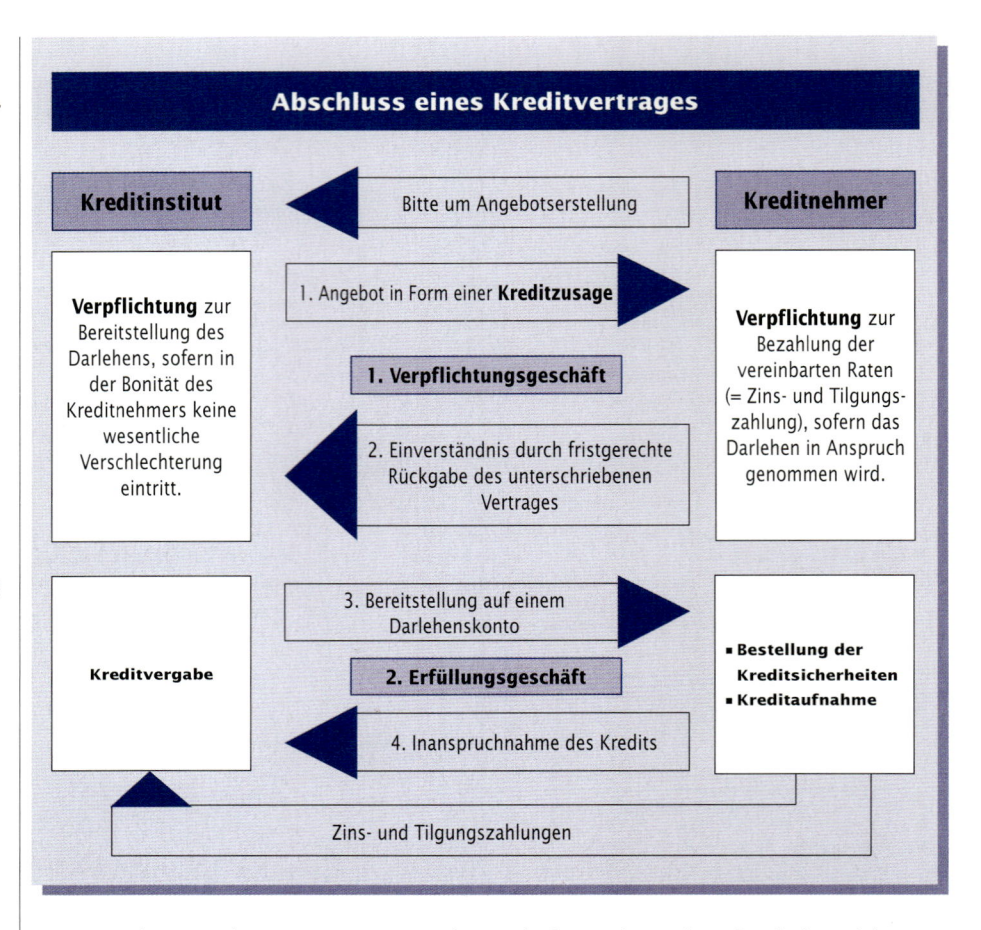

Können die Kunden Reparaturen oder Zubehörteile nicht gleich bezahlen, so bieten die Autohäuser fallweise eine eigene „Haus"-finanzierung an. Ggf. bietet auch die Autobank eine Reparatur- und Zubehörfinanzierung an.

1.1 Darlehen

1.1.1 Annuitätendarlehen

Unter Annuitätendarlehen versteht man die „klassische Finanzierung"; diese läuft z. B. bei VW unter dem Begriff „ClassicCredit". Es handelt sich um einen typischen Ratenkredit. Er soll die Kunden mit günstigen Effektivzinsen und bequemen Monatsraten zu ihrem Traumauto verhelfen.

Der Kunde sucht sich seinen Wagen aus. Dann wird entschieden, ob und wie viel angezahlt wird und die gewünschte Laufzeit festgelegt. So erwirbt man Eigentum zu fest kalkulierbaren Bedingungen. Am Ende der Finanzierungslaufzeit ist der Kunde Eigentümer des Fahrzeuges.

ClassicCredit

Flexible Anzahlung
Monatliche Ratenzahlung

Folgende Vorteile werden genannt:
- günstige Effektivzinsen und bequeme Monatsraten
- Gebrauchtwagen kann in Zahlung genommen werden
- Die Laufzeit liegt zwischen 12 und 72 Monaten
- am Ende der Laufzeit gehört das Fahrzeug dem Kunden, der Kunde wird Eigentümer

Beim Annuitätendarlehen zahlt der Kunde über die gesamte Kreditlaufzeit gleich hohe Raten. Der Betrag setzt sich aus Zinsen und Tilgung zusammen.

Bei diesen Raten bzw. Annuitäten steigt im Zeitablauf der Tilgungsanteil und der Zinsanteil geht zurück. Denn mit laufender Tilgung wird die Schuld und der damit zu zahlende Zinsbetrag immer geringer.

Zinsen- und Tilgungsverlauf, vgl. S. 242.

Der Barwert aller Tilgungen und Zinsen muss dem geschuldeten Kapital zum Ausgangszeitpunkt entsprechen.

Die Laufzeit solcher Annuitätendarlehen kann auch bis zu 84 Monaten betragen. Häufig werden Autos über 36, 48 oder 60 Monate finanziert. Je länger die Laufzeit, desto niedriger fallen die monatlichen Raten aus, allerdings steigen die Zinskosten für den Darlehensnehmer.

Barwert = Wert einer oder mehrerer zukünftiger Zahlungen zum Bezugszeitpunkt.

Bestandteile einer Finanzierung sind:

- Angabe des Gesamtkaufpreises in EUR und des Nettodarlehensbetrags in EUR,
- Anzahlung, ggf. in % des Kaufpreises oder in EUR,
- Laufzeit (meist in Monaten),
- Effektiver Jahreszins in % und
- die Höhe der monatlichen Rate in EUR
- sowie ggf. eine Restzahlung in % oder in EUR bei einer „Ballonfinanzierung" und
- Sicherheiten.

„Ballonfinanzierung", vgl. S. 179 ff.

Beispiel !!!!

Finanzierung

Beispiel: VW Golf 2.0 TDI	Klassische Finanzierung	„Ballonfinanzierung" Annuitätendarlehen
Kaufpreis in EUR	27.210,00	27.210,00
Anzahlung in %	36,75	36,75
Laufzeit in Monaten	36	36
Effektiver Jahreszins in %	3,9	3,9
Schlussrate	keine	10.530,27
Laufleistung	unbegrenzt	40 000 km
Monatliche Rate	521,76	251,16
Nettodarlehensbetrag in EUR	17.722,76	17.693,14

Quelle: VW-Bank-Online Rechner, vgl. https://calculator.volkswagenbank.de/CalculatorFE/aspx/mpvwbank30.aspx?pg=VWBank.VW30.Page.Vehicle, hrsg. v. Volkswagen Bank GmbH, Braunschweig, abgerufen am 04.02.2010

Je höher die Anzahlung ausfällt, desto niedriger sind die monatlichen Raten oder die Laufzeit. Bei der klassischen Finanzierung sind die Raten gleichbleibend, mit oder ohne Anzahlung. Bei der Ballonfinanzierung hat man eine höhere Restrate, dafür aber niedrigere Monatsraten während der Laufzeit.

Kunden haben häufig Interesse an einer niedrigen monatlichen Belastung.

Herstellerkreditbanken – auch Autobanken genannt – bieten produktspezifisch Niedrigzinsen an, um den Absatz zu fördern. Häufig werden Sonderzinsniedrigprogramme aus marktanteilsstrategischen Gründen aufgelegt. Nicht nur Importmarken betreiben eine aggressive Finanzierungsstrategie, um ihre Modelle auf dem deutschen Markt zu positionieren. Aus dieser Sicht kommt ein niedriger Zinssatz einem Rabatt gleich.

Durch eine Finanzierung können verdeckte Rabatte gewährt werden, ohne das Preisniveau zu drücken.

Weiterhin kann es aus Kundensicht sinnvoll sein, in Hochzinsphasen den Neukauf eines Automobils zu verschieben. Um die Kaufbereitschaft zu erhöhen, bringen eigentlich alle Automobilhersteller durch ihre Finanztöchter Sonderzinsprogramme auf den Markt.

Es ist zu beobachten, dass mit schwierigerer Marktposition eines Modells oder einer Marke die Bedeutung der Finanzierung als Mittel der Absatzförderung steigt. Teilweise werden Finanzierungen zu 0,0 % angeboten und dies kombiniert mit weiteren Gratis-Finanzdienstleistungen, z. B. die Ford-Flatrate-Aktion.

Der Autokunde kann bei Finanzierungen Eigentümer des Fahrzeugs mit Finanzierungsauslauf werden. Eigentum bedeutet die rechtliche Herrschaft über eine Sache, Besitz die tatsächliche. Dies ist wichtig für die Frage, wer das Fahrzeug letztlich bilanziert.

Wendet sich der Autointeressent bei der Finanzierung an ein Kreditinstitut, so hat dies für den Kunden den Vorteil, dass er gegenüber dem Autohaus als Barzahler auftreten und entsprechend hohe Rabatte bzw. einen günstigen Hauspreis erhandeln kann.

Denn oft müssen sich die Autohäuser teilweise an den Kosten für eine offensichtlich günstige Finanzierung durch die Herstellerkreditbank beteiligen, was zu einer Verringerung ihrer Marge führt und somit den Rabattspielraum einengt.

Entscheidet sich der Autokäufer aber für die Zusammenarbeit mit der Herstellerkreditbank, so bedeutet dies für den Autofahrer weniger Stress und einen geringeren Arbeits- und Zeitaufwand. Im Autohaus bekommt er alles aus einer Hand, das Fahrzeug, die Finanzierung und weitere Finanzdienstleistungen.

Und weitere Finanzdienstleistungen wie:
– Versicherungen
– Sparpläne
– Kontenservice
– Hypotheken

Oft bieten die Herstellerkreditbanken auch flexible Konditionen bezüglich der Laufzeit an. Beträgt etwa die reguläre Laufzeit 60 Monate und ist der Kunde in der Lage, eine Sondertilgung zu leisten, so kann sich hierdurch die Gesamtlaufzeit des Darlehens verkürzen. Die Finanzierung wird dann „von hinten aufgerollt". Weiterhin ermöglichen Herstellerkreditbanken die Umschreibung des Kreditvertrages auf eine andere Person nach einer Bonitätsprüfung. Im Falle eines Neugeschäfts sind die Autohäuser bereit, den Vertrag vorzeitig zu beenden. Das „Altauto" wird abgelöst.

Marge = Handelsspanne

Vorzeitige Fahrzeugrückgabe bei Neugeschäft

1.1.2 Darlehen mit Ballonrate (Schlussrate)

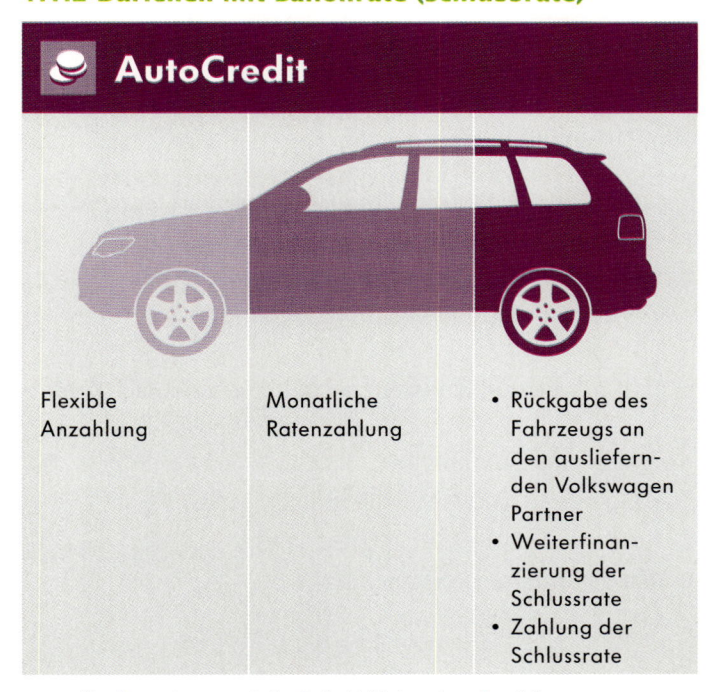

AutoCredit

Flexible Anzahlung

Monatliche Ratenzahlung

- Rückgabe des Fahrzeugs an den ausliefernden Volkswagen Partner
- Weiterfinanzierung der Schlussrate
- Zahlung der Schlussrate

Alles aus einer Hand im Autohaus: Fahrzeug, Finanzierung und ggf. die Versicherung

Die Ballonfinanzierung wird z. B. bei VW der „AutoCredit" genannt.

Es wird mit niedrigen Monatsraten und besonderer Flexibilität geworben. Der Kunde sucht sich sein Wunschauto aus. Danach wird entschieden, ob und wie viel angezahlt werden soll. Am Ende der Finanzierungslaufzeit hat man drei Möglichkeiten: Entweder wird die Schlussrate beglichen, der Kunde sucht sich ein neues Auto aus oder der Kunde fährt das Fahrzeug einfach weiter. Und ein seitens der Autobanken gemachtes Versprechen lautet: bei der Ballonfinanzierung trägt der Kunde kein Gebrauchtwagenrisiko, vorausgesetzt es erfolgt eine vertragsgemäße Rückgabe.

Folgende Vorteile der Ballonfinanzierung sind aufzuzählen:
- besonders niedrige monatliche Raten aufgrund höherer Schlussrate
- der Gebrauchtwagen wird in Zahlung genommen
- die Laufzeit liegt zwischen 12 und 54 Monaten
- es bestehen drei Möglichkeiten zur Ablösung der Schlussrate:

1. Verbrieftes Rückgaberecht: Der Kunde gibt das Auto einfach zurück und sucht sich ein neues Fahrzeug aus.
2. Anschlussfinanzierung der Schlussrate: Der Kunde fährt und finanziert das Auto weiter.
3. Ablösung der Schlussrate: Der Kunde begleicht die Schlussrate und wird damit Eigentümer des Fahrzeugs.

Zusätzlich, laut einer Anpreisung auf der Homepage der VW-Bank, kann die „Ballonfinanzierung" mit weiteren Finanzdienstleistungen kombiniert werden:
- Finanzierung zu 1,9% effektivem Jahreszins
- in Verbindung mit 4 Jahren Kfz-Haftpflicht und Vollkasko
- und 2 Jahren Garantieverlängerung

Das Paket kann weiter geschnürt werden und damit können die Finanzdienstleistungen rund um das Auto komplettiert werden:
- mit einer 4 Jahres Kfz-Haftpflicht,
- Fahrzeughaftpflichtversicherung mit 100 Mio. EUR Deckung und Schutzbriefleistungen,
- mit einem günstigen Tarif mit Beitragskonstanz auch im Schadenfall (Rabattretter),
- keiner Einschränkung in der Fahrzeugnutzung,
- Kfz-Vollkaskoversicherung mit 300,00 EUR Selbstbehalt,
- Kfz-Teilkaskoversicherung mit 150,00 EUR Selbstbehalt,
- Abdeckung des GAP-Risikos (Unterdeckungsschutz),
- Auslands-Schadenschutz,

- optional eine 2-jährige Garantieverlängerung mit Schutz für nahezu alle mechanischen und elektrischen Teile über die Herstellergarantie hinaus bis zum Vertragsende und
- auf Wunsch kann der Kunde eine Kreditabsicherung bei längerer Arbeitsunfähigkeit, krankheitsbedingter Umschulung und im Todesfall gegen Entgelt wählen.

Quelle: Vgl. auch www.audibank.de/index.phpzid=438&page=62, hrsg. v. Audi Bank, Braunschweig, abgerufen am 07.12.08 sowie Folgekapitel in Lernfeld 12

Die Ballon-Finanzierung ähnelt dem früheren Null-Leasing sehr stark.

Ein weiterer Vorteil liegt für den Kunden darin, dass etwa bei einer erwarteten größeren Auszahlung in den nächsten Jahren – fälliger Sparvertrag, Erbschaft o. Ä. – bereits jetzt das Wunschfahrzeug beschafft werden kann, ohne dass allzu große Einschränkungen in der alltäglichen Lebensführung hingenommen werden müssen. Die Raten sind bei einer Ballonfinanzierung niedriger als bei einer klassischen Finanzierung, weil ein Teil des Kreditbetrages in der Regel nicht getilgt wird.

Generell achten die Kunden eher auf eine niedrige Monatsrate als auf die Höhe des effektiven Jahreszinses. Verbraucherorganisationen raten eher zur klassischen Finanzierung, als zur Ballonfinanzierung, da der Ballon die gesamte Laufzeit mitfinanziert wird und damit höhere Zinsen anfallen.

Beispiel

Beispielsweise heißen Ballon-Finanzierungen: BMW-Select, Fiat Formula, Plus 3 Finanzierung bei Mercedes, VW Autocredit oder Ford Auswahl-Finanzierung.

Auswahl deshalb, weil der Kunde Fahrzeuge erwerben, weiterfinanzieren oder zurückgeben kann und damit flexibel ist.

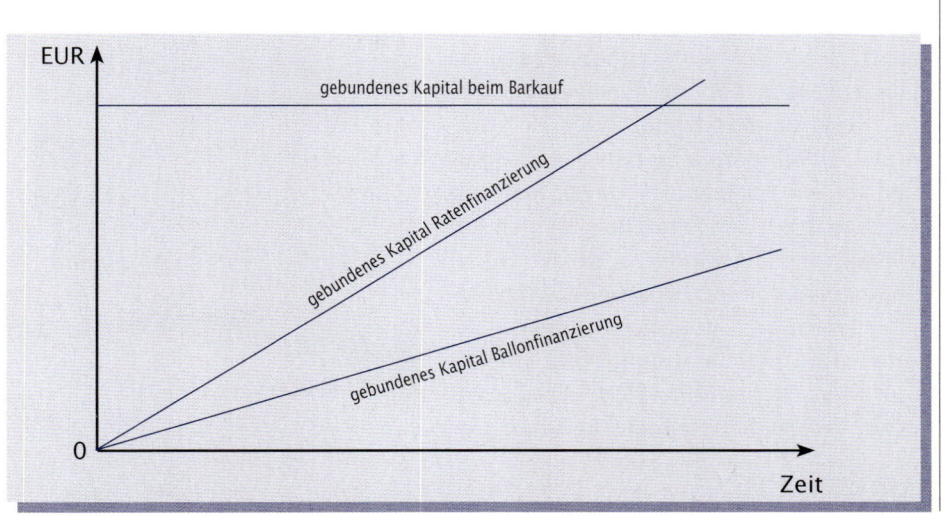

Schaubild für gebundenes Kapital

Der Autosparplan als Geschenkidee

1.1.3 Kombination mit Autoansparplänen

Verschiedene Herstellerkreditbanken bieten ihren Kunden Autoansparpläne an, welche ähnlich wie klassische Bausparverträge funktionieren. Während der Ansparphase erhalten die Kunden niedrigere, aber über dem klassischen Sparbuch liegende Zinssätze für ihr Guthaben. Am Ende der Ansparphase bringt ein Sparplan einen Bonus auf die Zinserträge. Wird das Ersparte für einen Autokauf verwendet, gibt es noch weitere Zinsgutschriften oder ein entsprechend günstiges Darlehen durch die Herstellerkreditbank.

Beispiel

BMW Mobilplan der BMW Bank
Modell 318 i

Basispreis:	EUR 31.546,00

Ansparphase bei 3,6 % effektivem Jahreszins

Sparziel: 30 % vom Basispreis	EUR 9.464,00
Sparzeit:	Monate 36
Zinsgewinn:	EUR 500,00

Finanzierungsphase bei 36 Monaten Laufzeit und 7,4 % effektivem Jahreszins

Monatliche Rate	EUR 683,19
Zinsersparnis als Differenz zwischen Basiskonditionen der BMW-Bank und den Mobilplankonditionen	EUR 675,22
Gesamtrendite als Zinsgewinn der Ansparphase und Konditionenvorteil in der Finanzierungsphase	EUR 1.175,26

langfristige Kundenbindung

Die Vorteile solcher Autoansparpläne für Hersteller und Autohaus sind, dass Kundenbindung und Markeninteresse über einen langen Zeitraum aufgebaut und erhalten werden können. Ein weiterer Aspekt stellt die Ausdehnung der Zielgruppe dar. Denn man kann den Autoansparplan für ein Fahrzeug nicht nur für sich selbst nutzen, sondern auch für den Lebenspartner, die Kinder oder die Enkelkinder verwenden. Zwischenzeitlich haben sich einige Autobanken vom Produkt Auto-Ansparplan getrennt und bieten nun verstärkt herkömmliche Ansparpläne an, vergleiche folgendes Beispiel:

Ansparpläne

Beispiel ❗❗❗❗

Produktinformation
Ansparpläne im Vergleich:

Stand: 20.11.2008 Institut	Angebots-bezeichnung	Zinsen zur Zeit	Fest-zins	Bonus / Prämie	Vertrags-laufzeit	vorher verfügbar	Einzahlung 3 Jahre Rendite	Einzahlung 3 Jahre Guthaben	Einzahlung 5 Jahre Rendite	Einzahlung 5 Jahre Guthaben	Einzahlung 7 Jahre Rendite	Einzahlung 7 Jahre Guthaben	Einzahlung 10 Jahre Rendite	Einzahlung 10 Jahre Guthaben
Berliner Sparkasse	Vorsorgesparen	2,54	nein	1-50%	3-25 J.	ja	2,75	1878	3,07	3242	3,36	4732	3,71	7249
Frankfurter Sparkasse	VermögensPlan	1,69	nein	5-40%	1-15 J.	3 Mon. Künd.frist	2,75	1877	3,20	3253	3,35	4730	3,34	7114
Ostsächsische Sparkasse	Prämienspar. flex.	2,00	nein	3-30%	max. 25 J.	ja	2,64	1874	2,91	3229	2,95	4664	2,95	6970
Postbank	Sparplan	3,00	nein	0-100%	1-25 J.	3 Mon. Künd.frist	3,14	1889	3,48	3276	3,66	4783	4,08	7388
PSD Bank Hannover	VorsorgePlusSparen	3,47	nein	1-25%	max 40 J.	ja	3,57	1901	3,61	3287	3,65	4782	3,72	7254
PSD Bank Kiel eG	Sparplan	2,10	nein	30-100%	1-25 J.	3 Mon. Künd.frist	2,85	1880	2,98	3235	3,06	4682	3,18	7054
PSD Bank Koblenz eG	Sparplan	2,45	nein	30-100%	1-25 J.	3 Mon. Künd.frist	3,32	1894	3,48	3276	3,57	4768	3,71	7249
PSD Bank Köln eG	Sparplan	2,60	nein	30-100%	1-25 J.	3 Mon. Künd.frist	3,53	1900	3,69	3294	3,79	4805	3,93	7334
PSD Bank Nord eG	Sparplan	2,25	nein	30-100%	1-25 J.	3 Mon. Künd.frist	3,05	1886	3,19	3253	3,28	4719	3,41	7137
Sparda-Bank Berlin eG	SpardaAnsparplan	2,40	nein	0-100%	1-20 J.	3 Mon. Künd.frist	3,25	1892	3,38	3268	3,38	4736	3,34	7112
Sparda-Bank Hannover eG	SpardaAnsparplan	1,85	nein	bis 50%	1-20 J.	3 Mon. Künd.frist	2,91	1882	3,06	3242	3,14	4695	3,52	7178
Sparda-Bank Hessen eG	SpardaAnsparplan	1,99	nein	0-100%	1-20 J.	3 Mon. Künd.frist	2,84	1880	2,98	3235	2,98	4669	2,94	6968
Sparda-Bank München eG	SpardaAnsparplan	1,70	nein	0-100%	1-20 J.	3 Mon. Künd.frist	2,55	1872	2,69	3212	2,70	4622	2,66	6868
Sparda-Bank Münster eG	SpardaAnsparplan	1,95	nein	0-100%	1-20 J.	3 Mon. Künd.frist	2,80	1879	2,94	3232	2,94	4662	2,90	6954
Sparda-Bank West eG	SpardaAnsparplan	2,00	nein	0-100%	1-20 J.	3 Mon. Künd.frist	2,85	1880	2,99	3236	2,99	4670	2,95	6971
Sparkasse Leipzig	PrämienPlus online	2,97	nein	bis 50%	1-15 J.	3 Mon. Künd.frist	3,60	1902	3,85	3308	3,89	4822	4,06	7383
Stadtsparkasse Düsseldorf	sPrämiensparen flexibel	2,00	nein	bis 50%	max. 25 J.	3 Mon. Künd.frist	2,63	1874	3,13	3247	3,32	4724	3,43	7145
Stadtsparkasse Wuppertal	Prämiensparen flexibel	2,80	nein	1-50%	max. 20 J.	3 Mon. Künd.frist	3,23	1891	3,26	3259	3,30	4721	3,44	7148
Audi Bank direct	Direkt-Sparplan	4,00 - 4,45	ja	keine	2-10 J.	nach 2 J.	4,08	1916	4,14	3332	4,21	4877	4,30	7475
Deutsche Bank AG (*)	db TopZinsSparen	3,50 - 4,00	ja	keine	4-18 J.	nein	-	-	3,50	3278	3,75	4798	4,00	7360
ING-DiBa**	Vorsorgesparen	3,70 - 4,00	ja	keine	10-20 J.	nein	-	-	-	-	-	-	3,70	7247
Mercedes-Benz Bank	Sparplan	4,00 - 4,60	ja	keine	1-6 J.	nach 1 J.	4,15	1918	4,28	3343	-	-	-	-
PSD Bank Rhein-Ruhr eG	Sparplan Fix	3,00 - 5,00	ja	keine	2-7 J.	nach 2 J.	3,14	1889	3,37	3267	3,78	4803	-	-
Volkswagen Bank direct	Direkt-Sparplan	4,00 - 4,45	ja	keine	2-10 J.	ja	4,08	1916	4,14	3332	4,21	4877	4,30	7475
BKM Bausparkasse Mainz	max Sparplan	3,50	ja	3,5%/6,5%	5-10 J	-	-	-	-	-	-	-	5,00	7750
EthikBank	Rente Plus	1,75	ja	0,5% p.J.	mind. 8 J.	nach 8 J.	-	-	-	-	-	-	1,85	6589
Volksbank Eisenberg Dir.	Rente Plus	1,75	ja	0,5% p.J.	mind. 8 J.	nach 8 J.	-	-	-	-	-	-	1,85	6589
Mittelwert							3,17	1889	3,36	3267	3,42	4743	3,45	7158

Handelsblatt | * = regional unterschiedlich; ** = Mindestsparrate bei ING-DiBa 75 Euro mtl.; Quelle: FMH-Finanzberatung

Quelle: Ansparpläne, in: Handelsblatt Nr. 232 vom 28.11.2008, hrsg. v. Handelsblatt GmbH, Düsseldorf

Rechtliche Rahmenbedingungen – Die rechtlichen Rahmenbedingungen sind sowohl für die Finanzierung als auch für das Leasinggeschäft nahezu identisch. Hierzu zählen u. a.:

- BGB, Kreditvertrag, Mietvertrag beim Leasing und Bürgschaft,
- Regelungen des Rechts der Allgemeinen Geschäftsbedingungen im BGB §§ 305–310, Widerrufsrecht BGB §§ 355, 495,
- Preisangabenverordnung (PAngV) § 4
- und ggf. das Wettbewerbsrecht, das Mietrecht und die Abgabenordnung § 39
- sowie Urteile aus der laufenden Rechtssprechung.

Regelungen AGB s. §§ 305 ff. BGB

Die Einschränkungen einer grenzenlosen Marktwirtschaft durch obige gesetzliche Regelungen dienen primär dem Verbraucherschutz.

So besagt die Regelung zur Gestaltung Allgemeiner Geschäftsbedingungen nach § 305 BGB, dass überraschende und mehrdeutige Klauseln, die ... so ungewöhnlich sind, ... nicht Vertragsbestandteil werden.

Das BGB gilt für Kreditverträge und verpflichtet laut § 492 den Kreditgeber u. a. zu folgenden Angaben:
- Kreditvertrag muss in Schriftform erfolgen,
- Angabe des Nettokreditbetrags,
- den Gesamtbetrag einschließlich Tilgung und Zinsen anzugeben,
- Rückzahlungsweise des Kredits etwa auch Sondertilgungsrechte,
- Angabe des effektiven Jahreszinssatzes,
- Darstellung der Kosten für eine ggf. abgeschlossene Restschuldversicherung und
- erforderliche Sicherheiten sowie die Vereinbarung eines Eigentumsvorbehalts.

Der Kreditvertrag ist nichtig, wenn die Schriftform nicht eingehalten wird.

Weiterhin wird dem Verbraucher ein Widerrufsrecht von zwei Wochen eingeräumt.

Auch nach der Preisangabenverordnung müssen die Kreditinstitute die effektive Verzinsung des beantragten Kredits angeben. Obige Regelungen finden ab einem Nettokreditbetrag von 200,00 EUR Anwendung.

1.2 Aufgaben als Kreditbearbeiter

Automobilkaufleute benötigen sowohl im Finanzierungs- als auch im Leasinggeschäft ein hohes Maß an fachlicher und kommunikativer Kompetenz, denn die Abwicklung einer Finanzierung oder eines Leasinggeschäfts erfordert umfangreiche kaufmännische Kenntnisse im Bereich Finanzierung und Vertragsabwicklung.

Finanzierungs- und Leasinggeschäfte sind ein sensibles, anspruchsvolles sowie meist auch ein kaufentscheidendes Thema. Wichtig sind:

- Erläuterung der Finanzierung,
- Hilfestellung für die Kundschaft leisten, prüfen und bearbeiten von Finanzierungsanträgen,
- Abwickeln der Finanzierung in Kooperation mit der Herstellerkreditbank,
- Beachtung der Zinssätze, Tilgungs- und Ratenzahlungen,
- Pflegen von Verträgen, etwa Änderung des Kundenstamms etc.,
- Ermitteln von Vertragsdaten bei vorzeitigem Vertragsende, etwa Ablösewerke, Rückzinsen, Restlaufzeiten etc. in Kooperation mit der Herstellerkreditbank,
- Abwickeln auslaufender Verträge, Initiieren des Anschlussgeschäfts,
- Verhandeln mit Vertragspartnern und Verkauf/Vermittlung von Versicherungs- und Garantiedienstleistungen; bequem und sicher alles aus einer Hand, z. B. All-Inclusive-Finanzierung (zusätzlich mit Inspektionsservice).

Anforderungsprofil an Automobilkaufleute, vgl. Band I, Lernfeld 3, Kapitel 3.

„Der Kunde möchte eine ehrliche Beratung und sorgenfreie Mobilität", in: Gute Fahrt 8/2005.

1.3 Finanzierung über die Herstellerkreditbank

Die Reihenfolge bei der Finanzierungsbearbeitung über die Herstellerkreditbank funktioniert bei den verschiedenen Marken ähnlich und lässt sich in den Schritten von 1) bis 9) darstellen:

1) Angebot des Kraftfahrzeugs und einer damit verbundenen Finanzierung durch das Verkaufspersonal im Autohaus,

2) Selbstauskunft durch den Kunden,

3) Übermittlung dieser Selbstauskunft online an Herstellerkreditbank,

4) Bestätigung der Kreditwürdigkeit des Kunden online (SCHUFA) durch die Herstellerkreditbank,

5) Bestellung des zu finanzierenden Fahrzeugs durch den Kunden,

6) Abwicklung des Finanzierungsvertrags mit Kunden und Herstellerkreditbank,

7) Fahrzeugrechnung durch das Autohaus erfolgt an Herstellerkreditbank,

8) Übernahmebestätigung der Herstellerkreditbank und

9) Kfz-Brief – als Kreditsicherung – und weitere Unterlagen werden ebenfalls an Herstellerkreditbank verschickt.

Analog erfolgt die Leasingbearbeitung mit der Leasinggesellschaft.

SCHUFA = Schutzgemeinschaft für allgemeine Kreditsicherung

Was passiert bei negativer Bonitätsprüfung?
→ Finanzierung ggf. nur unter Auflagen möglich, z. B.
  – Bürgschaft,
  – höhere Anzahlung, ...,
  s. S. 232 f.
→ oder „Hausfinanzierung" beim Autohaus
→ oder unabhängiger Anbieter (z. B. Allbank)
→ oder Finanzierung nicht realisierbar

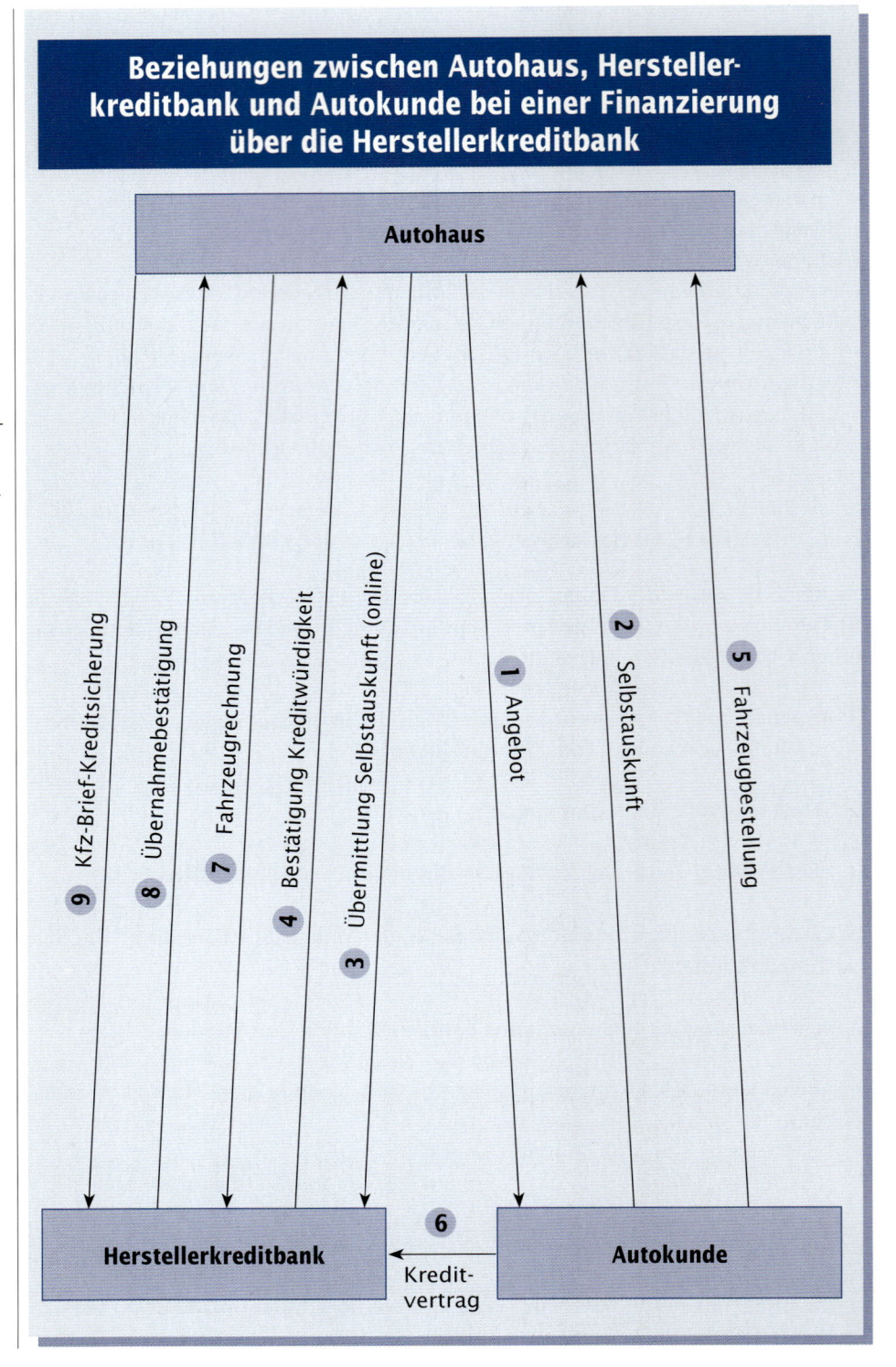

Beziehungen zwischen Autohaus, Herstellerkreditbank und Autokunde bei einer Finanzierung über die Herstellerkreditbank

Autohaus ↔ **Herstellerkreditbank** ↔ **Autokunde**

1. Angebot (Autohaus → Autokunde)
2. Selbstauskunft (Autokunde → Autohaus)
3. Übermittlung Selbstauskunft (online) (Autohaus → Herstellerkreditbank)
4. Bestätigung Kreditwürdigkeit (Herstellerkreditbank → Autohaus)
5. Fahrzeugbestellung (Autokunde → Autohaus)
6. Kreditvertrag (Herstellerkreditbank ↔ Autokunde)
7. Fahrzeugrechnung (Autohaus → Herstellerkreditbank)
8. Übernahmebestätigung (Autohaus → Herstellerkreditbank)
9. Kfz-Brief-Kreditsicherung (Autohaus → Herstellerkreditbank)

Finanzierung über die Herstellerkreditbank

	Vorteile	Nachteile
Automobilhersteller	- Absatz-/Umsatzsteigerung - Erhöhung der Wertschöpfung - Erhöhung der Marktanteile bundes- oder europaweit - Erhöhung der Kundenbindung - Festigung von Markentreue - ungängigere Modelle absetzbar - versteckter Rabatt gewährbar	- evtl. Subvention der Zinssätze der Herstellerkreditbank - Verwaltungsaufwand - aggressive Konkurrenz - Außenstände als Folge der Finanzierung
Autohaus	- Absatz- und Umsatzsteigerung - Erhöhung der Marktanteile - Erfüllung bestimmter Umsatzziele - Erhöhung der Kundenbindung bzw. Festigung von Marken- und Autohaustreue (Kunde kommt wieder) - Verbesserung der Werkstattauslastung - weitere Finanzdienstleistungen wie Versicherungen vermittelbar - Provisionserträge - ggf. weniger Nachlassdiskussion	- evtl. Verringerung der Marge durch Beteiligung an Finanzierung - Verwaltungsaufwand - Vermarktung von Rückläufern bei vorzeitiger Auflösung des Vertrags
Verbraucher	- man verfügt schnell über das Geld/Fahrzeug - niedrige Kreditzinsen - man ist flexibel mit der An- und Rückzahlung - baldiges Eigentum - keine Kilometerbegrenzung wie beim Leasing - freie Versicherungswahl - Unabhängigkeit von Hausbank - geringere Kapitalbindung - alles aus einer Hand, bequem - Jahreswagenfinanzierungen günstig - Restschuldversicherung erhältlich - Finanzierung gegen Risiko der Arbeitslosigkeit absicherbar - Flexibilität bei Auslauf einer Ballonfinanzierug	- möglicherweise Verzicht auf Rabatte - lange Bindung, daher fährt man nicht immer das neueste Modell (wenn Finanzierung länger läuft als Leasing) - gegenüber Leasing meist höhere Raten - Niedrigzinsen oft nur für bestimmte Modelle (wenn Finanzierung länger läuft als Leasing) - Verlust des finanziellen Überblicks bzw. Gefahr der Überschuldung

Die Vor- und Nachteile werden aus verschiedenen Perspektiven betrachtet: aus Sicht der Hersteller, der Autohäuser und der Autokunden.

Alternative: Finanzierung über ein klassisches Kreditinstitut oder über eine Direkt- oder Online-Bank

Die klassischen Kreditinstitute sehen in den Herstellerkreditbanken eine große Konkurrenz und werben verstärkt mit für den Autokäufer interessanten Sofortkrediten:

- Spontan, der Kunde verfügt meist am selben Tag noch über sein Geld,
- feste Zinsen und feste Raten über die gesamte Laufzeit,
- Flexibel, mit der Rückzahlung können sich die Autokäufer bis zu 72 Monaten Zeit lassen,
- aber auf Wunsch auch zusätzliche Beträge zurückzahlen (Sondertilgungen) und
- Höhe und Dauer der Ratenzahlungen können individuell nach persönlichen Wünschen vereinbart werden.

Der Hauptvorteil einer Inanspruchnahme eines Kredits bei einem klassischen Kreditinstitut liegt in der Stärkung der Verhandlungsposition des Automobilkunden, wenn es etwa um Themen wie Rabatte, Hauspreise, Sonderausstattungen, Inzahlungnahmen o. Ä. geht.

Vgl. auch die Lernkarte zu Finanzierung im Anhang S. 300.

Fahrzeugfinanzierung

Anbieter	Möglichkeiten	Abwicklung	Rechtliche Rahmenbedingungen
- Herstellerkreditbank (= Autobank über Autohäuser) - klassische Kreditinstitute bzw. herstellerunabhängige Banken - Direkt- und Onlinebanken - freie Vermittler	- Annuitätendarlehen - Ballonfinanzierung - Autoansparpläne oder Mobilsparpläne	im Dreieck Autohaus Hersteller-kredit-bank — Autokunde	- BGB - PAngV - AO - laufende Rechtsprechung - Datenschutz

Ziele Absatzförderung und Kundenbindung

Finanzdienstleistungen und betriebsspezifische Leistungen

Aufgaben

1. Vergleichen Sie verschiedene Finanzierungsmöglichkeiten für Automobile.

2. Welche Beratungsleistung bietet das Autohaus im Rahmen einer Autofinanzierung an?

3. Erläutern Sie, warum Fahrzeugfinanzierungen angeboten werden.

4. Umschreiben Sie die Zielgruppen, welche Fahrzeugfinanzierungen in Anspruch nehmen.

5. Erklären Sie die rechtlichen Rahmenbedingungen bei der Fahrzeugfinanzierung.

6. Unterscheiden Sie ein Annuitätendarlehen von einer Ballonfinanzierug.

7. Stellen Sie die Auswirkungen der „Finanzkrise" auf das Geschäft mit Autofinanzierungen dar.

8. Erklären Sie das Prinzip des Auto-Ansparplans bzw. von Ansparplänen prinzipiell.

9. Vergleichen Sie die Konditionen der Herstellerkreditbank = Autobank mit denen der Privatbanken und Sparkassen vor Ort und den Direktbanken im Internet (siehe hierzu auch den Artikel „Kredite über das Internet, Finanzanbieter machen den Banken mit neuen Firmenkredit-Angeboten Konkurrenz" im Handelsblatt vom 23. April 2008 auf der beiliegenden CD-ROM).

10. Wo liegen die Vorteile der Fahrzeugfinanzierung über die Herstellerkreditbank für
    a) das Autohaus,
    b) den Autokäufer,
    c) den Automobilhersteller?

11. Welche Aufgaben haben Automobilkaufleute im Rahmen einer Fahrzeugfinanzierung zu erledigen?

12. Stellen Sie den typischen Ablauf einer Fahrzeugfinanzierung über die Herstellerkreditbank Ihres Ausbildungsbetriebs in der Klasse vor.

13. Vergleichen Sie das Vorgehen der jeweiligen Marken.

14. Recherchieren Sie im Internet die Finanzierungsmöglichkeiten bei Herstellerkreditbanken.

15. Beschreiben Sie eine mögliche Situation der vorzeitigen Vertragsauflösung einer Finanzierung.

Infos und Zahlen zum Leasing unter: www.leasing-verband.de oder www.autobanken.de und in Leasingbeilagen z.B. vom Handelsblatt vom 16.04.2008 oder www.handelsblatt.com

2 Leasing

Historisch einzigartiger Rückgang des Leasing-Marktes

Minus 22,7 Prozent beim Mobilien-Leasing / Investitionsmotor Leasing wird durch Refinanzierungssituation und Wettbewerbsverzerrung ausgebremst

Frankfurt, 24. November 2009 – Die Leasing-Branche erlebt 2009 den dramatischsten Rückgang in ihrer 47-jährigen Geschichte in Deutschland. Mit einem Minus von 22,6 Prozent erzielt sie ein Neugeschäftsvolumen von 42,1 Mrd. Euro. Das Mobilien-Leasing erreicht ein Volumen von 39,3 Mrd. Euro und fällt um 22,7 Prozent, während die gesamtwirtschaftlichen Ausrüstungsinvestitionen nach aktuellen Schätzungen des ifo Institutes für Wirtschaftsforschung um 19,0 Prozent zurückgehen. Das Immobilien-Leasing fällt um 21,9 Prozent und erreicht ein Neugeschäftsvolumen von 2,8 Mrd. Euro.

„Die Leasing-Branche wurde von der Rezession mit voller Wucht getroffen. Zum zweiten Mal überhaupt geht das Neugeschäft zurück und das in einer geradezu dramatischen Größenordnung", erklärt Martin Mudersbach, Präsident des Bundesverbandes Deutscher Leasing-Unternehmen (BDL). In bisherigen Krisensituationen hatte Leasing stets eine stützende bis investitionsfördernde Wirkung, was an den steigenden Leasing-Quoten, also am Leasing-Anteil an den Ausrüstungsinvestitionen, zu sehen war. In diesem Jahr verringert sich jedoch die Mobilien-Leasingquote leicht auf 21,1 Prozent. Ursache hierfür sind in erster Linie die schwierige Refinanzierungssituation und die Auswirkungen der Unternehmenssteuerreform 2008. „Die Leasing-Gesellschaften sind im Wettbewerb mit den Kreditinstituten benachteiligt. Die von der Politik zugesagte Gleichstellung bei der Gewerbesteuer ist de facto nicht vollzogen. Diese Wettbewerbsverzerrung ist nicht hinnehmbar und muss endlich durch eine Gesetzesänderung abgeschafft werden. Denn wichtige Investitionen – gerade des Mittelstandes – werden so behindert", erklärt der BDL-Präsident.

Siehe hierzu auch den Artikel „Leasingfirmen erwarten Hilfe", im Handelsblatt Nr. 169 vom 03.09.2009 sowie den Artikel „Es klemmt beim Leasing" im Handelsblatt Nr. 129 vom 09.07.2009 auf beiliegender CD--ROM.

Erstmals leiden die Leasing-Gesellschaften unter verschlechterten Refinanzierungsbedingungen. Eine aktuelle Umfrage unter den BDL-Mitgliedern hat ergeben, dass rund 2/3 der unabhängigen Gesellschaften ihr für das 2. Halbjahr 2009 geplante Neugeschäft aufgrund von Refinanzierungsengpässen einschränken mussten. Dies gilt sogar für 36 Prozent der bankenabhängigen Leasing-Unternehmen. Eine partielle Entlastung sollte durch die Öffnung des KfW-Sonderkreditprogrammes für die banken– und herstellerunabhängigen Leasing-Unternehmen erreicht werden. „Diese von der Politik geplante Unterstützung der Leasing-Gesellschaften entpuppt sich als Rohrkrepierer." Denn die technischen Details wie z.B. die dreijährige Zinsfestschreibung sind nicht Leasing-kompatibel.

„Schon die Beschränkung des Programms auf die unabhängigen Gesellschaften war falsch. Nun erweist sich auch die praktische Umsetzung selbst für diese Unternehmen als unmöglich", kritisiert Mudersbach. Er fordert das Bundeswirtschaftsministerium auf, die KfW zu motivieren, ein weiteres, praxisnäheres Projekt für die Leasing-Wirtschaft ins Leben zu rufen, zum Beispiel das Unternehmerkreditprogramm zu öffnen. „Damit die Leasing-Gesellschaften den Mittelstand wieder wirkungsvoll unterstützen können."

Leasing-Objekte

Zum ersten Mal in der Geschichte des Leasings sind alle Objektbereiche rückläufig. Der größte Objektbereich der Straßenfahrzeuge (darunter fallen Pkw und Nutzfahrzeuge) geht um 21,0 Prozent zurück, wobei die Nutzfahrzeuge unter einem höheren Rückgang leiden. Der Zulassungsboom von Fahrzeugen (laut Kraftfahrzeugbundesamt + 25 Prozent bis Ende Oktober) betraf in erster Linie Klein- und Kompaktklassewagen, die von Privathaushalten aufgrund der Abwrackprämie gekauft wurden. In der Mittel- und Oberklasse, dem klassischen Leasing-Segment, gingen die Neuzulassungen dagegen um bis zu 20 Prozent zurück. „Zudem fielen die Neuzulassungen von gewerblichen Haltern um ein Viertel. Hier wurden bestehende Leasing-Verträge häufig verlängert statt neue abzuschließen", erläutert Mudersbach. Überdurchschnittlich verliert der Sektor Produktionsmaschinen (-30,2 Prozent) und spiegelt damit die allgemeine wirtschaftliche Lage im Maschinen- und Anlagenbau wider, der bis Ende September ein Minus von 33 Prozent schreibt.

Den geringsten Rückgang haben EDV und Büromaschinen mit – 4,8 Prozent zu verzeichnen. „Dieser Sektor ist relativ konjunkturunabhängig. Computer und Kopierer werden immer gebraucht und aufgrund der eher geringen Investitionssummen auch in Krisenzeiten angeschafft." Der Rückgang, gemessen am Anschaffungswert, ist vor allem auf den Preisverfall der Objekte zurückzuführen, während die Leasing-Quote seit Jahren beständig bleibt.

Die Struktur der Leasing-Objekte bleibt auch 2009 weitgehend stabil. Das größte Segment sind nach wie vor die Straßenfahrzeuge, mit einem Anteil von 63,4 Prozent am Neugeschäft. Es folgen Produktionsmaschinen (12,1 Prozent), Büromaschinen und EDV (9,6 Prozent) sowie Nachrichten-, Signaltechnik und Sonstige Ausrüstungen (6,7 Prozent), Produktionsgebäude und Lagerhallen (3,2 Prozent) sowie Handelsobjekte, Geschäfts- und Bürogebäude (3,4 Prozent). Anteilsmäßig an letzter Stelle der Leasing-Investitionen stehen Luft-, Wasser- und Schienenfahrzeuge (1,6 Prozent).

Leasing-Kunden

Auch bei der Struktur der Leasing-Kunden sind keine Änderungen zu verzeichnen. Die Mehrzahl der Kunden stammt aus dem Dienstleistungssektor (Anteil von 31,2 Prozent), gefolgt vom verarbeitenden Gewerbe (21,8 Prozent). Das Leasing-Neugeschäft mit beiden Kundengruppen geht 2009 um 23,1 Prozent bzw. 22,3 Prozent zurück. Auf Platz 3 und 4 sind Unternehmen aus dem Handel (13,5 Prozent) und der Verkehr- und Nachrichtentechnik (11,6 Prozent). Der Anteil der privaten Haushalte hat im Vergleich zum vergangenen Jahr stark abgenommen (- 40 Prozent) und liegt nun bei 9,4 Prozent. „Über die Abwrackprämie wurde vor allem der Verkauf von Klein- und Kompaktklassewagen gefördert. Hier wurde auf Kredit statt auf Leasing gesetzt", erläutert der BDL-Präsident.

Die öffentliche Hand konnte in den vergangenen Jahren ihren Anteil leicht ausbauen (von 2,8 % im Jahr 2007, auf 3,8 % in 2008 und 4,2 % 2009). Der Anteil bei Unternehmen aus der Land- und Forstwirtschaft, Bergbau und öffentliche Energie- und Wasserversorgung beträgt 2,3 Prozent (Veränderungsrate -19,1 Prozent). Unternehmen aus dem Baugewerbe haben einen Anteil von 6,0 Prozent, verzeichnen einen unterdurchschnittlichen Rückgang von – 14,1 Prozent.

Quelle: Der Leasingmarkt und die Finanzkrise, Pressemitteilung des Bundesverbandes Deutscher Leasing-Unternehmen vom 24. November 2009, Berlin

Marktdaten AKA 2007

	2007	2006	Abweichung	
			Stk./Mio.	%
Zulassungen KBA in Tsd. Stück (nur AKA)	3.334	3.488	-154	-4,4
Zugang in Mio. *				
Finanzierung	17.727	18.902	-1.175	-6,2
Leasing	19.763	17.586	2.177	12,4
Zugang in Mio. total	37.490	36.488	1.002	2,7
Zugang in Tsd. Stück*				
Finanzierung	1.174	1.300	-126	-9,7
Leasing	824	739	85	11,5
Zugang in Tsd. Stück total	1.998	2.039	-41	-2,0
Dienstleistungsverträge	2.064.000	nicht erfasst		
Penetration in %**				
Finanzierung	18,8	20,8	-2,0	
Leasing	25,8	21,4	4,4	
Summe Penetration	44,6	42,2	2,4	

Annäherung

Anfang des Jahrzehnts wuchsen die Leasinginvestitionen in Deutschland wesentlich schneller als die gesamtwirtschaftlichen Investitionen. Dieser Vorsprung schmolz schon vor der Kreditkrise deutlich. Bereits 2008 hatte die Gesamtwirtschaft sichtbar aufgeholt.

Kleineres Plus
Wachstumsvorsprung beim Leasing aufgebraucht, Index 2001=100

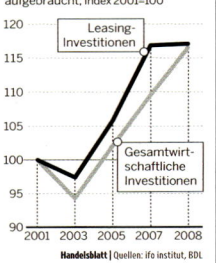

Quelle: Jahr des Einbruchs, in: Handelsblatt Nr. 201 v. 19.10.2009, hrsg. v. Handelsblatt GmbH, Düsseldorf. Siehe hierzu auch den gleichnamigen Artikel in der Handelsblatt-Beilage Leasing v. 19.10.2009, Seite 31, auf der beiliegenden CD-ROM.

„Pay as you earn"

	2007	2006	Abweichung Stk./Mio.	%
Bestand in Mio. €				
Forderungen Kredit	37.054	35.956	1.098	3,1
Forderungen Leasing	37.021	35.209	1.812	5,1
Forderungen EKF	12.020	10.337	1.683	16,3
Bestand in Mio. total	**86.095**	**81.502**	**4.593**	**5,6**
Bestand in Tsd. Stück				
Forderungen Kredit	3.480	3.584	-104	-2,9
Forderungen Leasing	1.979	1.919	60	3,1
Forderungen EKF	412	377	35	9,3
Bestand in Tsd. Stück total	**5.871**	**5.880**	**-9**	**-0,2**
Personalbestand / Inland	**9.018**	**8.903**	**115**	**1,3**

Quelle: Marktdaten AKA 2007, unter: www.autobanken.de/download/fakten/Jahresergebnis_2007_63.pdf, hrsg. v. AKA, Arbeitskreis der Banken und Leasinggesellschaften der Automobilwirtschaft, Hamburg, abgerufen am 04.01.2010

2.1 Geschichte und Wesen des Leasing

Beim Leasing steht nicht das Eigentum am Fahrzeug im Vordergrund, sondern dessen Nutzung. Leasing ist eine Mischform aus Miete und Finanzierung. Obwohl der Leasingbegriff sehr modern erscheint, besteht Leasing schon seit über 100 Jahren. So wurden 1877 in den USA erstmals Telefone vermietet.

Immer größerer Beliebtheit erfreut sich das Leasing via Internet. Langfristig wird hier sogar mit dem Abschluss von ca. 40% aller Leasingverträge gerechnet.

Ebenfalls wird Leasing zunehmend mit anderen Dienstleistungen kombiniert, so z.B. im Bereich der Finanzdienstleistungen mit dem Abschluss von Kfz-Versicherungen oder im Fuhrparkmanagement mit dem Full-Service-Leasing.

Sogar öffentliche Betriebe haben sich zwischenzeitlich mit dem Leasing angefreundet. „Sale-and-Lease-Back" heißt das Zauberwort zur vorläufigen Sanierung überschuldeter öffentlicher Haushalte bzw. Gemeinden. Die Rathäuser und Schulen werden an einen Investor = Leasinggeber verkauft und von den Kommunen = Leasingnehmer zurückgemietet.

Beispiel

Die Polizei der Hansestadt Hamburg ist ebenfalls auf Leasing umgestiegen. Ihre Mercedes-E-Klasse-Flotte wird in silberner Farbe geleast und mit blauer Folie beklebt, damit die Fahrzeuge sich nach Abschluss der Vertragslaufzeit besser veräußern lassen.

Rechte und Pflichten von Leasinggeber und Leasingnehmer

Der Mietvertrag stellt das rechtliche Fundament für das Leasing dar:

Mietvertrag, BGB § 535

> Durch den Mietvertrag wird der Vermieter verpflichtet, dem Mieter den Gebrauch der vermieteten Sache während der Mietzeit zu gewähren. Der Mieter ist verpflichtet, dem Vermieter den vereinbarten Mietzins zu entrichten.

Vertragsarten vgl. Band I, LF 4

Der Leasinggeber muss dem Leasingnehmer das Fahrzeug in einwandfreiem Zustand zur Verfügung stellen. Der Leasingnehmer muss das Fahrzeug abnehmen, sachgerecht und pfleglich behandeln, die Leasingraten und ggf. die Leasingsonderzahlung leisten.

Weiterhin hat der Leasingnehmer gemäß AGB, welche die Autohäuser bzw. der ZDK auf den handelsüblichen Standardformularen mit zum Vertragsgegenstand machen, das Leasingfahrzeug Vollkasko zu versichern.

ZDK = Zentralverband des deutschen Kraftfahrzeuggewerbes, im Internet unter www.kfz.gewerbe.de zu finden

Der Leasingnehmer wird auch verpflichtet, sämtliche vorgeschriebenen Wartungsdienste gemäß Kundendienstheft und Reparaturen bei einer vom Hersteller anerkannten Vertragswerkstatt durchführen zu lassen.

Leasing und rechtliche Rahmenfaktoren

- BGB, Bürgerliches Gesetzbuch mit Gesetz zur Regelung des Rechts der Allgemeinen Geschäftsbedingungen §§ 305–310 (früher im AGBG-Gesetz)
- UWG, Gesetz gegen den unlauteren Wettbewerb
- GWB, Wettbewerbsrecht
- PAngV, Preisangabenverordnung
- das Steuerrecht (Leasingerlasse)
- AO, Abgabenordnung
- Urteile aus der laufenden Rechtssprechung
- Kreditbestimmungen nach Basel II

Im Internet unter www.kfz.gewerbe.de zu finden.

Durch das Schuldrecht per 01.01.2002 ist z. B. Leasing für Freiberufler und Gewerbetreibende interessanter, da sie sich hier der Gebrauchtwagengewährleistung entziehen. Der Verkauf des Fahrzeugs z. B. an Privatleute entfällt hier.

Zusätzlich zu den rechtlichen Rahmenbedingungen bei der Finanzierung spielt beim Leasing noch das Mietrecht und das Steuerrecht eine besondere Rolle.

In der Leasingwerbung sind folgende Angaben zu machen:
- ausdrückliches Erwähnen einer vorhandenen Mietsonderzahlung,
- Angabe der Laufzeit in Monaten,
- Angabe einer vorhandenen Kilometerbeschränkung,
- Nennung der Überführungskosten,
- beim Leasing mit Kaufoption Nennung des Leasingendpreises und
- beim Nullleasing darf der Händler nur als Vermittler auftreten.

Finanzdienstleistungen und betriebsspezifische Leistungen

Leasingwerbung, vergleiche auch Anhang.

Leasinganbieter im Überblick:

akf servicelease GmbH (akf Gruppe), Wuppertal

ALD Auto Leasing D GmbH, Hamburg

Alphabet Fuhrparkmanagement GmbH, München

Arval Deutschland GmbH, München

Athlon Car Lease Germany GmbH & Co. KG

Atlas Auto-Leasing GmbH & Co. KG

Business Partner, Köln

BW Fuhrpark Service GmbH

Carmobility GmbH, München

Comco Autoleasing GmbH & Co. KG, Essen

Daimler Fleet Management GmbH, Stuttgart

DB Fuhrpark Service GmbH, Frankfurt am Main

DB Rent GmbH, Frankfurt am Main

De Te Fleet Services GmbH, Bonn

Deutsche Leasing AG, Bad Homburg

Direct Lease.de, Meerbusch

Alle Leasinganbieter und deren Leistungen im Überblick finden Sie in FIRMENAUTO 06/2009, Stuttgart

DSK Leasing GmbH & Co. KG, Oberhaching

FFS Private Leasing GmbH, Stuttgart

FGA Bank Germany GmbH, Heilbronn

GE Auto Service Leasing GmbH, Oberhaching

Hannover Leasing Automotive GmbH, Grünwald

Hansa Automobil Leasing GmbH, Hamburg

Lease Plan Deutschland GmbH, Neuss

Lease Trend AG, Oberhaching

Maske Autoleasing GmbH, Hamburg

Master Lease Germany GmbH, Hattersheim

Mobility Concept GmbH, Oberhaching

Nissan Leasing, Geschäftsbereich der RCI Leasing GmbH, Neuss

Raiffeisen-Impuls Fuhrparkmanagement GmbH & Co. KG, München

Renault Leasing, Geschäftsbereich der RCI Leasing GmbH, Neuss

Sixt Leasing AG, Pullach

Toyota Leasing GmbH, Köln

Volkswagen Leasing GmbH / Geschäftsbereich Großkunden / Flotten, Braunschweig

Volvo Auto Bank Deutschland GmbH, Köln

VR-Leasing AG, Eschborn

Finanzdienstleistungen und betriebsspezifische Leistungen

Aufgaben

1 Bei Abschluss eines Leasingvertrags fallen verschiedene Begriffe an. Klären Sie:
a) Wer ist beim Kfz-Leasing der Vermieter?
b) Wer mietet das Fahrzeug?
c) Was ist die Monatsmiete und wie setzt sie sich zusammen?
d) Welche Rolle fällt dem Autohaus beim Leasinggeschäft zu?

2 Stellen sie die Pflichten von Leasinggeber und Leasingnehmer gegenüber.

3 Beschaffen Sie sich die AGB Ihres Ausbildungsbetriebs und vergleichen Sie die entsprechenden Regelungen der Leasinggesellschaften am Beispiel des Privat-Leasing in Ihrer Klasse.

4 Was hat der Leasingnehmer nach Ablauf der Mietzeit zu erledigen?

5 Unter welchen Prämissen hat der Leasinggeber das Recht zur fristlosen Kündigung des Leasingvertrags?

6 Informieren Sie sich im Internet über Leasing, indem Sie mit Suchmaschinen arbeiten.

7 Unter welchen Bedingungen kann ein Leasingvertrag vorzeitig beendet werden?

8 Welche Auswirkungen hat die Finanzkrise auf das Leasinggeschäft?

2.2 Leasingarten

Leasingnehmer ist die Person oder Firma, die ein Fahrzeug least = Besitzer.

Der Leasingmarkt ist insgesamt ein sehr dynamischer und wachsender Markt. Gleichzeitig werden immer weitere neue Leasingvarianten entwickelt. In der Literatur wie in der Praxis sind verschiedene Systematisierungsversuche zur Art des Leasinggeschäfts unternommen worden.

2.2.1 Konsumgüter- und Investitionsgüter-Leasing

Handelt es sich beim Leasinggegenstand um ein Konsumgut, also hier um einen privat genutzten Pkw, so spricht man von **Konsumgüter-Leasing.** Werden Leasingverträge für Investitonsgüter, also für gewerbliche Nutzung abgeschlossen, so heißt dieses dann **Investitionsgüter-Leasing.**

Privatleasing – Privatleasing begann in den 80-er Jahren zur Absatzförderung.

Die im Volksmund häufig anzutreffende Behauptung, „Leasing lohne sich für Privatleute nicht", kann so pauschal nicht geteilt werden. Je nach individueller Motiv- und Finanzlage des Kunden sowie verschiedener Absatzförderungsprogramme der Automobilhersteller, kann sich auch privates Leasing als eine ökonomisch sinnvolle Entscheidung erweisen.

So hat der Kunde keine Gebrauchtwagenprobleme, da er nach Ablauf des Vertrages das Fahrzeug zurückgeben und ein neues Modell leasen kann. Außerdem partizipiert er am technischen Fortschritt, wenn er immer wieder ein neues Fahrzeug least. Grundsätzlich sind die Leasingraten, so beim Teilamortisationsleasing, niedriger als bei einer klassischen Finanzierung.

Vergleich Leasing und Finanzierung, vgl. S. 249

Auch Privatkunden wird eine Art Full-Service-Leasing angeboten, so etwa durch das Komplett-Leasing von Opel. In einer monatlichen Komplettrate sind neben der eigentlichen Leasingrate noch Versicherungen, Steuern, Werkstattservice und ein Schutzbrief enthalten. Einige Marken ermöglichen es ihren Kunden auch, Leasingbausteine zu erwerben, etwa dass die Leasingrate nur den Werkstatt-Service zusätzlich beinhaltet.

Kündigung normalerweise nicht möglich, nur bei: Kulanz in Sterbefällen, Unfall, …, Insolvenz vgl. Lernkarte S. 297

Nachteile des Leasinggeschäfts für die Kunden liegen darin, dass der Kunde kein Eigentum erwirbt, ein vorzeitiger Ausstieg aus dem Leasingvertrag meist schwierig ist und dass die Raten auch bei einem mit Mängeln behafteten Fahrzeug fällig sind.

Vielfahrer:
– Fahrschulen
– Autovermietungen
– Pflegedienste
– Vertreter

Gewerbliches Leasing/Flottenleasing – Dieses Geschäft ist nicht nur für herstellerunabhängige Leasinggesellschaften interessant, sondern auch für Autobanken und Autohäuser. Die Herstellerbanken subventionieren bzw. unterstützen hierbei die Autohäuser, damit in diesem Bereich wertvolle Marktanteile gewonnen werden können. Für ein Autohaus bedeutet das gewerbliche Leasing und insbesondere das Flottenleasing eine stabile Einnahmequelle im Bereich des Werkstattgeschäfts. Das Thema Flottenleasing variiert mit der regionalen Infrastruktur. In Ballungsgebieten mit vielen Gewerbebetrieben mit großen Fuhrparks hat das Flottengeschäft eine andere Bedeutung als im ländlichen Bereich mit wenigen und kleinen Betrieben.

Versicherungsdienstleistungen und erwerbbare Garantien, vgl. S. 257ff. und S. 279ff.

Trotzdem sollte eine Bedarfsanalyse für das jeweilige Einzugsgebiet des Autohauses durchgeführt werden.

Gewerbliche Kunden sollten darauf angesprochen werden, ob sie ihren Mitarbeitern statt einer Gehaltserhöhung einen Dienstwagen leasen. Denn hier wird aus einer Gehaltserhöhung ein höherer „Nettoeffekt" und eine bessere Motivation erzielt, vgl. hierzu Kapitel 2.2.5 Gehaltsumwandelung.

Flottenleasing: etwa ab 10 Fahrzeuge. Siehe Artikel „Flottenbetreiber setzen auf Leasing" im Handelsblatt vom 21.09.2009 auf CD-ROM.

Einzelne Autohäuser sind gut beraten, bedeutende Abnehmer professionell wie Großkunden zu betreuen.

Das Key-Account-Management aus der Markenartikelindustrie bietet hier zahlreiche Ansätze. Dies bedeutet auch, dass gezielt Großkundenbetreuer eingesetzt werden und ggf. entsprechende Stellen im Autohaus geschaffen werden.

Adressen für Leasing und Flottenleasinganbieter, vgl. Anhang Key-Account = Schlüsselkunde

Full-Service-Leasing – Neben der reinen Finanzierung übernimmt die Leasinggesellschaft auch das Management des Fuhrparks. Die Dienstleistungspalette umfasst je nach Vertragsart:

- Versicherung, Erstellung einer Car-Policy, Garantiebausteine,
- Kfz-Steuer- und GEZ-Service (Rundfunkgebühr),
- Wartung und Reparaturservice, Ersatzwagen, 24-h-Service-Hotline,
- Sommer- und Winterreifenbereitstellung,
- Tankkarten für bestimmte Mineralölanbieter,
- Reporting, Berichterstattung über Fahrzeugnutzung und Kosten,
- ggf. Web-Reporting sowie Komplett-Abwicklung über Internet und
- Telematik, Navigation, Kommunikation.

Vgl. kundenorientierte Organisation, LF 1, WiSo

Lkw-Hersteller haben sich als Dienstleister mit Komplettservice rund um das Nutzfahrzeug etabliert. Dies stellt eine Chance dar z.B. beim Full-Service-Leasing für das Privatkundengeschäft.

Flottensteuerung via GPS, vgl. auch www.q1q.de

Vorteile für das Autohaus:
- *Werkstattauslastung steigt*
- *Kein Extrainkasso für Reparaturen*

Service auf Raten auch für Privatleute interessant, Kunde interessiert Gesamtrate für Mobilität, vergl. Volkswagen Magazin 02/2006

Full-Service-Leasing

Vorteile
- Fahrzeugverwaltung wird ausgelagert,
- exaktere Budgetplanung durch Komplettrate möglich,
- interessante Paketlösung durch Einkaufskonditionen, professionelle Reparaturrechnungsprüfung, günstige Versicherungseinstufung und günstige Gebrauchtwagenverwertung,
- Spezialisten des Fuhrparkmanagements sind vollzeitig mit dem Geschäft betraut und entsprechend kompetent,
- bei starker Beanspruchung der Fahrzeuge ggf. empfehlenswert und
- Sicherheit durch regelmäßige Wartung.

Nachteile
- höhere Kosten,
- hohe Abhängigkeit von jeweiliger Leasinggesellschaft,
- eigene Marktkenntnisse im Fahrzeuggeschäft schwinden mit der Zeit, d.h., die Markttransparenz sinkt und
- es ist damit zu rechnen, dass der Leasinggeber die Raten für stark beanspruchte Fahrzeuge erhöht bzw. den Restwert senkt.

Weitere in der Praxis verwendete Leasingbegriffe sind:
- Operate-Leasing und Finance-Leasing und
- Sale and Lease-back-Verfahren.

Operate-Leasing und Finance-Leasing unterscheiden sich primär anhand ihrer Laufzeit.

Vgl. 2.2.3

Sogar öffentliche Gebäude im Sale and Lease-back-Geschäft

Sale and Lease-back – „Verkaufe-und-kauf-zurück" umschreibt den Verkauf des firmeneigenen Fuhrparks oder Fahrzeuge davon an eine Leasinggesellschaft bei sofortiger Weiternutzung in der Firma durch Leasing. Der Vorteil liegt in einer Verbesserung der Liquidität des nun leasenden Unternehmens. Denkbar ist, das Sale and Lease-back-Verfahren mit dem Full-Service-Leasing zu kombinieren.

Eine andere Einteilung stellt das Leasing nach Generationen dar:
1. *Generation = Leasing,*
2. *Generation = Full-Service-Leasing,*
3. *Generation = inkl. Fuhrparkmanagement.*

2.2.2 Direktes Leasing und indirektes Leasing

Direktes Leasing liegt vor, wenn der Leasingvertrag direkt mit dem Hersteller abgeschlossen wird.

Beim indirekten Leasing wird zwischen dem Automobilhersteller und dem Leasingnehmer – unabhängig, ob privat oder gewerblich – eine selbstständige Leasinggesellschaft, einer Tochter des Automobilherstellers, zwischengeschaltet. Das in der Automobilwirtschaft anzutreffende indirekte Leasing veranschaulicht folgende Grafik.

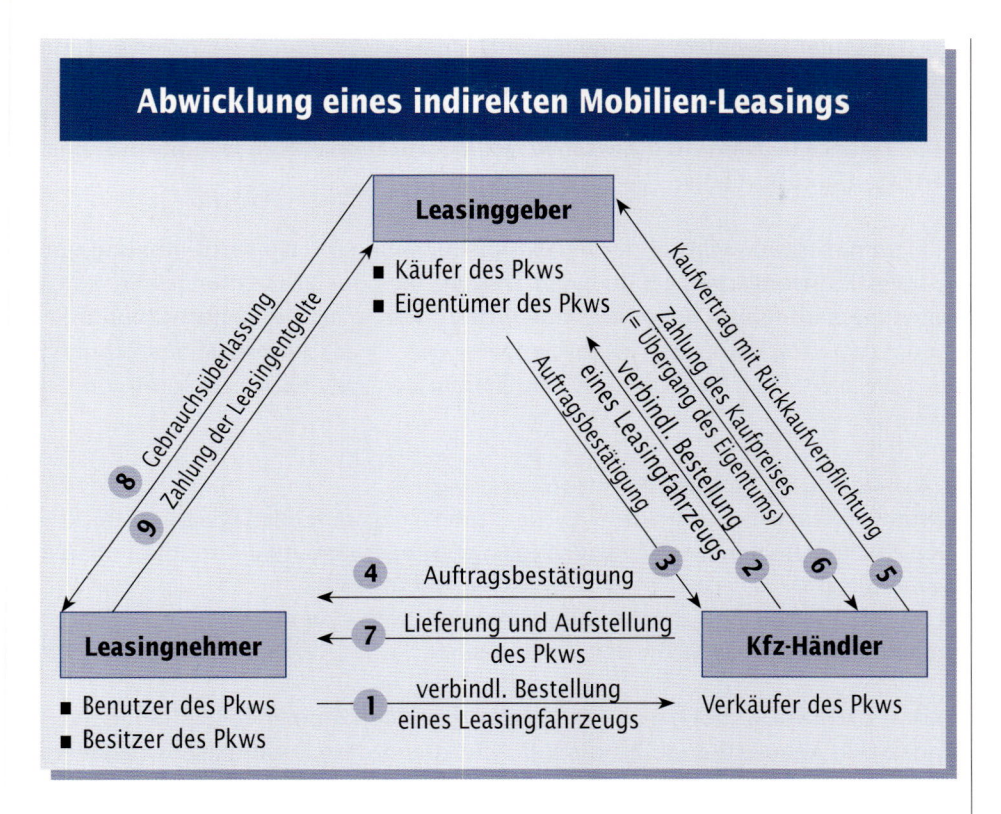

Abwicklung eines indirekten Mobilien-Leasings

Leasinggeber
- Käufer des Pkws
- Eigentümer des Pkws

Leasingnehmer
- Benutzer des Pkws
- Besitzer des Pkws

Kfz-Händler
- Verkäufer des Pkws

Beziehungen:
- Gebrauchsüberlassung (8)
- Zahlung der Leasingentgelte (9)
- Kaufvertrag mit Rückkaufverpflichtung (5)
- Zahlung des Kaufpreises (= Übergang des Eigentums) (6)
- verbindl. Bestellung eines Leasingfahrzeugs (2)
- Auftragsbestätigung (3)
- Auftragsbestätigung (4)
- Lieferung und Aufstellung des Pkws (7)
- verbindl. Bestellung eines Leasingfahrzeugs (1)

Beim indirekten Leasing übernimmt das Autohaus zahlreiche Pflichten des Leasinggebers. Gelegentlich wird deshalb das Autohaus auch als Erfüllungsgehilfe des Leasinggebers bezeichnet. So hat das Autohaus dem Kunden gegenüber beispielsweise eine Aufklärungs- und Beratungspflicht. Dann nimmt das Autohaus bei Leasingende schließlich das Fahrzeug vom Leasingnehmer für die Leasinggesellschaft zurück.

Autohaus als Erfüllungshilfe des Leasinggebers

2.2.3 Operate- und Finance-Leasingverträge

Operate-Leasing und Finance-Leasing unterscheiden sich primär anhand ihrer Laufzeit und in ihrer Risikostruktur.

Operate-Leasing – Hier übersteigt die Laufzeit kein Jahr und der Vertrag ist jederzeit kündbar. Das Operate-Leasing gehört zum Bereich des gewerblichen Leasings bzw. des Investitionsgüter-Leasings. Das Leasinggut kann mehrmals vermietet werden. Das Investitionsrisiko wie Veralterung, Untergang, etc. trägt der Vermieter, also der Leasinggeber.

Operate-Leasing findet bei Autovermietern Anwendung.

Finance-Leasing – Das Finanzierungsleasing hat mittelfristige Laufzeiten, eine vertraglich vereinbarte Grundmietzeit von 40% bis 90% der steuerlichen Abschreibungsdauer und ist während der Grundmietzeit meist unkündbar. Finance-

Leasing findet sowohl im privaten als auch im gewerblichen Bereich Anwendung und stellt ein zentrales Absatzförderungsinstrument dar.

Beim Finance-Leasing wird zwischen Vollamortisations- und Teilamortisationsverträgen unterschieden.

> Das selten angewandte Andienungsrecht = Hier kann der Leasinggeber verlangen, dass der Leasingnehmer das Fahrzeug zum vereinbarten Restwert kaufen muss, z. B. bei Nutz-Kfz eines Fischhändlers.

Unter Amortisation wird in der Investitionsrechnung die Wiedergewinnung von in Investitionsobjekten gebundenen Werten, hier der Beschaffungswert eines Autos, verstanden. Je höher die Raten, desto kürzer ist der Amortisationszeitraum/„pay-back-Dauer des Investitionsobjekts". In der Amortisationsrechnung wird die pay-off-Methode für die Berechnung des „pay-back-Zeitraums" durchgeführt.

2.2.4 Voll- und Teilamortisationsverträge

Vollamortisationsverträge – Diese selten anzutreffenden Verträge decken die Leasingzahlungen, welche der Leasingnehmer während einer unkündbaren Grundmietzeit zu bezahlen hat, den Beschaffungswert für das Leasing-Fahrzeug, die anfallenden Zinsen, alle sonstigen Verwaltungs- und Nebenkosten und eine Gewinnspanne für den Leasinggeber.

> (vergleichbar mit Ballonfinanzierung)

Teilamortisationsverträge – Bei dieser meist vorkommenden, gängigen Vertragsart ist keine 100%ige Amortisation während der Grundmietzeit gegeben. Hier muss der fehlende Betrag durch den Restwert nach Ablauf des Vertrags erwirtschaftet werden.

> Eine niedrige monatliche Leasingrate soll den Absatz fördern.

Der Leasinggeber kann sich ein Andienungsrecht vorbehalten. Nach Ablauf der Leasingzeit kann das Fahrzeug dem Autohaus oder dem Leasingnehmer angedient werden. Das Andienungsrecht beinhaltet, dass der Leasingnehmer ggf. zum Vertragsende das Fahrzeug zum vorher vereinbarten Restwert übernehmen muss. Die Entscheidung wird der Leasinggeber auch je nach Marktlage treffen und eher bei starker Abnutzung unterliegenden Pkws anwenden.

Das Investitionsrisiko bei Restwert-Leasingverträgen liegt also beim Leasingnehmer. (Diese Finanzierungs-Leasingverträge stellen auch kaschierte Finanzierungen dar, wenn Leasinggeber und -nehmer von Anfang an davon ausgehen, dass das Fahrzeug später erworben werden soll.) Es findet eine Restwertabrechnung statt.

Beispiel

Liegt der Marktwert über dem Restwert, erhält der Kunde 75 % der Differenz, die Leasinggesellschaft 25 %. Schließt der Kunde einen Folgevertrag ab, wird der gesamte Mehrerlös angerechnet. Liegt der Marktwert unter dem vereinbarten Restwert, trägt der Kunde diese Differenz allein.

Dieser eben beschriebene Restwert, welcher zum Zeitpunkt des Vertragsabschlusses festgelegt wird, hängt u. a. von
- der Leasingzeit (Grundmietzeit),
- der Fahrleistung,
- dem Verwendungszweck,
- der erwarteten Entwicklung des Gebrauchtwagenmarktes in der betreffenden Region sowie der volkswirtschaftlichen Lage (siehe Finanzkrise),
- zu erwartenden technischen Entwicklungen auch der direkten Konkurrenz
- und bisherigen Erfahrungen bei der Wertentwicklung von Gebrauchtwagen (Ahnenreihe) ab.

Typisch ist also der Kilometer-Vertrag oder der Vertrag mit Gebrauchtwagenabrechnung (fester Restwert).

„Intern"-Verhältnis: Autohaus – Leasingnehmer
Ein fester Restwert wird vertraglich vereinbart, ein Kaufvertrag mit Rückkaufvereinbarung.

„Extern"-Verhältnis: Kunde – Leasinggeber
Es besteht kein Restwert, sondern nur die Kilometervereinbarung.

Sollte das Fahrzeug während der vertragsgemäßen Leasingdauer mehr Kilometer aufweisen, so ist bei Auslauf des Leasingvertrags ein bestimmter Betrag je Mehrkilometer durch den Leasingnehmer zu entrichten. Liegen Minderkilometer vor, werden diese dem Kunden gutgeschrieben, allerdings mit einem niedrigeren Satz als dem Mehrkilometersatz. Meistens sind Kilometertoleranzen von +/– 2 500 km vereinbart, bevor mit Gutschriften oder Belastungen der Mehr- oder Minderkilometer gearbeitet wird. Denn letztlich stellt die geplante Leasinglaufleistung eine Schätzung dar, die nur selten auf den Kilometer genau eintrifft.

Restwertprognose Mittelklassekombis, vergl.: Firmenauto, 09/2006

Leasing mit Restwertabrechnung. Das Restwertrisiko liegt beim Leasingnehmer.

Kilometerabrechnung bedeutet, dass der Unterschiedsbetrag zwischen vereinbarter und tatsächlicher Laufleistung ermittelt wird. Das Restwertrisiko liegt beim Leasinggeber.

Experten-Interview

FIRMENAUTO: *Welche Auswirkungen hat die CO_2-Diskussion auf künftige Zusammensetzung der Flotten?*
Dudenhöffer: Bei den großen Flottenbetreibern hat CO_2 und damit der Kraftstoffverbrauch klar an Bedeutung gewonnen. Heute sieht man schon sehr deutlich, dass die Fuhrpark-Policies immer stärker auf das Thema CO_2-Einsparung ausgerichtet werden. Damit gewinnen CO_2-Einsparungstechnologien wie Start-Stop-Systeme, Bremsrekuperation und in ein paar Jahren, wenn das Angebot stimmt, Hybride mehr an Bedeutung. Das ist ein Werttreiber für die Autohersteller. Demgegenüber steht aber auch der Trend zur Nummer kleiner beim Modell.

In welche Richtung entwickeln sich die Restwerte?
Dudenhöffer: Die Restwerte entwickeln sich umgekehrt proportional zum CO_2-Ausstoß. Also, je größer der Verbrauch, umso stärker der Wertverfall. Das spürt man derzeit extrem in den USA und in noch milderer Form bei uns. Die professionell arbeitenden Leasinggesellschaften beobachten die Entwicklung sehr genau und passen

Leasing

Restwerte vgl. S. 215. CO_2-Ausstoß

Finanzkrise

ihre kalkulierten Restwerte und damit Monatsraten an diese Entwicklung an.

Wie beurteilen Sie die derzeitige Konsolidierungsphase? Wird es weitere Übernahmen geben?
Dudenhöffer: Es gibt noch viele Händler-Leasing-Gesellschaften. Ob die alle in zehn Jahren noch am Markt sind, ist sehr fraglich. Die Captives versuchen zusätzlich – gerade bei den Importeuren – ihre Penetration auszubauen. Zusätzlich haben die Sparkassen und Volksbanken das Autoleasing wieder neu in Angriff genommen. Dort hatte man in den letzten zehn Jahren ja am meisten verloren. All diese Entwicklungen setzen natürlich Non-Captives unter Druck. Also, die Konsolidierung geht weiter.

Welche Auswirkungen könnte die amerikanische Bankenkrise auf den deutschen Leasingmarkt haben?
Dudenhöffer: In den USA erwarten wir, dass bei den Autobanken die Kreditausfälle steigen. Ein Teil der Probleme des US-Häuser-Marktes schwappt auf die US-Autofinanzierer über. Zum einen verlieren die verleasten Spritfresser (und das waren fast alle Leasingfahrzeuge) mit den starken Benzinpreissteigerungen in den USA gewaltig an Wert. Zum anderen versucht man die leeren Portemonnaies der Amerikaner mittlerweile mit Kreditlaufzeiten bis 84 Monate zu »überbrücken«. Das ist schon abenteuerlich. Aber das sind die USA.

Die Captives gehen mit niedrigen Raten in den Markt. Wie wettbewerbsfähig sind die unabhängigen Leasinggesellschaften?
Dudenhöffer: Auch die Herstellerbanken kochen nur mit Wasser. Und warum sollte es dort schneller kochen? Ich kann mir nicht vorstellen, dass der Händler beim Service der Herstellerbank bessere Konditionen einräumt. Es gibt da immer noch – auch wenn sie mit ein paar Problemen kämpfen – die ATUs dieser Welt. Die meisten Non-Captives sind doch geübt, Komplettpakte anzubieten, zu kalkulieren und kostengünstig einzukaufen. Nein, ich denke, da kämpft man mit etwa vergleichbaren Waffen. Die Werbung für Komplettangebote ist eher eine Chance für die Non-Captives. Der Markt wird größer. Das hat noch nie jemandem geschadet.

Prof. Dr. Ferdinand Dudenhöffer, Director CAR FH Gelsenkirchen, in: Firmenauto, Ausgabe Juni 2008, Seite 14, hrsg. v. EuroTransportMedia Verlags- und Veranstaltungs-GmbH, Stuttgart.

In solchen Fällen ist anzunehmen, dass das Fahrzeug den kalkulierten Restwert übersteigt.

Laut branchenspezifischer AGB ist der Ankauf des Fahrzeugs durch den Leasingnehmer ausgeschlossen. Der Kunde kann das Auto jedoch vom Autohaus erwerben.

vgl. Beispiel S. 214

Nach Ablauf des Leasingvertrages kann das Fahrzeug ggf.
- von der Leasinggesellschaft gekauft werden; dann würde beim gewerblichen Leasing die Anerkennung vom Finanzamt als erlasskonformes Leasing entfallen,
- über ein Anschlussleasing weitergeleast werden oder
- zurückgegeben werden und man finanziert oder least einen neuen Wagen.

Bei Verträgen ohne Gebrauchtwagenabrechnung bzw. dem Leasing mit ausschließlicher Kilometerabrechnung gibt der Kunde nach Ablauf der Leasingzeit das Fahrzeug dem Autohaus zurück. Liegen, wie oben bereits beschrieben, Mehr- oder Minderkilometer vor, so können diese entsprechend berechnet oder gutgeschrieben werden.

Beispiel

Leasing mit Kilometerabrechnung wird von Verbraucherverbänden favorisiert, da der Leasinggeber sich um die Verwertung des Fahrzeugs kümmert. Der Kunde trägt hier kein Restwertrisiko.

Problematisch stellt sich die Situation dar, wenn der Wagen bei Rückgabe in einem schlechteren Zustand als angenommen ist, dann müsste der Kunde nachbelastet werden. Hier kann das Autohaus versuchen, mit dem Kunden eine kulante Lösung zu finden.

Eine Alternative stellt die „faire Fahrzeugbewertung" von Leasingrückläufern dar. Hier werden bei Mängeln nicht die eigentlich anfallenden Reparaturkosten angesetzt, sondern lediglich der Minderwert, also die Schmälerung des Verkaufserlöses durch die Mängel am Leasingrückläufer. Laut FIRMENAUTO lägen die Reparaturkosten bei 2.290,00 EUR; der Minderwert nur bei 485,00 EUR. Hier kann der Kunde 1.805,00 EUR sparen; ein möglicher Vertrauensgewinn für die Leasingbranche.

Zur Orientierung gibt es Checklisten und auch Gerichtsurteile, welche gebrauchsübliche und außerordentliche Abnutzung klären helfen:

Beispiel

„Fair bleiben" bei Leasingrückläufern, in: Zeitschrift FIRMENAUTO 3/2003

Faire Fahrzeugbewertung

Die Mitglieder des Verbandes der markenunabhängigen Autoleasing- und Fuhrparkmanagementgesellschaften (VMF) lassen Leasingautos bei der Rückgabe von unabhängigen Kfz-Sachverständigen nach einem definierten Kriterienkatalog begutachten. Erwartet wird ein „nutzungsgemäßer Zustand". Ist eine Reparatur notwendig, geschieht dies so günstig wie möglich (Smart Repair).

Quelle: Firmenauto, Ausgabe September 2007, Seite 27, hrsg. v. Eurotransportmedia Verlags- und Veranstaltungs-GmbH, Stuttgart

Normale, gebrauchsübliche Abnutzung ist mit der Leasingrate abgegolten, außergewöhnliche Schäden jedoch nicht.

Hinweis lt. AGB des Leasinggebers: „Schäden über betriebsbedingte Nutzung hinaus sind vom Leasingnehmer zu tragen …"

Normale und außerordentliche Abnutzung des Leasingrückläufers:	
Gebrauchsüblicher Zustand	**Außerordentliche Abnutzung**
leichte Kratzer im Türschlossbereich	Beulen, Unfallschäden
leichte Lackschäden im Türkantenbereich	Kratzer und Lackschäden
leichte Lackschäden im Frontbereich durch Steinschlag	Defekte an Fensterkurbeln, Armaturen, Hebeln, Schlössern etc.
kaum sichtbare Steinschlagschäden an der Frontscheibe	Schäden durch äußeren Einfluss an Spiegeln und Felgen
normale Polsterabnutzung, keine Flecken	Brandlöcher und Flecken am Gestühl, brauner Dachhimmel
übliche Abnutzung an Brems- und Auspuffsystem	Defekte an Aggregaten, welche die Verkehrssicherheit mindern
Schwitzölbildung am Antrieb	Abgebrochene Anbauteile, Antennen etc.

Der Zustand des zurückgenommenen Leasingfahrzeugs, welcher in einem Gebrauchtwagen-Prüfbericht festgehalten wird, wird in einem von beiden Seiten unterzeichneten Rückgabe- bzw. Übernahmeprotokoll bestätigt.

Problematisch wird es bei Rückgabe des Leasingfahrzeugs, wenn strittig ist, wer eine Abweichung vom normalen Verschleiß vorliegt, die der Kunde tragen muss.

Sollte hier keine Einigkeit gefunden werden, etwa dass der Kunde das Fahrzeug viel intensiver genutzt hat als angegeben, so hilft ein unabhängiger Sachverständiger weiter.

Ist die Rückgabe des Leasingfahrzeugs abgewickelt, so geht das Fahrzeug vom Eigentum der Leasinggesellschaft in das Eigentum des Autohauses über. Das Konto des Autohauses wird dann mit dem vorab kalkuliertem Wert/Restwert belastet.

2.2.5 Steuerrechtliche Behandlung des Leasings

Hier sollte das Verkaufspersonal mit pauschalen Aussagen, etwa dass Leasing für Unternehmer günstig sei, vorsichtig sein. Denn je nach Einzelfall, Rechtsform, Art der Fahrzeugnutzung, etc. kann die steuerliche Beurteilung unterschiedlich ausfallen.

Beispielsweise braucht nur der erwartete Umsatz tatsächlich geringer sein. Damit verringert sich der Gewinn und damit die Steuerentlastung durch das Leasing. Da ständig zahlreiche Neuregelungen gelten, sollte auch aus diesem Grund dem Kunden der Steuerberater empfohlen werden.

Beispiel

So ist beispielsweise seit dem 1. April 1999 die Umsatzsteuer auf die Leasingentgelte für gewerbliches Leasing nur dann noch zu 50 % vorsteuerabzugsfähig, wenn das Firmenfahrzeug auch privat genutzt wird.

Zumindest sollte das Verkaufspersonal im Autohaus keine vollmundigen Versprechen abgeben, z. B. man könne durch Leasing immer Steuern sparen.

Natürlich kann von aktuellen steuerlichen Regelungen oder diesbezüglich zu erwartenden Änderungen der Zeitpunkt einer Fahrzeugbeschaffung (Sonderabschreibungen, etc.) und die Fahrzeugart (Benziner oder Diesel etc.) abhängen.

Grundsätzlich können bei einem gewerblichen Leasingvertrag die Mietzahlungen vom Leasingnehmer in voller Höhe als Betriebsausgaben von der Steuer abgesetzt werden. Dann darf der Leasingvertrag aber keine Übernahmevereinbarung o. Ä. nach Ablauf der Leasinglaufzeit enthalten, denn sonst würde es sich um eine verdeckte Finanzierung handeln.

Absetzung für Abnutzung = AfA, ein steuerlicher Begriff für Abschreibungen

Der Leasinggeber aktiviert das Fahrzeug mit seinen Anschaffungskosten in der Bilanz. Die Absetzung für Abnutzung – AfA – ist nach der betriebsgewöhnlichen

Nutzungsdauer vorzunehmen. Für den Leasinggeber stellen die Leasingraten Betriebseinnahmen dar.

Der Leasing-Gegenstand, also das Kraftfahrzeug, wird in der Regel dem Leasinggeber zugeordnet, wenn sich die vereinbarte unkündbare Grundmietzeit auf 40 bis 90% der betriebsgewöhnlichen Nutzungsdauer des Leasing-Gegenstandes beläuft, vgl. Tabelle.

Steuerliche Vorteile des gewerblichen Leasings: Bilanzneutralität, Leasingraten und Sonderzahlung als Betriebsausgabe absetzbar

Für Unternehmen und Mitarbeiter kann es aus steuerlichen und sozialversicherungstechnischen Gründen interessant sein, einen Teil des Gehaltes oder der Gehaltserhöhung in einen zu leasenden Firmenwagen umzuwandeln.

2.2.6 Gehaltsumwandlung Firmenwagen: Was bringt die Gehaltsumwandlung?

Arbeitgeber bieten gerne Dienstwagen anstatt einer Gehaltserhöhung an. Das Geld fließt nicht in die Lohntüte, sondern in die Finanzierung eines Neuwagens. Dieser Vorgang wird mit dem Begriff „Gehaltsumwandlung" umschrieben.

Beispiele aus Gute Fahrt:

Tabelle 1: Überlassung eines Dienstwagens VW Eos V6 „Edition 2008"	
Bruttolisten-Neupreis bei Erstzulassung einschließlich Umsatzsteuer rund:	40.000 EUR
... zuzüglich Sonderausstattungen, einschließlich Umsatzsteuer:	10.000 EUR
Das ergibt den maßgeblichen Fahrzeug-Gesamtpreis von:	50.000 EUR

Beispiel

Tabelle 1: Überlassung eines Dienstwagens VW Eos V6 „Edition 2008"

Monatlicher Pauschalwert 1 Prozent	500 EUR
Diesem Betrag ist der Vorteil aus der Nutzung des Fahrzeuges für die Fahrten zwischen Wohnung und Arbeitsstätte (einfacher Weg) noch hinzuzurechnen Die Entfernung beträgt zum Beispiel 30 km. Laut Gesetz werden berechnet: 0,03 Prozent des maßgeblichen Fahrzeug-Gesamtpreises pro einfachem Entfernungskilometer = 15,00 Euro x 30 km (pro Monat)	450 EUR
Gesamtkosten	950 EUR

Tabelle 2: Berechnung der Fahrten zum Arbeitsplatz mit dem EOS

Der steuerpflichtige Vorteil wäre wie in Tabelle 1 ermittelt	950 EUR
Bei Pauschal-Versteuerung durch den Chef können 0,30 Euro pro km in Abzug gebracht werden: Also 30 km x 0,30 Euro = 9 Euro pro Tag. 15 Arbeitstage pro Monat lässt der Gesetzgeber als Vereinfachungsregel zu. So ergeben sich: 9 Euro x 15 Tage = 135 Euro pro Monat	– 45 EUR
Dem individuellen Lohnsteuerabzug und der Beitragspflicht in der Sozialversicherung unterliegen somit insgesamt	815 EUR

Quelle: Gute Fahrt, Heft 3/2008, Seite 33, s. www.gute-fahrt.de. Heft-hfo, PDF-Download vom 24.10.2009.

Zur Erhöhung der Mitarbeitermotivation gilt bei den deutschen Arbeitnehmern ein schicker Dienstwagen geeigneter als eine entsprechende Gehaltserhöhung. Dies hat sich zwischenzeitlich herumgesprochen, denn je tiefer man in der Hierarchie geht, desto höher ist der Anteil arbeitnehmerfinanzierter Dienstwagen.

Denn anstatt einer Lohn- bzw. Gehaltserhöhung wird ein Firmenwagen zur Verfügung gestellt. Der Arbeitgeber zahlt weniger Lohnnebenkosten. Auch für den Arbeitnehmer kann dies lohnenswert sein. Er spart Lohnsteuer und Sozialabgaben und er muss keinen Privatwagen unterhalten. Dieser Trend ist auch von den Leasinganbietern entdeckt worden. Immer mehr Firmen setzen zur Mitarbeitermotivation bereits das Gehaltsumwandlungsmodell ein. Anbieter wie z. B. Athlon (www.lease2motivate.de) oder die Deutsche Leasing (www.deutsche-leasing.de), aber auch Autovermieter Sixt (www.sixt.de) bieten im Internet Gehaltsumwandlungsrechner an. Damit können Arbeitgeber und -nehmer ausrechnen, was sie im Monat sparen können.

Allerdings sollte hier nicht auf fachmännischen Rat verzichtet werden. Ob sich eine Dienstwagenfinanzierung bzw. ein entsprechendes Leasing lohnt, hängt von vielen Faktoren ab. So wird das Modell mit steigenden Krankenkassen- und Rentenbeiträgen insbesondere für den Arbeitgeber unattraktiver.

Auch für die Mitarbeiter kann ein Dienstwagen schnell zu teuer werden. Denn es besteht die Gefahr, dass das Finanzamt in dem Vertrag kein klassisches Firmenauto mehr erkennt. Dann muss der Mitarbeiter im schlimmsten Fall neben den Privat- auch die Dienstfahrten versteuern.

Beispiel

Wie Arbeitgeber und Arbeitnehmer beim Gehaltsumwandlungsmodell Lohnsteuer sowie Sozialabgaben einsparen, zeigt die Firma Vaillant: Seit 2002 bietet der Heizungs- und Klimaspezialist seinen Mitarbeitern die Möglichkeit, einen Teil ihres Bruttolohns für einen Dienstwagen einzusetzen. 583 Autos laufen in der Vaillant-Flotte. Seit dem Jahr 2002 entschieden sich 114 Angestellte für unser Gehaltsmodell. Im Angebot befinden sich die Marken: Audi, BMW, Ford, Mercedes, Opel und VW. Die Vorteile für beide Seiten liegen auf der Hand: Die Mitarbeiter werden an das Unternehmen gebunden und motiviert. Das heißt, der Mitarbeiter verdient brutto so viel weniger wie das Auto unterm Strich kostet. Die Mitarbeiter profitieren von den Rahmenverträgen und Großkundenrabatten des Arbeitgebers, streichen die steuerlichen Vorteile ein und sparen die Umsatzsteuer.

Fall: Ein Mitarbeiter bekommt einen Firmenwagen, der im Fullservice-Leasing 591,00 EUR kostet. Im Gegenzug verzichtet er jeden Monat auf 532,00 EUR Bruttogehalt. Zusätzlich übernimmt die Firma die Tankrechnungen, die bei 15.000 Kilometern knapp 1.300,00 EUR (acht Liter Diesel Verbrauch bei 1,06 EUR brutto) ausmachen. Das Unternehmen zeigt sich so großzügig, da es gut 1.000,00 EUR Sozialabgaben im Jahr spart. Darüber hinaus fährt der Mitarbeiter noch 3.000 Kilometer geschäftlich. Würde er dafür sein Privatauto nutzen, kostete dies mindestens 900,00 EUR Kilometergeld. Wie das Beispiel zeigt, verbirgt sich bei den Reisekosten häufig ein großes Einsparpotenzial. Auch für den Mitarbeiter rechnet sich das Modell. Er hat unterm Strich zwar 600,00 EUR weniger in der Lohntüte. Für dieses Geld könnte er sich keinen vergleichbaren Neuwagen leisten. Allerdings muss der Arbeitnehmer den Dienstwagen als geldwerten Vorteil versteuern, meist pauschal nach der Ein-Prozent-Regel. Wenn das Finanzamt das Fahrtenbuch später nicht anerkennen sollte, ist dies im Arbeitsvertrag oder in Zusatzvereinbarungen festzuhalten. Alle Beteiligten müssen ihre Rechte und Pflichten kennen. Damit der Fiskus die Gehaltsumwandlung steuerlich anerkennt, wird ausdrücklich eine Änderung des Arbeitsvertrags vorausgesetzt. Dabei können auch Probleme entstehen, so z. B. die Rückgabe der Fahrzeuge nach Vertragsablauf oder die Sozialversicherungsprüfung aufgrund der Tarifbindung. Natürlich kann ein vereinbartes Gehalt jederzeit reduziert werden. Auf tariflich vereinbartes Gehalt können die Mitarbeiter aber nicht verzichten, jedoch auf außertarifliche Ansprüche.

Quelle: Vgl. Auto statt Geld? In: Firmenauto, Januar 2007, S. 26, hrsg. v. EuroTransportMedia Verlags- und Veranstaltungs-GmbH, Stuttgart.

Beispiel

Folgende Schritte fallen im Rahmen der Gehaltsumwandlung an:
- Der Mitarbeiter kalkuliert sein Wunschauto im Online-Tool des Leasinganbieters
- Er sendet seine Anfrage per E-Mail an die Personalabteilung
- Diese simuliert die Gehaltsabrechnung des Mitarbeiters mit dem Gehaltsverzicht
- Es erfolgt der Abschluss eines Überlassungsvertrags
- Der Arbeitgeber bestellt das Auto bei der Leasinggesellschaft
- Nach der Bestellung folgt die Auftragsbestätigung an die Personalabteilung

Fragen rund um die Gehaltsumwandlung sind:
- Für welche Mitarbeiter gilt das Angebot?
- Welche Kosten kommen auf die Mitarbeiter zu?
- Wie ist der Umfang der Nutzung geregelt?
- Wie wird der Dienstwagen versteuert und versichert?
- Wie erfolgt eine Schadenabwicklung?
- Wie sind Sorgfaltspflicht und Haftung bei Tankkarten geregelt?
- Was passiert bei Beschädigung oder Verlust des Dienstwagens?
- Wie erfolgen die Abrechnungen von Kraftstoff und Fahrzeugwäsche, die Rückgabe und Schlussabrechnung?
- Welche Rolle spielt das zuständige Finanzamt?
- Wer übernimmt eine juristische Prüfung der Vertragsgestaltung der Überlassung?
- Wie funktioniert das Anlegen von Lohnarten für die Gehaltsabrechnung?

Quelle: Vgl. Auto statt Geld? In: Firmenauto, Januar 2007, Seite 26, hrsg. v. EuroTransportMedia Verlags- und Veranstaltungs-GmbH, Stuttgart. Vgl. außerdem Adressen zur Gehaltsumwandlung: Alphabet www.alphabet.de, ASL www.asl-leasing.de, Athlon Car Lease www.lease2motivate.de, DAL www.deutsche-leasing.com, LHS www.lhs-leasing.

Die Bedeutung des Leasings für den Leasingnehmer

Steuerrechtlich

Unter der Voraussetzung, dass der Leasinggegenstand steuerrechtlich dem Leasinggeber zuzuordnen ist, ergeben sich folgende Steuerersparnisse:

- Die Leasingentgelte können in voller Höhe als Betriebsausgaben angesetzt werden.
- Die steuerliche Zuordnung ist in der Abgabenordnung § 39 und in zahlreichen Leasingerlassen des Bundesministeriums der Finanzen vom 19. April 1971, 21. März 1972, 22. Dez. 1975 und dem 23. Dez. 1991 geregelt.

Handelsrechtlich

- Der Leasingnehmer darf den Leasinggegenstand nicht in der Bilanz aktivieren. Ein Vermerk „Unter dem Strich" der Bilanz findet ebenfalls nicht statt.
- Leasingverpflichtungen werden im Anhang des Jahresabschlusses erläutert.
- Im Interesse des Bilanzlesers sollte in der Gewinn- und Verlustrechnung eine Sonderposition „Mietaufwendungen" enthalten sein.

Betriebswirtschaftlich

- Der Leasingnehmer wird mit fixen Kosten belastet.
- Der Leasingnehmer ist während der Grundleasingzeit gebunden.

aber

- Der Leasinggegenstand muss nicht zum Zeitpunkt der Investition bezahlt werden.
- Die Leasingentgelte können während der Nutzungszeit mit dem Leasinggegenstand erwirtschaftet werden.
- Investitionen können auch bei einem Mangel an Eigenmitteln und ohne Inanspruchnahme eingeräumter Kreditlinien durchgeführt werden.
- In der Regel müssen keine zusätzlichen Sicherheiten gestellt werden.
- Bei entsprechender Vertragsgestaltung ist eine laufende Anpassung an die technische Entwicklung möglich, sodass das Risiko wirtschaftlicher Veralterung abgewälzt wird.
- Das Bilanzbild verschlechtert sich bei Leasing nicht, da die Leasingverbindlichkeiten nicht ausgewiesen werden.

Aktuelle Rechtsprechung und Gesetzeslage beachten.

„Pay as you earn"

Bei Leasingverträgen ohne Kaufoption hat der Leasingnehmer nicht das Recht, nach Ablauf der Grundmietzeit das Fahrzeug zu erwerben.

Bei Verträgen mit Kaufoption hat der Leasingnehmer nach Ablauf der Grundmietzeit, welche kürzer als die betriebsgewöhnliche Nutzungsdauer ist, das Recht, das Fahrzeug zu erwerben. Bei Verträgen mit Mietverlängerungsoption kann nach Ablauf der Grundmietzeit das Fahrzeug weitergeleast werden.
Beim Leasing fallen Eigentum und Besitz auseinander.

Bei finanzierten Fahrzeugen funktioniert die Behandlung wieder anders, etwa bezüglich Bilanzierung und Verrechnung von privaten Nutzungsanteilen. Bei einer normalen Finanzierung wird das Fahrzeug vom erwerbenden Unternehmen aktiviert und abgeschrieben. Die Zinsen sowie die Abschreibungen sind als Aufwand gewinnmindernd geltend zu machen.

Leasingarten

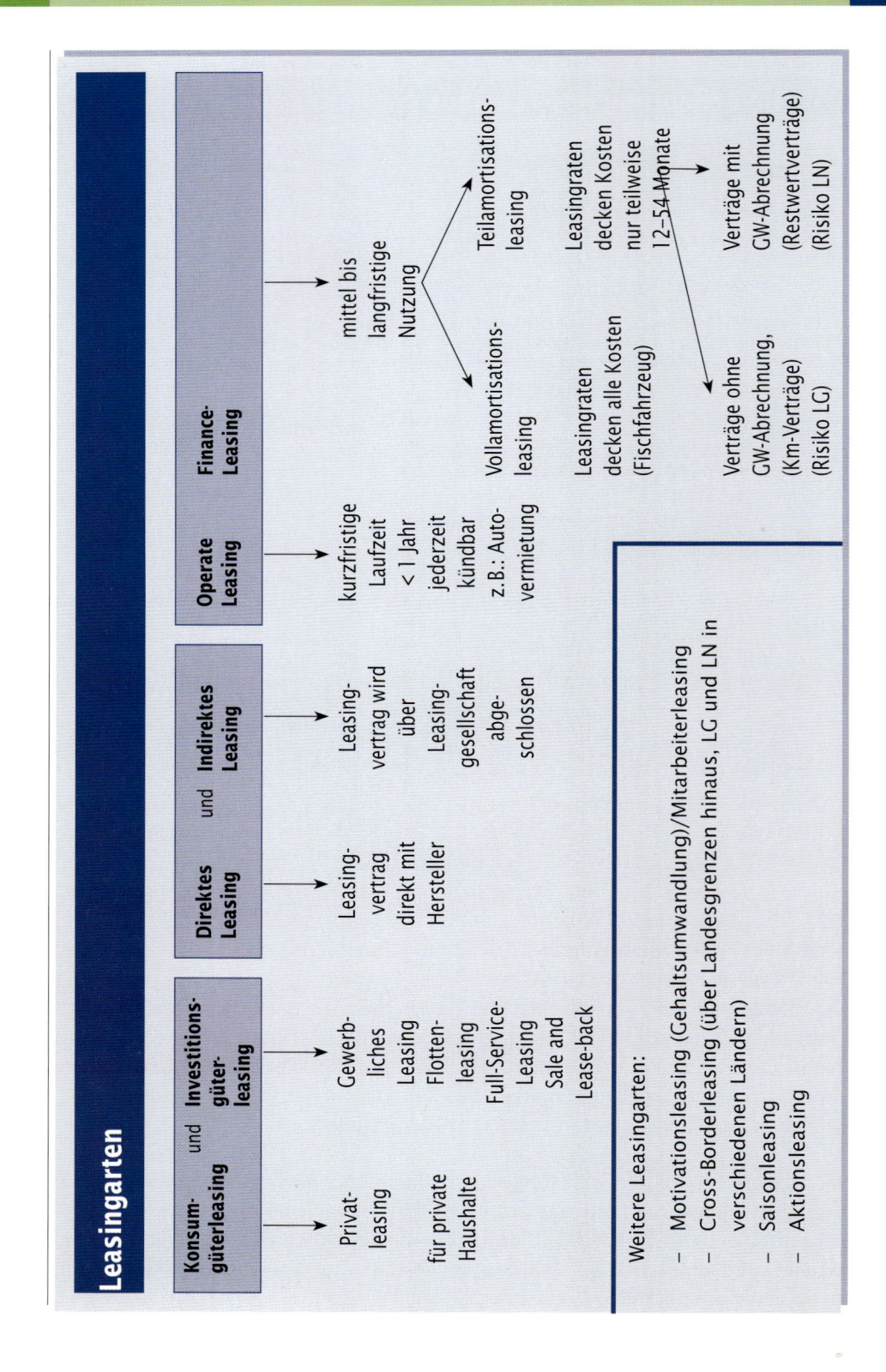

Konsumgüterleasing	und	Investitionsgüterleasing

Konsumgüterleasing:
- Privatleasing für private Haushalte

Investitionsgüterleasing:
- Gewerbliches Leasing
- Flottenleasing
- Full-Service-Leasing
- Sale and Lease-back

Direktes Leasing	und	Indirektes Leasing

- **Direktes Leasing:** Leasingvertrag direkt mit Hersteller
- **Indirektes Leasing:** Leasingvertrag wird über Leasinggesellschaft abgeschlossen

Operate Leasing		Finance-Leasing

- **Operate Leasing:** kurzfristige Laufzeit < 1 Jahr, jederzeit kündbar, z.B.: Autovermietung
- **Finance-Leasing:** mittel bis langfristige Nutzung
  - **Vollamortisationsleasing:** Leasingraten decken alle Kosten (Fischfahrzeug) → Verträge ohne GW-Abrechnung, (Km-Verträge) (Risiko LG)
  - **Teilamortisationsleasing:** Leasingraten decken Kosten nur teilweise 12–54 Monate → Verträge mit GW-Abrechnung (Restwertverträge) (Risiko LN)

Weitere Leasingarten:
- Motivationsleasing (Gehaltsumwandlung)/Mitarbeiterleasing
- Cross-Borderleasing (über Landesgrenzen hinaus, LG und LN in verschiedenen Ländern)
- Saisonleasing
- Aktionsleasing

Aufgaben

1. Erklären Sie den Begriff Amortisation.

2. Was bedeutet beim Leasing Voll- und was bedeutet Teilamortisation?

3. Erläutern Sie den Begriff Andienungsrecht.

4. Unterscheiden Sie Verträge mit festem Restwert und Verträge mit Kilometerabrechnung.

5. Wieso spielt das Steuerrecht beim Leasing eine Rolle?

6. Welche Art von Leasingverträgen können Sie im Autohaus abschließen?

7. Warum ist das Privatleasing in den letzten Jahren auf dem Vormarsch?

8. Schildern Sie, wie die Rückgabe von Leasingfahrzeugen in Ihrem Ausbildungsbetrieb gehandhabt wird.

9. Welche Formulare sind hierbei notwendig?

10. Was passiert, wenn der Kunde an dem Leasing-Fahrzeug einen Unfallschaden verursacht?

11. Welche Möglichkeiten bestehen grundsätzlich nach Ablauf eines Leasingvertrags und wie wird dies in Ihrem Ausbildungsbetrieb gehandhabt?

12. Welche steuerlichen Vorteile bietet das Leasing für gewerbliche Kunden?

13. Stellen Sie den Leistungskatalog beim Full-Service-Leasing dar.

14. In welchen Regionen Deutschlands erfährt das Full-Service-Leasing eine stärkere und wo eine schwächere Bedeutung? Überprüfen Sie dies für das Einzugsgebiet Ihres Ausbildungsbetriebsmittels anhand einer lokalen/regionalen Bedarfsanalyse.

15. Was verstehen Sie unter Fuhrparkmanagement?

16. Erklären Sie anhand von Beispielen:
    a) Motivationsleasing bzw. Gehaltsumwandlung
    b) Cross-Border-Leasing
    c) Sale and Lease-back

17. Nennen Sie drei Gründe für eine vorzeitige Auflösung eines Leasingvertrags.

2.3 Leasingberechnung

„Marcel Schneider bekommt von der Leasing- und Finanzierungsgesellschaft des Herstellers ein Heft zur vertraulichen Behandlung mit den neuesten Leasingfaktoren für verschiedene Modelle zur Verfügung gestellt. Hierin sind die gesamten Faktoren enthalten."

Leitfragen

- Welche Parameter spielen bei der Berechnung der Leasingrate eine Rolle?
- Was verstehen Sie unter Leasingfaktoren?
- Wie funktioniert die Leasingberechnung am PC?

Leasing als Bestandteil der Außenfinanzierung, vgl. S. 288.

Grundsätzlich hat man bei einer Leasingberechnung verschiedene Aktionsparameter. Beim „Variablen Leasing" braucht nur ein Kriterium festgelegt zu werden, entweder die Leasing-Sonderzahlung, die monatliche Leasingrate oder die Laufzeit. Je nach individuellen Bedürfnissen und nach Liquiditätslage des Kunden, können dann die anderen Kriterien in Abhängigkeit dazu errechnet werden.

Beispiel

Sonderzahlung und Gebrauchtwagen; Bewertung des Gebrauchtwagens durch die DAT via CD-ROM oder online; DAT = Deutsche Automobil Treuhand. www.dat.de

So können beispielsweise bei einer höheren Sonderzahlung die Leasingraten entsprechend niedrig ausfallen.

Verfügt der Kunde zurzeit nicht über die notwendigen flüssigen Mittel, so kann er dies durch höhere Leasingraten ausgleichen. Der Kunde kann auch den Rücknahmewert mit beeinflussen.

Erwartet er etwa einen Sparvertrag, welcher in ein paar Jahren ausläuft, so können Anzahlung und Leasingraten niedriger gehalten werden, da der dann höhere Restwert durch den Sparvertrag abgelöst werden kann.

Aktionsparameter für die Höhe der Leasingrate sind auch die vereinbarte Laufzeit, die Höhe der vereinbarten Kilometerleistung und die Auswahl von Modell und Ausstattung.

Merke: Je länger die Laufzeit, desto niedriger die monatlichen Leasingraten. Je höher die vereinbarte Kilometerleistung, desto höher wird die Leasingrate ausfallen.

Nicht gängige, schwer verkäufliche Modelle werden meist mit ziemlich günstigen Konditionen ausgestattet.

Beispiel: Leasingratenberechnung für einen Pkw, Laufzeit 36 Monate, 48.000 km

Ermittlung der monatlichen Leasingrate

	Ausgangsdaten:
Fahrzeugpreis	25.000,00 EUR
Rabatt	10,00 %
Sonderzahlung	5.000,00 EUR
Zu verleasender Betrag	17.500,00 EUR
Leasing-Neuwagenfaktor (Tabelle)	4,2
Leasing-Gebrauchtwagenfaktor	2,55
Gebrauchtwagenwert nach DAT	9.500,00 EUR
	Berechnung:
Anschaffungskosten	17.500,00 x 4,2 % = 735,00 EUR
Abzüglich Gebrauchtwagenwert	9.500,00 x 2,55 % = 242,25 EUR
= monatliche Leasingrate	**= 492,75 EUR**

Leasingneuwagenfaktor

Leasing-Gebrauchtwagenfaktor

In der Leasingrate bzw. in dem Leasingfaktor sind üblicherweise der Wertverlust des Fahrzeuges, Zinsen, Verwaltungskosten des Leasinggebers und ein Gewinnanteil einkalkuliert. Gegenüber Endverbrauchern ist die Umsatzsteuer in der Rate mit enthalten.

Für die Berechnung der Wirtschaftlichkeit des Leasings – zunächst ohne steuerliche Betrachtung – kommen die Gesamtkosten des Angebots infrage, also was wird während der Laufzeit an Sonderzahlung und Raten gezahlt.

Weiterhin ist der Restwert zu beachten. Ein unrealistisch hoher Restwert, wie es häufig aus absatzpolitischen Erwägungen zu beobachten ist, führt zu niedrigen Raten und ist dann für den Kunden vorteilhaft, wenn das Autohaus bzw. der Leasinggeber das Fahrzeug zurücknehmen muss. Ein zu niedrig angesetzter Restwert führt zu höheren Raten und damit zu höheren steuerlich relevanten Ausgaben, ist aber eigentlich nur dann interessant, wenn das Fahrzeug zu diesem Preis erworben werden kann.

zu beachten: fallende Restwerte durch Finanzkrise und CO_2-Diskussion, vgl. S. 201

Beispiel: Leasing-Kalkulation **Auto Leasing GMBH**

Name: Heinz Meyer	Vertrags-Nr. 007
	Vermittelnder Betrieb Nr. 0
Straße: Stadtstr. 12	☐ Geschäftsfahrzeug-Leasing ☐ Anlage zur Bestellung
PLZ: 38640 Ort: Gosla	☐ PrivatLeasing ☐ Angebot schreiben
Kunden-Nr. Zeichen des Bestellers	Verwendungszweck des Kfz Privat

☐ Vertrag mit Gebrauchtwagen-Abrechnung (Restwertvertrag)	15.000 Jährliche Fahrleistung in km
☐ Vertrag ohne Gebrauchtwagen-Abrechnung (KM-Vertrag)	24 Vertragsdauer in Monaten

Bestellschlüssel	Modell	Preisstand vom		
191	Variant, Trendline, 85 kw	29.6.08	27.440	**Wichtig!** Alle Betragsangaben in EUR
Bestellschlüssel	Farbe und Ausstattung blau			Sämtliche Beträge ohne Umsatzsteuer beim Geschäfts-
PR-Nr.	Sonderausstattung Radio deluxe		880	fahrzeug-Leasing, mit Umsatzsteuer beim Privat-Leasing
				☐ Faktoren mit Leistungsprämie
				☐ Aktion

Summe	28.320
abzüglich ____ % Mengen-/Sondernachlaß RA-Nr. _____	
Summe	
abzüglich ____ % Kalkulationabschlag	
Summe	2832
abzüglich 10 % Sonderzahlung	
Summe	
zuzüglich Zubehör _____	
zuzüglich Überführungskosten 520,- zulassungskosten 130,-	650
Anschaffungskosten Faktor 4,73 x	26.138	**1236,33**
Gebrauchtwagenwert Faktor 3,73 x	17.500	652,75
Monatliche Leasing-Rate		**583,58**
		584
☐ Pf ☒ Cent pro Mehr-/Minderkilometer (nur beim Vertrag ohne Gebrauchtwagen-Abrechnung)	6,9 / 4,1
☐ Kfz-Haftpflichtversicherung mit unbegrenzter Deckung ☐ ohne Selbstbeteiligung	Die Prämie wird nach Ausstellung der
☐ Kfz-Vollversicherung mit Selbstbeteiligung 1000 ☐ bei der Kfz-Teilversicherung	Versicherungspolice berechnet.
☐ Insassen-Unfallversicherung Tod 50.000 I) 100.000 (Invalididität) 05	
☐ Wartung und Verschleißreparaturen 01	
☐ Reifenersatz Anzahl Art/Größe 53	
☐ Kfz-Steuer 02	
☐ Fahrzeug-Rechtsschutzversicherung 11	
☐ Rundfunkgebühren der GEZ 15 Full-Service-Leasing	
☐ Monatliche Leasing-Rate einschließlich kalkulierter Dienstleistungsvorschläge	
☐ Cent pro Mehr-/Minderkilometer	/

Bearbeitet von	**Nur bei Verträgen ohne Gebrauchtwagen-Abrechnung:** Wir sichern der Auto Leasing GmbH verbindlich zu, das
Verkäufer-Nr.	Fahrzeug am Vertragsende zum oben eingesetzten Gebraucht-wagenwert (Netto) zuzüglich der dann gültigen Umsatzsteuer
Telefon	anzukaufen.
Datum	
	Firmenstempel (Vermittelnder Betrieb) Rechtsverbindliche Unterschrift (Vermittelnder Betrieb)

Nur bei Privat-Leasing:
Ich habe dem Besteller die Leasing-Bestellung ausgehändigt.

Unterschrift

Mindestens 10% der Anschaffungskosten vor Abzug einer möglichen Sonderzahlung.

Quelle: in Anlehnung an: Leasing-Kalkulation von VW-Leasing GmbH, Braunschweig, Stand: Oktober 2009

Blickt man auf branchenübliche Tabellen für Leasingfaktoren, so ist zu erkennen, dass die Leasingfaktoren mit Verlängerung der Laufzeit entsprechend abnehmen und mit Verringerung des Restwertes zunehmen. So sieht man auch den Einfluss der Restwertprognose auf die Leasingrate. Mit Zunahme der Verwaltungskosten und der Zinssätze erhöhen sich dann auch die Leasingfaktoren.

Beispiel

Ein Fahrzeug mit einem angenommenen Restwert nach 36 Monaten Laufzeit von 70 % hat einen Leasingfaktor von 1,44. Hingegen steigt dieser Leasingfaktor auf 1,94, wenn der Restwert nach 36 Monaten auf nur 50 % geschätzt wird. Angabe gilt hier für Leasingfaktoren ohne Leasing-Sonderzahlung. (Der Leasingfaktor würde sogar 6,58 betragen, wenn nach 12 Monaten nur mit einem Restwert von 29 % zu rechnen wäre.)

In der Praxis wird das Notebook des Verkäufers durch die Leasinggesellschaft immer mit den neuesten Daten versorgt, wodurch das Unterbreiten eines Angebotes erheblich einfacher geworden ist, da nur noch wenig eigenständig gerechnet werden muss.

Die Leasingberechnung kann entweder am PC im Autohaus, am Laptop des Verkäufers beispielsweise beim Kunden vor Ort oder auch via Internet durchgeführt werden:

Zuerst müssen die relevanten Faktoren wie konkretes Modell mit Zubehör, Laufzeit, Kilometerleistung, Höhe der Sonderzahlung bzw. einer Inzahlungnahme eingegeben werden. Dann erstellt der PC ein Leasingangebot ggf. online mit der Leasinggesellschaft.

Beim Restwertleasing stehen dem Autohaus Tabellen der DAT oder Vorschläge durch den Leasinggeber mit prognostizierten Restwerten je nach Modell, Laufzeit und Kilometerleistung zur Verfügung. Diese Tabellen werden entweder via CD-ROM oder aktualisiert via ISDN bzw. online bereitgestellt.

DAT = Deutsche Automobil Treuhand oder auch von Eurotax-Schwacke

Dies gilt auch für die Ermittlung des Händlereinkaufswertes durch eine Gebrauchtfahrzeugbewertung nach DAT-SYSTEM.

Oft stellt die Inzahlungnahme eines Gebrauchtwagens für Autohaus und Kunden eine Erleichterung dar, überhaupt ein Leasing- oder auch ein Finanzierungsgeschäft zu realisieren. Beim Leasing erhöht oder bringt der Gebrauchtwagen die Leasing-Sonderzahlung, bei der Finanzierung ist es die Anzahlung.

Die Eingabe der Daten erfordert gute Kenntnisse des Leasingprogramms. Dies ermöglicht dann ein qualifiziertes Beratungsgespräch mit dem Kunden.

Beispiel

Beispiel für ein am Notebook erstelltes Leasingangebot ohne Leasingsonderzahlung

Leasingberechnung am PC im Autohaus oder beim Kunden

Ihr Leasingangebot für einen Mercedes-Benz A 150 Neuwagen

Sehr geehrte Damen und Herren,

vielen Dank für Ihr Interesse an einem Leasingangebot. Gerne unterbreiten wir Ihnen nach Ihren Vorgaben folgendes Angebot basierend auf einer Leasingdauer von **36 Monaten** und einer Gesamtlaufleistung von 30 000 km.

Kaufpreis	23.000,00 EUR
Gesamtbasiswert	23.000,00 EUR
Restwert bzgl. Kaufpreis	13.915,00 EUR
Leasingfaktor (% Gesamtbasiswert)	1,642 %

Monatliche Leasingrate inklusive GAP-Deckung   377,72 EUR

Alle oben genannten Preise verstehen sich einschließlich gesetzlicher Umsatzsteuer von 19 % (Stand: 02/10).
Mehrkilometer werden mit 34,50 EUR je 1000 km berechnet, Minderkilometer werden mit 23,00 EUR je 1000 km vergütet.

Speziell für das o.g. Fahrzeug können wir Ihnen noch folgende Leistungen anbieten:

Autoversicherung:	
DaimlerChrysler Bank Autoversicherung	20,11 EUR
DaimlerChrysler Bank Autoversicherung plus	24,01 EUR

(Beispielrechnung: private Zulassung, monatliche Prämie gültig ab 01.01.2005, A 150, Neufahrzeug, Zulassung S, SF 30 %, SB EUR 300 VK / EUR 300 TK, jährl. Fahrleistung 12 000 km, Garage, Fahrer: VN und Partner)

Dieses Angebot basiert auf den derzeitigen Kapitalmarktzinsen. Es ist freibleibend und verpflichtet keine Seite zum Vertragsabschluss.

Der Verkäufer kann je nach Kundenwunsch direkt beim Kunden am PC die Leasingangebote alternativ berechnen, variieren und gleich ausdrucken. Zur Angebotsverfolgung bzw. zum Nachbereiten des Gesprächs werden die Angebote entsprechend abgespeichert.

Ein weiteres Programm im Leasingbereich ist die Software von ALD. Dieses Programm bietet auch den Zugriff auf die Schwacke-Datei mit Daten von 20 000 Autos. Das Programm wird via Datenleitung ständig aktualisiert. Der Verkäufer kann auch bei diesem Programm schnell und kundenindividuell Parameter wie Restwert, Ausstattung, etc. variieren.

Beispsiel

Software ALD
Direkt der ALD
Autoleasing D

Finanzmathematische Leasingratenberechnung

Ein Lkw im Wert von 100.000,00 EUR wird fünf Jahre geleast. Er wird linear abgeschrieben und in fünf Raten abgezahlt. Der Zinssatz vor Steuern beträgt 8%. Wie hoch ist die jährliche Leasingrate. Sie beträgt 25.045,65 EUR Folgende, hier nicht weiter zu vertiefende, Formel muss angewendet werden, um auf obiges Ergebnis zu kommen.

$$R = L \cdot \left(\frac{q^n \cdot (q-1)}{q^n - 1}\right)$$

Hinweis für mathematisch Interessierte: http://de.geocities.com/romildner/leasing.html

Kraftfahrzeug-Leasing (Rechtsbeziehungen)

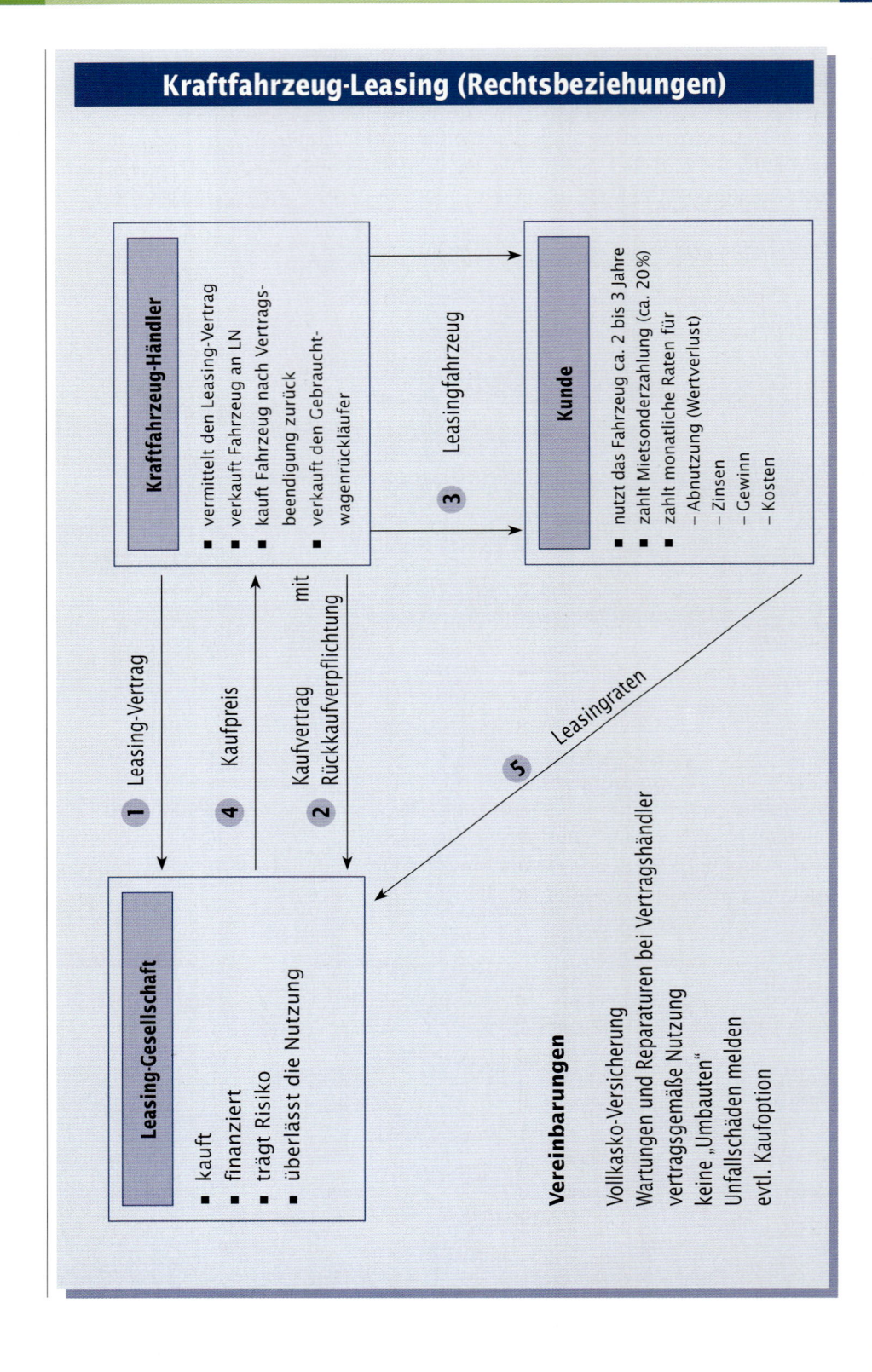

Kraftfahrzeug-Händler
- vermittelt den Leasing-Vertrag
- verkauft Fahrzeug an LN
- kauft Fahrzeug nach Vertragsbeendigung zurück
- verkauft den Gebrauchtwagenrückläufer

Kunde
- nutzt das Fahrzeug ca. 2 bis 3 Jahre
- zahlt Mietsonderzahlung (ca. 20%)
- zahlt monatliche Raten für
  – Abnutzung (Wertverlust)
  – Zinsen
  – Gewinn
  – Kosten

Leasing-Gesellschaft
- kauft
- finanziert
- trägt Risiko
- überlässt die Nutzung

(1) Leasing-Vertrag
(2) Kaufvertrag mit Rückkaufverpflichtung
(3) Leasingfahrzeug
(4) Kaufpreis
(5) Leasingraten

Vereinbarungen

Vollkasko-Versicherung
Wartungen und Reparaturen bei Vertragshändler
vertragsgemäße Nutzung
keine „Umbauten"
Unfallschäden melden
evtl. Kaufoption

2.4 Leasinginstitutionen/Anbieter

Top Ten der Leasinggeber			
Leasinggesellschaft	Vertragsbe-stand 2007	Vertragsbe-stand 2006	Veränderungen in Prozent
Volkswagen Leasing	430.098	308.930	+ 39,2
Alphabet	153.000	120.000	+ 27,5
Daimler Fleet Management	146.000	161.000	– 9,3
Deutsche Leasing Fleet	115.000	110.000	+ 4,5
ALD Auto-Leasing D	97.830	92.700	+ 5,5
Santander	96.000	76.000	+ 26,3
ASL – Part of GE Capital Solutions	86.000	60.000	+ 43,3
Lease Plan	77.400	71.700	+ 7,9
Renault Leasing	65.833	71.609	– 8,0
Sixt Leasing	64.195	59.700	+ 7,5

Quelle: Top Ten der Leasinggeber, in: Firmenauto, Heft Juni 2008, Seite 12, hrsg. v. Euro Transport-Media Verlags- und Verwaltungs-GmbH, Stuttgart

Autobanken: Volkswagens Banktöchter beantragen Staatshilfe

Das ist eine faustdicke Überraschung – und keine gute für die Autobranche: Ausgerechnet die beiden Finanztöchter von Volkswagen haben Staatshilfe beantragt. Dabei galten die Wolfsburger als der Autobauer, der am besten durch die Krise kommt.

HB WOLFSBURG. VW Financial Services und die VW-Bank wollen staatliche Hilfen in Anspruch nehmen. Für beide VW-Töchter wurden Anträge für staatliche Garantien gestellt, sagte ein Sprecher von Financial Services am Dienstag der Finanz-Nachrichtenagentur dpa-AFX. Über den Umfang wollte er keine Angaben machen.

Es geht um die Refinanzierung von Autokrediten, die auf dem Kapitalmarkt angesichts der weltweiten Finanzkrise immer schwieriger geworden ist. Die VW-Tochter hat bisher stets gute Anteile zum Konzerngewinn beigetragen. Auch in den ersten neun Monaten 2008 legte sie ein positives Ergebnis vor.

Siehe hierzu den Artikel „BMW zahlt seine Sünden ab" im Handelsblatt Nr. 51 v. 13./14./15.03.09 auf beiliegender CD-ROM.

Autobanken und die Finanzkrise

Siehe hierzu den Artikel „VW-Finanztochter erwartet zwei hohe Jahre" im Handelsblatt Nr. 54 vom 18.03.2009 auf beiliegender CD-ROM

Niedersachsens Ministerpräsident Christian Wulff (CDU) hält die Anträge der VW-Bank auf Staatsgarantien für richtig. „Die Landesregierung begrüßt die Inanspruchnahme der staatlichen Garantien für die VW-Bank durch den Bund, um Autofinanzierungen im Jahr 2009 problemlos sicherzustellen", sagte Wulff am Dienstag in Hannover. Die VW-Bank erfüllt mit ihrem achtprozentigen Eigenkapital alle Voraussetzungen des Sonderfonds Finanzmarktstabilisierung.

Die VW Bank ist die erste Bank eines Automobilherstellers, die staatliche Hilfen beantragt. In den vergangenen Wochen war vielfach spekuliert worden, ob Autobanken möglicherweise auch den Rettungsschirm der Bundesregierung in Anspruch nehmen müssen.

Volkswagen hatte vor kurzem zur Refinanzierung der VW-Bank mehrere mit Autokrediten unterlegte ABS-Anleihen über insgesamt 2,8 Milliarden Euro ausgegeben. Mit den Papieren wollte sich Volkswagen über das Tenderverfahren der Europäischen Zentralbank (EZB) Liquidität verschaffen.

Die Finanztöchter von Autofirmen sind grundsätzlich berechtigt, Hilfen aus dem staatlichen Rettungsfonds für Finanzinstitute in Anspruch zu nehmen. Bereits Anfang November gab es Medienberichte, dass die Banken der Autohersteller an dem staatliche Rettungspaket interessiert seien.

Die Hersteller lassen seit Jahren einen immer größeren Teil ihres Absatzes durch die eigenen Banken über Kredite oder Leasingverträge finanzieren. Die Institute müssen ihren Finanzbedarf auch auf den internationalen Kapitalmärkten decken. Doch dies ist gegenwärtig nur zu sehr viel höheren Kosten möglich. Mit einer staatlichen Absicherung würde die Bonität der Autobanken steigen, die sich das Geld dann billiger besorgen könnten.

Quelle: www.handelsblatt.com/unternehmen/industrie/volkswagens-banktoechter-beantragen-staatshilfe; 2106133, erschienen am 9. Dezember 2008, hrsg. v. ECONOMY.ONE GmbH, Düsseldorf, abgerufen am 24.11.2009

VW verteidigt umstrittenen Hilfsantrag

Die VW-Bank hat ihren umstrittenen Antrag auf Staatsgarantien verteidigt. „Es geht nicht um einen ungebührlichen Wettbewerbsvorteil" sagte der Vorstandschef der VW-Sparte Financial Services, Frank Witter, am Montagabend (15.12.) vor Journalisten in Hannover. „Es geht darum, zu jedem Zeitpunkt unsere Handlungsfähigkeit aufrechtzuerhalten", so Witter. Die VW-Bank finanziere in einem erheblichen Maße den Mittelstand, vor allem Autohändler. „Wir agieren in einem gesamtwirtschaftlichen Interesse." Als erste deutsche Autobank hatte die VW-Finanzdienstleistungstochter einen Antrag auf Staatsgarantien aus dem staatlichen Rettungspaket gestellt. Bei der VW-Bank geht es unter anderem um die Refinanzierung von Autokrediten. Dies ist auf dem Kapitalmarkt angesichts der weltweiten Finanzkrise immer schwieriger geworden. Der Antrag war auf Kritik gestoßen, so hatten Volksbanken und Raiffeisenbanken erklärt, die Chancengleichheit werde verletzt.

Witter betonte, die VW-Bank sei in einer guten Lage und habe kein Eigenkapitalproblem. Die Anträge auf Staatsgarantien seien eine „vorsorgliche Maßnahme" für den Fall, dass die Finanzkrise länger andauere. Es gehe etwa darum, für die Kunden die Zinssätze bei der Autofinanzierung stabil zu halten. Eine „konzertierte Aktion" mit anderen Autobanken sei nicht geplant gewesen. „Es gibt keine Sammelbestellung." Jedes Unternehmen müsse für sich selbst entscheiden. Im Übrigen seien nicht die anderen Autobanken die Wettbewerber der VW-Bank, sondern die Universalbanken, die auf diesen Markt drängten.

Finanzsparte rechnet mit Ergebnisrückgang – Angesichts der Finanz- und Wirtschaftskrise stellt sich die VW-Finanztochter auf ein schwieriges Jahr 2009 ein. Die Sparte rechnet mit einem Ergebnisrückgang. Witter sagte, es sei nicht realistisch, anzunehmen, dass das operative Ergebnis besser ausfallen werde als in diesem Jahr.

2008 bewege sich das Ergebnis ungefähr auf Vorjahresniveau. Einzelheiten nannte Witter nicht. 2007 hatte die VW-Finanztochter ein Ergebnis vor Steuern von 809 Millionen Euro erzielt. Sie gehört seit Jahren zu den stabilsten Ertragsbringern des Konzerns.

Flottengeschäft läuft gut – Die VW Financial Services AG mit Sitz in Braunschweig steigerte 2008 ihren Gesamtvertragsbestand im Vergleich zum Vorjahr um 8,4 Prozent auf 5,74 Millionen. Die Bilanzsumme erhöhte sich um 11,8 Prozent auf 58,5 Milliarden Euro. Die Zahl der Leasingverträge stieg um 14,7 Prozent auf 1,1 Millionen Verträge. Vor allem das Flottengeschäft laufe derzeit gut.

Quelle: www.auto-motor-sport.de/news/vw-banke-930564.html, erschienen am 16. Dezember 2008, Motor Presse Stuttgart GmbH & Co. KG, Stuttgart, abgerufen am 24.11.2009

Die GMAC-Bank in den USA musste von der US-Notenbank gerettet werden. Denn die Krise um GMAC bedrohte auch die Kreditversorgung des GM-Händlernetzes. Rund 75% der Neuwagenbestände werden über die GMAC refinanziert.

Quelle: Handelsblatt vom 29. Dezember 2008, hrsg. v. ECONOMY.ONE GmbH, Düsseldorf

Autobanken und staatliche Rettungspakete, vgl. auch S. 190

Finanzdienstleistungen und betriebsspezifische Leistungen

Leitfragen

→ Warum steigen die Hersteller verstärkt ins Leasinggeschäft ein?

→ Wer sind die Konkurrenten für die Autohäuser beim Leasinggeschäft?

Wachstum in 2005

Bundesverband Deutscher Leasing-Gesellschaften – BDL – im Internet: www.bdl-leasing-verband.de

Auf dem Leasingmarkt gibt es mehrere Anbieter:

- herstellerabhängige Leasinggesellschaften,
- herstellerunabhängige Leasinggesellschaften wie ALD, CC-Leasing, LHS-Leasing, etc.,
- Fuhrparkdienstleister und
- klassische Kreditinstitute, Sparkassen und Volks- und Raiffeisenbanken.

Beispiel

Banken haben eigens Leasinggesellschaften gegründet, wie z. B. VR-Leasing GmbH, eine Tochter der Volks- und Raiffeisenbanken.

Leitfrage

→ Vergleichen Sie die umfangreiche Adressliste von Leasinganbietern im Anhang und S. 193 ff.

Vor- und Nachteile des Leasings

	Vorteile	Nachteile
Hersteller- und Autobank	<ul><li>Absatz- und Umsatzsteigerung</li><li>Erhöhung der Marktanteile</li><li>verbesserte Kapazitätsauslastung</li><li>Steigerung der Markentreue</li></ul>	<ul><li>Subventionierung</li><li>schleichender Verfall des Preisniveaus, fallende Restwerte</li><li>Verwaltungsaufwand</li></ul>
Autohaus	<ul><li>Absatz- und Umsatzsteigerung</li><li>Erreichen wichtiger Absatz-/Umsatzvorgaben durch den Hersteller</li><li>Steigerung von Autohaus- und Markentreue bzw. Kundenbindung (Kunde kommt wieder)</li><li>Verbesserung der Kapazitätsauslastung der Werkstatt</li><li>Verkauf anderer Finanzdienstleistungen möglich, z. B. Kfz-Versicherungen</li></ul>	<ul><li>Verringerung der Marge durch Kostenbeteiligung des Autohauses am Leasinggeschäft</li><li>Verwaltungsaufwand</li><li>Leasingrückläufer müssen vermarktet werden</li><li>ggf. Ärger mit Kunden bei Fahrzeugrückgabe</li></ul>

Vor- und Nachteile des Leasings

	Vorteile	Nachteile
Verbraucher/ gewerbl. Kunden	- geringe Kapitalbindung - niedrige Monatsraten - flexible Anzahlung - Teilnahme am technischen Fortschritt - kein Gebrauchtwagenproblem bei Vertragsende (neues Schuldrecht) - bei Kilometerabrechnung kein Restwertrisiko - Nutzungszeitraum individuell zu vereinbaren - für Selbstständige Steuervorteile - bilanzneutral - klare Kalkulationsgrundlage - Full-Service-Leasing möglich - Leasing als Finanzierungsalternative wegen Basel II	- Anonymisierung durch Abwicklung über Leasinggesellschaft - ggf. Verzicht auf Rabatte - Selbstauskunft ggf. unangenehm - Vollkaskopflicht - kein Eigentum - Raten trotz Mängeln fällig - Ausstieg schwierig - Verlust des finanziellen Überblicks - Gefahr der Überschuldung - Risiko: Mindererlös beim Restwertleasing - ggf. Probleme bei Fahrzeugrückgabe

Aufgaben

1 Beschreiben Sie den Leasingmarkt für Kraftfahrzeuge in Deutschland.

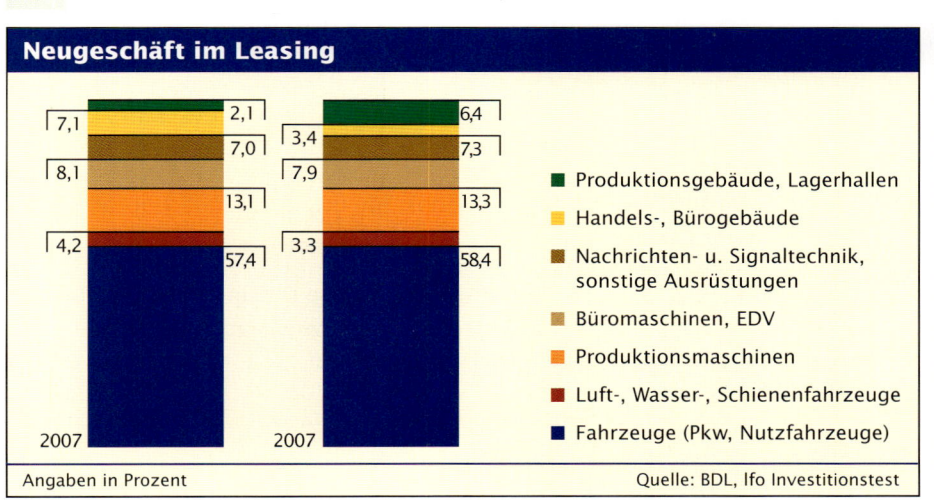

Neugeschäft im Leasing

2007:
- 7,1
- 2,1
- 7,0
- 8,1
- 13,1
- 4,2
- 57,4

2007:
- 6,4
- 3,4
- 7,3
- 7,9
- 13,3
- 3,3
- 58,4

- Produktionsgebäude, Lagerhallen
- Handels-, Bürogebäude
- Nachrichten- u. Signaltechnik, sonstige Ausrüstungen
- Büromaschinen, EDV
- Produktionsmaschinen
- Luft-, Wasser-, Schienenfahrzeuge
- Fahrzeuge (Pkw, Nutzfahrzeuge)

Angaben in Prozent   Quelle: BDL, Ifo Investitionstest

Quelle: Firmenauto, Ausgabe Januar 2009, hrsg. v. EuroTransportMedia Verlags- und Veranstalltungs-GmbH, Stuttgart

2 Nennen Sie die wichtigsten Anbieter.

3. Worin liegen Vor- und Nachteile des Leasinggeschäfts für
   a) Hersteller
   b) Autohaus und
   c) Verbraucher?

4. Wieso bemühen sich die Kreditinstitute immer mehr um das Leasing- und Fuhrparkgeschäft?

5. Welche Aufgaben fallen für Automobilkaufleute im Rahmen des Leasinggeschäfts an?

6. Zählen Sie die Abwicklung eines Leasingvertrags in einzelnen Schritten auf.

7. Welche Funktionen hat die Gebrauchtwagenanrechnung im Hinblick auf eine Leasing-Sonderzahlung?

8. Wie funktioniert die Kommunikation des Kunden bzw. des Autohauses mit der Leasinggesellschaft des Herstellers?

9. Klicken Sie sich in eine Leasinggesellschaft Ihrer Wahl im Internet ein und lassen Sie sich verschiedene Leasingangebote berechnen.

10. Stellen Sie die Schritte bei der Abwicklung eines Leasinggeschäfts grafisch dar. Beziehen Sie sich dabei auf die auf S. 217 beschriebene Abwicklung einer Finanzierung mit der Herstellerkreditbank.

11. Erörtern Sie die Konsequenzen aus dem Leasingangebot via Internet für Sie im Autohaus.

12. Machen Sie Vorschläge zur Integration des Leasinggeschäfts auf der Homepage Ihres Ausbildungsbetriebs.

13. Welche Vorteile bringt das Notebook für das Beratungsgespräch beim Kunden vor Ort?

14. Erstellen Sie via PC bzw. Notebook alternative Leasingangebote für dasselbe Fahrzeug. Ändern Sie dabei Parameter wie Leasingsonderzahlung, Laufzeit, Kilometerleistung und Ausstattung.

15. Stellen Sie die unter Punkt 9. angefertigten Varianten Ihren Mitschülern vor.

16. Zeigen Sie die Auswirkungen der Finanzkrise auf die Leasingbranche auf.

2.5 Notwendige Argumentation für das Leasinggeschäft

Leasing: Nur für den Nutzen zahlen.

Die Angebote unserer Leasinggesellschaft bieten sowohl dem gewerblichen als auch dem privaten Autofahrer entscheidende Vorteile:

- geringe Kapitalbindung
- sehr niedrige Monatsraten
- flexible Anzahlung
- keine Gebrauchtwagenprobleme bei Vertragsende (beim Kilometerleasing)
- bei Laufzeit <3 Jahren kein TÜV/AU
- Ausstattung nach Wunsch
- Versicherung erhältlich
- bei Full-Service kalkulierbare Gesamtkosten

Im Mittelpunkt der Argumentation für das Leasinggeschäft steht die nutzenorientierte Betrachtung für den Kunden. Dem Kunden muss im Beratungsgespräch dargelegt werden, dass das Leasingangebot des Autohauses seinen Motiven bzw. Nutzenerwartungen entspricht.

„Wenn Sie den Wagen leasen, haben Sie noch genügend Spielraum für andere Anschaffungen."

Beispiel

Im Rahmen eines Beratungsgesprächs zum Leasing sind folgende Fragen über die Motivlage der Kunden auszuloten und zu klären:
- Eigentum oder Nutzung im Vordergrund?
- Jährliche Kilometerleistung?
- Modell, Ausstattung, ..., Full-Service?
- Laufzeit und Höhe der monatlichen Rate?
- Höhe einer möglichen Mietsonderzahlung/Inzahlungnahme/Rückläufer?
- Interesse an Finanzdienstleistungen, Versicherungen, ...?

Argumentation für das Leasing – Sensibilität in der Kundenansprache ist sowohl beim Leasing als auch bei einer Finanzierung erforderlich, denn wer redet schon unbefangen gerne über seine finanzielle Situation.

Argumentationstechnik und Sie-Stil, vgl. Band I, LF 3.

Die Leasing-Philosophie Nutzen statt Eigentum, also „pay as you earn" kann durchaus Bestandteil der Argumentation sein.

Alle Vorteile, die das Leasing dem Kunden bietet, können bei Bedarf in die Argumentation integriert werden.

Kaufmotive:
- Sicherheit
→ Kalkulierbare Rate für Mobilität
→ GAP-Schutz deckt Lücke zwischen Erstattung durch Versicherung und Abrechnungswert
- Bequemlichkeit
→ „alles aus 1 Hand"
- Prestigedenken
→ „fährt stets neues Auto"

Preisargumentation – Beim Leasing ist die Preisargumentation von zentraler Bedeutung, da der Autoverkauf letztlich auch von der Höhe der Rate abhängt. Der Preis stellt den Gegenwert für das genutzte Fahrzeug dar. Im Rahmen der Preisnennung und auch der Preisargumentation empfiehlt es sich, auf Kundenbelange und Wahrnehmungen der Kunden zu achten. Im Vordergrund sollte das Fahrzeug und der Nutzen für die Kunden stehen. Dann sollten bei der Preisargumentation folgende Hinweise im Zusammenhang mit dem Leasing- oder auch Finanzierungsgeschäft beachtet werden:

Psychologische Preisstellung – Verwendung psychologisch günstiger Ratenhöhen, etwa 99,00 EUR statt 100,00 EUR, unterbieten von Preisschwellen etc.

Preiszerlegung – Ähnlich psychologisch motiviert ist die Preiszerlegung des eigentlich hoch anmutenden Fahrzeugpreises in:

- Leasingsonderzahlung: 2.999,00 EUR
- Leasingraten: 36 x 199,00 EUR
- Restwertzahlung: 3.999,00 EUR

Steigern lässt sich die Preiszerlegung noch, indem die monatliche Leasingrate pro Tag ermittelt wird. Hier wird den Kunden durch die Preiszerlegung der ursprünglich viel zu hoch anmutende Fahrzeugpreis in verträgliche, kleinere Zahlen umgemünzt.

Allerdings sollten Automobilkaufleute bei aller Preisargumentation immer noch ein Auge für die tatsächliche Realisierbarkeit des Leasinggeschäfts über die gesamte Laufzeit haben. Erstens fördert dies die Seriosität und damit das Image von Autohaus und Leasing und zweitens können ggf. Kosten und Ärger vermieden werden.

Achten Sie auf Schulungsmaterial der Autobanken!

Von den Autobanken entwickelte und bereitgestellte Argumentationsleitfäden sowie Hilfsmittel für den Showroom und Sonderseminare unterstützen das Verkaufspersonal im Autohaus.

Zur Verkaufsargumentation und Einwandbehandlung, vgl. Band I, Lernfeld 3.

Einwandbehandlung – Bei vielen Kunden ist ein gewisses Misstrauen gegenüber dem Leasing vorhanden, insbesondere wenn es sich um Privatleasing handelt.

Den am häufigsten geäußerten Kritikpunkten am Fahrzeug-Leasinggeschäft werden primär von Leasinggesellschaften entwickelte Gegenargumente gegenübergestellt.

Diese Argumente können Automobilkaufleute nutzen, damit im Gespräch über das Fahrzeugleasing Kundeneinwände fachgerecht behoben werden können.

Beispiel

Thema	Argument	Gegenargument
Leasing und Steuer	Autoleasing sei nur etwas für Geschäftsleute, da diese die teuren Raten steuerlich absetzen können. Für Privatleute lohne sich Leasing deshalb nicht.	Autoleasing ist meistens nicht teurer als eine Autofinanzierung. Zwar können Privatleute die Raten nicht von der Steuer absetzen, dafür brauchen sie aber beim Leasing die Mehrwertsteuer nicht auf den gesamten Kaufpreis, sondern nur auf etwa 50 % des Kaufpreises zu zahlen.
Nullleasing	Nur das Nullleasing ist für die Verbraucher attraktiv, da man das Fahrzeug zum Ende der Leasingzeit kaufen könne und somit eine Finanzierung quasi umsonst habe.	Nullleasing zeigt, wie interessant das Leasinggeschäft in Zusammenarbeit mit den Leasinggesellschaften sein kann. Deshalb ist Leasing nach wie vor ein interessantes Thema.

Mit weiteren typischen Kritikpunkten der Kunden muss man laut ALD rechnen:

Verlorene „Mietsonderzahlung", das Kleingedruckte, aufwendige Bonitätsprüfung, Probleme bei der Restwertermittlung, die Zinsen, die Versicherung etc. Hier müssen Automobilkaufleute entsprechend reagieren und argumentieren können.

ALD = Auto Leasing Deutschland

Argumentation für das Leasinggeschäft

- „Pay as you earn" als zentrale Leasing-Philosophie
- Nutzen der Kunden ermitteln durch Fragetechnik, zuhören und beobachten
- Vorteile der Kunden beim Leasing nennen
- Preisargumentation: Psychologische Preisstellung, Preiszerlegung
- Einwandbehandlung: Ja-Aber-Methode, Minus-Plus-Methode

Finanzdienstleistungen und betriebsspezifische Leistungen

Aufgaben

1. Gegen welche Vorurteile kämpft die Leasingbranche?
2. Wieso leasen Kunden immer öfter ihre Fahrzeuge?
3. Welche Dienstleistung bietet hier das Autohaus konkret an?
4. Welche Argumente sprechen für das private Leasing?
5. Übertragen Sie die Argumentationstechnik aus Lernfeld 3 (Band I Vertriebs- und Serviceleistungen) auf die Leasingberatung im Autohaus.
6. Was gehört grundsätzlich zu einem guten Beratungsgespräch im Leasingbereich?
7. Nennen Sie Methoden der Einwandbehandlung.
8. Welche Argumente für das Leasinggeschäft stellen Sie jeweils
   a) bei einem privaten Leasingkunden und
   b) bei einem gewerblichen Leasingkunden in den Vordergrund.
9. Mit welchen weiteren Dienstleistungen kann das Leasing kombiniert werden?
10. Welches Kaufmotiv dominiert beim Full-Service-Leasing?
11. Erkundigen Sie sich bei Ihrer Autobank bzw. im Autohaus nach Verkäuferleitfäden rund um Leasing, Finanzierung etc.
12. Nehmen Sie zu den im nachstehenden Schaubild aufgelisteten Leasing-Motiven Stellung.

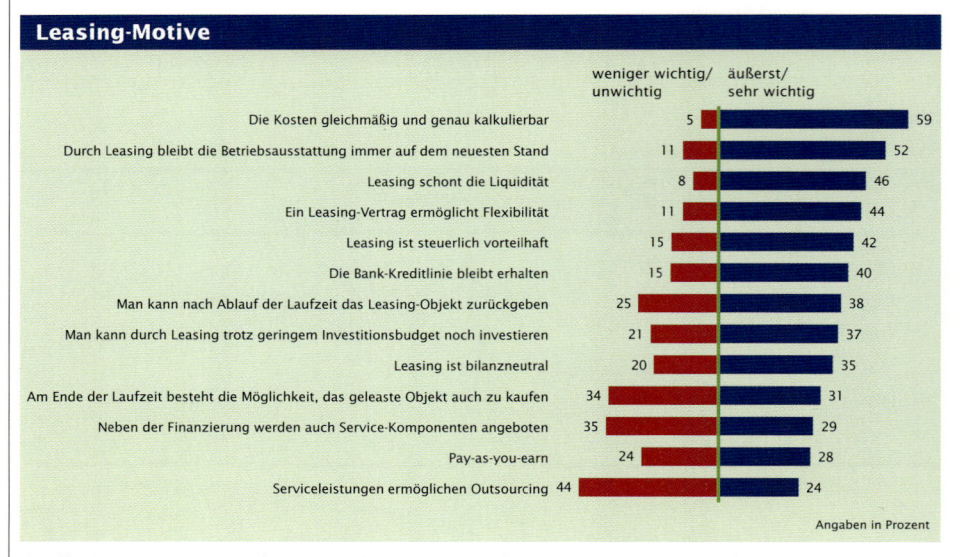

Leasing-Motive

Motiv	weniger wichtig/ unwichtig	äußerst/ sehr wichtig
Die Kosten gleichmäßig und genau kalkulierbar	5	59
Durch Leasing bleibt die Betriebsausstattung immer auf dem neuesten Stand	11	52
Leasing schont die Liquidität	8	46
Ein Leasing-Vertrag ermöglicht Flexibilität	11	44
Leasing ist steuerlich vorteilhaft	15	42
Die Bank-Kreditlinie bleibt erhalten	15	40
Man kann nach Ablauf der Laufzeit das Leasing-Objekt zurückgeben	25	38
Man kann durch Leasing trotz geringem Investitionsbudget noch investieren	21	37
Leasing ist bilanzneutral	20	35
Am Ende der Laufzeit besteht die Möglichkeit, das geleaste Objekt auch zu kaufen	34	31
Neben der Finanzierung werden auch Service-Komponenten angeboten	35	29
Pay-as-you-earn	24	28
Serviceleistungen ermöglichen Outsourcing	44	24

Angaben in Prozent

Quelle: Firmenauto, Ausgabe Januar 2008, Seite 27, hrsg. v. EuroTransportMedia Verlags- und Veranstaltungs-GmbH, Stuttgart.

Rollenspiel/Aktion

Aktion

Ein Kunde betritt das Autohaus mit einem Zeitungsausschnitt. Dieser enthält die aktuelle Werbung des Autohauses für ein Leasing- und Finanzierungsangebot:

Leasing
Fahrzeugpreis: 20.000,00 EUR
Laufzeit
36 Monate
Gesamtfahrleistung: 45 000 km
Mietsonderzahlung: 5.000,00 EUR
Monatsrate: 259,00 EUR

Finanzierung
Fahrzeugpreis: 20.000,00 EUR
Laufzeit
36 Monate
Anzahlung: 5.000,00 EUR
1. Rate: 431,00 EUR
Effektiver Jahreszins: 3,9 %

Kunde:
Der Kunde möchte unbedingt immer das neueste Modell seiner Lieblingsmarke fahren. Jedoch verfügt er nicht über genügend Bargeld. Der Kunde hat einen sicheren Arbeitsplatz und sein Monatseinkommen lässt einen freien Kreditrahmen von 300,00 EUR zu. Die Kreditwürdigkeitsüberprüfung via Selbstauskunft und die SCHUFA-Anfrage würden das geplante Geschäft ermöglichen. Allerdings ist der Kunde gegenüber Leasinggeschäften sehr kritisch eingestellt. Der Kunde besitzt einen Gebrauchtwagen zum Händlereinkaufswert nach DAT von 5.000,00 EUR.

Automobilkaufmann/-frau:
Sie kennen die aktuellen Angebote der Leasinggesellschaft des Ausbildungsbetriebs und möchten dem Kunden das Thema „Leasing" schmackhaft machen. Sie beherrschen die Argumentationstechnik und die Einwandbehandlung.

Aufgaben
Stellen Sie obige Situation als Rollenspiel dar.
a) Bilden Sie hierzu verschiedene Gruppen (Kunde, Automobilkaufleute, Beobachter) in Ihrer Klasse.
b) Beobachten Sie Ihre Mitschüler/innen im Hinblick auf verbale und nonverbale Kommunikationsfähigkeit.
c) Erstellen Sie dafür einen Beobachtungsbogen. Beziehen Sie als Kriterien die Checkliste von Lernfeld 3 aus Band 1, Vertriebs- und Serviceleistungen, mit ein.
d) Achten Sie insbesondere auf die fachliche Kompetenz des „Leasing-Beraters".
e) Werten Sie Ihre Beobachtungen gemeinsam aus.

3 Kreditfähigkeits- und Kreditwürdigkeitsprüfung

Wenn ein privater oder gewerblicher Kunde ein Fahrzeug finanzieren oder leasen möchte, bedarf es einer Bonitätsprüfung. Eingeleitet wird diese durch eine Selbstauskunft des Kunden.

Selbstauskunftsformular einer Herstellerkreditbank

Schutzgemeinschaft für allgemeine Kreditsicherung
Ob beim Leasing eines neuen Autos, der Bestellung aus dem Katalog oder einem Kredit bei der Bank - die Schutzgemeinschaft für allgemeine Kreditsicherung, kurz Schufa, mischt überall mit. Nur wenn die Gesellschaft dem Auto-, Versandhändler oder dem Bankberater grünes Licht gibt, bekommen die Kunden die gewünschte Ware. Die Schufa hat sich als Dienstleister zur Aufgabe gemacht, die Risiken von Krediten möglichst gering zu halten und die Menschen vor der Überschuldung zu bewahren. Dazu hat sie seit ihrer Gründung 1927 einen Datenpool von mittlerweile 65 Millionen Personen aufgebaut. Gespeichert werden neben Namen und Anschrift auch Daten zu Girokonten, Leasingverträgen oder Krediten. Brenzlig wird es für den Verbraucher aber erst, wenn Informationen über sogenannte Zahlungsstörungen vorhanden sind. Dazu gehören geplatzte Kredite, Handy- oder Versandhausrechnungen - im schlimmsten Fall die Eröffnung einer Privatinsolvenz. Nicht gespeichert sind dagegen Daten zu Kontostand, Einkommen und sonstigen Vermögensverhältnissen. Niemand muss fürchten, dass die Schufa alle Informationen freizügig herausgibt. Bei einer Anfrage werden nur etwaige Zahlungsstörungen genannt. Wer sich einmal einen negativen Eintrag bei der Schufa eingehandelt hat, muss außerdem nicht fürchten, sein Leben lang damit belastet zu sein. In der Regel werden die Einträge nach drei Jahren wieder gelöscht. Verbraucher können sich ihre Daten bei der Schufa jederzeit anschauen. Eine Eigenauskunft kann über das Internet (www.schufa.de) oder bei den Geschäftsstellen beantragt werden. Das kostet 7,80 Euro.

Quelle: Schutzgemeinschaft für allgemeine Kreditsicherung, erschienen am 17.11.2004, unter: www.welt.de, hrsg. v. Axel Springer AG, Berlin, abgerufen am 08.01.2010

Quelle: BMW Bank GmbH, München

Rechtsformen, vgl. Band III, Lernfeld 1, WiSo

Finanzkrise und "Basel II" führten zu einer stärkeren Differenzierung der Risiken i. R. der Kreditvergabe. Auch der Wohnort hat Einfluss auf die Kreditwürdigkeit.

Eine Bonitätsprüfung kann auch durch Checklisten oder Scoringverfahren erreicht werden.

Das Selbstauskunftsformular dient bei Privatkunden der Ermittlung von Angaben zur Person; Angaben zur Wohnung, zum Wohnort, zum Beruf und zum Einkommen sowie finanzieller Verpflichtungen sind erforderlich. Dann kann beurteilt werden, ob die anvisierte Finanzierung tatsächlich realisierbar ist.

Bei gewerblichen Kunden sind noch Unternehmensdaten wie Branche, Handelsregistereintragung und betriebliche Daten wie Umsatz, Gewinn oder Verlust, Vermögen, Belastungen lt. Grundbuch und Eigen-/Stamm- bzw. Grundkapital erforderlich und ein Rating nach Basel II ab 2007.

Die Kreditfähigkeits- und Kreditwürdigkeitsprüfung funktioniert online. Dies bedeutet, dass die Kundendaten durch Selbstauskunft vom Autohaus aus online oder per Fax zur Herstellerkreditbank oder zur Leasinggesellschaft geleitet werden. Die Kreditwürdigkeit wird dann durch eine SCHUFA-Anfrage überprüft. Zuvor benötigt das Autohaus allerdings auch eine Unterschrift des Kunden, mit welcher er die Einwilligung für die SCHUFA-Auskunft gibt.

Finanzdienstleistungen und betriebsspezifische Leistungen

Eine Bonitätsprüfung steht für geregeltes Einkommen, Sicherheiten und Verlässlichkeit bei der Rückzahlung früherer Kredite.

Aufgrund der Finanzkrise sind die Banken bei der Bonitätsprüfung vorsichtiger geworden. Die Bonität entscheidet häufig auch über die Kreditkosten. Für Verbraucher und Autohäuser brechen somit harte Zeiten an. Wer nach Auffassung der Geldinstitute eine zu geringe Kreditwürdigkeit aufweist und dazu noch eine lange Finanzierungslaufzeit wünscht, muss mit einem Anstieg des Zinssatzes rechnen. Für Menschen mit Geldbedarf und Unternehmen mit einem schlechten Rating dürfte es bald schwierig sein, Kredite zu vergleichen. Denn die Banken legen nicht offen, wie sie die Bonität ihrer Kunden prüfen. Hier fehlen klare Regeln.

Der günstige Zinssatz hängt bei einigen Instituten davon ab, ob der Kunde in einer Gegend mit vielen Überschuldeten wohnt oder nicht. Bei jeder Erkundigung wird automatisch eine Schufa-Auskunft gestartet und wenn dort viele Anfragen vermerkt sind, hegen einige Banken Zweifel an der Kreditwürdigkeit des Kunden. Anonym können z. B. Angebote online über www.mano-dienste.de oder www.aspect-online.de berechnet werden.

Siehe hierzu den Artikel: „Die Finanzkrise erhöht die Relevanz des Ratings", im Handelsblatt vom 12.11.2007 auf beiliegender CD-ROM.

Ablauf Kreditwürdigkeitsprüfung bzw. Bearbeitung standardisierter Darlehen

Start
→ Kreditanfrage i.d.R. mündlich
→ Zusammenstellung und Prüfung der Kreditunterlagen
  – Persönliche Legitimation
  – Selbstauskunft
  – Bescheinigung über das Beschäftigungsverhältnis
  – Lohn- oder Gehaltsabrechnungen
  – SCHUFA-Auskunft
→ Bonität des Kreditnehmers in Ordnung? — nein → Stellung von Sicherheiten möglich? — nein → Ablehnung des Kredits
  ja ↓   ja ↓
→ Ermittlung des frei verfügbaren, nachhaltigen Einkommens
→ Erstellung des Tilgungsplanes
→ Belastung eindeutig tragbar? — nein → Stellung von Sicherheiten möglich? — nein → Ablehnung des Kredits
  ja ↓   ja ↓
→ Abschluss des Kreditvertrages / Abschluss einer Restschuldversicherung
→ Bestellung bzw. Nachweis der vereinbarten Sicherheiten
  – Mitverpflichtung des Ehegatten
  – Lohn- und Gehaltsabtretung
  – evtl. Sicherungsübereignung
  – evtl. Sicherungsabtretung u. a.
→ Auszahlung bzw. Gutschrift des Kredits / Abrechnung des Kredits
→ Ratenzahlung
→ Ende

SCHUFA Schutzgemeinschaft für allgemeine Kreditsicherung, Köln,
Infodata – Gesellschaft für Informationsverarbeitung und Kreditsicherung mbH, Rastatt,
Creditreform, Bonn,
Dun & Bradstreet – D&B Schimmelpfennig GmbH, Frankfurt a.M.
und verschiedene Inkassounternehmen

Die „SCHUFA" hat Daten zu rund 65 Mio. Menschen gespeichert, die Indizien für Kreditwürdigkeit sein sollen.

Immer mehr Bürger tappen in die Schuldenfalle, insbesondere junge Menschen.

Ergebnis dieser SCHUFA-Anfrage kann sein: o. k., Einkommensnachweis anfordern, Sicherungsübereignung, Versicherung abtreten, ..., kreditunwürdig.

Nun leitet die Herstellerkreditbank oder die Leasinggesellschaft das Ergebnis an das Autohaus online wieder zurück. Dieser gesamte Vorgang dauert etwa 10 Minuten und beschleunigt gegenüber früheren Verfahren den Verkaufsabschluss erheblich. Eine schnelle und unbürokratische Bonitätsprüfung kann kaufentscheidend sein. Dies gilt insbesondere für das gewerbliche Geschäft, etwa wenn ein Unternehmer von dem einen auf den anderen Tag dringend ein Neufahrzeug benötigt oder auch für Spontankäufe.

Aufgaben

Als „kritische Ratingparameter" sind die folgenden Bewertungspunkte anzusehen:
- Ø Eigenkapitalquote
- Ø Gesamtkapital(rentabilität)
- Ø Kapitaldienstfähigkeitsgrad
- Ø Planung/Steuerung
- Ø Kontodatenanalyse
- Ø Managementqualität

Ratingeinstufungen

Rating klasse	Bezeichnung	Ausfallrate
1a	T>sehr gute Bonität = AAA	0,01%
1b	T>sehr gute Bonität = AA+	0,02%
1c	sehr gute Bonität = AA	0,03%
1d	sehr gute Bonität = AA--	0,04%
1e	sehr gute Bonität = A+	0,05%
2a	gute Bonität = A	0,07%
2b	gute Bonität = A--	0,10%
2c	gute Bonität = BBB+	0,15%
2d	gute Bonität = BBB	0,23%
2e	gute Bonität = BBB--	0,35%
3a	befriedigende Bonität = BB+	0,50%
3b	befriedigende Bonität = BB	0,75%
3c	befriedigende Bonität = BB--	1,10%
3d	befriedigende Bonität = B+	1,70%
3e	befriedigende Bonität = B	2,60%
4a	ausreichende Bonität = B--	4,00%
4b	ausreichende Bonität = CCC+	6,00%
4c	kritische Bonität = CCC	9,00%
4d	sehr kritische Bonität = CCC--	13,50%
4e	äußerst kritische Bonität	20,00%
5a	mehr als 90 Tage Überziehung	100,00%
5b	EWB	100,00%
5c	Zinsfreistellung	100,00%
5d	Insolvenz = D	100,00%
5e	Zwangsweise Abwicklung/Ausbuchung	100,00%

1 Warum müssen die Kunden im Hinblick auf ihre Kreditwürdigkeit überprüft werden?

2 Schildern Sie die Kreditwürdigkeitsprüfung am Beispiel einer Fahrzeugfinanzierung über die Herstellerkreditbank Ihres Ausbildungsbetriebs.

3 Was versteht man unter Bonität?

4 Wie wird in Ihrem Ausbildungsbetrieb mit Kunden verfahren, welche ihre Raten unregelmäßig bezahlen oder gar nicht bezahlen? Schildern Sie die Zusammenarbeit bei „Problemfällen" mit der Leasinggesellschaft bzw. der Herstellerkreditbank.

5 Nennen Sie Beispiele, inwiefern eine Kreditwürdigkeitsprüfung im „Online-Verfahren" den Fahrzeugabsatz fördern kann.

6 Warum sollten Kunden im Autohaus im Rahmen der Kreditwürdigkeitsprüfung „vorurteilsfrei" bedient werden (z. B. im Hinblick auf Wohnort oder Kleidungsstil)?

7 Worin liegt der Unterschied zwischen Kreditfähigkeit und Kreditwürdigkeit?

8 Welche Informationsquellen/Unterlagen zur Beurteilung der Kreditwürdigkeit benötigen Sie
a) von Privatpersonen?
b) von Unternehmen?

9 Was bedeutet die Einführung von „Basel II" für die Unternehmen? Nutzen Sie hierzu auch die Informationen in der Randspalte zu Basel II.

10 „Wer wenig hat, zahlt mehr", interpretieren Sie diese Aussage in Verbindung mit Basel II.

11 Stellen Sie die Auswirkungen der Finanzkrise auf die Überprüfung der Kreditwürdigkeit
a) von Privatpersonen
b) von Firmenkunden dar.

Nutzen Sie dazu auch den Artikel „Banken knausern mit Krediten" im Handelsblatt vom 04.12.2008 auf der beiliegenden CD-ROM.

Die durch das Autohaus angebotene Restschuldversicherung trägt ebenfalls zur Minderung des Kreditrisikos bei.

4 Kreditsicherung

Ein beliebtes Mittel zur Kreditsicherung stellt die Sicherungsübereignung dar. Der Kfz-Brief wird dann als Sicherheit beim Kreditgeber hinterlegt.
Die Kreditsicherung dient der Reduzierung des Kreditrisikos. In vielen Fällen reicht zur Kreditsicherung eine Lohn- und Gehaltsabrechnung/Abtretung und eine SCHUFA-Auskunft. Sollten Zweifel an der Bonität des Autokunden bestehen, so gibt es Möglichkeiten der Kreditsicherung bzw. einer Erweiterung des Kreditspielraums.

Hier sollen die gängigsten Kreditsicherheiten im Rahmen einer Fahrzeugfinanzierung angesprochen werden.

Man kann bei der Kreditsicherung Möglichkeiten im engeren und weiteren Sinne unterscheiden:

❶ im engeren Sinn	■ Möglichkeiten der Kreditsicherung ■ Anzahlung, durch eine Anzahlung wird das Verhältnis Fahrzeugwert zu Kreditsumme günstiger, ■ Bürgschaft in Form einer selbstschuldnerischen Bürgschaft, ■ Gehalts- oder Lohnbescheinigung bzw. Abtretung von Gehalt oder Lohn, ■ Sicherungsübereignung, ■ Vollkasko-Versicherung, Restschuldversicherung,
❷ im weiteren Sinn	■ weitere Kreditsicherheiten wie Verpfändung von Wertpapieren oder Guthaben beim eigenen Kreditinstitut, ■ Abtretung aus Forderungen aus Lieferungen und Leistungen, ■ Abtretung von Forderungen aus Geld- und Kapitalanlagen wie Lebensversicherungen, Bausparverträgen, etc. und ■ ggf. Grundschuld.

Personalkredite:
– Wechsel-,
– Bürgschafts- und
– Zessionskredit.

Realkredite:
– Lombard-,
– Sicherungsübereignungs- und
– Grundkredit.

Kriterien der Sicherheit sind u. a. Verwertbarkeit der Kreditsicherheit, Kosten der Kreditsicherung und die Beleihungsgrenze in %. So kann eine Sicherungsübereignung relativ kostengünstig sein, im Zweifel können sich jedoch Bewertungs- und Überwachungsprobleme ungünstig auswirken. Umgekehrt stellt sich dies bei einer Grundschuld dar. Diese ist ziemlich teuer, dafür aber meist sicher. Eine Grundschuld ist bei der Fahrzeugfinanzierung unüblich.
Wird die Kreditsicherung an Personen wie etwa bei einem Bürgschaftskredit geknüpft, so nennt man dies Personalkredit. Behält sich die Bank ein Pfandrecht an einer Sache vor, handelt es sich um einen Realkredit wie beim Sicherungsübereignungskredit.
Am häufigsten wird bei Kraftfahrzeugfinanzierungen mit dem Instrument der Sicherungsübereignung gearbeitet. Bei der Sicherungsübereignung überträgt der Kreditnehmer dem Kreditgeber das Eigentum an einer Sache.

Kreditversicherung via Hermes: www.hermes-kredit.com

Siehe hierzu den Artikel „Kritik an Kreditversicherern" im Handelsblatt vom 26.05.2009 auf beiliegender CD-ROM.

Kfz-Brief als Pfand

Der Kfz-Brief wird zur Herstellerkreditbank geschickt und verweilt dort solange bis das Darlehen getilgt ist. Während der Darlehenslaufzeit ist die Herstellerkreditbank Eigentümerin und der Kreditnehmer bleibt Fahrzeugbesitzer. Nach Tilgung des Darlehens wird der Kreditnehmer nicht nur Besitzer sondern auch Eigentümer des Fahrzeugs. Dies wird dadurch dokumentiert, dass die Herstellerkreditbank den Kfz-Brief als Nachweis des Eigentums wieder dem ehemaligen Schuldner zurückschickt.

Meist beinhaltet ein Sicherungsvertrag eine Erklärung des Kreditnehmers, das Fahrzeug nicht schon anderweitig übereignet oder belastet zu haben. Ebenfalls verpflichtet sich der Kreditnehmer je nach Vertrag, das Fahrzeug angemessen zu versichern – Vollkasko – und pfleglich zu behandeln.

Mögliche Probleme der Sicherungsübereignung sind:
- Gefahr der Doppelübereignung,
- Eigentumsvorbehalt eines Lieferanten, ein anderer Lieferant des Schuldners macht einen erweiterten oder Konzerneigentumsvorbehalt geltend,
- Preisverfall etwa durch technischen Fortschritt und
- Verwertungsprobleme aufgrund einer angespannten Marktlage.

Der Bürge muss wie der Kredit- oder Leasingnehmer einer Selbstauskunft mit SCHUFA-Anfrage zustimmen.

Bürgschaft – Unter einer Bürgschaft wird ein Vertrag verstanden, in dem sich der Bürge gegenüber dem Gläubiger eines Dritten, dem Hauptschuldner, verpflichtet, für die Erfüllung einer Verbindlichkeit des Hauptschuldners einzustehen.
Die Bürgschaftserklärung bedarf beim Verbrauchsgüterkauf der Schriftform.

Beispiel

Bürgschaft, vgl. §§ 765 ff. BGB

Ein volljähriger Auszubildender möchte einen neuen Pkw auf Kredit kaufen.

Da der Bank die Finanzierung zu risikoreich erscheint, bindet sie den Vater des Auszubildenden als Mitverpflichteten oder als Bürgen ein. Im Kreditvertrag wird ebenfalls die Kontonummer des Vaters mit angegeben. Sollte das Konto des Sohnes einmal nicht gedeckt sein, so wird die Rate automatisch von dem Mitverpflichteten/Bürgen, also dem Vater abgebucht.

Austauschbürge

Vergleichbar wird bei eheähnlichen Gemeinschaften verfahren. Auch aufgrund des Risikos der Arbeitslosigkeit wird der Lebenspartner oder die Lebenspartnerin als zweite/-r Kreditnehmer/-in mit verpflichtet. Bei der selbstschuldnerischen Bürgschaft kann die Bank es sich aussuchen, ob sie sich an den Bürgen oder den Kreditnehmer hält.
Sollte aufgrund einer veränderten privaten Situation des Kunden der Bürge ausgetauscht werden wollen, so ist dieses gegen Entgelt möglich.

Beispiel

Da der Sohn zwischenzeitlich geheiratet hat, möchte die Ehefrau die Bürgschaft für das Darlehen übernehmen.

Zession – Bei der Sicherungsabtretung tritt der Kreditnehmer seine Forderung an einen Dritten zur Sicherung eines Kredits an den Kreditgeber ab.

Zession, Sicherungsabtretung BGB § 398 ff.

So geschieht dies im Kfz-Reparaturbereich, wenn ein Unfallgeschädigter seinen Anspruch an die Kfz-Versicherung an das Autohaus abtritt.

Vgl. Band I, Lernfeld 7, Wartungs- und Reparaturaufträge bearbeiten.

Analog ist es denkbar, dass ein gewerblicher Kunde, der ein Fahrzeug finanzieren möchte, zur Kreditsicherung Forderungen an seine Kunden an die Herstellerkreditbank abtritt.

Kreditsicherung im Kfz-Bereich

Infobasis	üblich	selten
- Lohn- und Gehaltsabrechnung	- Anzahlung	- Verpfändung von Wertpapieren
- Selbstauskunft	- Bürgschaft	- Abtretung von Lebensversicherungen
- SCHUFA-Anfrage	- Mitverpflichtung	- Zession
- Bankauskunft	- Sicherungsübereignung	- Grundschuld
	- Eigentumsvorbehalt	
	- Restschuldversicherung z. B. gegen Arbeitslosigkeit	

Ziel: Minderung des Kreditrisikos, Realisierung des Fahrzeuggeschäfts

Aufgaben

1. Nennen Sie übliche Kreditsicherungsmöglichkeiten im Fahrzeuggeschäft.

2. Beschreiben Sie den Ablauf einer Sicherungsübereignung.

3. Erläutern Sie die Risiken einer Kreditsicherung durch Bürgen.

4. Beschaffen Sie sich einen Bürgschaftsvertrag und ermitteln Sie die Pflichten des Bürgen im Fahrzeuggeschäft.

5. Wie können Sie einen Kredit an eine junge Auszubildende absichern?

6. Welche Vorgaben erhalten Sie von der Herstellerkreditbank bezüglich Kreditsicherung? Vergleichen Sie dies innerhalb der Klasse.

7. Wie können Sie einen Kredit gegenüber einem gewerblichen Kunden absichern?

8. Unterscheiden Sie einen Personalkredit vom Realkredit.

5 Konditionen und Zins- und Zinseszinsrechnung

Freie Banken profitieren von der Finanzkrise

Je mehr die Zinsen bei den Herstellern steigen, desto eher rechnet sich die Hausbank. Mittlerweile unterbieten einige Geldverleiher bereits die Angebote der Autobanken.

Banken	Effektivzinssatz in %	Bonitätsabhängiger Zinssatz	Bearbeitungsgebühr in %
Citibank Privatkunden	4,39 9,92	ja	3,00
Hanseatic Bank	4,40 – 15,90	ja	keine
Fortis Finanz GmbH	4,49 – 9,99	ja	keine
Norisbank	4,60	ja	3,00
Credit Europe Bank	4,95 – 10,95	ja	keine
Demir-Halk Bank	5,15 – 8,35	ja	keine
SEB Bank	5,49	ja	keine
Postbank	5,55	nein	2,00
Netbank AG	5,70	nein	keine
Cosmos Direct	5,70	nein	2,00
SKG Bank	5,70	nein	2,00
BHW Bankg AG	5,75	nein	2,00
Readybank	5,80	ja	3,00
1822direkt	5,90	nein	keine
Creditplus Bank AG	5,99 – 9,29	ja	3,00
C&A Money	5,99	nein	keine
easyCredit	5,99	ja	3,00
Dresdner Bank	6,13	nein	3,00
Süd-West Kreditbank	6,20	nein	3,00
Carcredit.de	6,39	nein	3,00
Deutsche Kreditbank AG	6,45	nein	1,00
GE Money Bank	6,50	nein	3,00
PSD Bank Hannover	6,33	nein	keine
RBS Royal Bank of Scotland	6,99	nein	1,00
HypoVereinsbank	6,99	nein	3,00
Sparkasse Hannover	7,25	nein	keine
ING-DiBa	7,50	nein	keine
American Express Bank	7,95	nein	keine
PSD Bank RheinNeckarSaar eG	7,99	nein	1,00
Creditracer (Mercedes-Bank)	8,49	nein	keine
KarstadtQuelle Bank	9,40	nein	3,00

Darlehenssumme beträgt 20.000 Euro, die Kreditlaufzeit 36 Monate. Quelle: aspect-online.de und mano-dienste.de, aufgrund der Bonitätsprüfung ist solch eine große Spreizung des Zinssatzes möglich; alle Angaben ohne Gewähr; Stand: Ende Juli 2008

Quelle: auto motor und sport, Heft 18/2008, Seite 129 hrsg. v. Motor Presse Stuttgart GmbH & Co. KG, Stuttgart

Übersicht über gängige Konditionen ausgewählter Autobanken

Marke/Modell	Effektiver Jahreszins	Anzahlung in %	Laufzeit in Monaten
Alfa	ab 0,0 – 5,9	nach Bonität	48
Audi	2,9 – 4,9	20/nach Bonität	12 – 72
BMW	2,9 – 5,9	20	12 – 72
Citroën	0 – 5,99	nach Bonität	12 – 72
Fiat	0,0 – 5,9	nach Bonität	12 – 84
Honda	0 – 4,9	10	12 – 72
Kia	ab 1,99	10 – 25	12 – 72
Mazda	0,9 – 6,9	10	12 – 72
Mercedes	1,9 – 8,6	20	12 – 72
Nissan	ab 0,0 – 6,99	nach Bonität	12 – 72
Opel	ab 0,0 – 6,9	20	18 – 47
Volvo	2,9 – 6,9	15 – 25	12 – 72
VW	0,9 – 6,9	20	12 – 60

Die Konditionen variieren je nach Modell innerhalb einer Marke. Die Zinssätze steigen meist mit zunehmender Laufzeit an. Sonderzins-Aktionen gewinnen in absatzschwachen Zeiten an Bedeutung.

Leitfragen

→ Stellen Sie die Zinsrechnung am Beispiel eines zu finanzierenden Fahrzeugs dar.

→ Skizzieren Sie Methoden zur Zins- und Zinseszinsrechnung.

Zinsen werden dann berechnet, wenn dem Autokunden Kapital für sein Kraftfahrzeug leihweise überlassen wird. Anderenfalls, etwa bei Pkw-Ansparplänen, vergütet die Herstellerkreditbank ihren Kunden Zinsen, weil sie Geld für einen bestimmten Zeitraum zur Verfügung stellen.

Beispiel

Ermitteln Sie die Raten, wenn ein Finanzierungsbedarf von 20.000,00 EUR für einen Minivan zugrunde liegt:

Finanzierungsbedarf für den Pkw:	20.000,00 EUR
+ Bearbeitungsgebühr 2 %:	400,00 EUR
+ Zinsen 0,4 % p. m. aus 20.000,00 EUR = 80,00 EUR für 60 Monate:	4.800,00 EUR
Rückzahlungsbetrag:	25.200,00 EUR
Festlegung der Raten: 60 Raten je	420,00 EUR

Formel s. S. 243

Effektiver Zinssatz: $Z_{eff} = \dfrac{(4.800 + 400) \cdot 100 \cdot 12}{20.000 \cdot 60,0} = 5,20\%$

Die Zinsrechnung stellt eine Prozentrechnung unter Einbeziehung der Zeit dar.

Rechengrößen der Zinsrechnung sind:

- Die **Zinsen (Z)** als Preis für die zeitweise Überlassung von Geld,
- das **Kapital (K),** der Finanzierungsbedarf für das Kraftfahrzeug,
- der **Zinsfuß oder Zinssatz (p),** welcher die Zinsen angibt, welche auf 100,00 EUR Kapital für die Dauer eines Jahres = 360 Tage bezahlt werden müssen, so 4,80 EUR für 100,00 EUR auf 360 Tage oder 1 Jahr betrachtet, 4,80/100,00 = 4,8 % und
- die **Zeit (t),** womit der Finanzierungszeitraum für das Fahrzeug gemeint ist.

Kfm. Zinsformel:

$$\text{Zinsen} = \frac{\text{Kapital} \cdot \text{Tage}}{100} = \text{Zinszahl}$$

$$\frac{\text{Zinssatz}}{360} = \text{Zinsteiler}$$

Ermittlung der Zinsen nach der allgemeinen Zinsformel:

Berechnung der Jahreszinsen an einem Beispiel:

$$\frac{\text{Kapital} \cdot \text{Zinssatz} \cdot \text{Jahre}}{100 \cdot 1}$$

$$\frac{25.200,00 \cdot 4,80 \cdot 5}{100} = 6.048,00 \text{ EUR}$$

Berechnung der Monatszinsen:

$$\frac{\text{Kapital} \cdot \text{Zinssatz} \cdot \text{Monate}}{100 \cdot 12}$$

$$\frac{25.200,00 \cdot 4,80 \cdot 60}{100 \cdot 12} = 6.048,00 \text{ EUR}$$

Berechnung der Tageszinsen:

$$\frac{\text{Kapital} \cdot \text{Zinssatz} \cdot \text{Tage}}{100 \cdot 360}$$

$$\frac{25.200,00 \cdot 4,80 \cdot 1800}{100 \cdot 360} = 6.048,00 \text{ EUR}$$

Beispiel

Setzt man bei diesem Beispiel andere Laufzeiten als 60 Monate oder 1 800 Tage ein, so ergeben sich logischerweise andere Zahlen als 6.048,00 EUR.

Fahrzeugfinanzierungen werden üblicherweise auf Monatsbasis berechnet. Jedoch kann es sein, dass etwa bei vorzeitiger Vertragsauflösung mit Tageszinsen gerechnet wird.

Unterbreiten Automobilkaufleute Finanzierungs- oder Leasingangebote, so musste früher noch „zu Fuß" gerechnet werden. Dabei stellten die Herstellerkreditbanken oder Leasinggesellschaften noch Tabellen zur Verfügung, mit denen man aufgrund von Laufzeit und Zinssatz für den entsprechenden Fahrzeugtyp nur noch die Rate auf relativ einfachen Weg ermitteln konnte. Im Zeitalter des PC's brauchen Automobilkaufleute heute nur noch Fahrzeugpreis, Laufzeit und den entsprechenden Zinssatz einzugeben. Schon erscheint eine komplette Finanzierungs- oder Leasingberechnung. Diese Berechnungen lassen sich noch um gewünschte An- und Endzahlungen variieren.

Beispiel

Mithilfe eines Tabellenkalkulationsprogrammes kann ein Finanzierungsbeispiel für ein Kraftfahrzeug erstellt werden. Im Zeitablauf sinken die Zinsen, da die Restschuld immer geringer wird. Der Tilgungsanteil an der Rate steigt.

Kreditabrechnung:

Kreditbetrag	20.000,00 EUR	
Laufzeit	48	Monate
Zinssatz	9,5 %	p.a.
Bearbeitungsgebühr	2,0 %	
Monatliche Rate	512,51 EUR	
Kreditbetrag inkl. Geb.	20.400,00 EUR	

Tilgungsplan:

Monat	(Rest-)Betrag	Rate	Zins	Tilgung
0	20.400,00 EUR	512,51 EUR	161,50 EUR	351,01 EUR
1	20.048,99 EUR	512,51 EUR	158,72 EUR	353,79 EUR
2	19.695,20 EUR	512,51 EUR	155,92 EUR	356,59 EUR
3	19.338,61 EUR	512,51 EUR	153,10 EUR	359,41 EUR
4	18.979,20 EUR	512,51 EUR	150,25 EUR	362,26 EUR

Effektiver Zinssatz durch Näherungslösung über kaufmännische Zinsformel:

Formel s. S. 243

$$Z_{eff} = \frac{(48 \cdot 158,32 + 400) \cdot 100 \cdot 12}{20.000 \cdot 48} = 9,9992 = 10,0\%$$

Die Effektivverzinsung gibt an, wie hoch der tatsächliche Zinssatz unter Berücksichtigung von Bearbeitungsgebühren ist. Die Kosten für die Restverschuldung werden extra ausgewiesen. Autobanken müssen den Effektivzins immer angeben, siehe auch folgende Artikel aus dem Handelsblatt: „Konsumkredite laufen gut" vom 09.12.2008 und „Harte Kritik an Banken" vom 30.01.2007.

Konsumkredite laufen gut

Frankfurter Gespräch: Anbieter noch nicht von Rezession betroffen

– Marktbereinigung erwartet

SONIA SHINDE | FRANKFURT Die Konsumentenkreditanbieter Postbank und Teambank sind nach eigenen Angaben noch nicht von der Rezession betroffen. Sie rechnen aber mit einer sinkenden Nachfrage 2009 und mittelfristig mit einer Konsolidierung im Markt für Konsumentenkredite. Vor allem „Billiganbieter", die mit niedrigen Zinsen lockten, würden „sukzessive vom Markt verschwinden".

Die vollständigen Artikel finden Sie auf der beiliegenden CD-ROM.

Mit erhöhten Kreditausfällen sei erst in etwa zwei Jahren zu rechnen, sagten die Vorstände Michael Meyer und Theophil Graband im Gespräch mit dem Handelsblatt. (...)

Quelle: Sonia Schinde, Konsumkredite laufen gut, in: Handelsblatt Nr. 239 vom 09.12.08, Wirtschafts- und Finanzzeitung, hrsg. v. Handelsblatt GmbH, Düsseldorf, Seite 21.

Harte Kritik an Banken

Verbraucherschützer werfen Instituten vor, Kunden überteuerte Versicherungen zu verkaufen

SONIA SHINDE | FRANKFURT „Kreditwucher" wirft der Bundesverband der Verbraucherzentralen den Banken vor. Sie drängten Kunden systematisch zum Abschluss teurer Kreditausfallversicherungen, monierte Verbandschefin Edda Müller. Mit den Policen sichern die Banken sich gegen Ausfälle durch Tod, Arbeitslosigkeit oder Arbeitsunfähigkeit ab.

Doch die Prämien würden gesetzeswidrig nicht in den effektiven Jahreszins eingerechnet, sagte Müller, die gestern eine neue Studie vorstellte. Laut Preisangabenverordnung müssen Banken die Versicherungsprämie in den Effektivzins einrechnen, wenn der Abschluss einer Versicherung Voraussetzung für die Kreditgewährung ist. In vielen Fällen werde aber die Kreditvergabe vom Abschluss der Versicherung abhängig gemacht, oder es werde zumindest dieser Zusammenhang suggeriert, lautet die Kritik – ohne die Kreditkosten entsprechend zu berechnen. Die Banken bestreiten dies. (...)

Quelle: Sonia Schinde, Harte Kritik an Banken, in: Handelsblatt Nr. 021 vom 30.01.07, Wirtschafts- und Finanzzeitung, hrsg. v. Handelsblatt GmbH, Düsseldorf, Seite 24.

Insbesondere für Baufinanzierungen gilt: Gerade in Niedrigzinsphasen sollte man einen möglichst hohen Tilgungssatz wählen, umso schneller ist das Darlehen abbezahlt.

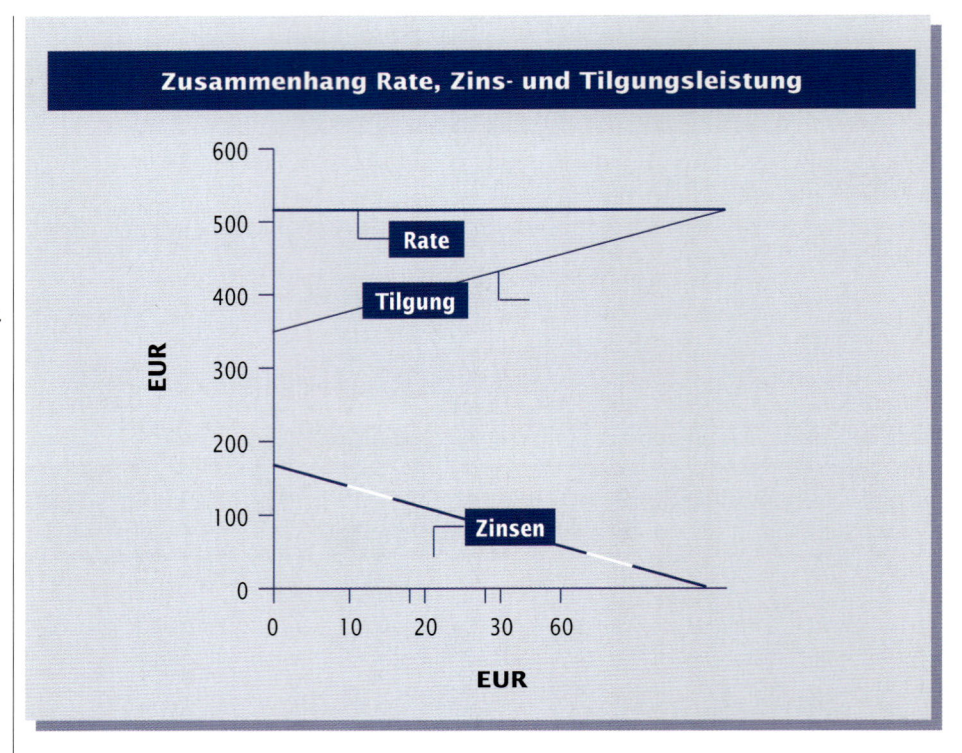

Zusammenhang Rate, Zins- und Tilgungsleistung

Benutzen Sie das mitgelieferte Programm.

Berechnungen via Internet – Herstellerkreditbanken und Leasinggesellschaften haben unter ihrer Internetadresse einen Finanzierungs- oder Leasingrechner installiert, sodass sich praktisch jeder versierte Kunde, der Zugang zum Internet hat, die monatliche Belastung etc. für sein Wunschfahrzeug selbst ermitteln kann. Somit ist der Kunde besser vorinformiert.

Finanzierung und Gebrauchtwagendienst online

Ermittlung des Kapitals, des Zinssatzes und der Zeit – weiterhin können durch Anwendung und entsprechende Umstellung der kaufmännischen Zinsformel neben der oben dargestellten Zinsenberechnung noch das Kapital, der Zinsfuß und die Zeit berechnet werden.

In die Berechnung des effektiven Jahreszinssatzes sind Bearbeitungsgebühren mit einzurechnen.

$$\text{Kapital} = \frac{\text{Zinsen} \cdot 100 \cdot 360}{\text{Zinssatz} \cdot \text{Tage}}$$

$$\text{Zinssatz} = \frac{\text{Zinsen} \cdot 100 \cdot 360}{\text{Kapital} \cdot \text{Tage}}$$

$$\text{Tage (Zeit)} = \frac{\text{Zinsen} \cdot 100 \cdot 360}{\text{Kapital} \cdot \text{Zinssatz}}$$

Da die Zinsberechnungsmethoden in den einzelnen europäischen Staaten sehr voneinander abwichen, war hier mit Änderungen zu rechnen. Für die kaufmännische Zinsrechnung wie für Kredite und Kontokorrentkredite, galt die 30/360-Methode. Weitere Methoden sind die act/360-Methode und die act/act-Methode. Bei der Wechselrediskontierung findet die act/360-Methode und bei der Berechnung festverzinslicher Wertpapiere die act/act-Methode Anwendung. „act" (aktuell) bedeutet ein konsequent tagesgenauer Ansatz, sowohl was die Monate bei der act/360-Methode als auch was Monat und Jahr bei der act/act-Methode betrifft. Für Verbraucherkredite gilt seit 1. September 2000 ein veränderter Berechnungsmodus.

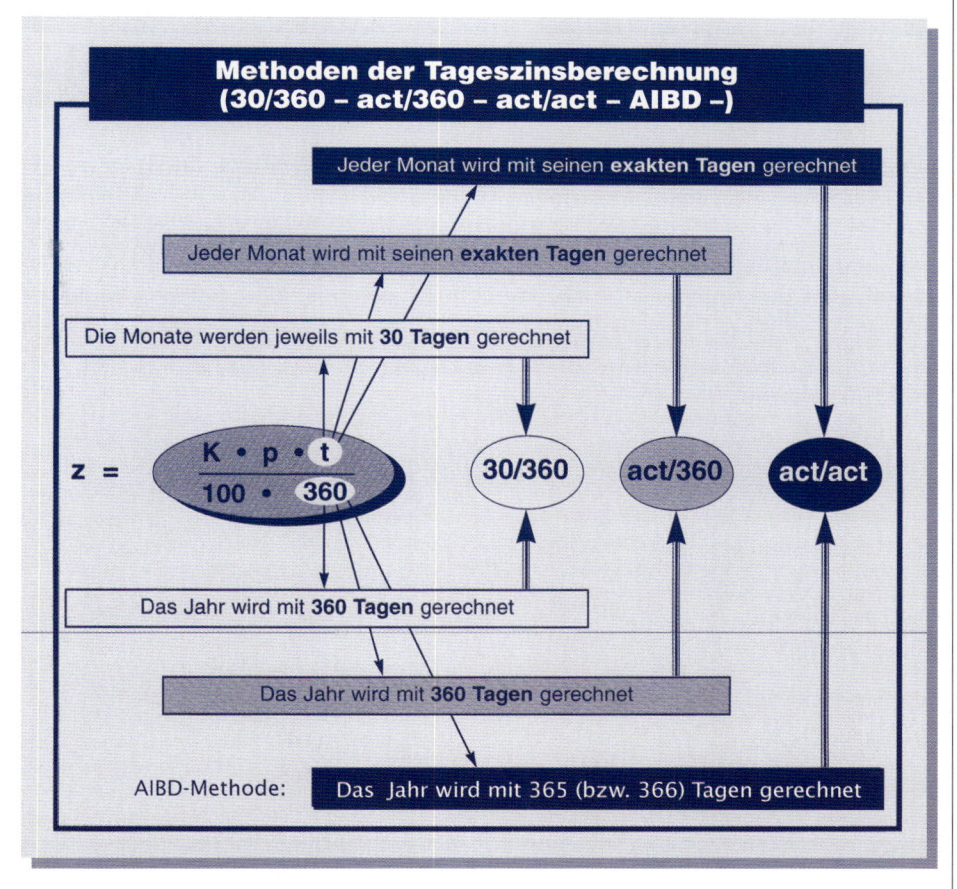

Die Restschuldversicherung wird nicht in den „effektiven Jahreszinssatz" einberechnet. Sie wird extra ausgewiesen. „Verbraucherschützer fordern allerdings, die RSV – wie in der Preisangabenverordnung verlangt – mit in den effektiven Jahreszins einzurechnen", vgl. Handelsblatt vom 30.01.2007 und 9.12.2008, Düsseldorf.

Siehe hierzu auch S. 241.

Methoden der Tageszinsberechnung (30/360 – act/360 – act/act – AIBD –)

- Jeder Monat wird mit seinen **exakten Tagen** gerechnet
- Jeder Monat wird mit seinen **exakten Tagen** gerechnet
- Die Monate werden jeweils mit **30 Tagen** gerechnet

$$z = \frac{K \cdot p \cdot t}{100 \cdot 360}$$

30/360 — act/360 — act/act

- Das Jahr wird mit **360 Tagen** gerechnet
- Das Jahr wird mit **360 Tagen** gerechnet
- AIBD-Methode: Das Jahr wird mit 365 (bzw. 366) Tagen gerechnet

Gemäß einer EU-Richtlinie und der Preisangabenverordnung PAngV §6, Abs. 1 und 2, wird nun die AIBD-Methode angewendet. Hier werden für das Jahr 365 Tage, 52 Wochen oder 12 gleich lange Monate zugrunde gelegt. Somit wird jeder Monat einheitlich mit 365/12 = 30,416 Tagen angenommen.

AIBD = Association of International Bond Dealers; Verbraucherkredit und Berechnung des effektiven Jahreszinses

Beispiel ❗❗❗❗

Die Zinsberechnungsmethode spielt nur eine Rolle bei unterjährigen Laufzeiten.

Geldanlage (Kapital):	1.000.000,00 EUR		Zinssatz: 4%
Laufzeit:	02.01. bis 02.04		

Tageberechnung:	30/360-Methode	90 Tage
	act/360- und act/act-Methode:	29 + 28 + 31 = 88 Tage
	AIBD-Methode:	3 x 30,416 = 91 Tage

Zinsen:	**30/360-Methode:**	10.000,00 EUR	
	act/360-Methode:	9.777,78 EUR	(ca. 222 EUR weniger)
	act/act-Methode:	9.643,84 EUR	(ca. 356 EUR weniger)
	AIBD-Methode:	9.997,78 EUR	(ca. 2 EUR weniger)

Um vergleichen zu können, müssen alle zukünftigen Zahlungen auf den Barwert abgezinst werden.

Zinseszinsrechnung – Zinseszinsrechnung bedeutet, dass in Zukunft auflaufende Zinsen wieder verzinst werden.

Die Zinseszinsrechnung findet in der Finanzmathematik Anwendung, etwa bei der Ermittlung des Barwertes einer Lebensversicherung oder der Berechnung von Renten.

Die Finanzmathematik spielt beispielsweise beim Vergleich verschiedener Finanzierungsangebote eine Rolle. Wenn man nur alle Zahlungen bzw. Raten addieren und diese dann vergleichen würde, käme man vermutlich zu einem falschen Ergebnis. Denn es müssen alle Zahlungen auf ihren heutigen Barwert abgezinst werden.

Beispiel ❗❗❗❗

Finanzierungsangebot einer Herstellerkreditbank für einen Pkw:

Darlehenssumme (enthält Nettokreditbetrag, Zinsen und Bearbeitungsgebühr)	= 38.443,20 EUR
Laufzeit	= 48 Monate
effektiver Jahreszins	= 6,0%
48 Monatsraten je	= 800,90 EUR
Barwert eines Kredits	= Monatsrate x Barwertfaktor
34.208,60 EUR	= 800,90 x 42,7127

Barwertfaktor für die monatliche Kreditrate

Zinssatz in % p. a.

Laufzeit	3	4	5	6
24 Monate	23,2757	23,0451	22,8198	22,5994
48 Monate	45,2152	44,3517	43,5180	42,7127

Würde der effektive Jahreszins für den Fahrzeugkredit nur 3% betragen, so ergäbe sich folgende Rechnung:

Barwert eines Kredits	= Monatsrate x Barwertfaktor
36.212,85 EUR	= 800,90 x 45,2152

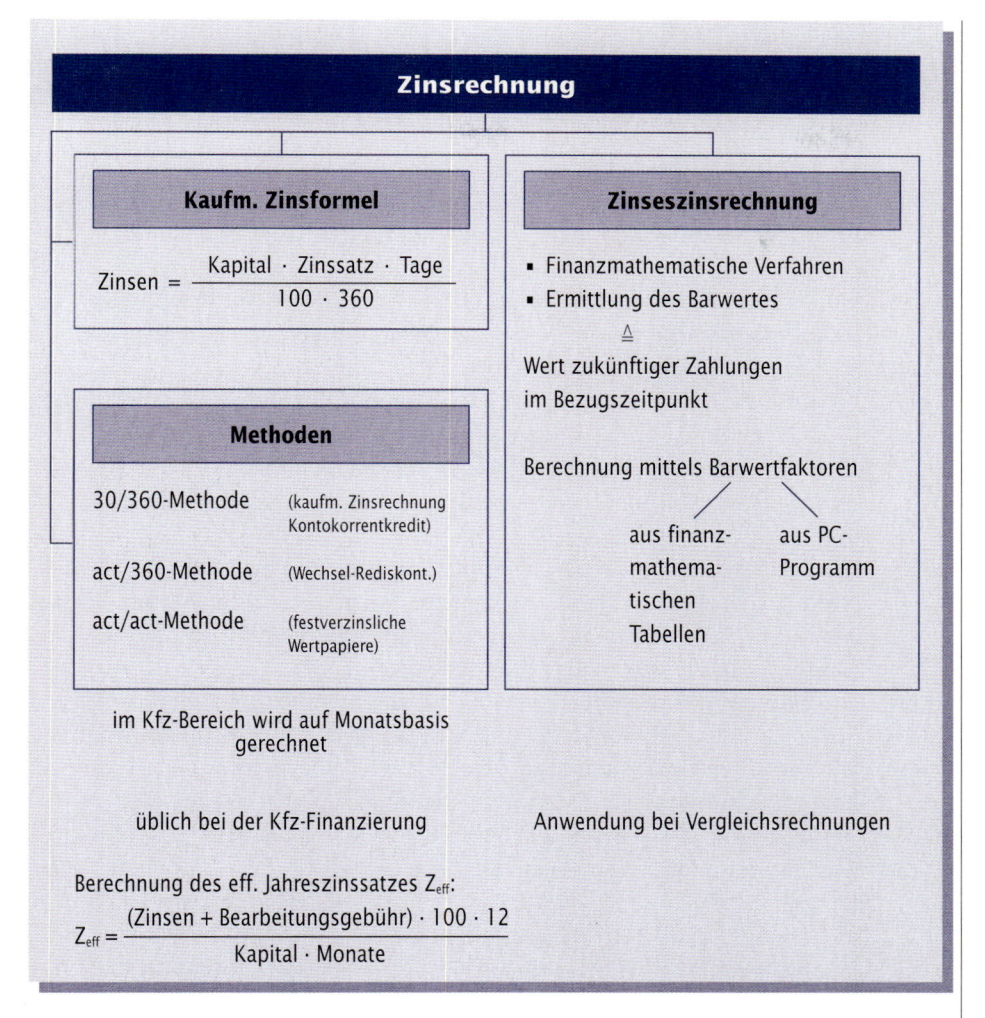

Zinsrechnung

Kaufm. Zinsformel

$$\text{Zinsen} = \frac{\text{Kapital} \cdot \text{Zinssatz} \cdot \text{Tage}}{100 \cdot 360}$$

Zinseszinsrechnung

- Finanzmathematische Verfahren
- Ermittlung des Barwertes
  ≙
  Wert zukünftiger Zahlungen im Bezugszeitpunkt

Berechnung mittels Barwertfaktoren
- aus finanzmathematischen Tabellen
- aus PC-Programm

Methoden

30/360-Methode (kaufm. Zinsrechnung Kontokorrentkredit)

act/360-Methode (Wechsel-Rediskont.)

act/act-Methode (festverzinsliche Wertpapiere)

im Kfz-Bereich wird auf Monatsbasis gerechnet

üblich bei der Kfz-Finanzierung

Anwendung bei Vergleichsrechnungen

Berechnung des eff. Jahreszinssatzes Z_{eff}:

$$Z_{eff} = \frac{(\text{Zinsen} + \text{Bearbeitungsgebühr}) \cdot 100 \cdot 12}{\text{Kapital} \cdot \text{Monate}}$$

Aufgaben

1. Ermitteln Sie die aktuellen Zinssätze der Herstellerkreditbank und der Leasinggesellschaft, mit denen Ihr Ausbildungsbetrieb zusammenarbeitet.

2. Wie hoch ist der derzeitige Zinssatz für eine Autofinanzierung von Privatbanken?

3. Wieso besteht hier häufig ein Unterschied zwischen 1. und 2.?

4. Weshalb müssen Zinsen be- und errechnet werden?

5. Erklären Sie die Bestandteile der kaufmännischen Zinsformel.

6. Informieren Sie sich über die Umsetzung der Eurozinsmethode.

Aufgaben

7 Ein Kunde möchte ein Fahrzeug im Wert von 30.000,00 EUR komplett finanzieren. Die Herstellerkreditbank arbeitet mit folgenden Konditionen:
a) Laufzeit 48 Monate
b) Zinssatz 4,9 %
c) Bearbeitungsgebühr 1 % des Fahrzeugwerts
d) Restschuldversicherung 0,5 % des Fahrzeugwerts
Ermitteln Sie die monatliche Rate und den effektiven Jahreszins.

8 Ein Auto im Wert von 15.000,00 EUR soll finanziert werden. Die Herstellerkreditbank arbeitet mit folgenden Konditionen:
a) Laufzeit 36 Monate
b) Zinssatz 6,90 %
c) Bearbeitungsgebühr 2,0 % des Fahrzeugwerts
d) Restschuldversicherung 0,5 % des Fahrzeugwerts
Ermitteln Sie die monatliche Rate und den effektiven Jahreszins.

9 Ein Gebrauchtwagen wird über eine Sonderfinanzierung zu 2,9 % effektiven Jahreszins, Laufzeit 12 Monate vermarktet. Der Wagen kostet 14.770,00 EUR. Berechnen Sie die monatliche Rate.

10 Ein anderer Gebrauchtwagen soll zu einem effektiven Jahreszins von 5,9 %, Laufzeit 36 Monate vermarktet werden. Die Herstellerkreditbank verlangt hier eine Anzahlung von 20 %. Der Wagen soll 17.490,00 EUR kosten. Bestimmen Sie die monatliche Rate.

11 Was versteht man unter einem Barwert?

12 Berechnen Sie die Zinsen nach der 30/360-Zinsformel:
a) Das Autohaus benötigt für eine neue Hebebühne 7.500,00 EUR. Das Geld kann zu 8,5 % für 5 Jahre geliehen werden.
b) Ein Auszubildender leiht sich von seinem Chef 1.550,00 EUR für 40 Tage. Der Chef stellt ihm das Geld zu 5 % zur Verfügung.
c) Ein Kunde befindet sich mit einer Reparaturrechnung in Höhe von 350,00 EUR seit 4 Monaten im Zahlungsverzug. Das Autohaus berechnet dies mit einem Zinssatz von 4 %.
d) Für die Zeit vom 1. Juni bis 31. August wurden 5 % Verzugszinsen berechnet. Wie hoch ist der offene Betrag, wenn die Zinsen 150,00 EUR betragen?
e) Der Eigentümer des Autohauses kaufte vor 6 Jahren ein Grundstück für 25.000,00 EUR. An Zinsen zahlte er jährlich 3.750,00 EUR. Zu welchem Zinssatz wurde das Grundstück finanziert?
f) Wann wurden 3.500,00 EUR fällig, wenn am 25. Oktober einschließlich 10 % Verzugszinsen 3.675,00 EUR zurückgezahlt wurden?

13 Die Auswirkungen der Finanzkrise auf die Konditionen im Rahmen von Finanzierungs- und Leasingangeboten sind dramatisch. Diskutieren Sie dies unter Nutzung nachstehender Übersicht in Ihrer Klasse.

NEUWAGEN, TAGESZULASSUNGEN, EU-IMPORTE: DIESE NACHLÄSSE SIND AKTUELL DRIN

AUDI: Die Marke setzt auf attraktive Leasing-Konditionen mit zum Teil deutlich zweistelligen Nachlässen. Besonders niedrig sind auch die Preise bei Tageszulassungen, die teilweise um bis zu 30 Prozent unter dem Listenpreis verkauft werden.

BMW: Für viele BMW-Modelle gibt es sehr niedrige Leasing-Raten. Darüber hinaus werden Tageszulassungen und Vorführwagen mit einem Nachlass von bis zu 30 Prozent angeboten. Spezielle Aktion für BMW-Mitarbeiter: Sie bekommen Jahreswagen mit Nachlässen von rund 40 Prozent.

MERCEDES: Auf E-Klasse-Lagerfahrzeuge gibt es 16 Prozent plus einen weiteren Barrabatt von sechs Prozent. In Einzelfällen ist auch mehr drin: Mercedes CLK 220 CDI Automatik Elegance, Neupreis: rund 48.400 EUR, Angebot: 28.380 EUR (Tageszulassung mit 20 Kilometer aus Ende 2007). Das entspricht einem Nachlass von 41 Prozent.

VW: Beim neuen Golf VI sind bereits bis zu 13 Prozent Nachlass möglich, bei vielen Händlern gibt es zudem Vorführwagen mit über 15 Prozent Rabatt. Ältere VW-Modelle wie der Saharan sind mit mindestens 16 Prozent Nachlass zu bekommen.

OPEL: Besonders günstig sind Tageszulassungen von den länger am Markt befindlichen Modellen Astra (minus 25 Prozent) und Meriva (minus 25 %). Aktion: Hälfte des Kaufpreises zahlen, die anderen 50 Prozent werden in 2 Jahren fällig.

FORD: Mit der Ford-Flatrate sind Kundenvorteile von rund 20 Prozent drin. Dazu gibt es beim Vertragshändler bis zu drei Prozent. Für Barzahler geht es beim EU-Importeur noch billiger: Beispiel Focus, für 25 Prozent unter Listenpreis.

TOYOTA: Beim Auslaufmodell Avensis geben die Händler Nachlässe zwischen 15 und 23 Prozent. Schnäppchenpreise auch beim RAV4: 15 bis 18 Prozent Rabatt sind möglich.

FIAT: Die Italiener setzen bei vielen Modellen auf Finanzierungen ohne Anzahlung und Zinsen. Der Clou: Das Geld für den in Zahlung gegebenen Gebrauchten gibt es bar auf die Hand. Dazu sind bei einzelnen Modellen wie etwa dem Panda noch Nachlässe bei Tageszulassungen von bis zu 27 Prozent drin.

PEUGEOT: Auch bei Peugeot gibt es Bargeld. Wer zum Beispiel einen 308 least, bekommt 1.200 EUR bei null Anzahlung und null Zinsen. Im Vergleich zu einer Drei-Wege-Finanzierung entspricht das beim 308 einem Kundenvorteil von über 30 Prozent.

CITROËN: Beim Citroën gibt es bis zu 5.000 EUR über Schätzwert für den Gebrauchten. Dazu kommen Rabatte von bis zu 1.000 EUR und Leasing-Angebote ohne Anzahlung und Zinsen. Als EU-Import sind beim C5 sogar Nachlässe von fast 40 Prozent drin.

SKODA: Das neue Flaggschiff Superb ist als Vorführwagen bereits mit Nachlässen von über 25 Prozent zu haben. Auch auf andere Skoda-Modelle gibt es bei EU-Neuwagen über 20 Prozent.

Quelle: Sonderheft Auto & Geld, Herbst 2008, Seite 140, auto motor und sport, hrsg. v. Motor Presse Stuttgart GmbH & Co. KG, Stuttgart

Tabellenkalkulation

Ein Kunde benötigt für ein Fahrzeug 40.000,00 EUR. Er wünscht eine Kreditlaufzeit von 48 Monaten. Die Herstellerkreditbank kann für dieses Modell einen Kredit zu 6,0% anbieten. Die Bearbeitungsgebühr beträgt 2,00%.

1. Erstellen Sie beispielsweise mithilfe eines Tabellenkalkulationsprogramms eine Übersicht, aus welcher monatlich
   a) der Restbetrag,
   b) die Rate,
   c) die Zinsen und die Tilgung ersichtlich sind.
   d) Stellen Sie den Zusammenhang zwischen Rate, Zins- und Tilgungsleistung grafisch dar.

2. Zwischenzeitlich hat sich die persönliche Situation des Kunden geändert: Er wünscht eine Laufzeit von 36 Monaten. Erstellen Sie analog eine neue Übersicht. Nutzen Sie die bereits unter 1. erstellte Datei unter einem neuen Dateinamen.

3. Die Herstellerkreditbank möchte aufgrund der harten Konkurrenzsituation ihr Angebot verbessern. Sie bietet nun einen Zinssatz von 3,9% an. Ermitteln Sie nun die sich verändernden Zahlen zu 1. und 2.

4. Erklären Sie Ihren Mitschülern die Auswirkungen von Zinssatz- und Laufzeitänderungen eines Darlehens auf
   a) Ratenhöhe,
   b) Zinsen
   c) und Tilgung.
   d) Zeigen Sie dies ggf. grafisch. Nutzen Sie hierzu den Overheadprojektor oder einen Beamer.

5. Geldinstitute ermitteln den effektiven Jahreszins nach folgender Formel: ((Zinssatz pro Monat x Vertragslaufzeit in Monaten) + (Bearbeitungsgebühr in% x 12)/(Vertragslaufzeit in Monaten + 1) – Berechnen Sie so den effektiven Jahreszins für obiges Beispiel!

6 Vergleich Leasing und Kreditfinanzierung

Immer wieder wird die Frage nach der Vergleichbarkeit von Leasing und Finanzierung gestellt. In einer führenden deutschen Publikumszeitschrift ist folgende Übersicht veröffentlicht worden:

Finanzierung		Leasing	
PASSAT **LIMOUSINE** TRENDLINE mit Technologie-Paket: 1,6 l, 75 kW, 5-Gang		PASSAT **VARIANT** TRENDLINE mit Technologie-Paket: 1,6 l, 75 kW, 5-Gang	
• attraktiver AutoCredit zu 3,9% effektivem Jahreszins (auf Wunsch Fahrzeugrückgabe an Ihren Volkswagen Partner, der bei vertragsgemäßem Zustand die Schlussrate für Sie bezahlt) • 4 Jahre Haftpflicht und Vollkasko • 2 Jahre Garantieverlängerung • Kreditabsicherung auch bei Arbeitslosigkeit		• attraktives Leasing • 4 Jahre Haftpflicht und Vollkasko • 2 Jahre Garantieverlängerung Leasingratenversicherung auch bei Geschäftsaufgabe, aus wirtschaftlichen Gründen oder bei unverschuldeter Arbeitslosigkeit	
Unverbindliche Preisempfehlung bei 500 € Technologie-Bonus)	26.795,00 €	Unverbindliche Preisempfehlung (bei 500 € Technologie-Bonus)	27.985,00 €
Anzahlung	8.606,66 €	Sonderzahlung	9.069,26 €
Effektiver Jahreszins	3,9%	Laufzeit	48 Monate
Laufzeit	48 Monate	Jährliche Fahrleistung	15 000 km
Jährliche Fahrleistung	15 000 km		
Schlussrate	11.084,50 €		
MONATLICH	269,00 €	MONATLICH	249,00 €

Jeweils mit 75 kW (102 PS) mit 5-Gang-Schaltgetriebe. Für Passat: Kraftstoffverbrauch, l/100 km innerorts 10,5/außerorts 6,0/kombiniert 7,6/CO_2-Emission, kombiniert 179g/km. Für Passat Variant: Kraftstoffverbrauch, l/100 km innerorts 10,8/außerorts 6,1/kombiniert 7,8/CO_2-Emission, kombiniert 186 g/km. Die Kraftstoffverbrauchs- und Emissionswerte sind nach der derzeit gültigen Fassung der EU-Richtlinien ermittelt.

Quelle: Finanzierung oder Leasing, unter: www.weltklasse.de, erschienen am 22.07.2008, hrsg. v. Axel Springer AG, Berlin, abgerufen am 08.01.2010

Leitfragen

➔ Interpretieren Sie obige Tabelle.
➔ Analysieren Sie die Leasing- und Finanzierungsangebote Ihres Ausbildungsbetriebs.
➔ Welche Kriterien sind bei einer Entscheidung Leasing oder Finanzierung zu berücksichtigen?
➔ Was gehört zu einer guten Beratung im Hinblick auf Leasing/Finanzierung im Autohaus?

Grundsätzlich kann ein Automobil auf drei Wegen erworben werden:
- Barkauf; das Fahrzeug wird bei Übergabe bezahlt,
- Finanzierung; das Fahrzeug wird sukzessive meist in gleich bleibenden Raten nach Übergabe bezahlt oder
- Leasing; ein Teil wird bei und der Rest nach Übergabe während der Fahrzeugnutzung bezahlt.

Im Rahmen eines Vergleichs von Finanzierung und Leasing spielt die individuelle Motivlage des Kunden eine zentrale Rolle. Aus diesem Grund kann man keine

Pauschalantwort geben, welches jeweils die bessere Lösung darstellt. Für das Beratungsgespräch rund um das Thema Barkauf, Finanzierung oder Leasing sollten Automobilkaufleute durch geschickte Fragetechnik die Situation des Kunden ausloten.

Mögliche Motive für eine Fahrzeugfinanzierung sind: Mittelknappheit, Geltungsbedürfnis, Kaufmotive, vgl. Band I, Lernfeld 3.

Allerdings ist immer wieder darauf hinzuweisen, dass die finanzielle Lage der Kunden ein sehr sensibles Thema darstellt und hier mit viel Fingerspitzengefühl gearbeitet werden muss. Denn oft sieht man es einem Kunden nicht auf den ersten Blick an, ob er das Leasing aus Liquiditätsgründen bevorzugt oder ob er sein Geld woanders besser anlegen kann. Automobilkaufleute müssen somit die quantitativen und qualitativen Beweggründe für den Barkauf, die Finanzierung und für das Leasing erfragen bzw. beobachten und gegenüber dem Kunden für eine individuelle Finanzierungslösung argumentieren.

Kommunikationsförderer und geschickte Fragetechnik, vgl. Band I, Lernfeld 3.

Quantitative Kriterien – Beim rechnerischen, also quantitativen Vergleich zwischen Finanzierung und Leasing stellt der Beschaffungswert des Neufahrzeugs den Löwenanteil dar.

Problematisch ist bei einem solchen Vergleich der jeweils angenommene Zinssatz, die Laufzeit und die möglicherweise erzielten Rabatte. Denn es kann durchaus sein, dass ein Autohaus bei einem finanzierten Fahrzeug einen höheren Rabatt bzw. Hauspreis gewähren wird als bei einem geleasten Fahrzeug. Dies gilt etwa dann, wenn zinssubventioniertes Leasing zulasten der Marge der Autohäuser geht.

Als wichtigste **quantitative** Kriterien sind hier

- Zinssatz durch die Autobank oder durch das private Kreditinstitut, Zinslage am Kapitalmarkt,
- (abgezinste) Summe aller Zahlungen,
- Laufzeit,
- Höhe einer An- oder Sonderzahlung,
- Ratenhöhe für die Finanzierung oder das Leasing,
- Schlussraten oder Restwerte und
- Rabatte je nach Kaufart zu nennen.

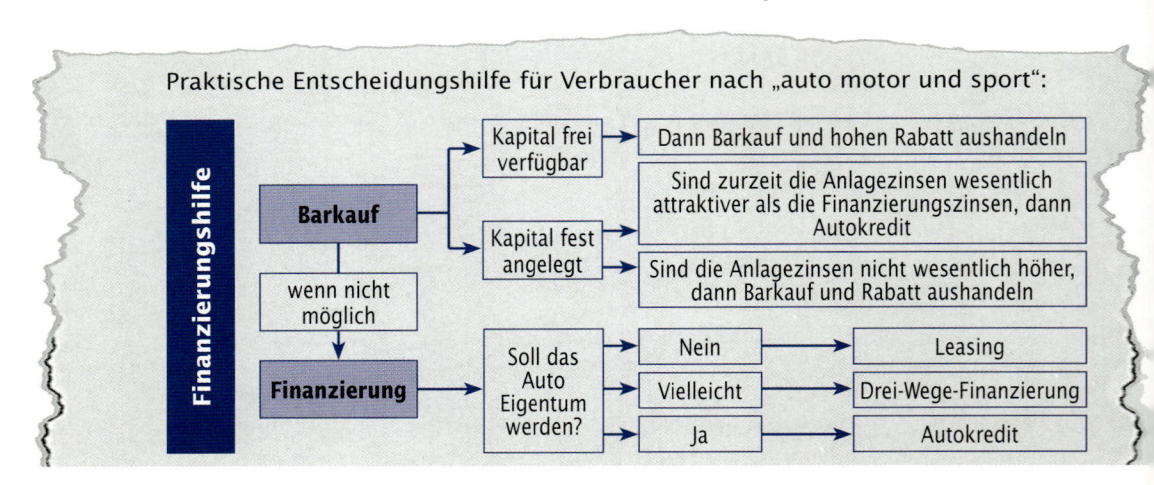

Praktische Entscheidungshilfe für Verbraucher nach „auto motor und sport":

Finanzierungshilfe			
Barkauf	Kapital frei verfügbar	→	Dann Barkauf und hohen Rabatt aushandeln
	Kapital fest angelegt	→	Sind zurzeit die Anlagezinsen wesentlich attraktiver als die Finanzierungszinsen, dann Autokredit
		→	Sind die Anlagezinsen nicht wesentlich höher, dann Barkauf und Rabatt aushandeln
wenn nicht möglich			
Finanzierung	Soll das Auto Eigentum werden?	Nein →	Leasing
		Vielleicht →	Drei-Wege-Finanzierung
		Ja →	Autokredit

Wer als Privatperson erwägt, einen Neuwagen zu leasen, sollte vielleicht einen Blick auf die Drei-Wege-Finanzierung werfen. Sie ist dem Leasing ähnlich – aber der Kunde erwirbt hier nicht nur die Nutzungsrechte, er ist Besitzer des Autos.

Quelle: Schema in Anlehnung an Grafik „Barverkauf oder Finanzierung" in: Auto & Geld spezial, Herbst 2008, auto motor und sport, Seite 93, hrsg. v. Motor Presse Stuttgart GmbH & Co. KG, Stuttgart

Leasing günstiger als Bankkredit?

VW	Neupreis in EUR	Restwert lt. Schwacke in EUR	Leasingrate in EUR	Kreditrate in EUR	Leasingvorteil gegenüber Bankkredit in EUR	Leasingvorteil in %
Polo	11.606,00	5.687,00	180,00	236,00	2.005,00	17,28
Golf	14.674,00	7.733,00	228,00	285,00	2.076,00	14,16
Bora	16.616,00	8.092,00	284,00	339,00	2.001,00	12,04
Passat	20.400,00	10.363,00	327,00	406,00	2.870,00	14,07
Beetle	17.870,00	9.077,00	287,00	356,00	2.472,00	13,84
Sharan	22.957,00	9.274,00	369,00	514,00	5.236,00	15,11

Quelle: In Anlehnung an auto motor und sport, hrsg. v. Motor Presse Stuttgart GmbH & Co. KG, Stuttgart

Bei obigem Beispiel wurde ein Leasing ohne Anzahlung, Laufzeit 36 Monate/ 45 000 km und ein Zinssatz bei der Finanzierung von 9,97 % angenommen.

Das Ergebnis aus obiger Tabelle über die Vorteilhaftigkeit von Leasing gegenüber Finanzierung ist mit äußerster Vorsicht zu interpretieren.

Vorsicht bei Vergleichstabellen

Würde etwa der Zinssatz bei der Finanzierung über eine Herstellerkreditbank verringert werden, so fällt automatisch der Leasingvorteil erheblich geringer aus. Im obigen Beispiel wurde bei der Finanzierung von einer Ballonfinanzierung ausgegangen. Dies bedeutet, dass über die Laufzeit permanent eine relativ hohe Summe verzinst werden muss. Bei einem Annuitätendarlehen mit ggf. einer Anzahlung käme man auch hier zu einem anderen Ergebnis. Ebenfalls wurden keine Rabatte bei der Finanzierung eingerechnet.

Fazit: Je nach individueller Situation kann der Vorteilhaftigkeitsvergleich zwischen Leasing und Finanzierung unterschiedlich ausfallen. Deshalb sollte man nie pauschal sagen, Leasing sei ungünstiger als Finanzierung und umgekehrt.

Ein Vergleich der Barwerte eines Leasing- und eines Finanzierungsangebotes würde noch mehr Prämissen (Leasingfahrzeug kann genau zum Restwert veräußert werden, keine Rabatte, etc ...) erfordern und erscheint hier zu theoretisch. Barwert, vgl. Kap. 5.

Entscheidend ist auch, welche Finanzierungsinstitution gewählt wird. Diese These wird durch folgende Übersicht bestätigt:

Finanzierungs-Vergleichstabelle des ADAC

Sonderzins-Offerten: Hausbanken halten mit

Nicht immer muss das Autobank-Angebot das bessere Sein. Mit dem Hausbank-Kredit kann man als Barzahler auftreten, was manche Händler mit hohen Rabatten belohnen. Die Übersicht zeigt, wie viel Nachlass es braucht, damit das freie Geldinstitut günstiger ist.

	Angebot der Autobank	Angebot der Hausbank						
		5,9	6,9	7,9	8,9	9,9	10,9	
Laufzeit 36 Monate	0,0	8,4**	9,6	10,9	12,1	13,3	14,4	Geizt der Händler bei der Sonderzinsaktion mit zusätzlichen Rabatten, kann eine Hausbank-Offerte zu 8,9 Prozent Effektivzins ein Autobank-Angebot mit 3,9 Prozent schlagen. Es ist dann nur ein Nachlass von 6,8 Prozent nötig.
	0,9	7,1	8,4	9,6	10,9	12,1	13,2	
	1,9	5,7	7,0	8,3	9,5	10,7	11,9	
	2,9	4,3	5,6	6,9	8,1	9,4	10,6	
	3,8	2,8	4,2	5,5	6,8	8,0	9,3	
	4,9	1,4	2,8	4,1	5,4	6,7	7,9	
	5,9	0,0	1,4	2,8	4,1	5,4	6,6	
Laufzeit 48 Monate	0,0	10,9	12,5	14,1	15,6	17,0	18,5	Wann sich die Hausbank gegenüber der Autobank rechnet, hängt auch von der Kreditlaufzeit ab. Im Falle des obigen Beispiels sind nun bei 48 Monaten 8,8 statt 6,8 Prozent Nachlass nötig, damit die Hausbank günstiger ist.
	0,9	9,2	10,9	12,5	14,0	15,5	17,0	
	1,9	7,4	9,1	10,7	12,3	13,8	15,3	
	2,9	5,5	7,3	8,9	10,5	12,1	13,6	
	3,9	3,7	5,5	7,2	8,8	10,4	11,9	
	4,9	1,9	3,6	5,4	7,0	8,7	10,2	
	5,9	0,0	1,8	3,6	5,3	6,9	8,5	
Laufzeit 60 Monate	0,0	13,8	15,2	17,1	18,9	20,1	22,3	Fällt die Laufzeit zu lang aus, kann das Hausbank Angebot schnell an Attraktivität verlieren. Wieder ausgehend vom obigen Beispiel sind nun fast elf Prozent Rabatt nötig, um mit der Hausbank besser zu fahren.
	0,9	11,3	13,3	15,2	17,0	18,8	20,5	
	1,9	9,1	11,1	13,0	14,9	16,7	18,5	
	2,9	6,8	8,9	10,9	12,8	14,7	16,5	
	3,9	4,6	6,7	8,8	10,7	12,6	14,5	
	4,9	2,3	4,5	6,6	8,6	10,6	12,4	
	5,9	0,0	2,2	4,4	6,5	8,5	10,4	

*Alle Angaben in Prozent **notwendiger Rabatt in Prozent; Quell: auto motor und sport

Quelle: Sonderheft Auto & Geld, Herbst 2008, auto motor und sport, S. 128, hrsg. v. Motor Presse Stuttgart GmbH & Co. KG, Stuttgart

Ab welcher Rabatthöhe ist eine Finanzierung über die Hausbank günstiger als über die Herstellerkreditbank?

Autobank = Herstellerkreditbank

Allerdings: Rabatt-Gleichstand; so gibt es beim Kauf eines Neuwagens mit einer Kfz-Finanzierung genauso häufig Rabatt wie bei Barzahlung Quelle: autobankenumfrage v. 16.02.2005. Vgl. auch Auto & Geld von 2008 sowie www.finanztest.de.

Steigt der effektive Jahreszins der Herstellerkreditbank, so wird die Finanzierung über eine Sparkasse bzw. ein klassisches Kreditinstitut bereits bei einer geringeren Rabatthöhe lukrativ und umgekehrt.

Kann der Kunde trotz Kredits via Autobank immer noch einen Rabatt heraushandeln, so schneidet die klassische Finanzierung über Kreditinstitute wiederum ungünstiger ab.

Auch hier gilt es, keine Pauschalaussagen zu treffen, sondern immer am Einzelfall aus quantitativer und qualitativer Sicht dem Kunden eine gute Beratung anzubieten.

Vorteile von Finanzierung und Leasing aus Kundensicht

Qualitative Kriterien – diese lassen sich nicht unmittelbar in Cents und Euro messen – stellen oft eine sehr wichtige Rolle bei der Entscheidung für eine Finanzierungsvariante dar. Hierzu zählen:

- Finanzielle Beweglichkeit etwa für andere Anschaffungen bzw. Investitionen,
- Unabhängigkeit, Flexibilität beim Geldausgeben,
- Bequemlichkeit, kein Verwaltungsaufwand, alles aus einer Hand,
- Sicherheit, Planbarkeit von künftigen Auszahlungen und
- Markentreue.

In einer Übersicht sollen in Anlehnung an die Kapitel Finanzierung und Leasing jeweils knapp die wesentlichen Vorteile für den Autokunden von Finanzierung und Leasing dargestellt werden:

Vorteile einer Fahrzeugfinanzierung über ein unabhängiges Kreditinstitut/Hausbank	Vorteile des Leasing über eine Leasinggesellschaft des Automobilherstellers/Autobank
- Unabhängigkeit, Flexibilität - Eigentumserwerb - keine Kilometerbegrenzung - freie Versicherungswahl - höhere Rabatte beim Kauf erzielbar - man verfügt schnell über das Geld - Finanzierung am Fahrzeugschein nicht erkennbar	- geringe Kapitalbindung - niedrige Monatsraten, „pay as you earn" - flexible Anzahlung - Teilnahme am technischen Fortschritt - Geld kann anderweitig rentabler angelegt werden, Zinssubvention - alles aus einer Hand, unbürokratisch - Leasing am Fahrzeugschein nicht erkennbar

Um eine offensichtlich schwer zu überblickende Entscheidung fundierter zu fällen, bietet sich die Nutzwertanalyse an.

Beispiel ❗❗❗❗

Vergleich zwischen Leasing- und Finanzierungsanbietern

Opel Corsa 1.4 Twinsport Edition, Preis 16.890,00 EUR

	SmartLease	Finanzierung	SmartBuy
Fahrzeugpreis:	16.880,00	16.880,00	16.880,00
Anzahlung:	3.376,00	3.376,00	3.376,00
Restrechnungspreis: (Darlehensbetrag)	13.504,00	13.504,00	13.504,00
Laufzeit:	36	36	37
Effektiver Jahreszins:		4,90 %	4,90 %
Kilometer pro Jahr:	15 000 km		je nach Vertrag (hier: 15 000 km)
36 monatl. SmartLease Raten:	177,48		
36 monatl. Finanzierungraten à:		403,47	
36 monatl. SmartBuy Raten:			229,40
Schlussrate bei Vertragsende:			6.752,00
Restschuldversicherung:		ohne	ohne

SmartLease: Die Höhe der Leasingraten wird aufgrund von Vertragslaufzeiten, Kilometerleistung, einer eventuellen Leasing-Sonderzahlung und dem Verwendungszweck bestimmt. Sie haben die Wahl zwischen einem Leasingvertrag mit Kilometer- oder Restwertabrechnung. Bei Vertragsende wird das Fahrzeug entsprechend der Vertragsart und den definierten Konditionen an den Opel-Partner zurückgegeben und eine Schlussabrechnung erstellt.

Finanzierung: Mit einer Anzahlung – in der Regel 20,00 % vom Barpreis – ist der erste Schritt getan. Alles Weitere geht automatisch. Sind alle Zahlungen geleistet, gehört das Fahrzeug Ihnen.

SmartBuy: Sie leisten eine Anzahlung – in der Regel 20,00 % vom Barpreis. Später können Sie entscheiden:

- Sie zahlen die Schlussrate und das Fahrzeug ist Ihr Eigentum.
- Sie finanzieren die Schlussrate. Ihr Opel-Partner macht Ihnen hierzu ein interessantes Angebot.
- Sie geben das Fahrzeug vereinbarungsgemäß an den Opel-Partner zurück.

Alle Beispielrechnungen oder Ergebnisse im Kalkulator sind unverbindliche Angebote der GMAC Bank GmbH und der GMAC Leasing GmbH. Eine ausführliche Beratung sowie ein individuelles, verbindliches Angebot erhalten sie bei Ihrem Opel-Partner.

Quelle: in Anlehnung an den GMAC Bank Kalkulator, unter www.opelbank.de, hrsg. v. GMAC Bank GmbH, Rüsselsheim, Stand: Januar 2010

Trotz der vielen Annahmen zeigt dieses Beispiel, dass eine Pauschalaussage „Leasing sei ungünstiger als Finanzierung o. Ä." unhaltbar ist.

Vergleich Finanzierung und Leasing

```
                    Alternative
           ┌────────────┼────────────┐
        Barkauf       Leasing    Finanzierung
```

- These 1:   nicht vergleichbar, da Motivlage unterschiedlich
- These 2:   mittels Nutzwertanalyse und Berücksichtigung quantitativer und qualitativer Kriterien vergleichbar
- These 3:   finanzmathematisch sei die bessere Variante ermittelbar
  - ➤ Problem: Viele unrealistische Annahmen!

?	• Laufzeit	• Zinssatz
	• Steuervorteil	• Rabatte
	• konstante Situation	• Restwert

➤ **Fazit: Gutes Beratungsgespräch sollte entscheiden!**

Infoquellen: Automobil-Fachpresse, Verbraucherzeitschriften, Kreditinstitute, Autobanken, Internet.

Aufgaben

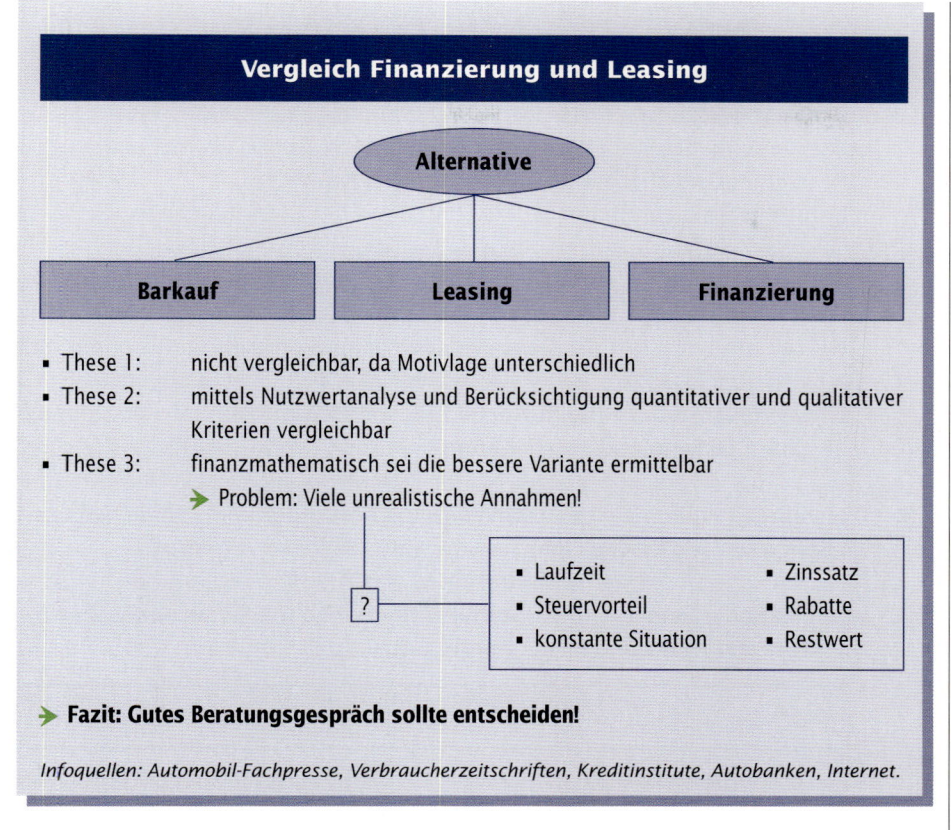

1. Nennen Sie die finanziellen Alternativen bei der Fahrzeugbeschaffung.

2. Welche quantitativen Kriterien beziehen Sie in eine Entscheidung Finanzierung oder Leasing mit ein?

3. Warum sind Pauschalaussagen wie Leasing lohne sich nicht o. Ä. mit Vorsicht zu genießen?

4. Wählen Sie ein Fahrzeug Ihres Ausbildungsbetriebs aus und erstellen Sie alternativ
   a) ein Leasingangebot,
   b) ein Finanzierungsangebot,
   c) analysieren sie die Unterschiede,
   d) beschreiben Sie mögliche Kunden, welchen Sie eher ein Leasing und welchen Sie eher eine Finanzierung anbieten würden,
   e) differenzieren Sie zwischen gewerblichen und privaten Leasingkunden und
   f) stellen Sie eine solche Kundenberatungssituation im Rollenspiel dar.

Aufgaben

5 Ein Kunde möchte ein Fahrzeug im Wert von 20.000,00 EUR komplett finanzieren. Die Herstellerkreditbank arbeitet mit folgenden Konditionen:
Laufzeit 36 Monate
Zinssatz 3,9 %
Bearbeitungsgebühr 1 % des Fahrzeugwerts
Restschuldversicherung 0,5 % des Fahrzeugwerts
Ermitteln Sie die monatliche Rate und den effektiven Jahreszins.

6 Derselbe Kunde könnte einen Rabatt auf Barzahlung erhandeln wollen, wenn er über seine Sparkasse zu 11 % finanziert. Ab welcher Rabatthöhe wickelt er vermutlich das Geschäft doch lieber komplett im Autohaus ab?

7 Wie verteilen sich in Ihrem Ausbildungsbetrieb prozentual Barzahlungsgeschäft, Leasing und Finanzierung?

8 Erstellen Sie mithilfe eines Tabellenkalkulationsprogramms einen Vergleich Leasing und klassische Finanzierung sowie Ballonfinanzierung.

9 Leasing oder Finanzierung? Welches Angebot halten Sie wann für wen für vorteilhafter? Begründen Sie Ihre Aussage.

Leasing	Finanzierung
Fahrzeugpreis: 10.000,00 EUR Laufzeit 36 Monate Gesamtfahrleistung: 45 000 km Mietsonderzahlung: 2.500,00 EUR Monatsrate: 129,00 EUR	Fahrzeugpreis: 10.000,00 EUR Laufzeit 36 Monate Anzahlung: 2.500,00 EUR 1. Rate: 216,00 EUR Effektiver Jahreszins: 3,9 %

10 Nehmen Sie Stellung zu der These: „Der Hausbankkredit ist solange zu empfehlen, wie der Preisnachlass durch den Barkauf höher ist als die Mehrzinsbelastung durch den Hausbankkredit."

11 Visualisieren Sie auf einer Folie eine Gegenüberstellung eines Leasingangebotes und von Finanzierungsangeboten für dasselbe Fahrzeug. Erklären Sie jeweils die einzelnen Bestandteile und diskutieren Sie Vor- und Nachteile des jeweiligen Angebotes innerhalb der Klasse. Beziehen Sie sich ggf. auf das Beispiel aus Aufgabe 8. Nutzen Sie dazu die Internetportale von auto motor sport und Finanztest.

Aktion I: Wie zahlen wir den Van?

Eine 5-köpfige Familie steht vor der Alternative, den erwünschten Kleinbus zu finanzieren oder zu leasen. Die Familie verfügt über etwas Eigenkapital und ein akzeptables Einkommen. Laut SCHUFA-Auskunft wäre sowohl das Leasing- als auch das Finanzierungsgeschäft machbar. Der Verkäufer im Autohaus unterbreitet zwei Angebote:

Leasing-Angebot für einen VW-VAN TDI

Grundpreis ab Werk: 34.032,00 EUR
Jährliche Fahrleistung: 15 000 km
Vertragsdauer: 36 Monate, mit Gebrauchtwagenabrechnung. Überführungs- und Zulassungskosten sind in der Leasingrate enthalten.
Einmalige Sonderzahlung: 20 % 6.806,40 EUR
Monatliche Leasingrate: 474,86 EUR

Alle Werte inkl. gesetzlicher Umsatzsteuer.

Nach Ablauf vorgenannter Vertragsdauer wird der Gebrauchtwagenerlös (einschl. USt.), den die Volkswagen Leasing GmbH beim Kfz-Handel erzielt, einem Gebrauchtwagenwert von 16.335,36 EUR (einschl. USt.) gegenübergestellt. Von den Mehrerlösen erhält der Leasingnehmer 75 %. 25 % werden auf die Leasing-Raten eines bis zu 3 Monaten nach Vertragsende neu zugelassenen Fahrzeuges angerechnet. Mindererlöse sind von ihm zu erstatten. Bei Umsatzsteueränderung erfolgt eine entsprechende Anpassung des Gebrauchtwagenwertes.

Finanzierungs-Angebot für einen VW-VAN TDI

Grundpreis ab Werk	EUR	34.032,00
+ RSV-Beitrag	EUR	1.008,65
+ Überführung/Zulassung	EUR	695,00
– Anzahlung 20 %	EUR	6.945,40
= Nettokreditbetrag	EUR	28.790,25
+ Zinsen	EUR	4.710,10
+ Bearbeitungsgebühr	EUR	575,81
= Darlehenssumme	EUR	34.076,16
Laufzeit (Monate)	48	
Nominalzins	p. a.	7,78 %
effektiver Jahreszins		8,90 %
48 monatliche Raten	EUR	709,92

Alle Werte inkl. gesetzlicher Umsatzsteuer.

Aktion

1. Beschreiben und vergleichen Sie die beiden Angebote.

2. Welches Angebot würden Sie der Familie empfehlen?
   a) Wenn Sie wissen, dass das Fahrzeug langfristig benötigt wird;
   b) wenn Sie wissen, dass der Kunde stets das neueste Modell fahren möchte und hohen Wert auf technische Sicherheit etc. legt.

3. Versetzen Sie sich in die Lage des Kunden und führen Sie eine Nutzwertanalyse für die Entscheidung Leasing oder Finanzierung durch.

   Die Schritte der Nutzwertanalyse lauten:
   (1) Entscheidungsrelevante Kriterien ermitteln,
   (2) diese Kriterien gewichten, also %-Werte je Kriterium bilden,
   (3) Alternativen, hier Barkauf, Finanzierung oder Leasing, anhand der Kriterien beurteilen bzw. bepunkten, etwa auf einer Skala von 1–10,
   (4) Nutzwerte durch Multiplikation von Gewichtung und Bepunktung ermitteln,
   (5) Nutzwerte addieren und
   (6) Nutzwerte vergleichen und Entscheidung fällen.

4. Entwickeln Sie ein Rollenspiel, in welchem Sie das Beratungs- und Finanzierungsgespräch anhand obiger Situation darstellen.

5. Welche Möglichkeiten der Kreditsicherung würden Sie hier vorschlagen?

6. Stellen Sie den weiteren Ablauf (etwa mittels Diagramm)
   a) des Leasinggeschäfts für das obige Beispiel dar.
   b) einer Finanzierungsabwicklung via Autobank dar.

7 Versicherungen

Die Einstufung von Fahrzeugen in Schadensfreiheitsrabatte und Kaskoklassen bedarf genauer Kenntnisse der Versicherungsarten.

Einstufung in Kaskoklassen

Typklassen in der Autoversicherung *gültig ab 1. September 2008*

Typ	Haftpflicht		Vollkasko		Teilkasko	
	Klasse	Veränd.	Klasse	Veränd.	Klasse	Veränd.
Audi A4 Avant 1.9 TDI, 96 kW	16	–1	20	+1	23	–1
Audi A8 4.2 Quattro, 246 kW	22	–1	27	–1	29	–1
BMW 320I, 110 kW	16	–	20	+1	21	+1
BMW 530d, 160kW	22	–1	29	–1	31	–1
Chrysler PT Cruiser 2.2 CRD, 89 kW	20	–	21	–		–1
Citroën C 3 1.4 HDI, 50 kW	15	–	17	–	18	+1
Dacia Logan 1.4, 55 kW	19	+2	18	–2	18	+1
Fiat Stilo 1.6. 7+ kW	18	+1	19	–	20	–
Ford Fiesta 1.3, 51 kW	15	–	17	+1	15	–
Ford S-Max 2.0 TDCI, 103 kW	16	–4	20	–	22	–
Honda Civic 1.4, 61 kW	16	–2	19	–	18	–
Hyunday Getz 1.1, 46 kW	14	–	15	–	17	+2
Kia Picanto 1.1, 48 kW	14	–	14	+1	17	–
Mazda 3 FLH 1.6, 77 kW	15	–1	19	–	19	+2
Mercedes-Benz C200 Komp., 120 kW	18	+1	20	–	21	–
Mercedes-Benz E240, 130 kW	19	–	23	+1	20	–1
Nissan Primera 2.0 FLH, 103 kW	19	–	22	+1	20	–
Opel Astra-H-CC 1.6, 77 kW	14	–1	15	–	14	–1
Opel Vectra-C STH 2.2 DTI, 92 kW	18	+1	21	–	23	–
Peugeot 307 CC Cabria 1.6, 100 kW	17	–	19	–	22	+1
Porsche Cayenne 4.5 Allrad, 250 kW	23	–1	31	–1	31	–
Renault Megane 1.6 5T, 83 kW	16	+2	17	–	19	–
Seat Ibiza 1.2, 47 kW	18	+1	17	–1	16	–
Skoda Octavia Kombi 1.6, 75 kW	13	–	14	–	19	–
Suzuki Swift 1.3, 68 kW	16	+1	20	–1	19	+3
Toyota Corolla 1.6, 81 kW	16	–	17	–	18	+2
Toyota Avensis FLH 1.8, 95 kW	17	–1	20	–	18	–
Volvo V 50 Kombi 2.4, 103 kW	18	+1	19	+1	20	–
VW Golf V 1.6, 85 kW	15	–	17	–	16	–
VW Touran, 1.9 TDI, 74 kW	16	+1	17	–	18	–

Quelle: Süddeutsche Zeitung Nr. 206, 2008, Seite 25, hrsg. v. Süddeutsche Zeitung GmbH, München

Beispiel

Leitfragen

➜ Warum bieten die Autohersteller bzw. ihre Finanztöchter Kfz-Versicherungen an?

➜ Umschreiben Sie das Dienstleistungsspektrum im Versicherungsbereich

➜ Mit welchen anderen Finanzdienstleistungen sind die Versicherungen kombinierbar?

Aktuelle Typklassen unter: www.typ-klassen.de Regio- und Typklassen unter www.gdv.de

Die Autohäuser bzw. deren Hersteller haben zunehmend erkannt, dass es für den Autokunden äußerst bequem ist, sämtliche Finanz- und Versicherungsdienstleistungen rund um das Fahrzeug aus einer Hand zu beziehen.

Genau wie das Zubehör- und Accessoiresgeschäft für die Autohäuser aus betriebswirtschaftlicher Sicht immer wichtiger geworden ist, so gilt dies auch für Finanz- und Versicherungsdienstleistungen. Denn das Versicherungsgeschäft ermöglicht dem Autohaus Provisionseinnahmen.

Insbesondere stellt das Erstkundengeschäft eine Chance für Autohäuser dar.

Bekannte Versicherer, die mit Autohäusern kooperieren (= Hausversicherung), sind die Garanta oder konzernreigene Versicherungsdienste wie der vvd bei Volkswagen.

Da die Kfz-Versicherung für viele Versicherer das Einstiegsgeschäft beim Kunden bedeutet, erhalten die Autohäuser teilweise Provisonen auf Folgegeschäfte. So werden etwa Lebensversicherungen, die der Versicherer direkt mit dem Kunden abschließt für das Autohaus verprovisioniert. Im Schadensfall fördert das Versicherungsgeschäft Kundenbindung und Werkstattauslastung. Der Schaden am Kundenfahrzeug kann für den Kunden bequem mit seiner Versicherungskarte im Autohaus abgewickelt werden.

Das Autohaus, der Versicherungsnehmer und die Versicherungsgesellschaft stehen in einem Dreiecksverhältnis. Das Autohaus vermittelt die Fahrzeugversicherung für die mit dem Autohaus kooperierende Versicherungsgesellschaft.

Ein Versicherungsvertrag kommt zwischen der Versicherungsgesellschaft und dem Kunden des Autohauses zustande.

Der Versicherungsschutz beginnt mit Einlösung des Versicherungsscheins durch Zahlung des Beitrags und der Versicherungssteuer. Fahrten mit ungestempelten Kennzeichen unterliegen nur dann der Haftpflichtversicherung, wenn sie im Zusammenhang mit dem Zulassungsverfahren, einer Hauptuntersuchung (TÜV), einer Bremssonderuntersuchung oder einer Abgassonderuntersuchung stehen.

Das Bundesaufsichtsamt für Versicherungen überwacht die Versicherungswirtschaft.

Geregelt ist die Kfz-Versicherung in der Straßenverkehrs-Zulassungs-Ordnung StVZO, dem Pflichtversicherungsgesetz PflVersG, dem Versicherungssteuergesetz VersStG, der Reichsversicherungsordnung RVO, dem Bundesjagdgesetz BJagdG (Wildschäden) und dem Versicherungsvertragsgesetz VVG.

> Auszügen einer Versicherungswerbung sind zu entnehmen:
>
> Optimal-Tarif in Prämie Light Plus
>
> - Kfz-Haftpflicht mit 100 Mio. EUR Deckung und Autoschutzbrief
> - Anschlussgarantieversicherung: weitreichender Schutz für nahezu alle mechanischen und elektrischen Teile über die Herstellergarantie hinaus
> - Übernahme der Abwicklung im Schadenfall – unabhängig von der Schuldfrage
> - Optional: Fahrerschutzversicherung: gleicht Verdienstausfall, Rentenminderung und weitere Leistungen (z. B. Schmerzensgeld und weitere Folgekosten) im Falle eines Unfalls bis zur Höhe von 1 Mio. EUR Deckungssumme aus
>
> Ihr Vorteil: Leasing mit Rundumschutz.

Quelle: http://www.volkswagen-nutzfahrzeuge.de/de/de/beratung_und_service/finanzdienstleistungen/finanzierung/praemielight.html, hrsg .v. Volkswagen Versicherungsdienst GmbH, Braunschweig, abgerufen am 04.02.2010

Leitfragen

→ Warum bieten die Autohersteller bzw. ihre Finanztöchter Kfz-Versicherungen an?

→ Umschreiben Sie das Dienstleistungsspektrum im Versicherungsbereich.

→ Mit welchen anderen Finanzdienstleistungen sind die Versicherungen kombinierbar?

Das Versicherungsvertragsgesetz (VVG) ist seit dem 1. Januar 2008 in Kraft und hat die Rechte der Verbraucher beim Abschluss einer Versicherung nachhaltig verbessert. Die Versicherten können sich künftig einfacher und umfassender als bisher über ihre Rechte und Pflichten informieren. Ihnen müssen künftig rechtzeitig vor dem Vertragsabschluss die wesentlichen Unterlagen und Informationen zur Verfügung gestellt werden.

Das Beratungsgespräch ist zu dokumentieren. Vernachlässigt ein Versicherter grob fahrlässig seine Aufklärungs- und Sorgfaltspflichten aus einem Vertrag, verliert er nicht wie bisher alle Ansprüche auf die Versicherungsleistung. Ein wesentliches Ziel des VVG ist die Verbesserung des Verbraucherschutzes bei Versicherungen.

Die wesentlichen Änderungen umfassen:
- **Widerruf und Widerrufsfrist:** Verbraucher können ohne Angabe von Gründen widerrufen: bei Lebensversicherungen bis 30 Tage nach Abschluss, bei allen anderen Versicherungsverträgen mit einer Frist von 14 Tagen.
- **Kündigung:** Die Kündigung von Versicherungsverträgen ist vereinfacht worden. Kündigt der Kunde im Laufe des Versicherungsjahres, ist die Versiche-

rungsprämie nur noch bis zu dem Kündigungszeitpunkt zu zahlen und nicht wie bisher für das gesamte Jahr.

- **Informationspflicht:** Versicherer oder ihre Vermittler müssen Kunden vor Abschluss einer Versicherung umfassend beraten. Geschieht dies nicht umfassend oder unrichtig, hat der Kunde ein Schadensersatzrecht. Das Beratungsgespräch muss dokumentiert werden, damit eventuelle Beratungsfehler leichter nachzuweisen sind. Verstöße gegen die Beratungs- bzw. Dokumentationspflichten können Schadenersatzansprüche begründen.
- **Anzeigepflicht:** Der Versicherungsnehmer muss nur die Angaben machen, nach denen das Versicherungsunternehmen schriftlich gefragt hat. Das Risiko einer Fehleinschätzung, ob ein Umstand für das versicherte Risiko erheblich ist, liegt damit nicht mehr beim Kunden, sondern bei der Versicherungsgesellschaft.
- **Offenlegungspflicht:** Dem Kunden müssen alle Vertragsbestimmungen vor Abschluss eines Versicherungsvertrages bekannt sein.
- **Klagefrist:** Die Klagefrist entfällt ersatzlos. Bis Ende 2007 hat der Versicherte innerhalb von sechs Monaten seinen Anspruch auf Versicherungsleistungen geltend zu machen, wenn diese von seinem Versicherungsunternehmen abgelehnt wurden.
- **Fahrlässigkeit und anteiliger Versicherungsschutz:** Die Regelungen für eine Nichtzahlung im Schadensfall werden für den Verbraucher verbessert. So bedeutet eine fahrlässige Handlung des Versicherungsnehmers keinen kompletten Ausschluss von der Versicherungsleistung. Das Prinzip „Alles oder nichts" gilt beim Versicherungsschutz nicht mehr. Der Versicherte erhält einen anteiligen Versicherungsschutz, wenn er vertragliche Pflichten grob fahrlässig verletzt hat. Die Leistung der Versicherung wird abhängig vom Grad des Eigenverschuldens gekürzt.

Nach der neuen Quotenregelung darf mithin die Leistungskürzung nur entsprechend der Schwere des jeweiligen Verschuldens erfolgen. Eine komplette Leistungsverweigerung ist nur noch bei vorsätzlichen Handlungen möglich.

Bei den Autoversicherungen werden etwa folgende Kürzungen bei grober Fahrlässigkeit erwartet:

Grobe Fahrlässigkeit: Mögliche Kürzungen in der Kasko	
Verstoß	**Kürzung**
Rotlichtverstoß	um 50 %
Stoppschild überfahren	um 25 %
Übermüdung	um 75 %
Überholmanöver	um 50 %

Grobe Fahrlässigkeit: Mögliche Kürzungen in der Kasko	
Verstoß	**Kürzung**
Erhebliche Tempoüberschreitung (Straftat)	um 75 %
Tempoüberschreitung	um 50 %
Geringere Tempoüberschreitung	um 25 %
Verreißen der Lenkung (Bücken nach Gegenstand)	um 50 %
Verreißen der Lenkung (Ablenkung durch Kleinkind)	um 25 %
Unzureichende Sicherung der Kfz-Schlüssel	um 25–75 %*
Zurücklassen des Schlüssels im Handschuhfach	um 25 %
Steckenlassen des Schlüssels im Fahrzeug	um 50 %
Zurücklassen von Fahrzeugpapieren	keine Kürzung
Je nach Einzelfall auch andere Quote möglich; * je nach Fall"	

Quelle: Burmann, Heß, Höke, Stahl, „Das neue VVG im Straßenverkehrsrecht", Verlag Vahlen, München 2007

Bei Unfallverursachung durch Trunkenheit besteht in der Vollkaskoversicherung vollständige Leistungsfreiheit. Dies gilt auch für Verkehrsunfallflucht oder Nachtrunk.

Bei Rot auf die Kreuzung und einen Unfall verursacht oder nach Überstunden erschöpft ans Steuer gesetzt und dann kurz eingenickt und an der Leitplanke wieder aufgewacht. Dies sind zwei typische Beispiele für „grobe Fahrlässigkeit" im Straßenverkehr.

Bislang zahlte in diesen Fällen die eigene Vollkaskoversicherung nicht. Nur die Autohaftpflichtversicherung übernahm die Schäden des Unfallgegners. Wer von seiner Kaskoversicherung Geld erhalten wollte, musste vor Gericht gehen und unterlag dort meist. Denn der Nachweis, dass es sich bei einem Verkehrsverstoß nicht um eine grobe, sondern nur um eine einfache Fahrlässigkeit handelt, ist schwer zu führen. Seit Jahresanfang 2008 haben sich die Bedingungen bei der Schadenregulierung für die Versicherten verbessert. Denn die Reform des „Versicherungsvertragsgesetzes" (VVG) verpflichtet die Versicherungen, auch im Fall von grober Fahrlässigkeit zu zahlen.

Vgl. u. a. www.finanztip.de, www.autobild.de vom 9. Dezember 2008

7.1 Versicherungen für den Autofahrer

Versicherungsbestätigung		Nr. HS 12XX	Kennzeichen	
zu Vorlage bei der Zulassungsbehörde über eine dem Pflichtversicherungsgesetz entsprechende Haftpflichtversicherung. Sie gilt auch für Fahrten mit ungestempelten Kennzeichen im Zusammenhang mit dem Zulassungsverfahren			Saisonkennzeichen gültig von: bis:	
und/oder Nr. des Versicherungsscheins	Schlüssel-Nr. des Versicherers 5XXX 000 0		Name oder Nr. der Agentur des Versicherers 15/0204-E 13.05.08	
Schlüssel-Nr. für Hersteller (Marke) und Typ	Fahrzeugart		Fz.-Ident-Nr. (mind. Die letzten 8 Stellen	
Vermerke des Versicherers			Beginn des Versicherungsschutzes	
zum Vers.-Vertrag 1☐ 2☒ 3☐ 4☐ 5☐ 6☐ 7☐ 8☐ 9☐			☐ ab Tag der Zulassung/Zuteilung oder ☐ am: (mind. Am Tag der Zulassung/Zuteilung)	
☐ Allgem. Kennz. oder ☐ rotes Kennzeichen oder ☐ Kurzzeit-Kennz.	Feld für Name und Unterschrift des Versicherers Hans Mustermann Mustermannstraße 2 38667 Bad Harzburg		Ende des Versicherungsschutzes bei roten Kennzeichen: am: bei Kurzzeitkennzeichen: nach Tagen	
Name und Anschrift des Halters (wenn abweichend vom Versicherungsnehmer)			(Feld für Name und Unterschrift des Versicherers) HUK-COBURG Haftpflicht-Unterstützungs-Kasse kraftfahrender Beamter Deutschlands a. G. in Coburg	
			ggf. vom Versicherer zu streichen	

Bitte vor Abgabe bei der Zulassungsbehörde abtrennen!

Herrn
Hans Mustermann
Mustermannstraße 2
38667 Bad Harzburg

KBBDWM, AZ 006/01/01
65787
13.05.08

Versicherungsbestätigung Nr. HS 12XX

Sehr geehrter Herr Mustermann

Ab 1. März 2008 werden Versicherungsbestätigungen elektronisch an die Zulassungsbehörden übermittelt. Weil voraussichtlich noch nicht alle Zulassungsbehörden am elektronischen Verfahren teilnehmen, legen Sie bitte vorsorglich unsere Versicherungsbestätigung in Papierform bei der Zulassungsstelle vor.

Diese Versicherungsbestätigung bleibt 18 Monate nach Ausstellung gültig. Sollten Sie sie erst nach diesem Zeitpunkt verwenden wollen, fordern Sie bitte zu gegebener Zeit eine neue bei uns an.

Für die von Ihnen beantragte

Fahrzeugversicherung (Vollkasko mit 500 EUR Selbstbeteiligung einschließlich Teilkasko mit 150 EUR Selbstbeteiligung)

Gewähren wir vorläufigen Versicherungsschutz frühestens ab Zulassung Ihres Fahrzeugs.

Mit freundlichen Grüßen

HUK-COBURG Haftpflicht-Unterstützungs-Kasse
kraftfahrender Beamter Deutschlands a. G. in Coburg

Quelle: HuK CoBURG, Darmstadt, Stand: 2008

Folgende Angaben benötigen die Mitarbeiter im Autohaus von den Autofahrern, damit sie ihren Kunden ein Angebot für eine Kfz-Versicherung unterbreiten können:

Vgl. § 28 StVZO = Straßenverkehrs-Zulassungs-Ordnung

Die Meldung an Versicherer erfolgt künftig elektronisch über das Kraftfahrzeugbundesamt.

Name _____	Amtl. Kennzeichen _____
Vorname _____	Jahreskilometer ca. _____
Straße/Nr. _____	Gibt es Fahrer unter 25 Jahren? ☐ ja ☐ nein
PLZ/Ort _____	Leben bei Ihnen Kinder unter 16 Jahren? ☐ ja ☐ nein
Tel.-Nr. _____ Geb.-Datum _____	Garagennutzung nachts ☐ ja ☐ nein
Öffentlicher Dienst ☐ ja ☐ nein	Gewünschter Versicherungsschutz:
Berufsbezeichnung _____	Haftpflicht unbegrenzt ☒
Auto	☐ Teilkasko mit SB von EUR _____
Hersteller _____	☐ Vollkasko mit SB von EUR _____
Typ _____	Derzeitiger Beitragssatz in
Hersteller-Schlüssel (Nr. zu 2 im Kfz-Sch.) ☐☐☐☐	Haftpflicht: _____ % Vollkasko _____ %
Typ-Schlüssel (Nr. zu 3 im Kfz-Sch.) ☐☐☐☐☐☐	Anzahl der schadenfreien Jahre
kW _____ PS _____	Haftpflicht: _____ Vollkasko: _____
Erstzulassung am _____	Insassen-Unfallversicherung ☐ ja ☐ nein

Rund 21 Mrd. EUR geben die Bundesbürger und die Wirtschaft jährlich für die Kfz-Versicherung aus, dem stehen etwa 20 Mrd. EUR an Schadensaufwendungen gegenüber.

Tarifrechner im Internet, z. B. unter www.huk.de. Ausführliche Statistiken rund um die Kfz-Versicherung. Jahresberichte des GDV. www.gdv.de

DIE TOP TEN DER AUTOVERSICHERER

Rang	Gesellschaft	Gebuchte Bruttobeiträge in Mio.	Euro1	Veränderung in %
		2007	2006	
1.	Allianz Deutschland	3560	3649	–2,4
2.	Huk-Coburg	2273	2317	–1,9
3.	R+V	1431	1391	2,9
4.	Axa Deutschland	1268	1251	1,3
5.	AMB Generali	1218	1209	0,8
6.	HDI-Gerling	1073	1149	–6,6
7.	Zurich	905	930	–2,7
8.	VHV Allgemeine	827	880	–6,1
9.	LVM	807	828	–2,4
10.	DEVK	700	729	–4
Markt		**20.690**	**21 075**	**–1,8**
im direkten deutschen Geschäft		Quelle: Zeitschrift Versicherungswirtschaft 12/2008		

Quelle: Die Top Ten der Autoversicherer in: Welt am Sonntag Nr. 36 vom 07.09.2008, Seite 51, hrsg. v. Axel Springer AG, Berlin

Je nach Bedingungswerk der Versicherungsgesellschaft, der Regionalklasse, dem zu versichernden Fahrzeug, den individuellen Versicherungswünschen gestaltet sich ein Versicherungsvergleich schwierig. Zeitschriften wie Finanztest bieten hier den Verbrauchern Hilfestellung. Dies bedeutet, dass Automobilkaufleute teils mit gut vorinformierten Kunden rechnen müssen.

Der Löwenanteil der Prämien fließt in die Kfz-Haftpflichtversicherung.

Im Folgenden sollen zuerst Versicherungen für Fahrzeugkunden und dann Versicherungen, welche das Autohaus für den eigenen Betriebsablauf benötigt, vorgestellt werden.

Begrenzte Deckungssumme seit dem 11. Sept. 2001: 50 oder 100 Mio. EUR

Wer ist versichert?

Was leistet die Kfz-Haftpflichtversicherung?

Siehe hierzu auch den Artikel „Stürme machen Autoversicherungen teurer" in der Welt am Sonntag vom 07.09.09 auf der beiliegenden CD.

Abwicklung eines Unfallschadens über das Autohaus und Schadensminderungspflicht, vgl. Band I, Lernfeld 7. Weitere Infos zur Schadensmeldung: Im Internet, unter www.gdv.de/ autounfall/schaden-meldung.htm

7.1.1 Kfz-Haftpflichtversicherung

Die Kfz-Haftpflichtversicherung ist vom Gesetzgeber vorgeschrieben. Sie schützt den Versicherungsnehmer vor den Folgen von Schadenersatzansprüchen und wurde meistens mit „unbegrenzter Deckung" abgeschlossen. Neuverträge werden mit einer Deckung von 50 oder 100 Mio. EUR abgeschlossen. Die Kfz-Haftpflicht stellt sicher, dass für Verkehrsopfer Schadenersatz geleistet wird, auch wenn der Schadensverursacher mittellos ist.

Die Rechte und Pflichten der Vertragspartner und der Umfang des Versicherungsschutzes sind im Versicherungsvertragsgesetz und in den „Allgemeinen Bedingungen für die Kraftfahrtversicherung" geregelt, welche auch der Versicherungspartner im Autohaus verwendet.

Versichert sind der Versicherungsnehmer, also der Vertragspartner des Versicherungsunternehmens. Ebenfalls erhalten der Fahrzeughalter, der Eigentümer und der Fahrer Versicherungsschutz. Verursacht ein Dieb mit dem gestohlenen Fahrzeug einen Unfall, so erhält das Unfallopfer ebenfalls Versicherungsschutz.

Wenn das Fahrzeug des Autohauskunden einen Schaden verursacht hat und der Geschädigte daraufhin Ansprüche geltend macht, dann reguliert die Versicherung folgende Schäden:

- Personenschäden wie Tod, Verletzung und Gesundheitsschäden,
  Sachschäden wie Beschädigung und Zerstörung und
  Vermögensschäden, so in Geld bewertete Einbußen an Vermögen.

Im Versicherungsfall muss der Schaden dem Versicherer spätestens innerhalb von einer Woche schriftlich angezeigt werden. Unberechtigte Ansprüche wehrt die Gesellschaft auf eigene Kosten ab.

Im Schadensfall an einem Kraftfahrzeug übernimmt der Versicherer die Reparaturkosten des Geschädigten. Der Vorteil der Kooperation von Autohaus und Versicherung unter einem Dach liegt für die Kunden darin, dass bis zu einem bestimmten Schadenvolumen, etwa 3.000,00 EUR, ein teures und zeitaufwendiges Gutachten durch einen Kfz-Sachverständigen hier entfallen kann.

Das Autohaus kann in der eigenen Werkstatt den Schaden für den Kunden möglichst schnell und unbürokratisch beheben und damit die Werkstatt besser auslasten.

Empfehlenswert ist es, wenn möglich, Verträge mit unbegrenzter Deckung für Personen-, Sach- und Vermögensschäden abzuschließen oder seinen alten Vertrag mit unbegrenzter Deckung zu behalten.

Wo gilt die Kfz-Haftpflichtversicherung?

Wie wird der Beitrag ermittelt?

Gegenüberstellung:	
Objektive Risikomerkmale wie	Subjektive oder auch „weiche" Risikomerkmale wie
Typ-Klasse, Bezugnahme auf Ziffer 3 im Kfz-Schein, Fahrzeugtyp, Fahrzeugstärke und Benziner oder Dieselmotor Regio-Klasse, d. h., je nach Region wird mit verschiedenen Schadensindexpunkten gearbeitet Art (Pkw oder Lkw) und Verwendung des Fahrzeugs (private oder gewerbliche Nutzung etwa als Taxi oder Mietwagen)	Einzelfahrer- und spezieller Frauentarif, Viel- oder Wenigfahrer, Fahrerkreis Garagennutzer oder nicht, Hausbesitzer Schadensfreiheitsklasse SF und Sicherheitstraining oder auch: Sicherheitsextras Wartung beim Vertragshändler mit Finanzierung bei der Autobank

Beispiel für die Bildung von Kilometerklassen:

Kilometerklasse	Jährliche Fahrleistung
1	nicht mehr als 9000 km
2	9000 – 12000 km
3	12000 – 20000 km
4	20000 – 30000 km
5	mehr als 30000 km

Beispiel

Je länger der Autofahrer schadensfrei unterwegs ist, desto günstiger ist die Schadensfreiheitsklasse und umgekehrt.

Typ- und Regioklassen werden regelmäßig dem tatsächlichen Schadensverlauf angepasst. Hier gibt der Gesamtverband der Deutschen Versicherungswirtschaft regelmäßig die neuesten Änderungen bekannt.

SF-Klasse und Anzahl der schadenfreien Jahre sind identisch. SF-Klassen gelten für Kfz-Haftpflicht und für die Vollkaskoversicherung, nicht aber für die Teilkaskover-sicherung.

Typklassen in der Autoversicherung: weniger Umstufungen

Für rund 70 Prozent aller Autofahrer bleibt die Typklasse in der Kfz-Haftpflichtversicherung im kommenden Jahr unverändert. Bei 28 Prozent aller Pkws ändert sich die Einstufung nur um eine Klasse, knapp 2 Prozent werden um mehr als eine Stufe verändert eingestuft. In der Vollkaskoversicherung gibt es insgesamt 35,7 Prozent Umstufungen. Hiervon werden rund 70 Prozent einer niedrigeren, also günstigeren Typklasse zugeordnet. In der Teilkasko werden 36,7 Prozent umgestuft, davon rund 85 Prozent in eine niedrigere Typklasse. Sprünge von mehr als drei Klassen gibt es kaum noch. In der Kfz-Haftpflicht- und in der Teilkaskoversicherung gibt es keinerlei schlechtere Einstufungen um vier oder mehr Klassen. In der Kfz-Haftpflichtversicherung gibt es 16 Typklassen (10-25), in der Vollkaskoversicherung 25 (10-34), in Teilkasko 24 (10-33). Anhand der aktuellen Daten der Schadenentwicklung werden jährlich die Statistiken für alle rund 19.000 Automodelle angepasst. Die neuen Typklassen können ab sofort Anwendung finden. Bei laufenden Verträgen werden sie in der Regel ab 1. Januar 2009 wirksam.

Die Typklassen können im Internet unter www.gdv.de oder www.typklasse.de abgefragt werden. Dort kann sich jeder über die genaue Einstufung seines Fahrzeuges in Vollkasko, Teilkasko und Kfz-Haftpflicht informieren. Wie das Typklassensystem funktioniert, können Autofahrer unter www.versicherung-und-verkehr.de nachlesen.

Quelle: Katrin Rüter de Escobar: Pressemeldungen vom 2. September 2008, unter: www.gdv.de/Presse/Pressearchiv_Linkliste/Pressemeldung_2008/Uebersichtsseite/inhaltsseite22917.html, hrsg. v. GdV Gesamtverband der Deutschen Versicherungswirtschaft e.V., Berlin, abgerufen am 04.01.2010

Siehe hierzu den Artikel „Kfz-Policen werden teurer", im Handelsblatt Nr. 87 vom 07.05.2009, auf beiliegender CD-ROM.

Die aktuelle Regionalstatistik 2008/2009

In der Regionalstruktur der Autoversicherung gibt es in diesem Jahr nur geringfügige Veränderungen. Knapp 64 Prozent der bisher 434 Zulassungsbezirke verbleiben in der gleichen Haftpflicht-Regionalklasse. Von den zugelassenen Pkws bleiben sogar etwa 69 Prozent in derselben Regionaleinstufung – im Jahr zuvor waren dies knapp 64 Prozent.

Ein Landkreis rutschte in der Haftpflicht-Statistik um vier Klassen nach unten: der Zulassungsbezirk Zwickau. Diese erhebliche Verbesserung verdanken die Zwickauer der jüngsten Kreisgebietsreform in Sachsen: Seit dem 1. August 2008 gehören zum Landkreis Zwickau auch die bisherigen Kreise Chemnitzer Land und Zwickauer Land. Diese werden zwei Klassen herauf- bzw. eine Klasse herabgestuft. Auch die ehemaligen Bezirke Plauen und Meißen-Radebeul profitieren in der Regionalstatistik: Sie werden um drei Klassen zurückgestuft. Riesa-Großenhain, jetzt zum Kreis Meißen gehörend, wird um zwei Klassen heraufgestuft. Der Mittlere Erzgebirgskreis, Döbeln und die Landeshauptstadt Dresden werden in der Regionalstatistik der Kfz-Haftpflichtversicherung um eine Klasse heraufgestuft.

In der Regionalstruktur für die Vollkaskoversicherung ändert sich in 82 Prozent der Zulassungsbezirke nichts. Mehr als zehn Prozent werden eine Klasse günstiger eingestuft. Die Zulassungsbezirke Görlitz und Stollberg, der künftig zum Erzgebirgskreis gehört, werden um zwei Klassen hochgestuft. In Teilkasko bleiben 80 Prozent der Kreise in der gleichen Klasse.

Günstigster Schadenverlauf im Elbe-Elster-Kreis

Der günstigste Zulassungsbezirk in der Autohaftpflichtversicherung ist mit einem Indexwert von 72,6 (bundesweiter Durchschnitt = 100) der Elbe-Elster-Kreis (Brandenburg). Schlusslicht wie im Vorjahr: der Landkreis Kaufbeuren (127,5). In der Vollkaskoversicherung fährt man wie im Vorjahr am günstigsten im Kreis Friesland (75,2) – den höchsten Wert hat Berlin (129,6). In der Teilkaskoversicherung reicht der Index von 55,6 in Würzburg bis 227,2 im Kreis Uecker-Randow.

Die jährlich angepassten Statistiken des Gesamtverbandes der Deutschen Versicherungswirtschaft e.V. (GDV) ergeben sich aus der Zahl und Schwere der Schadenfälle, die durch Fahrzeuge, die in einer bestimmten Region zugelassen sind, verursacht werden. Ändern sich durch eine Kreisgebietsreform die Kreisgrenzen, müssen auch die Regionalstatistiken, die sich auf die Zulassungsbezirke beziehen, angepasst werden.

Die sogenannte Regionalklasse ist ein Tarifmerkmal zur Berechnung der Prämien zur Kfz-Versicherung. Die neue Regionalstatistik ist für die Versicherer unverbindlich und kann ab sofort für Neuverträge, für bestehende Verträge zur Hauptfälligkeit – in der Regel ab dem 1. Januar 2009 – angewendet werden.

Quelle: Katrin Rüter de Escobar, Pressemitteilung vom 25.08.2008, unter: www.gdv.de/Presse/ Pressearchiv_LInkliste/Pressemeldungen_2008_Uebersichtsseite/inhaltsseite22894.html, hrsg. v. GDV, Gesamtverband der Deutschen Versicherung e.V., Berlin

---

Junge Autofahrer können im Rahmen einer Finanzierung konst. Raten für Finanzierung und Versicherung erhalten.

Einige mit den Autoherstellern kooperierende Versicherungsgesellschaften bieten Fahrertrainings an. Aufgrund einer Teilnahme und Abschluss der entsprechenden Versicherung über das Autohaus werden dann Prämienermäßigungen gewährt.

Rückstufung im Schadensfall

Rückstufung im Schadenfall

Wer die Versicherung wechselt, sollte beim neuen Unternehmen vor Vertragsunterschrift einen Blick auf die Rückstufungstabelle werfen. In diesem Punkt unterscheiden sich Assekuranzen. So kann der Autofahrer nach einem Unfall bei seiner neuen Versicherung in eine schlechtere SF-Klasse gestuft werden als bei seinem alten Unternehmen. Das kann teuer werden.

Kfz-Versicherung als „Türöffner" ins Versicherungsgeschäft

Beispiel für Rückstufung in der **Haftpflicht**

Aus Klasse	Bei einem Schaden	Bei zwei Schäden	Bei drei Schäden
SF 25	SF 22	SF 4	SF 1
SF 24	SF 11	SF 4	SF 1
SF 23	SF 10	SF 4	SF 1
SF 22	SF 10	SF 4	SF 1
SF 21	SF 10	SF 4	SF 1
SF 20	SF 9	SF 3	SF 1
SF 19	SF 9	SF 3	SF 1
SF 18	SF 7	SF 3	SF 1/2
SF 17	SF 7	SF 2	SF 1/2
SF 16	SF 6	SF 2	SF 1/2
SF 15	SF 6	SF 2	SF 1/2
SF 14	SF 6	SF 2	SF 1/2
SF 13	SF 5	SF 2	SF 1/2
SF 12	SF 5	SF 1	S
SF 11	SF 5	SF 1	S
SF 10	SF 4	SF 1	S
SF 9	SF 4	SF 1	S
SF 8	SF 4	SF 1	S
SF 7	SF 3	SF 1/2	S
SF 6	SF 3	SF 1/2	S
SF 5	SF 2	SF 1/2	S
SF 4	SF 2	SF 1/2	S
SF 3	SF 1	S	M
SF 2	SF 1/2	S	M
SF 1	S	M	M
SF 1/2	S	M	M
S	M	M	M
0	M	M	M
M	M	M	M

Beispiel für Rückstufung in der **Vollkasko**

Aus Klasse	Bei einem Schaden	Bei zwei Schäden	Bei drei Schäden
SF 25	SF 23	SF 10	SF 4
SF 24	SF 15	SF 8	SF 3
SF 23	SF 15	SF 8	SF 3
SF 22	SF 14	SF 8	SF 3
SF 21	SF 13	SF 7	SF 2
SF 20	SF 12	SF 6	SF 2
SF 19	SF 11	SF 5	SF 2
SF 18	SF 10	SF 5	SF 2
SF 17	SF 9	SF 5	SF 2
SF 16	SF 9	SF 4	SF 1
SF 15	SF 9	SF 4	SF 1
SF 14	SF 8	SF 4	SF 1
SF 13	SF 8	SF 3	SF 1
SF 12	SF 7	SF 3	SF 1
SF 11	SF 6	SF 2	SF 1/2
SF 10	SF 6	SF 2	SF 1/2
SF 9	SF 5	SF 2	SF 1/2
SF 8	SF 4	SF 1	SF 0
SF 7	SF 4	SF 1	SF 0
SF 6	SF 3	SF 1/2	M
SF 5	SF 2	SF 1/2	M
SF 4	SF 2	0	M
SF 3	SF 1	0	M
SF 2	SF 1	M	M
SF 1	SF 1/2	M	M
SF 1/2	0	M	M
0	M	M	M
M	M	M	M

Quelle: deutsche internet versicherung, Dortmund, Stand: 2008, gültig für den Komfort-Tarif. Zitiert nach: Auto & Geld Spezial, Herbst 2008, auto motor und sport, Stuttgart, S. 67

Einstufung in die Schadenfreiheitsklassen (SF)

(1) Der Beitrag in der Kraftfahrzeug-Haftpflicht- und der Fahrzeugvollversicherung richtet sich nach Schadensfreiheitsklassen.

(2) Hat der Versicherungsschutz von Anfang bis Ende eines Kalenderjahres ununterbrochen bestanden, ohne dass in dieser Zeit ein Schaden gemeldet worden ist, für den das Versicherungsunternehmen Entschädigungsleistungen erbracht oder Rückstellungen gebildet hat, so wird der Versicherungsvertrag im folgenden Kalenderjahr in nachstehende, jeweils getrennt für die Kraftfahrzeug-Haftpflichtversicherung und die Fahrzeugvollversicherung, Schadensfreiheitsklassen eingestuft:

So funktionieren die SF-Klassen

Die Schadensfreiheitsklassen (SF) belohnen unfallfreies Fahren. Das heißt: Wer sich zum Beispiel bei der Deutschen Internetversicherung 15 Jahre lang keinen Crash leistete, wird in die SF Klasse eingestuft und zahlt in der Haftpflicht und Vollkasko nur noch 40 Prozent der Grundprämie. Die Versicherungen gehen bei der Staffelung unterschiedlich vor.

Schadenfreiheits-klassen (SF)	Beitragssätze Haftpflicht	Beitragssätze Vollkasko	Beitragssätze Teilkasko
SF 25	30%	30%	65%
SF 24	30%	30%	65%
SF 23	30%	30%	65%
SF 22	30%	35%	65%
SF 21	35%	35%	65%
SF 20	35%	35%	65%
SF 19	35%	35%	65%
SF 18	35%	40%	65%
SF 17	35%	40%	65%
SF 16	35%	40%	65%
SF 15	40%	40%	70%
SF 14	40%	40%	70%
SF 13	40%	45%	70%
SF 12	40%	45%	75%
SF 11	45%	45%	75%
SF 10	45%	50%	75%
SF 9	45%	50%	80%
SF 8	50%	55%	80%
SF 7	50%	60%	80%
SF 6	55%	60%	85%
SF 5	55%	65%	90%
SF 4	60%	70%	95%
SF 3	70%	80%	95%
SF 2	85%	85%	100%
SF 1	95%	95%	100%
SF 1/2	120%	110%	120%
S	200%	–	180%
0	300%	250%	200%
M	350%	300%	250%

Quelle: So funktionieren die SF-Klassen, in: Auto & Geld Spezial, Herbst 2008, Seite 67, auto motor und sport, Motor Presse Stuttgart GmbH & Co. KG, Stuttgart

Beispielrechnungen

Fahranfänger, 20 Jahre, schnelles neues Auto, München, Student, Einzelfahrer, 25 Tkm p.a., keine Garage, kein Wohneigentum, SF2

	Haftpflicht	Vollkasko	Teilkasko
VERSICHERUNGSKAMMER BAYERN KOMPAKT MIT WERKSTATTBINDUNG (P)	450,50	1168,79	594,33
CosmosDirekt Basis "light"-Schutz	557,10	1236,50	705,17
HUK 24 BASIS SELECT	583,97	1246,69	717,26
HDI BASIS MIT KASKO-SERVICE	587,10	1247,76	721,24
HANNOVERSCHE DIREKT mit EASY DRIVE	615,83	1268,71	775,86
Teuerste Anbieter (von 204 Angeboten)	1420,14	4176,67	1999,12
Mittelwert	981,22	2275,45	1226,71

Ehepaar (50, 45 J.), mit zwei Kindern (Tochter 20 und Sohn 18), beide Kinder dürfen das Auto fahren, aus Berliner Umland (HVL), 3 Jahre alte Mittelklassewagen, 20 Tkm p.a., Carport, eogenes Haus, SF 25

HUK24 BASIS SELECT	125,69	269,69	214,69
HUK BASIS SELECT (HCA)	129,58	278,32	221,33
HANNOVERSCHE DIRECT mit EASY DRIVE	141,53	299,57	258,32
DEVK (G) K-Aktiv KASKO KOMFORT	134,77	305,07	258,23
BRUDERHILFE BASIS SELECT	157,76	325,32	261,13
Teuerste Anbieter (von 216 Angeboten)	478,37	1055,82	767,96
Mittelwert	254,16	482,71	334,83

Selbstständiger Steuerberater (60) aus Düsseldorf, 3er-BMW, 3 Jahre alt, 35 Tkm p.a., Tiefgarage, Eigentumswohnung, Ehefrau (58) darf das Auto ebenfalls fahren

HUK 24 BASIS SELECT	153,54	338,25	260,35
HUK BASIS SELECT (HCA)	158,29	348,72	268,40
HDI 24 BASIS MIT KASKO-SERVICE	159,22	349,31	252,23
CosmosDirect Basis "light"-Schutz	168,50	359,50	275,80
WGVS Basis Kasko Select	171,81	372,31	279,90
Teuerster Anbieter (von 210 Angeboten)	415,10	1030,35	757,91
Mittelwert	269,53	598,43	453,90

Quelle: NAFI-Unternehmensberatung, Stand: 10. Oktober 2008, Beispielrechnungen möglich unter: www.insurancestation.de/makler/pages/kfz/vergleich/eingabe1.asp, hrsg. v. NAFI@NET AG, Höxter, abgerufen am 04.01.2010

7.1.2 Fahrzeugversicherung

Die Fahrzeugversicherung schützt den Versicherungsnehmer vor Schäden am eigenen Fahrzeug. Die Fahrzeugversicherung wird entweder als Teilversicherung/Teilkasko oder auch als Vollversicherung/Vollkasko abgeschlossen. Kaskoversicherungen ersetzen Schäden, welche durch Beschädigung, Zerstörung oder durch den Diebstahl des Fahrzeugs entstehen. Die Versicherung von Fahrzeug- und Zubehörteilen ist in den Allgemeinen Bedingungen für die Kraftfahrtversicherung (AKB) geregelt.

Die Beiträge der Voll- und Teilkaskoversicherung hängen von der Regional-, der Typenklasse und der Höhe der Selbstbeteiligung ab. Je höher die Selbstbeteiligung, desto niedriger der Beitrag, z. B. Wahl zwischen 150,00 EUR oder 500,00 EUR SB.

Die Prämie für die Vollkaskoversicherung wird u. a. nach SF-Klassen ermittelt. Dies geschieht aber nicht bei der Teilkasko. Deshalb kann es sein, dass ein Versicherungsnehmer mit einer hohen SF-Klasse sein Fahrzeug günstiger in der Voll- als in der Teilkaskoversicherung fährt.

Die Teilkaskoversicherung übernimmt Schäden aufgrund von:
- Brand oder Explosion,
- Entwendung, unerlaubte Nutzung durch Fremde, Raub,
- unmittelbare Einwirkung durch Sturm, Hagel, Blitz und Überschwemmung,
- Haarwildschäden, (gegebenenfalls Maderbisse) und grundsätzlich Bruchschäden an der Verglasung sowie
- Schäden der Verkabelung durch Kurzschluss.
- Versicherung zahlt nicht bei jedem Wildunfall, z. B. nicht bei Rentieren.

Die Vollkaskoversicherung schützt bei allen Schäden, welche durch die Teilkaskoversicherung gedeckt sind. Zusätzlich ist das Fahrzeug noch bei Schäden durch Unfall und durch Vandalismus geschützt.

7.2 Aufgaben beim Versicherungsgeschäft

Mit dem Versicherungsgeschäft müssen sich im Autohaus befindliche Mitarbeiter in eine für sie oft neue Materie einarbeiten. Manch alteingesessenem Verkäufer ist dies zu lästig bzw. zu zeitaufwendig. Oft läuft das Versicherungsgeschäft im Autohaus über entsprechend junge Erstkunden.

Aufgaben von Automobilkaufleuten beim Versicherungsgeschäft:
- Servicekette aufzeigen, Fahrzeug, Finanzierung, Versicherung, alles aus einer Hand,
- Darstellung über das Autohaus erwerbbarer Versicherungsdienstleistungen,
- Bearbeiten und Abschließen eines Versicherungsvertrags in Kooperation mit dem Versicherungspartner,
- Bearbeiten und Weiterleitung von Schadenfällen und
- Abwickeln der dazugehörigen Korrespondenz mit Kunden, Versicherungspartnern, Werkstätten und Autoherstellern.

Ebenso wichtig ist es, die Kündigungsfristen für bestehende Versicherungsverträge der Kunden zu kennen (30. November eines Jahres).

Bei geleasten Fahrzeugen bietet FIAT „Leasing Plus +"; Abdeckung der Differenz zwischen Neuwert und Wiederbeschaffungswert, auch Gap-Versicherung genannt.

Liste der mitversicherten Fahrzeug- und Zubehörteile beachten; ggf. melden oder zusätzlich versichern, vergl. §12 Abs.1 AKB.

Vandalismus-schäden entstehen durch mut- oder böswillige Zerstörungen fremder Personen. Für finanzierte Fahrzeuge ist eine Restschuldversicherung üblich.

Verkauf von Schutzbriefen und weiteren Versicherungen, z.B. Kraftfahrt-Unfallversicherung, Rechtsschutzversicherung, Reparaturkostenversicherung etc.

Abgeschlossene Verträge können einen Monat vor Ablauf eines jeden Versicherungsjahres oder bei Halterwechsel gekündigt werden. Eine außerordentliche Kündigung ist bei Prämienerhöhung möglich.

Jahrelanger Preiskampf drückt Prämien

Kampf um Marktanteile

Da der Automobilmarkt hierzulande gesättigt ist und somit auch die Zahl der Policen konstant bleibt, ist kein nennenswertes Wachstum möglich. Den Assekuranzen bleibt deshalb nur die Möglichkeit, ihren Marktanteil über attraktivere Leistungen und vor allem niedrigere Prämien zu erhöhen. Die Folge ist ein seit Jahren anhaltender Preiskampf. Die durchschnittliche Prämie für eine Vollkaskopolice ist in den vergangenen zehn Jahren von 329 auf 281 Euro gesunken.

Katastrophenjahr

Durch den Preiskampf ist das Geschäft sogar in den schadenarmen Jahren immer stärker eingebrochen. Bislang war das kein großes Problem. Denn ohne Katastrophen ließ sich auch mit Dumpingpreisen noch Geld verdienen. Doch nun, wo es im Frühjahr und Sommer Milliardenschäden durch Stürme zu beklagen gab, ist 2008 für die Branche im doppelten Sinne ein Katastrophenjahr.

Quelle: Nando Sommerfeldt, Jahrelanger Preiskampf drückt Prämien, in: WELT am Sonntag vom 19.10.08, Nr. 42, S. 63, hrsg. v. Axel Springer AG, Berlin

7.3 Notwendige Versicherungen für ein Autohaus

Nicht nur die Kundenfahrzeuge müssen versichert sein, es muss auch auf den Versicherungsschutz für das Autohaus selbst geachtet werden. Nachstehende Versicherungen sind hier zu nennen:

Versicherungen		
Kraftfahrtversicherung für eigene Fahrzeuge	**Weitere Versicherungen**	**Gesetzliche Sozialversicherungen für die Mitarbeiter**
Autohaftpflichtversicherung, Teilkaskoversicherung und Vollkaskoversicherung, Insassenunfallversicherung, Betriebshaftpflichtversicherung, Zusatzhaftpflichtversicherung, Umwelthaftpflichtversicherung, Rechtsschutzversicherung, Unfallversicherung, Feuerversicherung, Betriebsunterbrechungsversicherung.	Einbruchsdiebstahlversicherung mit Vandalismusschäden, Sturmversicherung, Leitungswasserversicherung, Elekronikversicherung, Hakenlastversicherung und die erweiterte Betriebsunterbrechungsversicherung (EBU).	Kranken- und Pflegeversicherung, Arbeitslosen- und Rentenversicherung und Unfallversicherung.

Diese Leistungen gehören in eine gute Kfz-Police
Wer eine Kfz-Versicherung abschließt, steigt oft nicht durch den Dschungel an Leistungen. Die Marktbeobachter von Aspect-Online haben eine Übersicht erstellt mit den wichtigsten Punkten, die ein Vertrag enthalten sollte.

- **Deckungssumme in der Kfz-Haftpflicht**
Die Deckungssumme sollte im Vertrag mindestens 100 Millionen Euro umfassen. Oft bieten die Versicherungen nur Policen mit 50 Millionen Euro an.

- **Schutzbrief**
Er sollte in der Haftpflicht enthalten sein oder gegen einen geringen Aufschlag angeboten werden. Der Brief hilft bei Pannen oder Unfällen auf Reisen. Die Leistungszusage beginnt oft bei einer Entfernung von 50 Kilometer ab der Haustür.

- **Mallorca Police**
Urlaubszusatzversicherung bei Mietwagen im Ausland: Gleicht geringere Deckungssummen bei der Haftpflicht in anderen Staaten aus.

- **Rabattretter**
Nach einem selbstverschuldeten Unfall wird der Kunde zwar in eine schlechtere SF-Klasse zurückgestuft, aber der Beitragssatz erhöht sich nicht.

- **Neuwertersatz**
Wer in den ersten Monaten ab Neuzulassung durch Totalschaden oder Diebstahl den Wagen verliert, bekommt den vollen Kaufpreis ersetzt. Üblich ist der Wiederbeschaffungswert. Viele Versicherungen beschränken die Leistung auf sechs Monate, in guten Verträgen macht der Schutz mindestens zwölf Monate aus.

- **Maderbiss**
Bei einigen fehlt diese Leistung immer noch im Vertrag, sie sollte aber drin sein. Wichtig: Darauf achten, was abgedeckt ist. Oft sind nur Leitungen versichert, andere Bauteile wie Dämmmatten nicht.

- **Versicherungsschutz bei grober Fahrlässigkeit**
Diese Leistung ist wichtig und wird von einigen Assekuranzen noch immer nicht angeboten. So kann es nach einem Unfall passieren, dass die Gesellschaft zum Beispiel einen CD-Wechsel während der Fahrt als grob fahrlässig ansieht und den Ausgleich verweigert. deshalb gehört dieser Schutz in den Vertrag.

- **Zusammenstoß mit Wildtieren**
Auch diese Leistung ist im Versicherungsvertrag wichtig, da bei vielen Gesellschaften nur Schutz beim Zusammenstoß mit Haarwild besteht. Schäden durch Vögel sind zum Beispiel bei einigen Assekuranzen nicht abgedeckt. Auf der sicheren Seite sind Autofahrer, wenn der Schutz in der Kfz-Police auf alle Tiere ausgeweitet wurde.

Quelle: Auto & Geld Spezial, Herbst 2008, auto motor und sport, S. 65, hrsg. v. Motor Presse Stuttgart GmbH & Co. KG, Stuttgart

Beispiel

Verkaufsargumente für Versicherungsdienstleistungen im Autohaus:

Nutzen Sie Ihre persönlichen Vorteile:

- nur ein Ansprechpartner im Autohaus zu allen Themen rund ums Auto
- sofortiger Versicherungsschutz für Kasko nach Antragsaufnahme
- Beitragsnachlass durch individuelle Vorzugstarife bis zu 43 %
- fachgerechte Reparatur im autorisierten Betrieb – mit Originalersatzteilen und Garantie
- zusätzlicher Versicherungsschutz in der Kfz-Haftpflicht für gemietete Fahrzeuge im europäischen Ausland (Mallorcapolice)
- Neupreisentschädigung in der Vollkasko in den ersten sechs Monaten nach Erstzulassung für Pkw ohne Vermietung bei Erstbesitz
- keine Abzüge für Wertverbesserung bei Ersatzteilen und Lackierung für Pkw ohne Vermietung im Kaskoschadenfall
- Marderbiss ist im Rahmen der Teilkasko versichert
- erweiterte Wildschadenklausel in der Teilkaskoversicherung (Haarwild, Pferde, Rinder, Schafe und Ziegen)
- zuschlagspflichtige Zubehörteile wie fest eingebaute Navigationssysteme und Phonopakete über 5.000,00 EUR sind beitragsfrei mitversichert
- Garagentarif auch für Tief- und Sammelgaragen
- kompletter Versicherungsschutz mit hervorragendem Service

Beispiele für Versicherungsdienstleistungen

Eine kleine Hilfe beim Blick in den Versicherungsdschungel. Nachstehend werden, basierend auf Beispielen des VVD, umfangreiche Versicherungen rund um das Kfz und darüber hinaus vorgestellt. Demnach ist zu entnehmen, dass auch der VVD eine Art Produktdifferenzierung im Kfz-Versicherungsgeschäft betreibt. Diese Angebote reichen von Standard- über Optimal- hin zu Premiumtarifen, ganz nach Kundenwunsch und je nach finanzieller Situation. Weiterhin werden extra Produkte für Familien und Fahranfänger kreiert. Ergänzbar sind folgende Beispiele um spezielle Angebote für Firmen.

Beispiele

Kfz-Haftpflichtversicherung im Optimal-Tarif mit Sicherheit mehr Schutz: Diese Haftpflichtversicherung sichert den Kunden umfassend ab, falls er anderen Schaden zufügt: Sie schützt ihn als Halter und jeden, der mit dem Auto fährt – europaweit. Mit dem Optimal-Tarif vom Volkswagen VersicherungsService profitieren die Kunden von günstigen Konditionen, bleiben im Fall der Fälle mobil und genießen eine schnelle und kulante Schadenabwicklung.

Der **Optimal-Tarif** im Überblick, die Kfz-Haftpflichtversicherung inklusive Schutzbriefleistungen:
- Vollkaskoversicherung
- Teilkaskoversicherung
- Rabattschutz (optional)
- Fahrerschutzversicherung (optional)

Leistungen der **Kfz-Haftpflichtversicherung:**
- 100 Mio. EUR Deckung inkl. Schutzbriefleistungen
- die Kfz-Haftpflichtversicherung zahlt den gesetzlichen Schadenersatzanspruch eines Dritten, wenn der Schaden durch den Gebrauch des Fahrzeuges verursacht wurde
- Umweltschadendeckung: Deckung von öffentlich-rechtlichen Ansprüchen zur Sanierung von Umweltschäden bis 5 Mio. EUR je Schadenfall

Leistungen der **Vollkaskoversicherung:**
- mutwillige Beschädigung des Fahrzeuges durch Fremde
- Schäden am Kundenfahrzeug durch Unfall, auch wenn er selbst verursacht wurde
- Neuwertentschädigung 18 Monate
- mitversicherte Teile bis 5.000,00 EUR beitragsfrei
- Mietwagen bei allen Vollkaskoschäden im Inland

Leistungen der **Teilkaskoversicherung:**
- Diebstahl, Brand und Explosion
- Elementarschaden durch Hagel, Blitzschlag und Überschwemmung
- Zusammenstoß mit Haarwild sowie mit Pferden, Rindern, Schafen und Ziegen
- Marderbiss
- Glasbruchschaden
- Auslandsschadenschutz

Rabattschutz (optional):
- keine Höherstufung für je einen Schaden pro Kalenderjahr gegen einen geringen Mehrbeitrag für Pkw ab SF 4 in der Kfz-Haftpflicht- und/oder Vollkaskoversicherung

FahrerSchutzVersicherung (optional):
- gegen geringen Mehrbeitrag in der Kfz-Haftpflichtversicherung
- gleicht Verdienstausfall, Rentenminderung und weitere Leistungen (z. B. Schmerzensgeld und weitere Folgekosten) im Falle eines Unfalls bis zur Höhe von 1 Mio. EUR Deckungssumme aus

Quelle: Kfz-Haftpflichtversicherung im Optimal-Tarif, unter: www.volkswagennutzfahrzeuge.de/de/de/beratung_und_service/finanzdienstleistungen/versicherung/kfz-versicherung.htm, hrsg. v. Volkswagen AG, Wolfsburg, abgerufen am 04.01.2010

Beispiele

Teilkaskoversicherung:
Denn die sichert gegen elementare Schäden, für die normalerweise niemand haftet. Ob Diebstahl, Glasbruch oder Schäden durch Naturgewalten – mit der Teilkaskoversicherung ist man auf der sicheren Seite.
- Schadenersatz z. B. bei
  - Entwendung, insbesondere Diebstahl, Raub und unerlaubtem Gebrauch
  - Zusammenstoß mit Haarwild sowie Pferden, Rindern, Schafen oder Ziegen
  - durch Marderbiss verursachte Schäden an Kabeln, Schläuchen und Leitungen
  - unmittelbarer Einwirkung von Sturm, Hagel, Blitzschlag oder Überschwemmung
  - Glasbruchschäden
  - Schneelawinen
- Inklusive Europa-Schadendienst: „Internationales Sicherheitsnetz" mit allen Volkswagenhändlern für Soforthilfe im Schadensfall – bargeldlos und ohne Vorauszahlung
- Auslandsschadenschutz im Rahmen der Kaskoversicherung
- fest installiertes Zubehör bis zu einem Betrag von 5.000,00 EUR beitragsfrei mitversichert
- Schlossänderung bei Wohnungseinbruch

Quelle: www.audi-bankdirect.de/index.php?nt_sr=2&id=71, hrsg. v. Audi Bank, Braunschweig, abgerufen am 21.01.2010

Blechschäden und Kratzer sind immer ärgerlich – besonders bei einem neuen Auto!
Die Vollkaskoversicherung des Volkswagen VersicherungsServices ersetzt sämtliche Schäden am Kundenfahrzeug, die durch solche oder ähnliche Einflüsse entstanden sind – und das europaweit. So ist man in jedem Fall bestens geschützt und kann sicher sein, dass der Kunde an seinem Fahrzeug lange Freude hat.

Vollkaskoversicherung deckt alle Gefahren der Teilkaskoversicherung ab und bietet zusätzlich:
- Abdeckung von Schäden durch Unfall – unabhängig davon, ob ein Verschulden vorliegt; auch dann, wenn der Unfallverursacher Fahrerflucht begeht
- Abdeckung von Schäden durch mutmaßliches oder böswilliges Handeln fremder Personen
- fachgerechte Reparatur beim Vertragshändler (Anspruch auf Originalteile mit Garantie)
- noch mehr Service durch Europa-Schadendienst: „Internationales Sicherheitsnetz" mit allen Volkswagen Händlern für Sofort-Hilfe im Schadensfall – bargeldlos und ohne Vorauszahlung
- Versicherungsschutz in ganz Europa
- Mietwagen bei allen Vollkaskoschäden mit Pkw im Inland
- Neupreisentschädigung in den ersten 18 Monaten bei Totalschaden mit Pkw

- Rabattschutz – keine Höherstufung für je einen Schaden pro Kalenderjahr gegen einen geringen Mehrbeitrag für Pkw ab SF 4 in der Kfz-Haftpflicht und Vollkaskoversicherung

Quelle: www.audi-bankdirect.de/index.php?id=70, hrsg. v. Audi Bank, Braunschweig, abgerufen am 21.01.2010

Restschuldversicherung

Doch es gibt eine Absicherung: zu einem Monatsbeitrag, der wahrscheinlich günstiger ist als ein Kinobesuch. Die RestschuldversicherungPlus bewahrt den Kunden beim AutoCredit oder ClassicCredit vor finanziellen Engpässen. Denn sie springt nicht nur im Krankheitsfall ein, sie leistet sogar zusätzlich auch bei unverschuldet eingetretener Arbeitslosigkeit.

Vorteile auf einen Blick:
- Die RestschuldversicherungPlus leistet bis zu 12 Monatsraten bei unverschuldeter Arbeitslosigkeit
- Die RestschuldversicherungPlus übernimmt die Monatsraten bei Krankheit und krankheitsbedingter Umschulung nach der 6. Woche bis zur Genesung
- Mehrfachleistungen sind in beiden Fällen möglich
- Absicherung der Familie durch Übernahme der kompletten Restschuld im Todesfall

Diese Versicherung kann auch ohne Schutz bei Arbeitslosigkeit abgeschlossen werden – als einfache Restschuldversicherung.

Die Restschuldversicherung wird zur klassischen Finanzierung oder der Ballonfinanzierung angeboten. Sie schützt den Fahrer und seine Familie im Falle eines finanziellen Engpasses:
- Absicherung im Falle von Arbeitsunfähigkeit durch Krankheit oder Unfall
- Die Restschuldversicherung übernimmt die Monatsraten bei Krankheit und krankheitsbedingter Umschulung nach der 6. Woche bis zur Genesung
- keine finanzielle Belastung der Hinterbliebenen im Todesfall
- günstig, unbürokratisch und schnell
- bei Neuwagen-Finanzierung: kostenlos enthaltene Arbeitslosigkeitsversicherung für 24 Monate gegen unverschuldete Arbeitslosigkeit – hier wird aus der Restschuldversicherung die RestschuldversicherungPlus

Der Kunde möchte sein Fahrzeug leasen? Dann bietet sich eine spezielle Leasingratenversicherung an. Sei es bei Krankheit, einer gesundheitsbedingten Umschulung oder unverschuldeter Arbeitslosigkeit – diese Leasingratenversicherung leistet:
- Die Leasingratenversicherung leistet bis zu 12 Monatsraten bei unverschuldeter Arbeitslosigkeit bzw. Geschäftsaufgabe aus wirtschaftlichen Gründen
- Die Leasingratenversicherung übernimmt die Monatsraten bei Krankheit und

krankheitsbedingter Umschulung nach der 6. Woche
- Mehrfachleistungen sind in beiden Fällen möglich
- im Todesfall Absicherung der Familie durch die Bezahlung noch ausstehender Leasingraten in einer Summe (exklusive Restwert)

Diese Versicherung kann auch ohne Schutz bei Arbeitslosigkeit abgeschlossen werden.

Weitere Versicherungsprodukte folgen, der „Kreativität" scheinen kaum Grenzen gesetzt zu sein:

Ein Spezialangebot ist eine **Familienversicherung** in nur einem Vertrag. Sie schützt die gesamte Familie vor den finanziellen Folgen eines Unfalls.

Darüber hinaus werden Familienboni angeboten. Hat ein Elternteil bereits einen Kfz-Versicherungsvertrag beim Volkswagen VersicherungsService, erhält das Kind als Ersteinstufung die Schadenfreiheitsklasse 1 mit 100% Beitragssatz.

Normalerweise beginnt der **Fahranfänger** sonst mit der Schadenfreiheitsklasse 0 und mit einem Beitragssatz von 230% in der Kfz-Haftpflicht, doch der Family Bonus bietet hier einen preislich attraktiven Einstieg in die Kfz-Versicherung. Die Bedingungen lauten:
- Für ein Elternteil muss mindestens ein Kfz-Vertrag mit der Schadenfreiheitsklasse 2 beim Volkswagen VersicherungsService bestehen
- Versicherungsnehmer ist das Kind; ein abweichender Halter ist nicht zulässig
- Die Aktion gilt für alle Pkws der Marke Volkswagen
- Der Family Bonus gilt sowohl für PrämieLight als auch für den Normaltarif

Als Autofahrer kann man schnell in Situationen geraten, die ohne Anwalt nicht regelbar scheinen:
Die **Fahrzeug-Rechtsschutzversicherung** des Volkswagen-Versicherungsdienstes übernimmt die anfallenden Kosten im Laufe eines Rechtsstreits vom ersten Gespräch mit dem Anwalt seines Vertrauens bis hin zur letzten Instanz vor Gericht. Zusätzlich profitiert der Kunde von einer telefonischen Anwaltsberatung rund um die Uhr.

Kostenübernahme bis zu 300.000 EUR für:
- telefonische Anwaltsberatung rund um die Uhr
- gesetzliche Anwaltsgebühren
- Gerichtsgebühren
- Schiedsgerichtskosten
- Zeugenauslagen

- Übersetzungskosten
- Sachverständigengebühren
- gegnerische Anwaltskosten
- notwendige Vorschüsse
- u.v.m.

Fahrerschutzversicherung – der Airbag für den Fahrer
Fast 70% aller verunfallten Personen im Straßenverkehr sind die Fahrer eines Kraftfahrzeuges. Hat der Fahrer den Unfall selbst (mit-)verschuldet, oder ist der Schädiger nicht auffindbar, kann niemand für die finanziellen Folgen haftbar gemacht werden.

Hier kommt die **Fahrerschutzversicherung** für den Schaden auf: Stößt dem Fahrer ein Unfall zu, und wird er hierbei verletzt, ersetzt man die unfallbedingten Personenschäden so, als ob man als Kfz-Haftpflichtversicherer für diesen Schaden eintrittspflichtig wäre – und das bis zu 1 Mio. EUR je Schadenfall.

Versicherte Leistungen sind u. a.:
- Ausgleich des Verdienstausfalls
- Ausgleich einer Verdienstminderung bei Wiedereintritt ins Berufsleben und einer daraus resultierenden Rentenminderung
- Schmerzensgeld
- Übernahme weiterer Folgekosten (z. B. Umbaumaßnahmen, Haushaltshilfe)
- Leistungen an Hinterbliebene (z. B. Witwen-/Waisenrente)

Premium-Tarif für Neuwagen – für alle, die Wert auf Besonderes legen.

Zusätzlich zu den im Optimal-Tarif eingebundenen Leistungen:

Kfz-Haftpflichtversicherung
- Rabattschutz (keine Höherstufung für je einen Schaden pro Kalenderjahr)
- Fahrerschutzversicherung

Vollkaskoversicherung
- Parkschaden-Versicherung (ärgerliche Parkschäden bis 500,00 EUR können bis zu einem Fahrzeugalter von 24 Monaten über die Vollkaskoversicherung ohne Rückstufung und mit reduzierter Selbstbeteiligung beim Volkswagen-Partner repariert werden)
- Neuwertentschädigung 24 Monate
- mitversicherte Teile bis 10.000,00 EUR beitragsfrei
- Schlossaustausch bei Wohnungseinbruch
- Rabattschutz (keine Höherstufung für je einen Schaden pro Kalenderjahr)

Quelle: Vergl. www.vvd.de/fsag/ucus/vwfs_vvd/de.htx, hrsg. v. Volkswagenversicherungsdienst, Braunschweig; hier insbesondere die Links Audi Bank, Seat Bank, Volkswagen Bank, abgerufen am 10.01.2010

Aufgaben

Reparaturkostenversicherung, s. ZDK; www.bdk-bank.de

1. Mit welchem Versicherungsdienst kooperiert Ihr Ausbildungsbetrieb?

2. Welche Versicherungen bietet das Autohaus Ihres Ausbildungsbetriebs an?

3. Was und wann leistet die
   a) Haftpflichtversicherung,
   b) Teilkaskoversicherung,
   c) die Vollkaskoversicherung,
   d) eine Restschuldversicherung und
   e) eine Reperaturkostenversicherung?

4. Beschaffen Sie sich Antragsformulare Ihres Ausbildungsbetriebs und füllen Sie diese aus.

5. Wie funktioniert die Einstufung der Kundenfahrzeuge?

6. Was besagt die Einstufung eines Pkw in 16/20/21?

7. Nennen Sie die Angaben, welche Sie zur Beitragsberechnung für die Kfz-Versicherung benötigen.

8. Welche Vorteile hat der Kunde, wenn er im Autohaus eine Kfz-Versicherung abschließt?

9. Erläutern Sie die Aufgaben für Automobilkaufleute beim Versicherungsgeschäft.

10. Wann können Kunden durch Wechsel der Autoversicherung Geld sparen?

11. Nennen Sie notwendige Versicherungen für das Autohaus.

12. Recherchieren Sie einen Versicherungsvergleich im Internet für einen VW Passat TDI oder ein Fahrzeug Ihrer Wahl. Berücksichtigen Sie dabei Merkmale wie Regionalklasse, Typklasse, Schadensfreiheitsrabatt, Zweitwagenregelung, jährliche Fahrleistung, Garagenwagen, etc.

13. Wo sehen Sie Vor- und Nachteile durch Abschluss einer Kfz-Versicherung bei Online- bzw. Direktversicherern?

14. Ein Kunde kommt mit einem Unfallschaden zu Ihnen ins Autohaus. Listen Sie die Schritte der Abwicklung mit dem Autohaus-Versicherungsdienst auf.

15. Wann sollten Versicherungsnehmer den Schaden selbst übernehmen und auf eine Rückstufung verzichten?

16. Zeigen Sie die Kombinierbarkeit von Finanzdienstleistungen im Autohaus exemplarisch auf.

8 Erwerbbare Garantieleistungen

Der Werbung für erwerbbare Garantieleistungen für Neu- und Gebrauchtwagen sind etwa folgende Aussagen zu entnehmen:

Beispiel

Anschlussgarantie / Garantieversicherung
Mindestens 5 Jahre Sicherheit: Das ist die LifeTime Garantie des Volkswagen VersicherungsService.

Im Automobilhandel gilt seit 2002 eine Gewährleistung von zwei Jahren für Neuwagen und einem Jahr für Gebrauchte. Doch was geschieht nach Ablauf der gesetzlichen Gewährleistungspflicht? Garantieversicherungen werden angeboten, die auch langfristig vor unerwarteten Reparaturkosten schützen.

Bis zu 5 Jahre Schutz – direkt bei Neuwagenkauf

Im Anschluss an die 2-jährige Herstellergarantie bietet diese Garantie weitere 2 Jahre Schutz vor unerwarteten Reparaturkosten. Wird die bewährte 2-jährige Garantie direkt beim Neuwagenkauf abgeschlossen, so profitiert der Kunde zusätzlich von einem Beitragsnachlass von 15 %.

Alternativ dazu kann man direkt beim Neuwagenkauf auch die Volkswagen Life-Time Garantie über 3 Jahre abschließen – so hat man von Anfang an 5 Jahre umfassenden Schutz (2 Jahre Herstellergarantie + 3 Jahre Anschlussgarantieversicherung).

Nach den 4 bzw. 5 Jahren verlängert sich die Volkswagen LifeTime Garantie jeweils automatisch um ein Jahr – solange der Kunde möchte und solange die vom Hersteller vorgegebenen Wartungs- und Inspektionsintervalle eingehalten werden.

Fast alle mechanischen und elektrischen Teile sind bis zum Fahrzeugalter von fünf Jahren oder einer Laufleistung von 100.000 Kilometern versichert, im Anschluss greift eine umfangreiche Baugruppengarantie. Das alles ohne Selbstbeteiligung bis zu einer Fahrleistung von 100.000 km – so rechnet sich diese Garantie wirklich in jeder Hinsicht.

Die beworbenen Kundenvorteile auf einen Blick:
- 2 bzw. 3 Jahre Anschlussgarantie direkt bei Neuwagenkauf möglich
- Schutz vor unerwarteten Reparaturkosten – auf Wunsch ein Autoleben lang
- umfasst nahezu alle mechanischen und elektrischen Teile
- umfangreiche Baugruppengarantie im Anschluss
- kein Selbstbehalt bis 100.000 km Fahrleistung

Beispiel

- höherer Wiederverkaufswert durch Verbleib der LifeTime Garantie beim Fahrzeug (nicht bei Verkauf an gewerbliche Wiederverkäufer)

Übrigens auch, wenn man nicht Erstbesitzer eines Fahrzeuges ist. Dann kann innerhalb von 24 Monaten nach Erstzulassung die Volkswagen LifeTime Garantie abschließen. Dann liegen nach Ablauf der Herstellergarantie 2 volle Jahre Anschlussgarantie vor Ihnen.

Quelle: Die Volkswagen Life Time Garantie, unter: www.volkswagenbank.de/index.php?id=3&page=2324&nt_sr=15&kp=Mehr, hrsg. v. Volkswagen Bank GmbH, Braunschweig, abgerufen am 04.01.2010

Leitfragen

Einige Hersteller bieten bereits eine „Autolebenslange Mobilitätsgarantie" an.
- Welche Garantien bekommen Neuwagenkäufer ohne Extra-Berechnung angeboten?
- Beschreiben Sie zusätzlich erwerbbare Garantien für Neu- und Gebrauchtwagen Ihres Ausbildungsbetriebs.
- Warum werden diese Garantieleistungen angeboten?
- Wer sind die Garantiepartner?

8.1 Garantiebereiche

Abgesehen von der über die gesetzliche Gewährleistung – nun 2 Jahre – hinausgehende Garantie bieten die meisten Autofirmen ihren Kunden zusätzlich erwerbbare Garantieprogramme an. Diese werden im Neuwagengeschäft als Anschlussgarantie und im Gebrauchtwagengeschäft angeboten.

Die Garantieleistungen, welche das Autohaus dem Kunden gegen Entgelt gewährt, sind meistens genau spezifiziert. So werden genau die Baugruppen/Teile im Motoren-, Getriebe-, Lenkungs- oder Bremsenbereich etc. genannt, auf welche sich die Garantieleistung bezieht. Ebenfalls werden die Teile benannt, welche von der Garantie ausgeschlossen werden. Hierzu zählen Verschleißteile wie Zündkerzen, Bremsbeläge, Filtereinsätze, Öle und Schmierstoffe etc.

Weiterhin werden Geltungsdauer, km-Leistung und räumlicher Geltungsbereich geregelt.

Beispiel

„Mit dem **CarGarantie-Angebot** Ihres Autohauses fahren Sie nach Ablauf der Neuwagengarantie mindestens 1 Jahr länger zuverlässig geschützt vor unerwarteten Reparaturkosten – europaweit." (…)

„Eine CarGarantie umfasst alle wichtigen Baugruppen eines Fahrzeuges".

Quelle: Car Garantie, unter: www.cargarantie.com/CGWEBPortal/gn/index_3_2_0.cfm?lang=de&Country=de, hrsg. v. CG Car-Garantie Versicherungs-Aktiengesellschaft, Freiburg i. Breisgau, abgerufen am 04.01.2010

Pflicht des Garantienehmers ist es u. a., die vom Hersteller bzw. Garantiegeber vorgeschriebenen Wartungs- und Pflegearbeiten bei einem vom Hersteller anerkannten Vertragspartner, also meist dem Autohaus, an seinem Wagen durchführen zu lassen. Hier liegt für das Autohaus ein zentraler Vorteil der Neu- und Gebrauchtwagen-Garantiebedingungen. Denn die Werkstatt erhält Aufträge und der Kunde ist stärker an das Autohaus gebunden. So kann ein Werkstattbesuch immer als möglicher Anknüpfungspunkt für ein weiteres Geschäft im Zubehör- und Accessoiresbereich oder sogar im Neu- und Gebrauchtwagenbereich dienen. Die Vermittlung von Garantieverträgen stellt für die Autohäuser ein Ertragsfeld dar.

8.2 Aufgaben im Rahmen der Garantiesachbearbeitung

Kunden, die gegen Entgelt eine zusätzliche Garantie für ihren Neu- oder Gebrauchtwagen erwerben, legen besonderen Wert auf Risikobegrenzung, also auf Sicherheit in puncto Kosten.

Bei der Erläuterung dieser Garantieleistungen müssen Automobilkaufleute dem Kaufmotiv Sicherheit Rechnung tragen.

Dabei müssen sie beachten:
- Darstellung erwerbbarer Garantieleistungen,
- Bearbeiten und abschließen eines Garantievertrags,
- Bearbeiten von Gewährleistungs-, Garantie- und Kulanzfällen und
- Abwickeln der dazugehörigen Korrespondenz mit Kunden, Werkstätten und Autoherstellern.

1 Beschreiben Sie in Ihrem Ausbildungsbetrieb angebotene Garantieleistungen.

2 Weshalb ist es für das Autohaus sinnvoll, solche Garantieverträge abzuschließen?

3 Worin unterscheiden sich Garantieverträge für Neu- und Gebrauchtwagen?

4 Mit welchen Argumenten können Sie eine Garantie für einen Gebrauchtwagen anbieten?

5 Erklären Sie den Unterschied zwischen Gewährleistung, Garantie und Kulanz.

6 Für welche weiteren Service- und Finanzdienstleistungen rund um die Mobilität sehen Sie Vermarktungschancen durch Ihren Ausbildungsbetrieb?

7 Beschreiben Sie das Leistungsspektrum des nachstehenden Garantieverlängerungspakets für den smart.

Neuwagen-Garantien
Das geben die Hersteller ab Werk

Hersteller	Fahrzeug-Garantie in Jahren
Alfa Romeo	2
Aston Martin	3
Audi	2
Bentley	3
BMW	2 (Sachmangelhaftung)
Brilliance	3
Cadillac	3
Chevrolet	3
Chrysler	2
Citroen	2
Corvette	3
Dacia	3
Daihatsu	3
Dodge	2
Fiat	2 bis 5
Ford	2
Honda	3
Hummer	4
Hyundai	3
Isuzu	3
Jaguar	3
Jeep	2
Kia	2 bis 7
Lada	2
Lamborghini	3
Lancia	2
Land Rover	3
Lexus	3
Lotus	2
Maserati	3
Maybach	4
Mazda	3
Mercedes	2
Mini	2 (Sachmangelhaftung)
Mitsubishi	3
Morgan	2
Nissan	3
Opel	2 bis 6**
Peugeot	2
Porsche	2 (Sachmangelhaftung)
Renault	2 bis 3
Rolls-Royce	3
Saab	2 bis 3
Seat	2
Skoda	2
Smart	2
Subaru	3
Suzuki	3
Toyota	3
Volkswagen	2
Volvo	2

mit Qualitätsschutzbrief: Kunden werden während der Gewährleistungszeit beim Mangel nicht in die Beweislast gezogen. Anschlussgarantie nach 24-monatiger Neuwagengarantie.

Quelle: Neuwagen-Garantien, in: Auto & Geld Spezial, Herbst 2008, auto motor sport, S. 89, hrsg. v. Motor Presse Stuttgart, Stand: September 2008

Aufgaben

Bauteile, von A – Z:

- ABS
- Airbag
- Anlasser
- Benzin-Einspritzsystem
- Bremssattel
- CD-Player
- Drehzahlmesser
- Einspritzpumpe
- Elektromotor
- Fensterhebermotor
- Gebläse
- Getriebe
- Hauptbremszylinder
- Hydraulikpumpe
- Katalysator
- Klimaanlage
- Klopfsensor
- Lambdasonde
- Lenkgetriebe > Tachometer
- Lichtmaschine
- Luftmassenmesser
- Motor
- Nockenwelle
- Ölkühler
- Ölpumpe
- Ölwanne
- Radio
- Radlager
- Schiebedachmotor
- Schwungscheibe
- Servolenkung
- Steuergeräte
- Tachometer
- Thermostat
- Turbolader
- Ventile
- Wasserpumpe
- Wagfahrsperre
- Zentralverriegelung
- Zylinderkopfdichtung

Ihre Vorteile auf einen Blick.

- Das Garantie-Paket sichert Ihren smart im Anschluss an die Neufahrzeuggarantie umfassend an.
- Sie sind ohne Kilometer-Begrenzung vor unvorhersehbaren Reparaturkosten geschützt und können alle Leistungen europaweit bei jeder autorisierten smart Vertragswerkstatt geltend machen.
- Das Garantie-Paket sichert den Werterhalt Ihres smart und ist damit ein exklusiver Vorteil beim Wiederverkauf.*
- Da die Garantie fahrzeuggebunden ist, können die Leistungsvorteile beim Verkauf auf den neuen Fahrzeughalter übertragen werden.
- Sie können die Garantie Jahr für Jahr mit günstigen Prämien bis in das 10. Betriebsjahr immer wieder verlängern.

*Gemäß den Bedingungen des smart Garantie-Pakets.

Geschützt von A bis Z.

Alle elektronischen und mechanischen Bauteile von A – Z – mit wenigen Ausnahmen** – sind durch das smart Garantie-Paket abgesichert. Die nachstehende Tabelle gibt einen beispielhaften Überblick.

**Ausnahmen entnehmen Sie den Garantiebedingungen oder informieren Se sich bei Ihren smart Partnern.

Quelle: „Das smart Garantie-Paket", Werbebroschüre, hrsg. v. Daimler AG, Stuttgart

9 Investition und Finanzierung im Autohaus selbst

Schematische Struktur der Bilanz eines Autohauses	
Aktiva	**Passiva**
Anlagevermögen Grundstücke und Bauten Technische Anlagen Betriebs- und Geschäftsausstattung	Eigenkapital
Umlaufvermögen Pkw neu Pkw gebraucht Teile und Zubehör	Fremdkapital Darlehen Verbindlichkeiten
Mittelverwendung	Mittelherkunft
= Investition	= Finanzierung

Bilanz eines Autohauses in Anlehnung an den Kontenrahmen für Kfz-Betriebe, vgl. S. 19 ff., Anhang

➤ Welche finanziellen Ziele werden in Ihrem Ausbildungsbetrieb verfolgt?
➤ Unterscheiden Sie Investition und Finanzierung im Autohaus.
➤ Welche Finanzierungsmöglichkeiten hat Ihr Ausbildungsbetrieb?
➤ Nennen Sie Einflussgrößen auf den Finanzbedarf eines Autohauses.

Leitfragen

9.1 Investitionsanlässe im Autohaus

Eine Investition stellt für das Autohaus einen Auszahlungsstrom dar. Diese Auszahlung wird mit dem Ziel getätigt, dass sich die jetzigen Auszahlungen in baldige Einzahlungen transformieren lassen. So investiert etwa ein Autohaus in eine neue Lackiererei (= Auszahlung), damit durch künftige Aufträge im Lackierbereich wieder Einzahlungen für das Autohaus erfolgen. Ziel aller Investitionen ist es, dass der Barwert der Einzahlungen den Barwert der Auszahlungen übersteigt.

Anders ausgedrückt, es soll ein Überschuss erzielt werden, der möglichst höher ist als bei einer alternativen Anlage am Kapitalmarkt. Somit konkurrieren verschiedene Anlagemöglichkeiten; entweder eine Sachinvestition im Autohaus oder Finanzinvestitionen etwa in Automobilaktien zu tätigen. Im Autohaus soll eine möglichst hohe Rentabilität erzielt werden. Voraussetzung ist hier allerdings die Wahrung des finanziellen Ziels der Liquidität.

In der Finanzmathematik wird ein abgezinster Überschuss aus einer Investition als positiver Kapitalwert bezeichnet. (Barwert), vgl. S. 251 f.

Beispiel

Die Umsatzrentabilität = G/U x 100 stellt eine sehr gängige Messgröße in der Wirtschaft dar.

Mögliche Investitionsanlässe im Autohaus:

- Erweiterungsinvestition, etwa Ausbau der Werkstatt, Bau einer Direktannahme etwa aufgrund von Auflagen der Hersteller, beispielsweise einer teureren Glasfassade etc. bei Audi-Partnern, beispielsweise Aufkauf, etwa Übernahme eines benachbarten Autohauses oder Zusammenschluss von Marken sowie
- Ersatzinvestition, etwa Beschaffung einer neuen Hebebühne für die alte Hebebühne,
- Rationalisierungsinvestition, etwa Beschaffung eines neuen Öltanks oder eines Computerdiagnose-Systems zwecks schnellerer Auftragsabwicklung,
- Immaterielle Investitionen in Aus- und Weiterbildung und
- Vorratsinvestitionen, beispielsweise Erhöhung des Lagerbestandes an Ersatzteilen, da ein neues Modell eingeführt wird.

Die Aufzählung zeigt, dass die Investitonsanlässe vielfältig sind. Dies erhöht damit auch den Kapitalbedarf des Autohauses.

9.2 Finanzierungsmöglichkeiten für das Autohaus

Grundsätzlich ist es für den Finanzbedarf und die Liquidität eines Autohauses günstig, Einzahlungen zu beschleunigen und Auszahlungen hinauszuzögern. Dies erfolgt im Bereich des Finanzmanagements im Treasuring. So ist es günstig, wenn das Autohaus bereits Fahrzeuge oder Teile verkauft und bezahlt bekommt, bevor es selbst die Lieferantenrechnung überweist.

Liquidität als ein wichtiges finanzielles Ziel, welches eine Voraussetzung für das Ziel Rentabilität bedeutet, aber gleichzeitig hierzu in Konkurrenz steht.

*Insolvenzgründe:
– Zahlungsunfähigkeit und
– drohende Zahlungsunfähigkeit*

Der Liquiditätsbegriff umfasst 3 Bereiche:
- Liquidität als Eigenschaft von Bilanzpositionen i. S. von Geldnähe und Geldferne,
- Liquidität als Zahlungsfähigkeit von Wirtschaftssubjekten und
- Liquidität als Synonym für Zahlungsmittel.

Für das Autohaus ist es wichtig liquide zu sein, insbesondere zahlungsfähig zu sein. Zahlungsfähigkeit bedeutet, zu jedem Zeitpunkt die zwingend fälligen Zahlungsverpflichtungen in vollem Umfang erfüllen zu können. Andauernde Zahlungsunfähigkeit würde einen Insolvenzgrund darstellen.

Dem Autohaus können finanzielle Mittel unternehmensextern und unternehmensintern zugeführt werden. Im Bereich der Finanzierung eines Autohauses unterscheidet man folglich Außenfinanzierung und Innenfinanzierung.

Außenfinanzierung – erfolgt als Fremdfinanzierung durch Kreditfinanzierung oder als Eigenfinanzierung je nach Unternehmensform durch Einlagen- und Beteiligungsfinanzierung.

Dem Autohaus wird das benötigte Kapital durch unternehmensexterne Kapitalgeber bzw. Gläubiger zur Verfügung gestellt.

Fremdfinanzierung – von Gläubigern zur Verfügung gestelltes Fremdkapital erfordert zwar einen nicht zu unterschätzenden Zins- und Tilgungsdienst, beinhaltet aber den Vorteil, dass unternehmerische Entscheidungen weitgehend selbstständig getroffen werden können. Allerdings hat die Finanzmarktkrise und die damit auftretende „Kreditklemme" zu einer noch ungünstigeren Position für die Autohäuser im Rahmen der Fremdfinanzierung geführt.

Bei ungünstigem „Rating" verteuert „Basel II" die Fremdfinanzierung, vgl. S. 238ff.

Wenn die Bank den Kredit kündigt

Als Folge der Rezession müssen immer mehr Unternehmen um ihre langfristige Fremdfinanzierung bangen

MARKUS HENNES SUSANNE METZGER | DÜSSELDORF Geld ist das Schmiermittel der Wirtschaft. Doch jetzt wirken sich Finanzkrise und Rezession doppelt negativ aus: Die Banken sind extrem vorsichtig bei Krediten geworden. Sie stufen Ausfallrisiken höher ein, was sich insbesondere in einem kräftigen Anstieg der Zinsen zeigt. Gleichzeitig haben die Institute ihre Anforderungen an die Kreditnehmer verschärft.

Den vollständigen Artikel „Wenn die Bank den Kredit kündigt" finden Sie auf der CD-ROM; siehe hierzu auch den Artikel „Hohe Hürden" in der Sonderausgabe Finanzzeitung des Handelsblatts vom 18.05.2009

Quelle: Markus Hennes Susanne Metzger, Wenn die Bank den Kredit kündig, in: Handelsblatt Nr. 238 vom 08.12.08, Seite 18, hrsg. v. Handelsblatt GmbH, Düsseldorf.

Als besonders teuer gelten der Lieferanten- und der Kontokorrentkredit. Denn beim Lieferantenkredit verzichtet man auf die Ausnutzung des Skontos und beim Kontokorrentkredit berechnen die Kreditinstitute verhältnismäßig hohe Überziehungszinsen.

Autohausgründer sollten sich nach Förderprogrammen erkundigen.

Eigenfinanzierung – das Unternehmen wird aus eigener Kraft finanziert. Hier handelt es sich entweder um Beteiligungs- oder um Innenfinanzierung. Bei der Beteiligungsfinanzierung können sich je nach Rechtsform Kapitalgeber auf verschiedene Weise beteiligen. Dies erfolgt beispielsweise bei der Aktiengesellschaft AG als Aktionär oder bei der Offenen Handelsgesellschaft OHG als Gesellschafter.

Bei juristischen Personen bzw. bei Kapitalgesellschaften stellt noch die Überschuldung einen Insolvenzgrund dar.

Gewinne aus dem betrieblichen Umsatzprozess werden dem Eigenkapital zugeführt. Bei der Selbstfinanzierung werden Teile des Gewinns nicht ausgeschüttet also thesauriert und erhöhen somit die Eigenkapitalbasis des Autohauses.

Bei der offenen Selbstfinanzierung wird der zurückbehaltene Gewinn entweder den Eigenkapitalkonten oder den Rücklagen gutgeschrieben. Bei der verdeckten Selbstfinanzierung geschieht dies durch die Bildung stiller Rücklagen. Diese entstehen entweder durch Unterbewertung von Vermögensteilen, Aktiva etwa durch erhöhte Abschreibungen auf Gebäude, Fuhrpark oder Werkstatteinrichtungen bzw. durch die Überbewertung von Passiva, den Schulden und etwa zu hoch angesetzte Rückstellungen.

Überschuldung = Vermögen eines Betriebes deckt die Schulden nicht mehr, Eigenkapital ist aufgezehrt.

Rechtsformen und Beteiligung, vgl. Band III, LF 1.

Thesaurierung = ansammeln oder horten

Überhöhte Abschreibungen erhöhen den Aufwand der betreffenden Periode, wodurch der ausgewiesene Gewinn des Autohauses vermindert wird. Dieser nicht ausgewiesene Gewinn schafft stille Reserven für künftige Perioden.

Vorteile des Factorings:
– Liquiditätsverbesserung,
– Risikominderung und
– Arbeitsentlastung.

Freisetzungsfinanzierung, oder auch Finanzierung aus freigesetztem Kapital genannt, erfolgt durch:

- Abschreibungsrückflüsse (Desinvestition) über die verkauften Fahrzeuge und Dienstleistungen,
- Vermögensumschichtungen etwa den Verkauf eines nicht mehr benötigten Betriebsgrundstücks oder den Verkauf von Forderungen = Factoring oder den Verkauf von Wertpapieren und
- durch die Verkürzung der Lagerdauer, also Verringerung des Kapitalbedarfs, Beschleunigung der Einnahmen.

Gegenüberstellung Eigen- und Fremdfinanzierung

Vorteile der Eigenfinanzierung:	Vorteile der Fremdfinanzierung:
- kein fester Zins- und Tilgungsdienst und damit bessere Liquidität - Substanzerhaltung, Eigenkapital hat nur dann Anspruch auf Gewinn, wenn dieser tatsächlich erzielt wurde - Kapital steht i. d. R. unbefristet zur Verfügung, keine externen Abhängigkeiten von Fremdkapitalgebern - solidere Bilanzkennzahlen, kreditwürdiger - krisenresistenter	- Gläubiger des Fremdkapitals haben i. d. R. kein Mitbestimmungsrecht - Fremdkapitalzinsen können als Betriebsausgaben verrechnet werden und mindern somit den steuerpflichtigen Gewinn - Investitionen etwa in eine moderne Glasfassade eines Autohauses meist nur unter Einbezug von Fremdfinanzierung möglich - schnellere Expansion möglich

Etwa Liquiditätsgrade als Kennzahl. Weitere Kennzahlen, vgl. S. 300, Anhang.

Als Instrument zur finanziellen Führung eines Autohauses bietet sich ein Finanzplan, welcher alle Einnahmen und Ausgaben umfasst, an. Ebenfalls werden Kennzahlen gebildet, um zu überprüfen, ob das Unternehmen finanziell gesund ist.

Weiterhin dienen traditionelle Regeln als Führungshilfe.

Die goldene Finanzierungsregel besagt, dass zwischen der Dauer der Bindung des Vermögens und der Befristung des herangezogenen Kapitals Übereinstimmung bestehen muss. Das Kapital darf nicht kürzer befristet sein als das Vermögen benötigt wird.

Die goldene Bilanzregel besagt in ihrer engsten Fassung, dass das Anlagevermögen mit Eigenkapital finanziert werden soll.

Factoring – hier tritt das Autohaus eine Forderung an den Factor i. d. R. an eine Factoringbank ab. Der Factor schreibt dem Autohaus nach Abzug von Zinsen für vorzeitige Zahlung und Provision für Verwaltungsgebühren und Risikoübernahme den Forderungsbetrag gut. Vorteile für das Autohaus, welches die Dienste des Factors annimmt, liegen in einer Verbesserung der Liquidität und dass man sich ggf. nicht mit säumigen Schuldnern auseinandersetzen muss.

Der Deutsche Factoring-Verband im Internet, unter www.factoring.de

Beim Factoring kauft ein Unternehmen (Factor) Forderungen eines anderen Unternehmens an einen Dritten an und besorgt dann auf eigene Rechnung und Risiko das Inkasso. Der Factor verdient daran, dass er die Forderung mit einem Diskont als Risikoprämie ankauft und sie zum Nennwert realisiert.

Der Factor bzw. das Factoringinstitut übernimmt somit
- die „Eintreibung" und Verwaltung der Forderungen,
- das Risiko des Forderungsausfalls und
- die Vergütung der Forderung.

Einkaufsfinanzierung für Autohäuser auch durch: www.bdk-bank.de; die Autobank des ZDK; die Autobanken der Hersteller; ZDK bietet Leasingangebote für Kfz-Betriebe, in: Kfz-betrieb ONLINE vom 18.02.2005.

Verkauf von Forderungen hat sich etabliert

Bei Unternehmen wächst die Nachfrage nach Kreditalternativen wie Factoring – Ankaufvolumen stieg 2007 um 24 Prozent

THOMAS FRERICKS | FRANKFURT Mit zweistelligen Zuwachsraten gehört das Factoring zu den dynamischen Märkten in Deutschland. Speziell bei kleinen und mittleren Unternehmen (KMU) steigt die Nachfrage nach Kreditalternativen – der Verkauf von Forderungen hat sich etabliert. Dennoch droht eine Wachstumsbremse: Der hohe zusätzliche Verwaltungsaufwand durch geplante aufsichtsrechtliche Regelungen könnte die Existenz vieler mittelständischer Factoring-Anbieter und bis zu 100 000 Arbeitsplätze bei ihren Kunden gefährden. Deutlich weniger Sorgen bereiten hingegen die Auswirkungen der Finanzmarktkrise. (...)

Quelle: Thomas Frericks, Verkauf von Forderungen hat sich etabliert, in: Handelsblatt Nr. 116 vom 18.06.2008 Seite b06, hrsg. v. Handelsblatt GmbH, Düsseldorf

Den vollständigen Artikel „Verkauf von Forderungen hat sich etabliert" finden Sie auf der beiliegenden CD-ROM.

Handelt es sich um den Verkauf einer Forderung im Exportgeschäft, so spricht man von Forfaitierung.

Leasing, Factoring und Forfaitierung werden auch als Sonderformen der (Außen-)Finanzierung bezeichnet.

Investition und Finanzierung im Autohaus

Investition	Finanzierung				
• Erweiterungs-investition • Ersatz-investition • Rationalisie-rungsinvest. • Immaterielle Investition	Eigenfinanzierung				Fremdfinan-zierung
	Selbstfinanzierung				
	Gewinnthesaurierung		Abschrei-bungsf.	Einlagenfi-nanzierung	Beteili-gungsf.	Kredit- o. Darlehensf.
	Offene Rücklagen = nicht ausge-schüttete Gewinne	Stille Rücklagen = sog. stille Reserven gebildet durch Überbewer-tung von Passiva oder Unterbewer-tung von Aktiva	Finanzie-rung durch Abschrei-bung oder durch Vermögen-sumschich-tung	Bereitstel-lung von EK durch Einlagen des Inhabers oder der Gesellschaf-ter (Einzel-unterneh-mung oder Personenge-sellschaft)	Kapitalein-lagen bei Kapitalge-sellschaften • Stamm-einlage • Aktie	Finanzierung durch Kredite oder Darlehen der Gläubiger • Leasing • Factoring • Förderpro-gramme
	Innenfinanzierung			Außenfinanzierung		

Mittelverwendung   Mittelherkunft

Ziele: Sicherung der Liquidtität und Erhöhung der Rentabilität des Autohauses

Aufgaben

1 Nennen Sie Investititonsanlässe im Autohaus.

2 Nennen Sie fünf alternative Geldanlagemöglichkeiten anstatt eine Investition im Autohaus zu tätigen.

3 Welche Ziele werden mit einer Investition verfolgt?

4 Was verstehen sie unter einer
a) Ersatzinvestition,
b) Rationalisierungsinvestition und einer
c) Erweiterungsinvestition?
d) Geben Sie hierzu jeweils Beispiele.

5 Wie schätzen Sie den Investitionsbedarf Ihres Ausbildungsbetriebs ein?

6 Stellen Sie die Zielbeziehungen der finanziellen Ziele „Liquidität und Rentabilität" an Beispielen dar.

Finanzdienstleistungen und betriebsspezifische Leistungen

7 Stellen Sie eine Bilanz für ein Autohaus skizzenhaft dar und gehen Sie auf die Begriffe Mittelverwendung, Mittelherkunft sowie Investition und Finanzierung ein.

8 Welche Rolle spielt hierbei der Hersteller bzw. ein Vertragshändlervertrag?

9 Wie finanziert das Autohaus seinen Neuwagenbestand?

10 Erklären Sie die Notwendigkeit für ein Autohaus von immateriellen Investitionen
a) in Ausbildung und Schulung,
b) in Sozialleistungen und Betriebsklima möglichst an Beispielen.

11 Nennen Sie Möglichkeiten der Innenfinanzierung.

12 Nennen Sie Möglichkeiten der Außenfinanzierung.

13 Worin liegen Vorteile der Eigen- und der Fremdfinanzierung?

14 Weshalb hängt die Möglichkeit der Eigenfinanzierung von der Rechtsform einer Unternehmung ab?

15 Was verstehen Sie unter Liquidität?

16 Was meint die „Goldene Finanzierungsregel"?

17 Was meint die „Goldene Bilanzierungsregel"?

18 Wie wirkt sich eine schleppende Marktlage auf dem Neu- und Gebrauchtwagenmarkt und die Finanzkrise auf die finanzielle Situation der Autohäuser aus?

19 Der ZDK führt regelmäßig Betriebsvergleiche durch. Analysieren Sie die finanzielle Situation von Autohäusern.

20 Inwiefern können Factoring und Sale and Lease-back Auswege aus Liquiditätsengpässen bieten?

Aufgaben

– Hohe Auflagen/ Investitionen,
– sinkender NW-Absatz,
– folglich sinkende Werkstattauslastung,
– steigende GW-Bestände veschlechtern Liquiditätslage und erhöhen Insolvenzrisiko des Autohauses,
– Umsatzrendite 2006 bis 2008 nur noch im Durchschnitt 1,1 %,
– Eigenkapitalquote 2006 bis 2008 nur bei 11,2 %.

Aktion

Handlungsorientierte Themenbearbeitung:

Finanzierungsvorhaben in einem mittelständischen Autohaus

A Fallbeschreibung

Die Schulz GmbH ist ein mittelständisches Autohaus in Hessen, welches vor allem mit Neu- und Gebrauchtwagen handelt. Im vergangenen Jahr konnte das Unternehmen seinen Umsatz sowie seinen Ertrag wieder steigern. Es zeigt sich jedoch zunehmend das Problem, dass das Unternehmen mit einer relativ geringen Liquidität ausgestattet ist. Außerdem ist die Betriebs- und Geschäftsausstattung nicht mehr auf dem neuesten technologischen Stand, sodass größere Investitionen erforderlich werden.

Die Bilanz der Schulz GmbH zeigt ein relativ ausgewogenes Verhältnis, die Gewinn- und Verlustrechnung deutet auf eine sehr gute Ertragslage hin.

(vgl. Bilanz und GuV auf den folgenden Seiten)

Die Geschäftsleitung beschließt deshalb, mit der Hausbank über folgende Finanzierungsvorhaben zu sprechen:
- **Verbesserung der Liquidität** durch eine Vorfinanzierung der Forderungen, die eine durchschnittliche Laufzeit von ca. 60 Tagen aufweisen.
- **Erneuerung des DV-Systems und der Büroausstattung** mit einem Kreditvolumen von ca. 1,3 Mio. EUR.
- **Neubau einer Werkstatt mit Direktannahme** im Wert von 700.000,00 EUR auf einem betriebseigenen Grundstück.

B Material- und Aufgabenteil

Bilden Sie drei Gruppen:

Gruppe 1: Liquidität
Gruppe 2: Betriebs- und Geschäftsausstattung
Gruppe 3: Werkstatthalle mit Direktannahme

Methodische Hinweise

- Legen Sie in jeder Gruppe zunächst fest, wer die Moderation und später die Präsentation in der Klasse übernimmt.

Schulz GmbH Bilanz zum 31. Dezember 20..

AKTIVSEITE		PASSIVSEITE	
	EUR		EUR
A. Anlagevermögen		**A. Eigenkapital**	
I. Immaterielle Vermögensgegenstände:		I. Gezeichnetes Kapital	120.00,00
1. Konzessionen, gewerbliche Schutzrechte und ähnliche Rechte und Werte sowie Lizenzen an solchen Rechten und Werten	75.519,00	II. Kapitalrücklage	41.268,07
II. Sachanlagen:		III. Gewinnvortrag	1.438.541,54
1. Grundstücke, grundstücksgleiche Rechte und Bauten einschließlich der Bauten auf fremden Grundstücken	490.066,50	IV. Jahresüberschuss	778.580,06
			2.378.389,97
2. Technische Anlagen und Maschinen	184.133,00		
3. Andere Anlagen, Betriebs- und Geschäftsausstattung	680.413,00	**B. Sonderposten mit Rücklagenanteil**	0,00
III. Finanzanlagen:		**C. Rückstellungen**	
1. Genossenschaftsanteile	852,83	1. Rückstellungen für Pensionen	617.641,00
	1.430.984,33	2. Steuerrückstellungen	535.472,00
		3. sonstige Rückstellungen	700.297,00
			1.853.410,00
B. Umlaufvermögen			
I. Vorräte:		**D. Verbindlichkeiten**	
1. Roh-, Hilfs- und Betriebsstoffe	958.055,86	1. Verbindlichkeiten gegenüber Kreditinstituten	645.400,00
2. unfertige Erzeugnisse	296.962,00	– davon mit einer Restlaufzeit bis zu einem Jahr: EUR 0,00	205.000,00
3. fertige Erzeugnisse	126.725,00	2. erhaltene Anzahlungen auf Bestellungen	0,00
	1.381.742,86	– davon mit einer Restlaufzeit bis zu einem Jahr: EUR 0,00	
II. Forderungen und sonstige Vermögensgegenstände:		3. Verbindlichkeiten aus Lieferungen und Leistungen	576.968,40
1. Forderungen aus Lieferungen und Leistungen	2.586.141,55	– davon mit einer Restlaufzeit bis zu einem Jahr: EUR 576.968,40	
– davon mit einer Restlaufzeit von mehr als einem Jahr: EUR 0,00		4. Verbindlichkeiten gegenüber verbundenen Unternehmen	165.122,32
2. Forderungen gegen verbundene Unternehmen	271.327,19	– davon mit einer Restlaufzeit bis zu einem Jahr: EUR 165.122,32	
– davon mit einer Restlaufzeit von mehr als einem Jahr: EUR 0,00		5. sonstige Verbindlichkeiten	1.382.350,47
3. sonstige Vermögensgegenstände	269.649,02	– davon mit einer Restlaufzeit bis zu einem Jahr: EUR 978.104,16	
– davon mit einer Restlaufzeit von mehr als einem Jahr: EUR 156.844,00		– davon aus Steuern: 2.522.290,56	2.769.841,19
	3.527.017,76	– davon im Rahmen der sozialen Sicherheit: EUR 150.136,19	
III. Schecks, Kassenbestand, Bundesbank- und Postgiroguthaben, Guthaben bei Kreditinstituten	654.516,21		
	5.563.276,83		
C. Rechnungsabgrenzungsposten	7.380,00		
	7.001.641,16		7.001.541,16

Haftungsverhältnisse gemäß § 251 HGB:
Wechselobliga: EUR 0,00
Bankbürgschaften: EUR 180.000,00

den 30. März 20..

(Hinweis: ¤ Kontenrahmen für das Kfz-Handwerk)

Aktion

Schulz GmbH
Gewinn- und Verlustrechnung
vom 20..-01-01 bis 20..-12-31

	EUR	EUR
1. Umsatzerlöse		17.474.268,33
2. Erhöhung/Verminderung des Bestandes an fertigen und unfertigen Erzeugnissen		− 38.485,00
		17.435.783,33
3. sonstige betriebliche Erträge		139.285,91
		17.575.069,24
4. Materialaufwand		
a) Aufwendungen Roh-, Hilfs- und Betriebsstoffe und für bezogene Waren	6.162.489,06	
b) Aufwendungen für bezogene Leitungen	166.218,30	6.328.707,35
Rohergebnis		11.246.361,88
5. Personalaufwand		
a) Löhne und Gehälter	6.654.726,14	
b) soziale Abgaben und Aufwendungen für Altersversorgung und für Unterstützung		
– davon für Alterversorgung: EUR 69.696,00	795.040,19	7.450.766,33
6. Abschreibungen		
a) auf immaterielle Vermögensgegenstände des Anlagevermögens und Sachanlagen		573.621,97
7. sonstige betriebliche Aufwendungen		1.489.237,98
8. sonstige Zinsen und ähnliche Erträge		
– davon aus verbundenen Unternehmen: EUR 0,00	116.030,35	
9. Zinsen und ähnliche Aufwendungen		
– davon an verbundene Unternehmen: EUR 0,00	39.113,60	− 76.916,75
10. Ergebnis der gewöhnlichen Geschäftstätigkeit		1.809.652,35
11. Steuern vom Einkommen und vom Ertrag	973.056,00	
12. sonstige Steuern	58.015,99	1.031.071,99
13. Jahresüberschuss		778.580,36

(Hinweis: ¤ Kontenrahmen für das Kfz-Handwerk)

Aufgaben

Aktion

1. **Expertenphase:**
   Jede Gruppe beantwortet auf der Grundlage gegebener Bilanz und GuV folgende Fragen:
   a) Bewerten Sie die Kreditwürdigkeit der Schulz GmbH, soweit sich diese aus den Zahlen des Jahresabschlusses ableiten lässt.
   b) Entscheiden Sie jeweils für Ihren Bereich, welche Kreditarten – einschließlich Leasing und Factoring – sowie welche Sicherheiten infrage kommen. Bewerten Sie diese Möglichkeiten und legen Sie eine Reihenfolge nach der Eignung fest.
   c) Überlegen Sie, wie Sie diese Ergebnisse in Ihrer Gruppe am besten Ihren späteren Lernpartnern erklären können.

2. **Puzzlephase:**
   Schließen Sie sich nunmehr mit je einem/r Schüler/in aus den anderen Gruppen zu einer Lernpartnerschaft zusammen (gemischte Zweiergruppen).
   a) Erläutern Sie Ihrem Lernpartner die wesentlichen Ergebnisse aus Ihrer Gruppenarbeit.
   b) Fassen Sie Ihre Finanzierungsvorschläge zu einem Gesamtvorschlag zusammen.
   c) Überprüfen Sie, welche Konsequenzen diese Finanzierungen auf die zukünftige Liquiditäts- und Ertragslage des Unternehmens haben werden. Bilden Sie sich auf dieser Basis eine abschließende Meinung über das Vorhaben.
   d) Erstellen Sie eine Kurzpräsentation für die Diskussion in der Klasse.

3. **Diskussionsphase in der Klasse:**
   Eine Lerngruppe trägt ihre Ergebnisse in der Klasse vor. Die anderen Gruppen ergänzen oder korrigieren diese Aussagen.

DEUTSCHES KRAFTFAHRZEUGGEWERBE

Kennzahlen aus dem deutschen Kfz-Gewerbe 2007
(Pkw-Bereich)

Kennzahl	Ist 2007
Gesamtkapitalverzinsung $\frac{\text{Unternehmensergebnis vor Steuern + Fremdkapital-Zinsen}}{\text{Gesamtkapital}} \times 100$	5,4%
Umsatzrentabilität (vor Steuern) $\frac{\text{Unternehmensergebnis vor Steuern}}{\text{Umsatz Gesamtunternehmen}} \times 100$	0,7%
Eigenkapitalquote $\frac{\text{Eigenkapital}}{\text{Bilanzsumme}} \times 100$	11,7%
Produktive Stunden je Monteur p.a. $\frac{\text{Geleistete Produktivstunden insgesamt p.a.}}{\text{Anzahl der beschäftigten Monteure}}$	1.350 h
Teileerlös je Mitarbeiter Teilelager $\frac{\text{Umsatzerlöse Teilelager}}{\text{Anzahl Mitarbeiter Teilelager}}$	512.700 €
Bruttoertrag Neuwagenverkauf $\frac{\text{Umsatzerlöse NW-Verkauf} - \text{Verrechn. Anschaffungskosten NW-Verkauf}}{\text{Umsatzerlöse NW-Verkauf}} \times 100$	9,1%
Bruttoertrag Gebrauchtwagenverkauf $\frac{\text{Umsatzerlöse GW-Verkauf} - \text{Verrechn. Anschaffungskosten GW-Verkauf}}{\text{Umsatzerlöse GW-Verkauf}} \times 100$	7,1%
Bruttoertrag Service $\frac{\text{Umsatzerlöse Service ohne Fremdleistungen} - \text{Gezahlte Produktivlöhne p.a.}}{\text{Umsatzerlöse Service ohne Fremdleistungen}} \times 100$	70,4%
Bruttoertrag Ersatzteile/Zubehör/Fremdleistungen $\frac{\text{Umsatzerlöse ET/Zubehör/Fremdl.} - \text{Verrechn. Anschaffungskosten ET/Zubehör/Fremdl.}}{\text{Umsatzerlöse ET/Zubehör/Fremdl.}} \times 100$	26,7%

Die Stichprobe variiert hinsichtlich der Zusammensetzung von Jahr zu Jahr.

Bonn, den 19.11.2008
Abt. Betriebs- und Volkswirtschaft

Franz-Lohe-Straße 21 53129 Bonn
Telefon (02 28) 91 27-0 Telefax (02 28) 91 27-150 E-Mail zdk@kfzgewerbe.de Internet http://www.kfzgewerbe.de
Volksbank Bonn (BLZ 380 601 86) 1 800 445 040

Anhang **295**

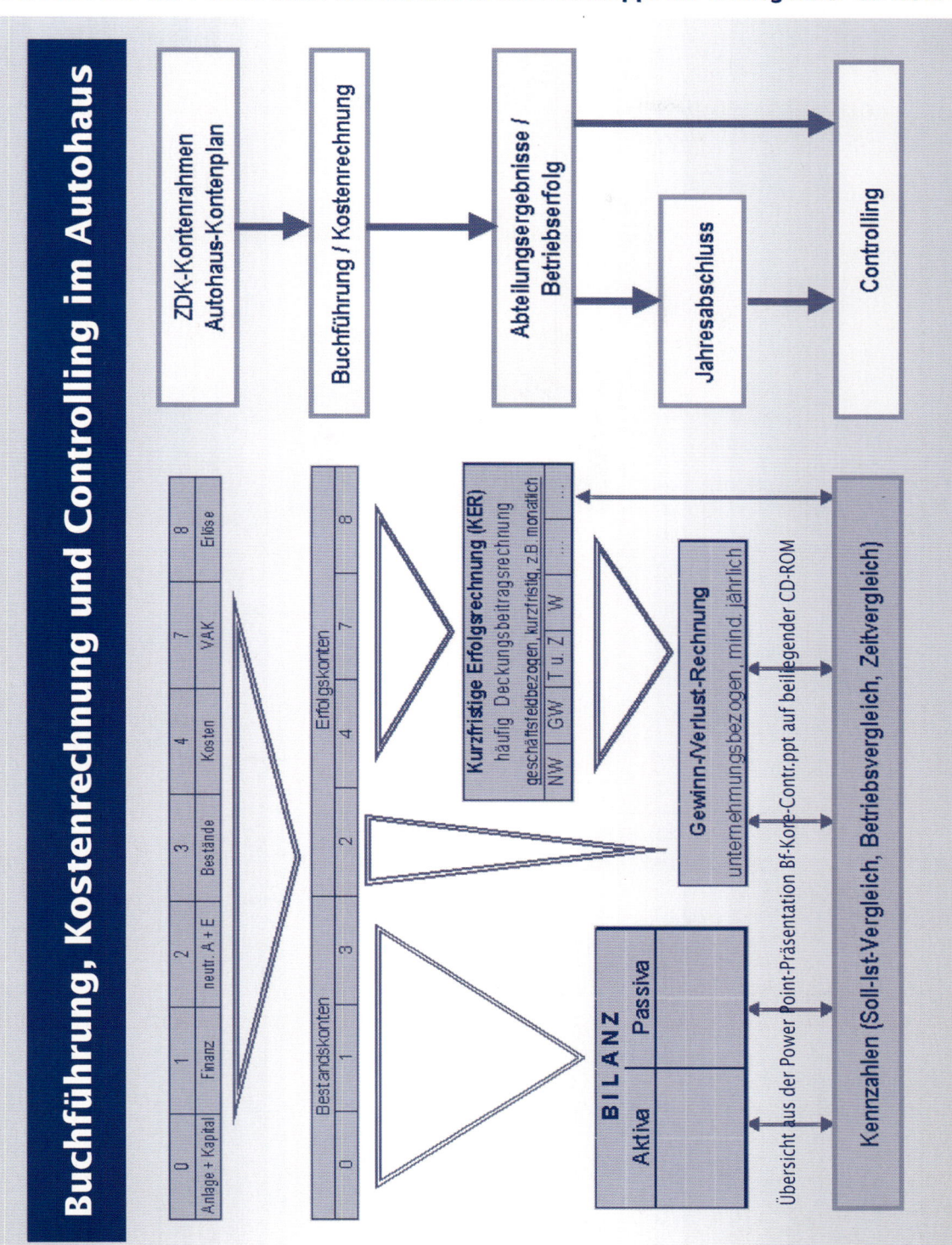

Übersicht aus der PowerPoint-Präsentation Bf-Kore-Contr.ppt auf beiliegender CD-ROM

Buchführung, Kostenrechnung und Controlling im Autohaus

- ZDK-Kontenrahmen Autohaus-Kontenplan
- Buchführung / Kostenrechnung
- Abteilungsergebnisse / Betriebserfolg
- Jahresabschluss
- Controlling

0	1	2	3	4	7	8
Anlage + Kapital	Finanz	neutr. A + E	Bestände	Kosten	VAK	Erlöse

Bestandskonten

0	1	3

Erfolgskonten

2	4	7	8

Kurzfristige Erfolgsrechnung (KER)
häufig Deckungsbeitragsrechnung, geschäftsfeldbezogen, kurzfristig, z.B. monatlich

NW	GW	T u. Z	W	...

Gewinn-/Verlust-Rechnung
unternehmungsbezogen, mind. jährlich

BILANZ

Aktiva	Passiva

Übersicht aus der Power Point-Präsentation Bf-Kore-Contr.ppt auf beiliegender CD-ROM

Kennzahlen (Soll-Ist-Vergleich, Betriebsvergleich, Zeitvergleich)

Vertragsarten

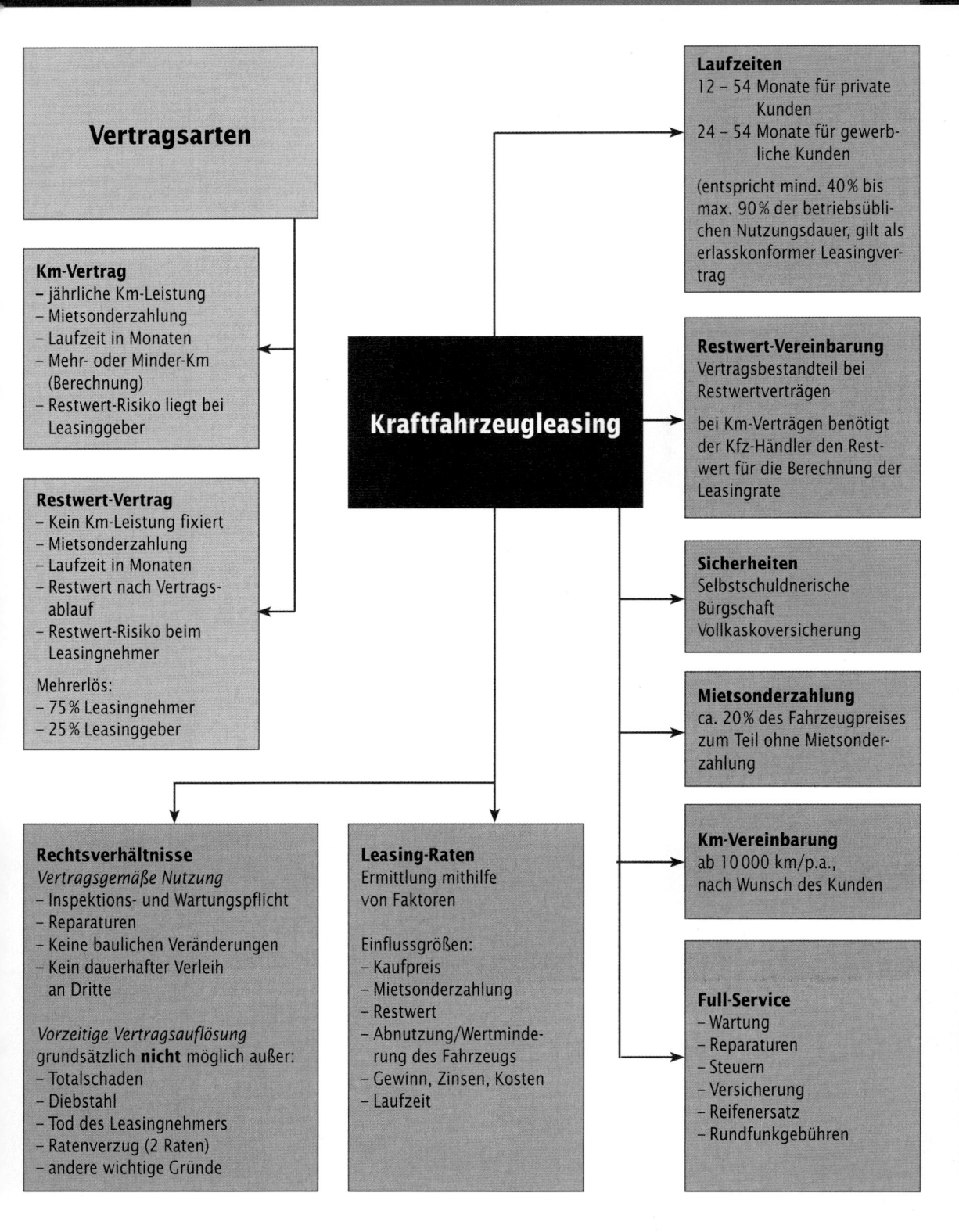

Km-Vertrag
- jährliche Km-Leistung
- Mietsonderzahlung
- Laufzeit in Monaten
- Mehr- oder Minder-Km (Berechnung)
- Restwert-Risiko liegt bei Leasinggeber

Restwert-Vertrag
- Kein Km-Leistung fixiert
- Mietsonderzahlung
- Laufzeit in Monaten
- Restwert nach Vertragsablauf
- Restwert-Risiko beim Leasingnehmer

Mehrerlös:
- 75 % Leasingnehmer
- 25 % Leasinggeber

Kraftfahrzeugleasing

Laufzeiten
12 – 54 Monate für private Kunden
24 – 54 Monate für gewerbliche Kunden

(entspricht mind. 40 % bis max. 90 % der betriebsüblichen Nutzungsdauer, gilt als erlasskonformer Leasingvertrag)

Restwert-Vereinbarung
Vertragsbestandteil bei Restwertverträgen

bei Km-Verträgen benötigt der Kfz-Händler den Restwert für die Berechnung der Leasingrate

Sicherheiten
Selbstschuldnerische Bürgschaft
Vollkaskoversicherung

Mietsonderzahlung
ca. 20 % des Fahrzeugpreises zum Teil ohne Mietsonderzahlung

Km-Vereinbarung
ab 10 000 km/p.a., nach Wunsch des Kunden

Full-Service
- Wartung
- Reparaturen
- Steuern
- Versicherung
- Reifenersatz
- Rundfunkgebühren

Rechtsverhältnisse
Vertragsgemäße Nutzung
- Inspektions- und Wartungspflicht
- Reparaturen
- Keine baulichen Veränderungen
- Kein dauerhafter Verleih an Dritte

Vorzeitige Vertragsauflösung
grundsätzlich **nicht** möglich außer:
- Totalschaden
- Diebstahl
- Tod des Leasingnehmers
- Ratenverzug (2 Raten)
- andere wichtige Gründe

Leasing-Raten
Ermittlung mithilfe von Faktoren

Einflussgrößen:
- Kaufpreis
- Mietsonderzahlung
- Restwert
- Abnutzung/Wertminderung des Fahrzeugs
- Gewinn, Zinsen, Kosten
- Laufzeit

Finanzierung eines Kundenfahrzeugs

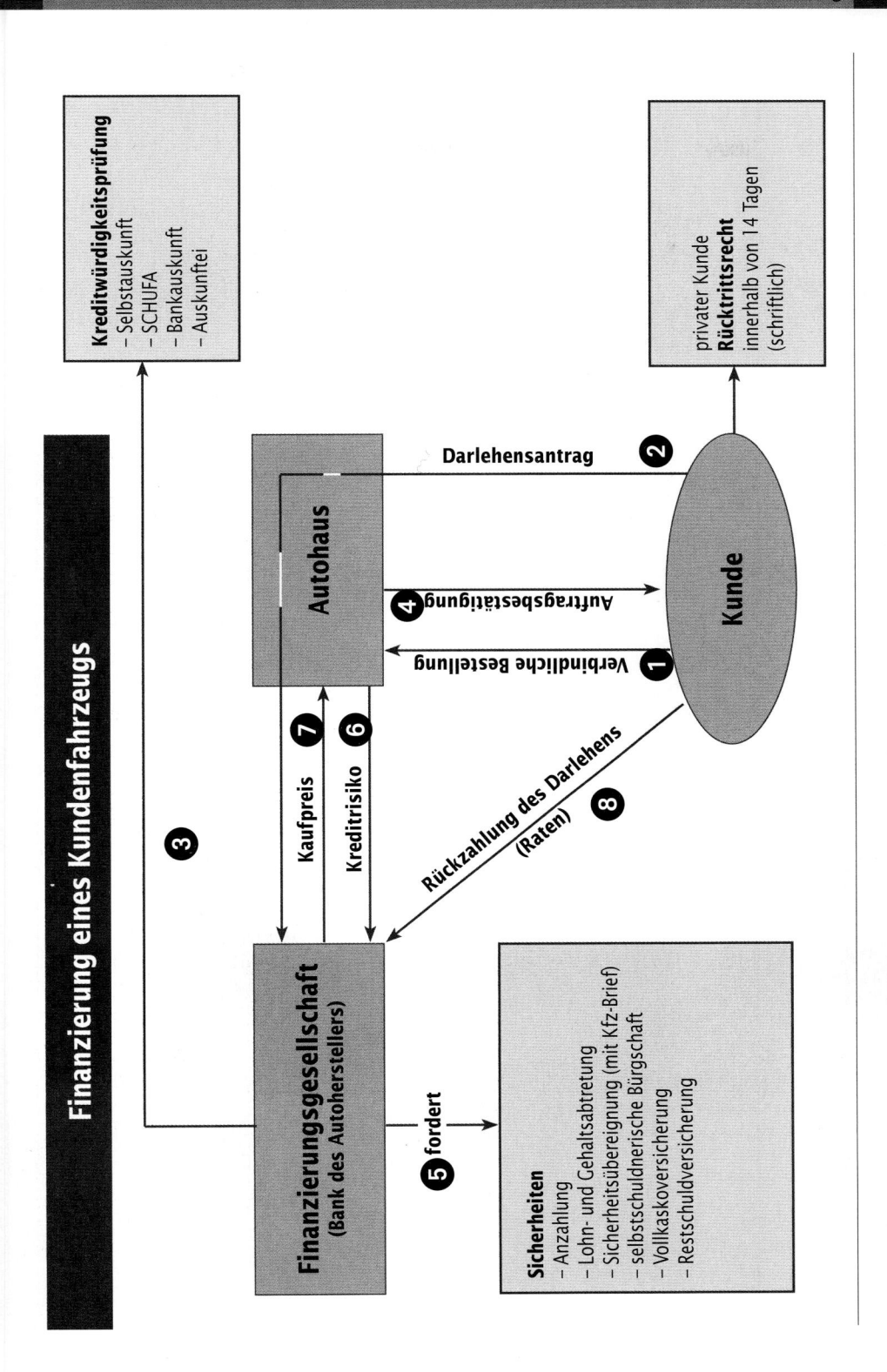

Kreditwürdigkeitsprüfung
- Selbstauskunft
- SCHUFA
- Bankauskunft
- Auskunftei

privater Kunde
Rücktrittsrecht innerhalb von 14 Tagen (schriftlich)

Autohaus

Kunde

① Verbindliche Bestellung
② Darlehensantrag
③ (Kreditwürdigkeitsprüfung)
④ Auftragsbestätigung
⑤ fordert
⑥ Kreditrisiko
⑦ Kaufpreis
⑧ Rückzahlung des Darlehens (Raten)

Finanzierungsgesellschaft (Bank des Autoherstellers)

Sicherheiten
- Anzahlung
- Lohn- und Gehaltsabtretung
- Sicherheitsübereignung (mit Kfz-Brief)
- selbstschuldnerische Bürgschaft
- Vollkaskoversicherung
- Restschuldversicherung

Kennzahlen im Überblick

Lernfeld 10; Seite 168

$$\text{Marktanteil in \%} = \frac{\text{Zulassungen der eigenen Marke} \times 100}{\text{Gesamtzulassungen}}$$

$$\text{Absatztendenz} = \frac{\text{Auslieferungen}}{\text{Auftragseingang}}$$

$$\text{Verlorengegangene Geschäfte in \%} = \frac{\text{Summe der Verkäufe} \times 100}{\text{begonnene Verhandlungen}}$$

$$\text{Nicht erkannter Bedarf in \%} = \frac{\text{begonnene Verhandlungen} \times 100}{\text{Zulassungen}}$$

$$\text{Hereinnahmequote} = \frac{\text{Anzahl der hereingenommenen Autos} \times 100}{\text{Anzahl der verkauften Neuwagen}}$$

$$\text{Durchschnittliche Standzeit (Tage)} = \frac{\text{Summe der Standzeiten aller Gebrauchtwagen (Tage)}}{\text{Anzahl der Gebrauchtwagen}}$$

$$\text{Arbeitswerte je Fahrzeugdurchlauf} = \frac{\text{Arbeitswerte}}{\text{Fahrzeugdurchläufe}}$$

$$\text{Auslastung der Werkstatt} = \frac{\text{Produktive Stunden}}{\text{Unproduktive Stunden}}$$

$$\text{Reklamationsquote} = \frac{\text{Anzahl der Reklamationen} \times 100}{\text{Zahl der Durchläufe}}$$

Band I, Lernfeld 4

$$\text{Durchschnittlicher Lagerbestand} = \frac{\text{Jahresanfangsbestand} + \text{Jahresendbestand}}{2}$$

$$\text{Umschlagshäufigkeit} = \frac{\text{Wareneinsatz}}{\text{Durchschnittlicher Lagerbestand}}$$

$$\text{Durchschnittliche Lagerdauer} = \frac{360}{\text{Umschlagshäufigkeit}}$$

$$\text{(Lager-) Zinskosten} = \frac{\text{durchschnittlicher Lagerbestand} \times \text{Zinssatz}}{100}$$

Bruttoertrag Werkstatt = Lohnerlös ./. Löhne für produktive Mitarbeiter

$$\text{Eigenkapitalquote in \%} = \frac{\text{Eigenkapital} \times 100}{\text{Bilanzsumme}}$$

Cashflow

    Jahresüberschuss
+   Abschreibungen
+   Neugebildete Rückstellungen
+   Neugebildete Rücklagen
+   Außerordentliche Aufwendungen
./. Aufgelöste Rückstellungen
./. Aufgelöste Rücklagen
./. Außerordentliche Erträge
    Cashflow

$$\text{Liquidität 1 in \%} = \frac{\text{Zahlungsmittel} \times 100}{\text{Kurzfristige Verbindlichkeiten}}$$

$$\text{Liquidität 2 in \%} = \frac{(\text{Zahlungsmittel} + \text{Forderungen}) \times 100}{\text{Kurzfristige Verbindlichkeiten}}$$

$$\text{Liquidität 3 in \%} = \frac{\text{Umlaufvermögen} \times 100}{\text{Kurzfristige Verbindlichkeiten}}$$

Band I, Lernfeld 4

Pkw-Hersteller

Alfa Romeo, siehe Fiat Automobil AG, www.alfaromeo.de

AUDI AG, Auto-Union-Straße 1, 85045 Ingolstadt, Tel.: 0841/89-0, www.audi.de

AUDI AG Kundenbetreuung Deutschland, Ettinger Straße, 85045 Ingolstadt, Tel.: 0841/89-36600, www.audi.com

BMW Group (Vertrieb Großkunden), Heidemannstraße 164, 80788 München, Tel.: 089/382-51150, www.bmwgroup.com

Cadillac, siehe Kroymans Deutschland GmbH, www.cadillac.com

Chevrolet, siehe Kroymans Deutschland GmbH, www.chevrolet.de

Chrysler, siehe DaimlerChrysler AG Vertriebsorganisation Deutschland, www.chrysler.de

Citroen Deutschland AG, Andre-Citroen-Straße 2, 51149 Köln, Tel.: 02203/44-0, www.citroen.de

Daewoo Automobile Deutschland GmbH, Lindenstraße 110, 28755 Bremen-Vegesack, Tel.: 0421/668-4000, www.daewoo-auto.de

Daihatsu Deutschland GmbH, Industriestraße 5–11, 47798 Tönisvorst, Tel.: 02151/705-0, www.daihatsu.de

Fiat Automobil AG, Olof-Palme-Straße 17, 60439 Frankfurt/Main, Tel.: 069/66988-0, www.fiatflotte.de

Ford Werke AG, Henry-Ford-Straße 1, 50735 Köln, Tel.: 0221/90-0, www.ford.de

Honda Motor Europe (North) GmbH, Sprendlinger Landstr. 116, 63069 Offenbach Tel.: 069/8309-0, www.honda.de

Hyundai Motor Deutschland GmbH, Gottfried-Leibnitz-Straße 5, 74172 Neckarsulm, Tel.: 07132/487-0, www.hyundai.de

Jaguar Deutschland GmbH, Am Kronberger Hang 2a, 65824 Schwalbach/Ts., 06196/9995-0, www.jaguar.de

Jeep, siehe DaimlerChrysler AG Vertriebsorganisation Deutschland, www.jeep.de

Kiu Motors Deutschland GmbH, Weser-Ems-Straße 2, 28361 Bremen, Tel.: 0421/4181-0, www.kia.de

Kroymans Deutschland GmbH, Am Meerkamp 26, 40667 Meerbusch, Tel.: 02132/659-10, www.kroymans-deutschland.de

Lada Automobile AG, Liliencronstraße 45, 21629 Neu Wulmstorf, Tel.: 040/7009116, www.lada.de

Lancia, siehe Fiat Automobil AG, www.lancia.de

Land Rover Deutschland GmbH, Am Kronberger Hang 2a, 65824 Schwalbach/Ts., Tel.: 06196/9521-212, www.landrover.de

Lexus Division – Toyota Deutschland GmbH, Toyota-Allee 2, 50858 Köln, Tel.: 02234/102-0, www.lexus.de

Mazda Motors Deutschland GmbH, Hitdorfer Straße 73, 51371 Leverkusen, Tel.: 02173/943-0, www.mazda.firmencenter.de

Mercedes-Benz, www.mercedes-benz.de

MG, siehe MG Rover Deutschland GmbH, www.mgrover.de

MG Rover Deutschland GmbH, Moselstraße 19, 41464 Neuss, Tel.: 02131/938-0, www.mgrover.de

Mini, siehe BMW Group (Vertrieb Großkunden), www.mini.com

Mitsubishi Motors Deutschland GmbH, Hessenauer Straße 2, 65468 Trebur, Tel.: 06147/207-01, www.mitsubishi-motors.de

Nissan (Renault Nissan Deutschland AG), Renault Nissan Str. 6–10, 50321 Brühl, Tel.: 02232/57-0, www.nissan.de

Opel AG, Friedrich-Lutzmann-Ring, 65423 Rüsselsheim, Tel.: 06142/7-70, www.opel.de

Peugeot Deutschland GmbH, Armand-Peugeot-Straße 1, 66119 Saarbrücken, Tel.: 01801/7384368, www.peugeot-fleet.de

Porsche AG, Porscheplatz 1, 70435 Stuttgart, 0711/911-0, www.porsche.de

Renault Nissan Deutschland AG, Renault Nissan Straße 6–10, 50321 Brühl, Tel.: 02232/73-0, www.renault.de

Saab Deutschland GmbH, Friedrich-Lutzmann-Ring, 65423 Rüsselsheim, Tel.: 06142/755300, www.saab.de

SEAT Deutschland GmbH, Starkenburgstraße 10, 64546 Mörfelden-Walld., Tel.: 06105/208-0, www.seat.de

SkodaAuto Deutschland GmbH, Brunnenweg 15, 64331 Weiterstadt, Tel.: 06150/133-0, www.skoda-auto.de

smart GmbH, siehe DaimlerChrysler AG Vertriebsorganisation Deutschland, www.smart.de

Subaru Deutschland GmbH, Mielestraße 6, 61169 Friedberg, Tel.: 06031/606-0, www.subaru.de

Suzuki International Europe GmbH, Suzuki-Allee 7, 64625 Bensheim, Tel.: 06251/57000, www.suzuki-auto.de

Toyota Deutschland GmbH, Toyota-Allee 2, 50858 Köln, Tel.: 02234/102-0, www.toyota.de

Volkswagen AG, Berliner Ring 2, 38440 Wolfsburg, Tel.: 05361/9-0, www.volkswagen.de

Volvo Car Germany GmbH, Ringstraße 38–44, 50996 Köln, 0221/9393-0, www.volvocars.de

Leasing/Management

Lueg Leasing GmbH, Altendorfer Straße 44, 45127 Essen, Tel.: 0201/2065-444, www.lueg-leasing.de

Marsh GmbH, Kasernenstraße 69, 40213 Düsseldorf, Tel.: 0211/8987-0, www.marsh.de

Maske AG, Behringstraße 120, 22768 Hamburg, Tel.: 040/88166-0, www.maske.de

Master Lease Germany GmbH, F.-Stuttmann-Str. 15, 65428 Rüsselsheim, Tel.: 06142/769800, www.masterlease.net

Mazda Bank GmbH NL FCE Bank plc, 50423 Köln, Tel.: 0221/5108-0, www.mazdabank.de

MKG Bank GmbH, Schieferstein 5, 65399 Flörsheim, Tel.: 06145/506-950-0, www.mkg-bank.de

Mobility Concept GmbH, Ottobrunner Straße 39, 82008 Unterhaching, Tel.: 089/63266-0, www.mobility-concept.de

Nissan Bank (RCI Banque S.A.), Jagenbergstraße 1, 41468 Neuss, Tel.: 02131/401080, www.nissan-bank.de

Nissan Bank (RCI Leasing), Jagenbergstraße 1, 41468 Neuss, Tel.: 02131/401080, www.nissan-leasing.de

Overlease (RCI Leasing GmbH & Co. OHG), Jagenbergstraße 1, 41468 Neuss, Tel.: 02131/401050, www.overlease.de

PSA Finance Deutschland GmbH, W.-Heisenberg-Straße 2, 63263 Neu-Isenburg, Tel.: 06102/302-111 www.psa-finance.de

RCI Banque Deutschland, Jagenbergstraße 1, 41468 Neuss, Tel.: 02131/401010, www.renault-bank.de

Renault Bank, Jagenbergstraße 1, 41468 Neuss, Tel.: 02131/401010, www.renault-bank.de

Renault Leasing, Jagenbergstraße 1, 41468 Neuss, Tel.: 02131/401010, www.renault-leasing.de

Service4Fleet, Otto-Dix-Weg 3, 63110 Rodgau, Tel.: 06106/660706, www.service4fleet.com

Sixt Leasing AG, Zugspitzstraße 1, 82049 Pullach, Tel.: 01805/222926, www.e-sixt.de

Thiele ABC Fuhrparkberatung, Blütenweg 7, 65760 Eschborn, Tel.: 06196/483071, www.thiele-abc.de

Volkswagen Bank GmbH, Gifthorner Straße 57, 38112 Braunschweig, Tel.: 0531/212-02, www.vw-bank.de

Volkswagen Financial Services AG, Gifthorner Straße 57, 38112 Braunschweig, Tel.: 0531/212-3888, www.vwfsag.de

Volkswagen Leasing GmbH, Gifthorner Straße 57, 38112 Braunschweig, Tel.: 0531/212-4554, www.vw-leasing-fleet.de

Volvo Auto Bank Deutschland GmbH, Ringstraße 38–44, 50996 Köln, Tel.: 0221/3581-0, www.volvoauto-bank.de

VR-LEASING AG, Hauptstraße 131–137, 65760 Eschborn, Tel.: 06196/99-3402, www.vr-leasing.de

Reifen/Werkstätten

4Fleet Group GmbH, Xantener Straße 105, 50733 Köln, Tel.: 0221/97666861, www.4fleet.de

ASL Auto Service-Leasing GmbH, Wolfratshauser Straße 40, 82049 Pullach, Tel.: 089/74423-0, www.asl.de

Auto-Teile-Unger Handels GmbH & Co. KG, Dr.-Kilian-Str. 4+11–12, 92637 Weiden i.d.Opf., Tel.: 0961/306-0, www.atu.de

Bridgestone Deutschland GmbH, Du Pont-Straße 1, 61352 Bad Homburg, Tel.: 06172/408-00, www.bridgestone.de

Continental AG, Büttnerstraße 25, 30165 Hannover, Tel.: 0511/938-01, www.continental.de

Dunlop GmbH & Co. KG, Dunlopstraße 2, 63450 Hanau, Tel.: 06181/68-0, www.dunlop.de

Euromaster GmbH, Mainzer Straße 81, 67657 Kaiserslautern, Tel.: 0631/3422-0, www.euromaster.de

Fulda Reifen GmbH & Co. KG, Künzeller Straße 59–61, 36043 Fulda, Tel.: 0661/14-0, www.fulda.com

Goodyear GmbH & Co. KG, Xantener Straße 105, 50733 Köln, Tel.: 0221/976661, www.goodyear.de

Hankook Tire Co.Ltd., Siemensstraße 5a, 63263 Neu-Isenburg, Tel.: 06102/5998200, www.hankookreifen.de

Michelin Reifenwerke KGaG, Michelinstraße 4, 76185 Karlsruhe, Tel.: 0721/530-0, www.michelin.de

Pirelli Deutschland AG, Gneisenaustraße 15, 80992 München, Tel.: 089/14908-0, www.pirelli.de

Pit Stop Auto Service GmbH, Seligenstädter Grund 11, 63150 Heusenstamm, Tel.: 0180/5450460, www.pit-stop.de

Pneuhage Reifendienste Süd/Ost GmbH, An der Roßweid 23–25, 76229 Karlsruhe, Tel.: 0721/6188400, www.pneuhage.de

point S Deutschland GmbH, Röhrstraße 7, 64372 Ober-Ramstadt, Tel.: 061554/639-0, www.point-s.de

Semperit Central Brand Management, Büttnerstraße 25, 30165 Hannover, Tel.: 0511/938-01 www.semperit.com

Top Service Team KG, Leipnitzpark 5, 51503 Rösrath, Tel.: 02205/9010490, www.top-service-team.de

TOYO-Reifen GmbH, Werftstraße 47, 40549 Düsseldorf, Tel.: 0211/56909-0, www.toyo.de

Uniroyal, Büttnerstraße 25, 30165 Hannover, Tel.: 0511/938-01, www.uniroyal.de

Vergölst GmbH, Fliegerstraße 1, 30179 Hannover, Tel.: 0511/938-20541, www.vergoelst.de

Vredestein GmbH, Rheinstraße 103, 56173 Vallendar, Tel.: 0261/8076-0, www.vredestein.de

Yokohoma Reifen GmbH, Hansaallee 201, 40549 Düsseldorf, Tel.: 0211/5294-0, www.yokohama.de

Tank-Management

Agip Deutschland Cord Service, Sonnenstraße 23, 80331 München, Tel.: 089/5907-0, www.agip.de

ConocoPhillips Germany GmbH, öberseering 27, 22297 Hamburg, Tel.: 040/63801-0, www.jet-tankstelle.de

Deutsche Avia Mineralöl GmbH, Einsteinstraße 169, 81675 München, Tel.: 089/455045-0, www.avia.de

Deutscher Verband Flüssiggas e.V., Stralauer Platz 33–34, 10243 Berlin, Tel.: 030/293671-0, www.autogastanken.de

Esso Deutschland Cord Service, Kopstadtring 2, 22297 Hamburg, Tel.: 040/6393-0, www.essocard.de

euroShell Deutschland GmbH, Suhrenkamp 71–77, 22335 Hamburg, Tel.: 040/69409-0, www.euroshell.de

OMV Deutschland GmbH, Siemensstraße 21, 84030 Landshut, Tel.: 0871/769-0, www.omv.com

Orlen Deutschland AG, Ramskamp 71–75, 25337 Elmshorn, Tel.: 04121/471-1, www.orlen-deutschland.de

Shell Deutschland Oil GmbH, Suhrenkamp 71–77, 22335 Hamburg, Tel.: 040/6324-0, www.shell.de

Total Deutschald Cardservices, Kirchfeldstraße 61, 40217 Düsseldorf, Tel.: 0211/9057-0, www.total.de

Telematik/Navigation/Kommunikation

ATG GmbH & Co. KG, Traunsteiner Straße 7, 83293 Siegsdorf, Tel.: 08662/6608-0, www.atggmbh.de

Becker/Harmann Automotive Systems, Becker-Göring-Straße 16, 76307 Karlsbad, Tel.: 07248/710, www.becker.de

Blaupunkt GmbH, Robert-Bosch-Straße 200, 31139 Hildesheim, Tel.: 05121/49-0, blaupunkt-professional-systems.de

datafactory AG, Stöhrerstraße 17, 04347 Leipzig, Tel.: 0341/24495-0, www.datafactory.de

Euro Telematik AG, Riedweg 5, 89081 Ulm, Tel.: 0731/93697-0, www.euro-telematik.de

FOLIA TEC Böhm, Neumeyer Straße 70, 90411 Nürnberg, Tel.: 0911/97544-0, www.foliatec.de

Funkwerk Dobendorf, Mürkische Straße 15808 Dobendorf, Tel.: 03377/316-0, www.funkwerkdabendorf.de

gedas Deutschland GmbH, Pascalstraße 11, 10587 Berlin, Tel.: 01805/098809, www.logiweb.de

mekar Pkw Handelsagentur mbH, Fichte Straße 25, 71032 Böblingen, Tel.: 07031/223214, www.melcar.de

MTU Telecom, Borsigstraße 5, 30916 Isernhagen, Tel.: 0511/610171-30, www.mtutelecom.de

NAVIGON GmbH, Isekai 19, 20249 Hamburg, Tel.: 040/380383-0, www.navigon.de

NAVTEQ GmbH, Otto-Volger-Straße 17, 65843 Sulzbach, Tel.: 061/96589300, www.navteq.com

Parrot SA, 174, quai de Jemmapes, 75010 Paris/F, Tel.: 0033/148036060, www.driveblue.com

PTV Planung Transport Verkehr AG, Stumpfstraße 1, 76131 Karlsruhe, Tel.: 0721/9651-0, www.ptv.de

SEVIMA International, Richthofenstraße 29, 31137 Hildesheim, Tel.: 05121/708250, www.sevima.de

Siemens VDO Trading GmbH, Kruppstraße 105, 60388 Frankfurt/Main, Tel.: 069/40805-0, www.vdo.de/vdo

T-Mobile Geschäftskunden, Landgrabenweg 151, 53227 Bonn, OTel.: 228/936-0, www.t-mobile.de/business

TelematikTeam, Vinxeler Straße 56, 53639 Königswinter, Tel.: 02223/900-711, www.telematik-team.de

Teydo B.V. (Fleet online), Soestdijkseweg Tuid 249, 3500 AG Utrecht/NL, Tel.: 0031/302712629, www.fleetonline.net

TraceCare GmbH, Kreuzberger Ring 62, 65205 Wiesbaden, Tel.: 0611/7634100, www.tracecare.com

Vodafone D2 GmbH, Am Seestern 1, 40547 Düsseldorf, Tel.: 0211/533-0, www.vodafone.de/business

WNS-Europe.com AG, Hauptstraße 55, 85399 Hallbergmoos, Tel.: 0811/9989988, www.WNS-europe.com

Stichwortverzeichnis

A
Abbuchungsauftrag 46
Abgrenzungsrechnung 94
Abgrenzungstabelle 105
Abschreibungen 61
Abschreibungspool 65
act/360-Methode 241
act/act-Methode 241
Aktiva 13
Aktive 75
aktive Bestandskonten 22
Aktive Rechnungsabgrenzung 75
Aktives Bestandskonto 24
Aktiv-Passivvermehrung 21
Aktiv-Passivverminderung 21
Aktivseite 14
Aktivtausch 20
Allgemeine Kostenstellen 100
Andienungsrecht 200
Anlage- Umlaufvermögen 11
Annuitätendarlehen 176
Anschlussfinanzierung 180
Anschlussgarantie 280
Anschlussgeschäft 185
Anschlussleasing 202
Ansparpläne 182
Argumentation für das Leasinggeschäft 225
Aufstellung und Feststellung des Jahresabschlusses 83
Aufwendungen 26
Ausgangsrechnung 17
Außenfinanzierung 284
Austauschbürge 234
Austauschteilen 50
Ausweisungspflicht der Umsatzsteuer 35
Autoansparpläne 181
Autobank 169
Autobanken 178, 219

B
Ballonfinanzierung 179
Barwert 242
Belegbuchung 17
Bemessungsgrundlage 32, 35, 36
Beratungsgespräch 225
Besitz 178
Besitzer 234
Bestandskonten 23
Beteiligungs- Innenfinanzierung 285
Betriebsabrechnungsbogen 104
Betriebsergebnis 87, 94, 95, 96
Betriebsvergleich 147
Betriebswirtschaftliche Kennzahlen 160
Bewertung der Warenvorräte 71
Bilanz 11, 14
Bilanzgleichgewicht 13
Bilanzgliederung 14
Bilanzminderung 21
Bilanzsumme 21
Bilanzvermehrung 21
Bonität 231
Bonitätsprüfung 230, 231
Bruttoertrag 54, 145, 156
Bruttoertrag GW-Verkauf 158
Bruttoertrag NW-Verkauf 156
Buchhalternase 15
Buchungsbelege 16
Bürge 234
Bürgschaft 234
Bürgschaftserklärung 234

C
Cash-Flow 165
Cash-Flow-Umsatzrendite 165
Controlling 151

D
Darlehen 176
Darlehensantrag 175
Dauerfristverlängerung 40
Deckungsbeitrag 135, 144, 145
Deckungsbeitragsrechnung 132, 137, 144
Deckungspunkt-Analyse 139
Degressive Abschreibung 63
Desinvestition 286
Differenzkalkulation 112, 115
Direktes Leasing 198

E
effektive Jahreszins 250
Effektivverzinsung 238
Effektivzins 239
Eigenkapital 11
Eigenkapitalquote 166
Eigenkapitalrentabilität 161
Eigentum 178, 233
Eingangsrechnung 17
Einkaufskalkulation 109
Einwandbehandlung 226
Einzelkosten 99
Einzugsermächtigung 46
Erfolgskonten 27
Eröffnungsbilanz 16

Erträge 26
erwerbbare Garantieleistungen 279

F
Factoring 286, 287
Fahranfänger 276
Fahrlässigkeit 260
Fahrzeug-Rechtsschutzversicherung 276
Fahrzeugversicherung 270
faire Fahrzeugbewertung 203
Finance-Leasing 199
Finanzbuchführung 10
Finanzdienstleistungen 169, 180, 192
Finanzierung 246, 284
Finanzkrise 172, 173, 191, 219, 245
Flottenleasing 197
Flüssigkeitsgrad 11, 15
Forderungsumschlag 166
Forfaitierung 287
Fremdkapital 11
Full-Service-Leasing 196, 197

G
Gap-Versicherung 270
Garantie 58
Garantiearbeiten 58
Garantiegeber 281
Garantieleistungen 281
Garantienehmer 281
Gehaltsumwandelung 197
Gemeinkosten 99
Gesamtergebnis 87, 95, 96
Gesamtkapitalrentabilität 161
Gesamtkostenverfahren 82
Geschäftsbuchführung 10
Geschäftsfelder 46
Gestaltungsfreiheit 92
Gewerbliches Leasing/Flottenleasing 196
Gewinnschwelle 139, 140
Gewinnzuschlag 125
Grundbuch 18
Grundkosten 87

H
Handelskalkulation 109
Handelsspanne 119, 121
Hauptbuch 18
Hauptkostenstellen 99, 101
Herstellerkreditbank 185

I
Identteile 48
indirekten Leasing 198
innergemeinschaftliche Lieferung 44

Inventar 11
Inventur 11
Inventurdifferenzen 75
Investition 283
Investitionsgüter-Leasing 196
Investitonsanlässe 284

J
Jahresabschluss 79
Journal 18

K
Kalkulationsfaktor 119, 120
Kalkulationsschema 112
Kalkulationszuschlag 119
kalkulatorische Kosten 87, 89
Kalkulatorische Miete 91
Kalkulatorischer Unternehmerlohn 90
Kalkulatorische Wagnisse 93
Kalkulatorische Zinsen 91
Kapitalbindung 157
Kennzahlen 154
Key-Account-Management 197
Kfz-Haftpflichtversicherung 264
Kfz-Versicherung 258, 263
Kilometerabrechnung 201
Kilometerleistung 212
Kilometervereinbarung 201
Konsumgüter-Leasing 196
Kontenklasse 31
Kontenplan 30
Kontenpläne 30
Kontenrahmen 30, 31
Kostenarten 99
Kostendeckungspunkt 140
Kostenrechnung 10, 85
Kostenstellen 99
Kostenstellenrechnung 99
Kreditfähigkeit 230
Kreditklemme 285
Kreditvertrag 175
Kreditverträge 184
Kreditwürdigkeit 230
kurzfristige Erfolgsrechnung (KER) 144

L
Lagebericht 84
langfristige Schulden 11
Laufzeit 212
Leasing 192, 246
Leasingberechnung 216
Leasing-Branche 190
Leasingerlass 209
Leasingfaktor 212, 213

Leasingfaktoren 215
Leasinggeber 193, 219
Leasing-Gegenstand 205
Leasinginstitutionen 219
Leasing-Kalkulation 214
Leasingmarkt 191
Leasing-Motive 228
Leasingnehmer 193
Leasingrate 212
Leasingraten 226
Leasingratenberechnung 213
Leasingratenversicherung 275
Leasingrückläufer 203
Leasingsonderzahlung 226
Leasing-Sonderzahlung 215
Leistungen 87
Leistungsrechnung 10, 85
Lieferantenkredit 285
Lineare Abschreibung 61
Liquidität 283
Liquidität dritten Grades 164
Liquidität ersten Grades 163
Liquiditätsbegriff 284
Liquiditätsgrad 11, 15
Liquiditätskennzahlen 162
Liquidität zweiten Grades 163
Lohnerlöse 56
Lohnerlöskonten 56

M
Marktanteil 156
Mehrkilometer 201
Mietsonderzahlung 227
Mietvertrag 193
Minderkilometer 201
Mischkosten 134
Mobilitätsgarantie 280
Monatsgenaue Abschreibung 63

N
Nachbauteil 48
Nebenkostenstellen 100
neutrale Aufwendungen 87
neutrale Erträge 87
Neutrales Ergebnis 95, 96
Niederstwertprinzip 71

O
Operate-Leasing 199
Originalteil 48

P
Passiva 13
passive Bestandskonten 23

Passive Rechnungsabgrenzung 76
Passivseite 14
Passivtausch 20
pay as you earn 225, 227
Permanente Inventur 11
Personalkredite 233
Planungsrechnung 10
Preisangabenverordnung 239
Preisargumentation 226
Preisuntergrenze 138
Preiszerlegung 226
Prüfungspflicht 83

R
Rabattschutz 273
Rating 231
Rating nach Basel II 230
Realkredite 233
Regioklassen 265
Reingewinn 26
Reinvermögen 11
Rentabilität 283
Restschuldversicherung 233, 241, 275
Restwert 213
Restwert-Leasingverträgen 200
Restwertzahlung 226
Rohgewinn 26
Rückstellungen 78
Rückstufung 267
Rückstufungstabelle 266
Rückwärtskalkulation 112, 114
Rückzinsen 185

S
Sachmangelhaftung 58
Sale and Lease-back 198
Sale-and-Lease-Back 192
Sammelposten 65
Schadensfreiheitsklassen (SF) 268
Schadensverlauf 265
Schlussbilanz 16
Schlussrate 180
Schufa 230
Schulden 11
Schutzgemeinschaft für allgemeine
    Kreditsicherung 230
Scoringverfahren 230
Selbstauskunft 230
Selbstfinanzierung 285
Selbstkostenkalkulation 110
SF-Klasse 266
Sicherungsübereignung 233, 234
Sonderzins-Aktionen 236
sonstige Forderungen 77

Sonstige Verbindlichkeiten 77
Standzeit 157
Standzeitkosten 157
Statistik 10
Steuerrechtliche Behandlung des Leasings 204
Steuerungsgrößen im Gebrauchtwagenverkauf 157
Stichtagsinventur 11
Stückrechnung 135
Stundenverrechnungssatz 124
Substanzerhaltungsprinzip 92

T
Teilamortisationsverträge 200
Teilkasko 270
Teilkostenrechnung 134
Teilwertabschreibung 72
Teilwertberichtigung 71
Tilgung 240
Typklassen 257

U
Umlaufvermögen 11
Umsatzentwicklung 167
Umsatzrendite 156
Umsatzrentabilität 164
Umsatzsteuer 32
Umsatzsteueridentifikationsnummer 44
Umsatzsteuerjahreserklärung 38
Umsatzsteuerkonten 37
Umsatzsteuervoranmeldung 38
Unproduktive Löhne 101
Unternehmenssteuerung 151
Unverbindliche Preisempfehlung 46
UPE 46
USt-ID-Nr. 44

V
Vergleich von Finanzierung und Leasing 247
Verkaufskalkulation 111
Vermögen 11
Verrechnete Anschaffungskosten 53
Versicherungsbestätigung 262
Versicherungsschutz 260
Versicherungsvertrag 258
Versicherungsvertragsgesetz (VVG) 259
Verursachungsprinzip 92
Vollamortisationsverträge 200
Vollkasko 270
Vollkostenrechnung 134, 136
Voranmeldungszeitraum 39
Vorbereitende Abschlussbuchung 61
Vorsteuer 36
Vor- und Nachteile des Leasings 222
Vorwärtskalkulation 112, 113

W
Wagniszuschlag 125
Werkstattgeschäfte 56
Werkstattindex 126
Working Capital 162

Z
ZDK-Branchenspiegel 30
ZDK-Kontenrahmen 30, 31
zeitliche Vergleich 147
Zeitrechnung 135
Zession 235
Zinsen 236
Zinseszinsrechnung 242
Zinsformel 237
Zinsrechnung 236, 237
Zinssatz 231
Zinssätze 236
Zubehörartikel 109
Zubehörteil 48
Zubehörteile 47
Zusatzaufträgen 136
Zweckaufwendungen 87
Zweckerträge 87

Bildquellenverzeichnis

Fotos und Grafiken:
Ford-Werke GmbH, Köln: Seite 178
MEV Verlag GmbH, Augsburg: Seiten 9, 19, 39, 89
dpa-Infografik GmbH, Hamburg: Seite 173
Post Bank AG, Bonn: Seite 239
Project-Photos GmbH & Co.KG, Augsburg: Seite 250
Volkswagen Bank GmbH, Braunschweig: Seiten 177, 179

Fotolia Deutschland, Berlin:
Picturenet Corp, Seite 195
Bilderbox, Seiten 32, 117
Birgit Reitz-Hofmann, Seite 208
By-studio, Seite 182
DWP, Seite 147
Jörn Buchheim, Seite 130
Jürgen Effner, Seite 197
Puje, Seite 38
Sigtrix, Seite 159
Thaut Images, Seite 217
Uwe Annas, Seite 131
Yuri Arcurs, Seite 216

Zeichnungen:
Bettina Herm/BV1, Berlin: Seiten 85, 97, 99, 109